PUBLIC LAW REVIEW

公法评论

第 10 卷

刘茂林 主编

北京大学出版社
PEKING UNIVERSITY PRESS

图书在版编目(CIP)数据

公法评论. 第 10 卷/刘茂林主编. —北京:北京大学出版社,2017.3
ISBN 978-7-301-28025-6

Ⅰ. ①公… Ⅱ. ①刘… Ⅲ. ①公法—文集 Ⅳ. ①D90-53

中国版本图书馆 CIP 数据核字(2017)第 022674 号

书　　名 公法评论(第 10 卷)
GONGFA PINGLUN
著作责任者 刘茂林 主编
责任编辑 邓丽华
标准书号 ISBN 978-7-301-28025-6
出版发行 北京大学出版社
地　　址 北京市海淀区成府路 205 号 100871
网　　址 http://www.pup.cn
电子信箱 law@pup.pku.edu.cn
新浪微博 @北京大学出版社 @北大出版社法律图书
电　　话 邮购部 62752015 发行部 62750672 编辑部 62752027
印 刷 者 三河市博文印刷有限公司
经 销 者 新华书店
965 毫米×1300 毫米 16 开本 21.5 印张 330 千字
2017 年 3 月第 1 版 2017 年 3 月第 1 次印刷
定　　价 49.00 元

目录

公法理论研究

公法制度研究

公法书札

会议实录

博士学位论文摘要

公法理论研究

论作为宪法学研究方法的事件分析

陈　新*

内容摘要　事件是宪法规范的载体，反映宪法关系、宪法文化，事件还体现宪法制度、演绎宪法秩序，甚至于其可以作为对宪法学研究对象的概括。事件分析正受到越来越多学者的关注。事件分析从内容上包括对事件的描述、分析、判断，具体环节包括事件的分离、性质评判、主体关系确立等。与宪法学其他研究方法相比较，它具有强调研究对象的客观性、研究结论的实证性等特点。当下中国，事件分析方法的运用具有增强宪法学理论的说服力、预测性、拓展宪法学研究范围等功效。

关键词　事件　事件分析　宪法学研究

近年来，中国宪法学界许多学者以从未有过的热情关注着社会现实，特别是关注中国社会当下出现的一些事件，他们以理性、专业的精神解释、阐述、梳理这些鲜活的事件，在对这些事件的分析、解释、评价过程中阐述自己的思想、揭示中国法治发展进程，促进中国宪法学社会化、大众化。实践表明，这些研究活动不仅有效推动了国家民主法治进程，而且也带来我国宪法学研究方法的重大转型。与价值分析、阶级分析、规范分析等传统宪法学研究方法相比较，这种不断被广泛运用的研究方法，笔者将其概括为事件分析方法。及时总结该方法，使其不断完善发展不仅是落实宪法学方法论“觉醒”的重要体现，也是实现中国宪法学理论规范化、科学化的必然要求。笔者尝试对事件分析方法进行初步论证，供大家批评指正。

---

* 中南财经政法大学法学院副教授，硕士生导师。

一、事件与宪法现象

探讨事件分析方法，首先必须了解事件的含义，而事件又与宪法现象有密切联系。宪法现象是宪法学研究对象已成为学界主流观点。[①] 如韩大元教授认为，宪法学是一门研究宪法现象的理论与知识体系。[②] 周叶中教授认为，宪法学是以宪法和宪法现象及其发展规律为研究对象的法律科学。[③] 林来梵教授也有类似观点，他认为，作为社会科学的宪法学，其整体任务乃在于认识各种纷繁复杂的宪法现象。[④] 但对于什么是宪法现象，学者们较少研究并给出明确具体答案，似乎宪法现象是宪法学的"元问题"，不需要进一步研究。事实上，对宪法现象是什么的追问是宪法学中的重要问题，它关系到宪法学研究对象，涉及宪法学存亡。目前，学界更多的是从宪法现象外延进行概括，如有的认为"宪法现象通常是指宪法规范、宪法制度、宪法意识与宪法秩序"[⑤]。也有的将其概括为：(1) 宪法规范；(2) 宪法意识；(3) 宪法制度；(4) 宪法关系。[⑥] 还有的认为"宪法现象是指由宪法引起的各种社会关系和社会现象，包括与宪法有关的人的行为、心理和观念，通过宪法的规范作用所建立的机关和制度，以及这些机关、制度等根据宪法规定予以运行的状况等等"[⑦]。这些观点表面上说明了宪法现象的一些属性，但并未从根本上揭示宪法现象的特征，特别是回避了其本质。

作为一门成熟的法学学科，宪法学研究对象应该是客观并可把握的，但上述观点却将宪法现象的理解转化为对宪法的理解，即只有对宪法是什么形成共识，才可能在宪法规范、宪法意识、宪法制度等方面达

---

① 当然也有其他观点或表述，如刘茂林教授认为，"宪法学是一门以宪法为主要研究对象的法律科学，属于社会科学的范畴"。参见刘茂林：《中国宪法导论》(第 2 版)，北京大学出版社 2009 年版，第 1 页。

② 韩大元、林来梵、郑贤君：《宪法学专题研究》，中国人民大学出版社 2004 年版，第 13 页。

③ 周叶中：《宪法》，高等教育出版社、北京大学出版社 2000 年版，第 2 页。

④ 林来梵：《从宪法规范到规范宪法》，法律出版社 2001 年版，第 3 页。

⑤ 韩大元、林来梵、郑贤君：《宪法学专题研究》，中国人民大学出版社 2004 年版，第 14 页。

⑥ 参见林来梵：《从宪法规范到规范宪法》，法律出版社 2001 年版，第 1 页。

⑦ 周叶中：《宪法》，高等教育出版社、北京大学出版社 2000 年版，第 2 页。

成一致理解。事实上,“宪法是什么”的问题至今在学界并未取得一致认识。“宪法是什么”在很大程度上是个主观判断问题。由此导致作为宪法学研究对象的宪法现象也是主观的,它会随着研究者对宪法理解的变化而有所不同,这使宪法学研究对象处于不确定状态。研究主体与研究客体的分离是实现学科研究科学性的前提。经过长期发展,宪法学应该有独立研究对象,而且这些研究对象应该是客观、不以研究者主观意志为转移。而将宪法现象归纳为事件,或者说将宪法学研究对象直接确定为事件,既反映了宪法学研究的客观现实,也克服了学界关于宪法学研究对象的概括过于主观、无法准确把握的缺陷。

作为宪法学研究对象的宪法现象,在现实生活中是通过各种事件表现出来的。实践中,宪法学研究对象非常广泛,既有宪法文本问题,也有宪法实践问题;既有宪法制定,也有宪法运行;既有宪法规范、宪法意识,也有宪法关系,等等,这些内容广泛的研究对象,在现实生活中是通过纷繁复杂的事件表现出来的。在一个个事件中,宪法规范、宪法意识、宪法关系等得到体现,宪法制度、宪法秩序进行丰富多彩的演变。事件使宪法学研究对象变得可以把握、更加具体,得出的结论也更有说服力。

将宪法学研究对象概括为事件,反映了整个社会科学的基本要求。社会科学是一种科学研究,客观地描述和分析社会,是其根本的任务。[①] 也就是说社会科学是以社会事实或社会现象为研究对象的科学,包括政治学、经济学、管理学、法学、教育学、社会学等在内,其根本任务就是不带个人偏见,按照事物的本来面目去考察,从而客观地描述和分析社会现象及其发展规律。如果人们的观察和分析,有意或无意地偏离了客观实际,或者把握不了事实和现象的本质,那么就可能受到应有的惩罚,社会科学研究任务就无从实现,即便有任务实现的形式,也无任何实际意义。

事件不同于宪法判例、宪法判决或宪法案件等概念。虽然有学者对宪法判例、宪法判决和宪法案件、宪法事例、宪法个案等概念之间的关系作了明确区分[②],但从事件分析角度来看,都归属于事件范围,它

---

① 汪建华:《谈谈社会科学的客观性和价值性》,载《光明日报》2000年4月18日第3版。

② 韩大元:《中国宪法事例研究》,法律出版社2005年版,第8页。

们首先是原始的社会事实，其次才是宪法事实。同其他社会事实一样，这些宪法判例也是通过社会主体的一系列行为表现出来。因此，事件的范围要比宪法判例、宪法判决、宪法案件等更为广泛。另外，事件还包括一些并不明显直接体现宪法规则或宪法精神的社会事实，它需要通过运用学术专业知识进行仔细分析才能发现其中的宪法属性。

这些事件独立于研究者主观意志之外，根据自己的规律运行，当其纳入宪法研究者认识范围时，就成为宪法事件，或者说成为宪法现象。对于宪法研究者意识之外的事件，虽然客观存在，但由于没有被纳入宪法研究者视野，因此不是宪法事件。随着宪法研究人员关注对象的扩大、理论认识的日渐深刻，会有越来越多的客观事件成为宪法事件，成为宪法现象。

二、事件分析方法的具体内容

宪法学者的研究都是围绕宪法事件展开的。这些研究从内容上大致可概括为描述、分析、判断三方面。

描述是研究者对客观现实中纷繁复杂的事件进行系统整理，使其在人们头脑中表现为有序、条理化的社会现象。在描述过程中，无关环节、无关主体被剔除，使事件更清晰、更简洁，原本复杂的事件变得可以把握。经过宪法学者描述的事件已经带有宪法"印记"，并不是原来的客观事实，如宪法学者在描述"齐玉玲案件"时并不是恢复其全部事实，而是有选择地描述过程。对事件描述的过程也是宪法学者将社会事件纳入宪法学研究领域的过程，随着社会进步，特别是宪法学理论的发展，需要描述的事件、能够描述的事件将不断扩大。

分析建立在描述基础之上，与描述相比较，分析更多地是揭示事件背后的逻辑联系、因果关系。这些现实中的逻辑联系蕴含了宪法规则、宪法文化、宪法制度，也蕴含了未来的社会秩序。具体包括揭示事件主体之间关系，说明主体地位、运行规则及制约因素等内容。由于事件的立体性，宪法学者个人偏好的差异，分析侧重点可有多种多样。事件经过宪法学者分析之后其内部宪法属性更清晰地展现出来，特别是其中体现的主体之间行为规则更是宪法学者关注的重点。

判断是将事实与宪法文本、实践与宪法理论（想）对比的过程，在比较中进行评价。宪法学者对客观事件依据实定宪法或特定价值进行评价，这种评价就是看该事件是否“合宪”。其合宪评判依据既有宪法文本中的具体宪法规则和宪法原则，也有来自更高级的“自然法”的价值。被评判对象既有事件中的主体外在行为，也有这些行为背后体现出来的文化、价值观。学者判断虽然不像宪法司法机关具有权威性，但同样有广泛的影响力。这些判断不仅影响着事件中主体的行为、观念，而且随着这些判断的广泛传播，也影响其他社会主体的行为、观念。相对于描述、分析，对事件的判断过程是宪法学者对事件更深入介入的过程，它使社会现实生活受到宪法影响。正是通过对事件的评判，宪法学者发挥着对现实生活的影响力。

从宪法文本来看，通过对事件的评判可以检验宪法文本中的具体规则和精神是否得到实施，促进宪法文本的不断调整完善。描述、分析、判断是宪法学者通过事件干预社会生活、影响社会现实的重要手段，在反复的描述、分析、判断过程中学者们逐渐形成共同的宪法学基础概念，建立相对完善的理论体系。这些基础概念、理论体系也在不断描述、分析、判断过程中得到检验并不断完善发展。

事件性质类似于法国社会学家迪尔凯姆所说的“社会事实”，迪尔凯姆认为，这类事实由存在于个人之身外，但又具有使个人不能不服从的强制力的行为方式、思维方式和感觉方式构成。[①] 因此，事件虽然是由社会成员以行为方式表现出来，但并不是纯粹主观、不可捉摸的心理活动，而是不以人们意志为转移的具有客观性的待发现的客观事物，它们从外部决定着人们的意识，也就是具有“物”的性质。如信仰体系、社会习俗和社会制度等现象都是外在于个人但却制约个人行为的客观事实。作为承载宪法规范的事件同样具有“物”的性质，要全面准确分析宪法规范，必须将体现宪法运行方式的宪法制定、解释、修改、实施、运用等现象还原为客观事件进行理解和分析。

事件分析作为一种方法，具体来说，其运用包括如下几个环节：

第一，将被分析对象与其他事件分离出来。事件分析强调将客观认识对象具体、简约为一个相对独立的事件。纷繁复杂的社会现象中许多事件往往交织在一起，呈现出立体、多层次的网状联系，为便于分

---

① 〔法〕E. 迪尔凯姆：《社会学方法的准则》，狄明译，商务印书馆 1995 年版，第 25 页。

析，必须将研究对象从整个社会现象中分离出来。对事件进行分离的过程也是对研究对象进行鉴别的过程，其中既体现研究者的价值取向，也反映事件本身的一些特征。

第二，对该事件的性质进行评判。不同事件相比较，显示不同特征、属性。在宪法学中，这是寻找一个事件与其他事件之区别的实践活动。从宪法层面探讨事件性质，就是要了解该事件涉及何种公民权利、何种国家权力，反映公民与国家之间何种关系，这些属性是事件之间相互区别的前提，也是进一步对事件展开分析的基础。

第三，确立事件中的主体及其相互关系。事件作为一个动态、多层次的社会实践，必然存在多种主体，有的直接在事件中出现，有的间接出现。把握这些主体能够帮助我们理解事件体现的社会关系，正确展望事件未来发展方向，同时还有助于我们深刻理解事件中一些规则的形成。

第四，探讨事件内容。事件内容表现为事件中体现的政治、经济、文化、观念等因素。它是事件的核心要素，通过主体的行为、观念以及事件发生的国际、国内背景体现出来。事件在宪法方面的属性、特征就是由这些因素综合决定。

第五，分析事件的产生、发展及制约因素。任何事件都有其产生条件、发展原因以及其中变化的制约因素。历时性探讨，是从整体或总体把握事件的必要手段，这些分析能帮助我们全面理解宪法现象。

三、事件分析方法与宪法学其他研究方法的区别

在宪法学研究中，不同研究方法有不同的价值和功效，特定时空条件下具有同样的科学性，它们相互配合共同实现宪法学者的研究目标。正是研究方法的多样性促进了宪法学的繁荣。与其他研究方法相比较，事件分析方法具有如下几个特征：

1. 强调研究对象的客观性。事件分析方法强调价值中立，以研究者客观描述、解释现实生活中的宪法现象为基础，进而发现其规律，不同于阶级分析法、价值分析法，这些研究方法与研究者观念有密切联系，有很强的主观性。涂尔干希望在进行社会学研究时，研究主体能够把自己与研究对象相分离，像研究“物”一样不带有任何先入为主的个

人偏见。涂尔干以这种方式提出了和韦伯一样的观点，即在进行社会研究时应该保持价值中立。这是实现宪法学科学性的重要保障。

2. 在方法上，以事件分析另一个事件。探讨宪法发展规律是宪法学研究的重要目标，在事件分析方法看来，其规律的发现是通过事件系列运行变化的探讨实现的，特别是通过事件之间的相互关系表现出来。就如涂尔干指出的，社会现象的成因应当到过去的也就是以前的社会状态中去寻找，“一种社会事实的决定性原因应该到先于它存在的社会事实之中去寻找，而不应到个人意识的状态之中去寻找”。[①] 在事件分析方法看来，事件不仅是分析的对象，也是分析的手段。

3. 研究结论的实证性。事件分析方法的实证性来源于它的研究结论是通过归纳获得的，而不是价值判断或概念推理获得。该方法强调在具体事件的剖析中揭示宪法规则、宪法精神，并通过一系列事件中隐含的逻辑联系分析发现宪法运行规律。

四、宪法学中事件分析方法的必要性

当下，分析社会政治经济文化等领域出现的新现象是传统宪法学研究方法难以完全胜任的，“问题决定方法”，宪法学面对的新问题迫切需要宪法学理论的创新，包括宪法学研究方法的不断丰富。事件分析方法的产生和运用既是时代对宪法学提出的要求，也是宪法学自身理论丰富发展的必然反映。其必要性至少有如下几方面：

1. 增强宪法学理论的说服力。价值判断虽然无法避免，但由于价值判断的主观性，特别是在不同时空条件下，对一些终极价值存在歧义，甚至于对立。而事件作为一种客观存在，不会存在（至少很少存在）对立含义。因此，建立在事件基础之上的宪法分析，更有说服力，这也是宪法学研究实现科学化的重要趋势。在英国哲学家休谟看来，面对善恶（价值）等问题，以理性为特征，以客观事实为对象的科学是无能为力的，科学所研究的是“是”与“不是”的问题，而道德（价值）关心的是“应该”或“不应该”的问题，科学只能回答“是什么”的问题，而不能告诉

---

① 〔法〕埃米尔·涂尔干：《孟德斯鸠与卢梭》，李鲁宁、赵立玮、付德根译，渠东校，上海人民出版社 2003 年版，第 125 页。

我们"应该是什么"的问题。这一问题不仅带来哲学上的思考，由此也影响到了法学的研究。在分析实证主义法学看来，法学只与事实有关，而与道德（价值）没有必然的联系，一种客观的研究只能以法律规范、法律规则或法律制度形式上的结构为对象，而非其内容，因为法律内容无法经由科学上的认识来理解。正如美国霍姆斯大法官曾说过的一句名言："法律的生命不在于逻辑，而在于经验。"宪法的生命同样在于经验，能够全面深刻解释现实生活中纷繁复杂的事件，并揭示其运行规律是实现宪法学价值的重要体现。

2. 强化宪法学理论的预测性。宪法学的科学性不仅来自于对现实生活的说服力，也来自于对未来社会宪政发展的准确理解和把握。事件分析对于在宪法学研究中习惯了价值判断的人具有方法论的指导意义，我们在分析法律现象和法律规则时，应以超然的中立态度来观察和研究它们，尽量少使用主观价值判断，只有这样才能保证我们进行的法学研究的科学性，尤其是对于当下的中国，价值呼唤自然并不可少，但更重要的是要对法律本身进行实证的分析研究，这是我们不可逾越的阶段，正如有学者所说，"分析实证主义法学关于法律独立性的理论，对法治能否在理论上成立做了最好的论证，要想使法学推动法治，倡导和宣传实证法学是我们不可逾越的阶段，特别是当一个民族刚刚踏上法治之路的时候"。[①] 价值判断虽然也有对国家宪政发展趋势的预测，但更多的是理想描述，而不是具体路径的分析。实现我国宪法学向实证研究方式转变的重要途径就是熟练地运用事件分析方法。

3. 拓展宪法学研究领域。在面对纷繁复杂的现实生活时，我国宪法学一直处于"力不从心"的尴尬地位，经常的选择不是"失语"就是"沉默"。"思路决定出路"，实现宪法学的"振兴"，改变目前宪法学困境，不仅需要研究方法的创新，还需要研究内容的扩展。事件分析作为一种新研究方法，它的运用将极大地拓展我国宪法学研究领域。宪法学不仅研究文本宪法是如何被司法人员解释，还要研究现实生活中每个社会主体如何理解宪法，因为，生活在我们国家共同体的每个人都是宪法规范的创造者、践行者和感受者。他们不应该是国家民主法治的建设

① 陈金钊：《理想与现实之间——论法学流派与法治》，载《学习与探索》2000 年第 6 期。

的被动实施者，而应是主动创造者、追求者。虽然司法机关、社会精英在宪法实施中占有重要地位，但宪法学研究不能忽视众多普通人通过事件表现出来的行为、偏好、兴趣及理想。关注事件、运用事件分析方法，是宪法学实现规范化、科学化的重要途径。当前，社会经济、文化快速发展，社会成员权利意识增强，社会矛盾冲突明显增加，各种社会现象都需要宪法学者作出回应或解释，唯有如此才能充分实现宪法学的实践价值，并且在有效服务于社会的过程中实现自己的创新。

结　　语

近年来，宪法学界关于宪法学基本范畴和方法论的探讨取得显著成绩，特别是关于方法论反思方面的研究成果更是增强了其理论品质。但这些反思成果中，理论抽象多，实践针对性较少。事件分析方法虽然也有其局限性，如：事件的分散性，使分析和研究结论经常是零碎的、不系统的。由于事件的独立性，特别是每个事件都有自己的特殊性，这些分析得出的结论可能仅对类似事件或社会现象有指导意义，对其他事件不一定有指导意义，但它的价值并不能因此被否定。事件分析作为一种方法已经开始运用在其他学科并且取得良好效果。[①] 对宪法学来说，事件分析方法的提出及广泛运用是实现我国宪法学从一个封闭自足、静止不变的知识体系向开放发展的知识体系转变的重要途径，值得大家像对待新生事物一样去关注。

（责任编辑：唐冬平）

---

① 参见秦亚青：《国际关系的定量研究与事件分析方法——评〈国家双边关系的定量衡量〉》，载《中国社会科学》2005 年第 1 期。

社会道德秩序的宪法结构

——法治与道德如何关联

秦小建*

内容摘要 作为对现代社会价值多元且不可通约所催生的道德困境的回应，现代法律确立了程序主义、体系自治和普遍适用的特征，由此塑造了法治的形式品格，它最大程度地因应了现代社会因个体道德冲突频繁而所急需的秩序要素，因而本质性地说明现代法治与现代社会的高度适宜性。然而，秉持形式品格的法治的去道德倾向，不但不足以应对社会道德困境，甚至还在某种程度上助推着道德困境。此种情景下，人权话语复苏，与法治传统相结合，虽在一定程度上实现了法治与道德观念的价值关联，但缺少规范内涵的“人权”却易被可疑诉求所利用，由此加剧道德冲突。既要在保持现代法治的形式品格的前提下实现其道德关联，又不至于因人权话语的泛滥而使得现代法治不堪其重，成为达成社会道德秩序的核心问题。基于宪法作为法律体系的“基础规范”之地位，以及宪法与社会道德的内在关联，宪法可以作为法治与社会道德之间的沟通桥梁，以此矫正社会在配置道德秩序维度的结构失衡。不过，自由主义式现代宪法无法担当此种重任，应以具备回应道德困境诸多利好因素的中国宪法为“思考理据”，探讨宪法与法治及道德的关联之道，形成社会道德秩序的优化结构。

关键词 法治形式品格 道德 宪法 道德困境 现代社会

法治是中国现代化建设的主节奏，然而，有关法治基本精神及特征之探讨，却呈现出某种跌宕不平的迹象：从改革开放之初的经典引介及

---

* 中南财经政法大学法学院副教授，硕士生导师。

基金项目：本文为作者主持的教育部人文社科项目“社会道德困境的宪法回应与宪法实施研究”（项目编号：14YJC820039）的阶段性成果。

其所促发的思想洗礼与启蒙，到喧嚣之后的长期“沉寂”，再到最近所谓的“复兴”，可谓一波三折。潜含在“法治”讨论的沉潜与高扬之后的，“不只是法治知识的累积、理论的深入、制度的完善、实践的进步，也有越来越多的分歧与迷茫、疏离与断裂、犹疑与悖谬”。[①] 不过，这一脉络符合精神传统和成熟理论范式形成的固有周期判断[②]，因此，中国当代法治研究经历的从早期的知识启蒙，到法治理论的部门法具化，直至当下有关法治的整体反思的过程，是中国法治精神传统形成过程中的必经阶段。就此而言，当下正在发生的对于法治的整体品格之反思，是学者在对时代脉搏的精准把握基础上的自觉延展。其中，法治的整体品格，即形式法治与实质法治之争是法治整体反思中的核心问题，是厘清法治与人治关系之后的一个更深层次问题。更可说，这一问题是关于三十年法治改革路径以及未来方向的本质追问。[③] 个中缘由不言自明，即奠基于形式品格之上的法律权威在确证了其对于中国社会的价值之后，却遭遇了国学复兴背景下的中国传统道义资源的更加激烈的对抗，尤其在社会转型期，作为西方话语的法治和正在经历转型的传统中国道义资源，正发生着共时性与历时性并存的冲突。这一复杂局面，意味着这一场寄托于法治整体反思场景之下的所谓形式法治和实质法治的学术讨论，不能不谓之及时，不能不谓之必要。本文从社会发展和社会秩序结构的角度，以法治如何应对道德困境为问题线索，力图揭示宪法在作为社会秩序结构构成的法治与道德系统之间的结构定位，从一个新的视角来缓解法治形式品格与道德关联的内在紧张关系，描绘一幅基于宪法、法治和道德关系的社会道德秩序理想图景。

---

① 参见《法学研究》2012 年第 6 期“反思法治：制度、实践与话语”笔谈“编者按”。

② 如季卫东教授在介绍希尔斯有关惯例、传统与世代间持续的关系时说道：“某种中范围理论范式的形成一般需要半个世纪的经验积累，其影响力的射程往往有二三十年，如果能够再经历三代人的两次延续（大约六七十年时间），则可变成精神传统的一部分。”参见季卫东：《结构的组合最优化：探索中国法与社会发展的新思路》，载梁治平编：《国家、市场、社会：当代中国的法律与发展》，中国政法大学出版社 2006 年版，第 60 页。

③ 在《法学研究》2012 年第 6 期刊发的“反思法治：制度、实践与话语”笔谈 11 篇文章中，有关此问题的讨论占据其中五篇之多，分别是：张翔：《形式法治与法教义学》；陈林林：《法治的三度：形式、实质与程序》；郑春燕：《程序主义行政法治》；郭春镇：《务实的法治观应立足于裁判的亚确定性》；刘杨：《法治的概念策略》；冉井富：《法治与法的自治性》。

一、现代社会演进与法治的形式品格

(一) 法律作为现代社会独立组织方式的兴起

法律及法治是现代性的观念。在传统社会,法律依附于宗教和道德。[①] 我们习惯于从现代对于"法律"的认知视角,将宗教和道德的"强制力"因素归为传统社会中的"法律"。这其实忽视了一个重要事实,即传统社会"法律"所具有的"强制力",却是宗教和道德的内在构成要素。因此,在传统社会,法律并非是独立存在的。

现代法律之兴起,是法律为顺应现代社会秩序维系需求而逐步脱离传统道德寻求自治的历史过程。在从传统向现代的转型中,新兴资本主义生产方式兴起,资产阶级日益成为君主、贵族之外的第三等级,社会形成多元而相互抗衡的鼎立局势;在资本主义生产方式的冲击之下,一元性的宗教和道德权威日益零碎,已无从担当组织社会的重任,传统宗教神权世界祛魅而成世俗社会,超验的宗教观念被迫切需要表达政治诉愿的第三等级改造成超越特定统治集团习惯和尘世统治者命令进而高踞于社会整体之上的天赋人权、自由和平等的"自然法"理念。在传统道德和宗教权威弥散之际,现代社会需要一种与之相适应的新型组织方式,以协调社会三大集团经久不息的纷争。当此之际,如昂格尔所言:"(在没有一个群体能够控制其他群体对自己的忠诚和服从的社会生活形态下,)设计一种具有如下特点的法律制度就成为十分重要的事情了,这种法律制度的内容应当调和彼此利益的对立,其程序则应当使几乎每个人认为服从这一程序符合自己的利益,而不管他偶然寻求的目的是什么。"[②]这一法律制度获得了来自于超验自然法观念的确

---

① 迄今为止,宗教、道德和法律是人类社会的三种最为主要的规则方式。宗教虽以巫魅之术和超自然的神秘力量为效力来源,但在具体调整手段上,依赖道德的力量。卡西尔指出:"这种宗教不是神话想象和审美想象的产物,而是伟大的个人道德意志的表现,甚至连自然也呈现出新的面貌,因为人们专门从伦理生活的镜子中来观察它了。"因此,"这些宗教是道德力量的产物,它们全神贯注于一点上——善与恶的问题"。参见〔德〕卡西尔:《人论》,甘阳译,上海译文出版社 1985 年版,第 127—128 页。因而,在传统社会,宗教和道德是相辅相成的,道德披着宗教的外衣,宗教的实质内容是道德。

② 〔美〕昂格尔:《现代社会中的法律》,吴玉章、周汉华译,凤凰出版集团、译林出版社 2008 年版,第 57 页。

证，从而具备了相对于特定集团的普遍性和自治性，构成超越社会全体的规范秩序。[①] 不可否认，这一普遍性的“法治理想”，虽号称为社会三大等级所共需，但实际上，却是当时实力尚不足以压制其他两大集团的资产阶级以“人民”的名义所采取的权宜策略，它为处于生长期的资产阶级提供了足够的生存空间，亦为其争取到来自于社会大众的鼎力支持，由此形成“此消彼长”的三大集团力量对比之态势。可以看到，在资本主义发展和资产阶级革命时期，法律以“社会契约”的方式，承载着资产阶级自由、平等的愿景，被作为一种新兴的方式，来反抗作为旧秩序表征的宗教特权和道德独裁，型塑和表达着资产阶级革命的正当性。

（二）从自然法理念到法治形式品格的塑造

资产阶级确立统治后，“自然法”式的法律观念所承载的批判现存秩序、确证革命正当性的功能业已实现，现代法律开始转向对于稳定“秩序”的追求。这一“秩序”追求，有其现实动因。早期资产阶级奉行资本主义精神，在韦伯看来，这一精神源于新教伦理的禁欲苦行主义，它是资本主义无限扩张的特性在其生长期的积极面貌呈现。然而，节制进取的资本主义精神虽然创造了现代社会的巨大辉煌，但其无限扩张的本性却将自己吞噬。这是资本主义精神的内在悖论。资本主义精神的关注基点是个人，这是现代性意识的逻辑起点和价值终点。积极进取的个体存在，虽以“创新”的名义容许了一切个性冲动和试验行动，人性中的自私自利被无限放大，并被许之为理所当然，最终偏离了自我节制的原初轨道；而且，这种无限扩张的姿态，彻底打碎了与传统的一切联系，由此将现代社会置于强烈的不确定性中，各种现代性的风险随之而生。这一现代性的风险，本质性地表现为现代社会道德秩序的困境。现代性对个体价值无限尊崇，个体成为道德判断的主体，此点造就了现代社会的多元属性。现代社会的多元性，本质上是道德的多元化，在个体至上理念的期许之下，社会道德状况呈现出道德个体化、主观化和相对主义倾向，进而形成伯林所言的多元且不可通约或韦伯所说的“诸神之战”之状态，个体间的道德冲突频繁且日趋激烈，以道德多元化

---

① 参见〔美〕昂格尔：《现代社会中的法律》，吴玉章、周汉华译，凤凰出版集团、译林出版社 2008 年版，第 54—70 页。

为基础的社会多元集团及其利益冲突成为现代社会的常态；而就社会秩序维系而言，道德的个体化与社会道德共识日趋紧张，以至于渐至遮蔽社会道德共识，由此导致社会整合频现危机。

此情此景下，重达道德秩序成为现代多元社会的首要诉求，一种有关个体道德选择和道德冲突的确定性道德指引十分必要。然而，在不可通约的多元道德之间，作为现代性之立基的个体主义理念，却意味着一种对于各种道德公正无偏袒的价值中立立场。这一中立立场与道德指引之间，存在天然的紧张关系。为缓解二者间的紧张关系，现代法律从三个方面发生转型，在法学思想史上，以反抗神权、君权和等级特权并宣扬资产阶级革命正当性的自然法观念，让位于关照现实秩序的实证主义观念，法治的形式主义品格[①]最终型塑。

第一，程序主义。作为现代社会秩序的维系机制，法律必须对道德冲突做出回应，但其回应的方式并非是对冲突中的道德作出直接评判，而是遵循“价值中立”的立场，为道德冲突构建相互博弈及至调和的程序平台。在这一平台上，法律程序为冲突中的道德提供了博弈的规则，引导双方按此规则有序地主张、论辩、调和，表达了形式平等的立场，诸种冲突的道德，无论其诉求何等高尚，代表范围何等广泛，在法律程序面前，皆是一视同仁的。法律程序通过配置中立而公开的冲突双方平等参与机制，超越了彼此迥异而冲突的道德诉求，避免深陷其中而有所偏袒；而在政治层面，法律程序有效制约了占据主导地位的政治权力借“实质性的法律判断”侵及对立道德诉求的冲动。以上诸种，充分体现了现代法治的形式品格，在此种意义上，法律程序主义足以称为现代法律制度的底线共识。

第二，体系自治。作为对程序主义的补益，在实体内容上，法律制度必须构建一套规则体系，并且要符合一定的要求（富勒称之为法律的内在道德），使其得以有效运转，从而可以为现代人提供直接的行为指引，规避道德选择，消解由此而生的道德冲突。在思想史上，这一规则体系的产生，与以“最大多数人的最大幸福”为宗旨的功利主义思想，尤

① “法治的形式主义品格”，不能被等同于“形式法治”。所谓“形式法治”，是指以形式品格为唯一、排斥实质价值的法律制度及其实施，它仅能代表某种意义上的业已偏颇的法治模式；而“法治的形式品格”，则是指法治的一个面向，是对法治的某个典型特点的阐述，它不带价值评判色彩。

其是作为传统功利主义改进的规则功利主义，一脉相承。“规则功利主义”的基本立场是：它不针对个别行为，而是将功利原理通过规则确定下来，人们只需按照规则行事，而无须运用规则背后的功利原理。规则的正当性来源于其与功利原理的契合；而具有正当性的规则，就成为了人们的行为标准。这就将抽象的功利原理置换成为具体的规则导向。据此，在立法过程中，通过价值博弈甄选出合适的价值原则，将其具体化为可供直接援引的规则，由此构建的法律体系，作为一种逻辑自洽的系统，独立于纷繁复杂的外在实体道德，具备了自治的品格。

第三，普遍适用。具备自治品格的规则体系，将现实生活中丰富多彩的价值冲突抽象为以权力、权利与义务为要素的法律关系，将道德冲突转化为法律层面上的冲突，通过规则适用过程中的利益衡量机制与合法性判断、规则适用的责任机制等，试图为大多数道德冲突提供精确的适用模板和确定性的答案。这一技术化的规则适用模式，经由法律程序的包装，自在地游离在诸种道德的交集之中，表达了一种“由调和所有特殊利益所组成的普遍利益”（昂格尔语）。这一“普遍利益”，不仅是争议各方从中均能获得其想要的利益的组合，或从长远的层面所调和而成的“共同利益”，更是社会共同体层面的“公共利益”。法律是公共利益之载体，因而需要得到普遍适用，以呵护人们所赖以生存的社会秩序。

（三）法治形式品格与现代社会的高度适应性

现代法治的形式品格，弥补了现代社会因道德冲突频繁而所急需的秩序要素，最大程度地因应了现代性关于稳定秩序的需求，因而本质性地说明现代法治与现代社会的高度适宜性。现代性高度尊崇个体自由，现代社会的立基之本就在于对于个体利益的保护，在追逐私益的过程中，个体冲突不可避免，有序而充分的竞争，只有仰赖于明确公布并有效实施的法律。① 而就现代社会秩序更为深层次的价值冲突而言，现代法治同样不可或缺：一方面，现代法治对程序的严格遵从，保证了价值冲突的动态协调，为多元利益的调和提供了一个博弈的平台。而

① 诚如昂格尔所言：“没有规则，永远也得不到社会生活中协作的利益，除非可能是作为个人和集团独裁的结果，否则，社会秩序的存在将永远是费解的神秘现象。”参见〔美〕昂格尔：《现代社会中的法律》，吴玉章、周汉华译，凤凰传媒出版集团、译林出版社 2008 年版，第 21 页。

且，在公正理念指引下的设计合理的法律程序，甚至可以一种议论、决定过程的反思性整合，促进争议双方共识的达成。① 另一方面，现代法治的形式品格，以关于确定行为的功利主义原理为内核，预设了统一的功利价值和功利评判规则，以一种普遍适用的姿态，摒弃了纷繁复杂的人性选择，超越了个体的情感体验；它为身处于道德冲突中的人们提供了一种道德风险最小的道德方案，使其克服了内心徘徊的道德焦虑，明确自身行为的预期，由此为消解道德冲突提供确定性的方案，也为道德秩序的重建提供了一种确定性的统一规则。

基于上述，以形式品格为根基的现代法治，构成了现代社会有组织的秩序生活的基础，成为了现代社会最为适宜的社会组织方式。尽管有异化风险（这也为后世历史所证实），但仍保持着极为旺盛的生命力，成为现代社会最为重要的社会组织方式，也升华为现代社会中最为理想的法律形态。

二、法治形式品格的“去道德性”

现代法治形式品格的塑造，呈现出一种以祛除道德判断为内容的“去道德性”倾向，这一倾向实则是法律体系与个体道德逐渐疏离、防止个体道德僭越法律中立立场的过程。在个体道德渐至遮蔽社会普遍道德的情景下，既然社会普遍道德无从探寻，法律就自然放弃了与此相对应的对于“法律应该是什么”和“法律与道德关系”的追问，而集中关注“法律实际是什么”。同样道理，既然个体间道德多元且不可通约，那么法律体系就绝不可纠结于其中，于是，现代法治不断强化自治品格，将纷繁复杂的个体道德拒之门外，严格保持道德中立立场。

当然，这并不意味着现代法治最终丧失了道德基础。实际上，遵循形式品格的现代法治，同样遵循“最低限度内容的自然法”，所谓“最低限度”，即“以有关人类、他们的自然环境和目的的基本事实为基础的、普遍认可的行为原则”。② 不过，对于法律遵循最低限度内容的自然法的判断，只是基于观察和实验的社会学和心理学的概括和总结，“法律反

① 陈林林：《法治的三度：形式、实质与程序》，载《法学研究》2012 年第 6 期。

② 〔英〕哈特：《法律的概念》，张文显译，中国大百科全书出版社 1996 年版，第 188—189 页。

映和符合一定道德要求,尽管事实上往往如此,然而不是一个必然的真理”。[1] 现代法治始终强调,现代性语境下的个体化、主观化道德和道德相对主义,无法通过法律技术来论证,因而法学的立场应是与道德无涉。

在当下多元社会道德困境的背景下,作为现代社会主导性的组织方式,现代法治的此种与个体道德无涉的立场,可谓是一种“鸵鸟主义”,不但不足以应对社会道德困境,反而还在某种程度上助推着道德困境。

(一) 法治形式品格的形式化与工具化

法治的道德中立立场,虽可防范道德压制和道德独裁,但却因其道德无涉的形式理性,而无法直面现代社会频繁的个体间道德冲突,而且在某种程度上,还助长着法律与道德的冲突。

现代社会的本质特征是价值多元且不可调和。在现代社会,利益冲突在很大程度上或很大范围上内在地源于道德价值冲突,道德困境深刻地决定了社会矛盾的深度和广度。道德冲突不过是以另外一种方式,即规则冲突的方式展现出来。与其说法律规则消解了道德冲突,倒不如说它提供了一个道德冲突的平台,各种程序化的设计和权利救济制度,就是价值冲突平台得以构建的“原材料”。而且,法治虽可依赖其技术理性和程序主义应对利益纠纷,但却因中立立场而对道德冲突无所作为。因此,即使再如何强调形式法治的纠纷解决功能,也无法抑制社会纠纷的高发频率,而只能疲于应付。[2] 而且,对于本质性的道德冲突,法治将个体间的道德冲突留待个人决断,而基于个体道德的不可通约性,个体只能以各种妥协折中交易来消解道德冲突,但这一方式,却在不断消损着社会共识和社会普遍道德,久而久之,个体道德信仰让位于利益追求,最终进一步陷入道德相对主义和道德主观化,进而导致道德虚无主义[3]。

---

① 〔英〕哈特:《法律的概念》,张文显译,中国大百科全书出版社 1996 年版,第 182 页。

② 在当下社会矛盾频发的社会背景下,强调多元纠纷解决机制的构建有重大的现实意义。但社会矛盾内发于社会结构,而道德因素在很大程度上反向影响着社会结构,因此,道德冲突与社会矛盾之间有着千丝万缕的内在联系。如果多元纠纷解决机制不能关照此点,那么这一机制的构建,注定形式大于意义。

③ 施特劳斯称之为“价值虚无主义”,并将其视为“西方文明的危机”或“现代性的危机”。参见〔美〕列奥·施特劳斯:《自然权利与历史》,彭刚译,生活·读书·新知三联书店 2003 年版,第 11—12 页。

另一方面，“尽管普遍性的道德难以得到论证，但人们生活的世界绝对不是一个没有价值追求的世界，一个没有美好与丑恶、正义与非正义的世界，人们始终会用道德的目光来审视法律，而这个道德的目光已经没有一致性了。于是道德和法律的冲突就越发激烈。因此，法律在道德相对主义面前，道德根基被逐渐掏空，变成了没有确定价值，而只有工具意义的纠纷解决工具。”[①]法律体系不是凌驾于社会结构的超然存在，作为一种上层建筑，它由社会结构决定。当道德冲突损及作为社会共识基础的社会普遍道德时，必然影响到法律体系得以存在的社会基础。在当下歧异纷呈、道德相对化的情景下，缺乏普遍道德论证的法律体系甚至可能沦为利益相互竞争的多元集团的工具和说辞，进而危及本身的独立性和中立性，法律的正当性基础便面临重大危机。

（二）法治形式品格的封闭性和自我冲突

法治的形式品格，因缺乏道德论证，日益陷入形式化和系统性的自我冲突，致使法律改革和自我进步裹足不前。

这是秉持形式品格的现代法治对于社会道德困境回应能力弱化的一种结构性解释。亚里士多德早就指出：“法治应包含两重意义：已成立的法律获得普遍的服从，而大家所服从的法律又应该本身是制定得良好的法律。”[②]在现代社会的语境下，所谓制定得“良好”的法律，应遵循如下三个标准：首先，现代社会的“良法”，首要标准是尊重和保障“个体”的权利，满足个体的自由和平等式的权利诉求，并能为此提供便捷的救济程序。其次，就社会整体福祉而言，现代社会的“良法”尤其要协调好个体权利保障和社会公益促进的关系，当然，也定然会面对二者的相互冲突。[③] 最后，现代社会的良法，要为流动的现代性提供一个稳固的秩序框架，形式主义和程序主义是现代“良法”的必要条件，富勒将其称为“法律的内在道德”。作为现代“良法”的表征的形式品格，实则蕴含有现代法律的运行逻辑，彰显了现代法律普遍适用、独立判断的自治性。

---

① 郭忠：《法律秩序与道德秩序的相互转化——道德的法律化和法律的道德化问题研究》，中国政法大学出版社 2012 年版，第 106 页。

② 参见〔古希腊〕亚里士多德：《政治学》，吴寿彭译，商务印书馆 1965 年版，第 202 页。

③ 应该说，这一关系涉及现代法律的本位问题，强调社会从个体发展中获得进步，是个体本位，为资本主义国家所倡导；相反，强调个人从社会整体发展中受益，则是社会本位，为社会主义国家所倡导。

个体权利的保障、个体权利与社会公益的协调，如果不能诉诸法治的形式品格，将难免复归旧秩序下的随意任性及压制迫害。就此而言，这一品格虽难免有僵化或摒弃情理之弊端，但仍必须为现代法治所坚持。

然而，上述“良法”标准，却往往给法律本身带来诸多挥之不去的“困惑”：对个体权利的保护，固然可因此获得人们的认可，但这种认可大多停留在满足需求的工具性维度，一旦法律与自身利益抵触，人们仍然难免对法律生出不信服之心；对社会公益的促进，本是法律的主要目标所在，但私权保护往往借力于对人们诉求的顺应而得以凌驾其上，在二者经常抵牾的情形下，社会公益往往面临诸多阻碍，权利话语偏斜化；对程序的遵从固然可以强化人们对于法律公平感的信心，但这种对于形式正义的信心却无力对抗人们对于实质正义的强烈向往，实践证明，现代法律的这一目标不周全性，往往是批评的主要来源，也常常会波及对法律程序不妥性的拷问。由此可见，现代法治的“道德困惑”，不仅是对各种“良法”标准的异化担忧，更是三大标准之间的彼此冲突，这是一种法律体系内部价值的系统性冲突，进而使得法律改革陷入彷徨不前的困境，社会“回应”功能有所淡化。

之所以如此，根本性地源于现代法治内含的价值是秩序优先，秉持权利独立于“善”。这一价值取向仅以个体权利关系为基本模式，而淡化了个体内在的道德品格判断，日益丧失其对于人的价值的终极关怀，抑制了好坏标准和善恶标准的存在。① 以功利原理为内核的现代法治，日益失去了判断好坏的能力，而在某种程度上，其“唯规则是从”的立场将道德拒斥于规则之外，与其说是道德中立，不如说是无视主体情感式的道德判断回避，由此沦为道德“虚无”，不过这一“虚无”明显不同于之前的道德“混乱”——如果说在此之前，人们尚有道德选择余地，那么如今，道德选择反而成为累赘，因为不选择一定会比选择更有功利，人们可堂而皇之地诉诸规则来逃避道德，甚至可以规则允许来为不道

---

① 亚里士多德在《尼各马可伦理学》中列出“一个行为成为有德性的行为”的三个条件：第一，行为人明知自己在做有德性的活动；第二，行为人是自愿为之的，不是受到胁迫或被迫的；第三，行为人从事这一行为，是出于其意志确定的品质，而不是偶然为之。参见〔古希腊〕亚里士多德：《尼各马可伦理学》，廖申白译，商务印书馆2003年版。与之相比，规则功利主义的伦理学显然淡化了行为人的内在品格，而仅以一次性的外在行为作为道德评判对象。这集中体现了古典德性伦理学与现代规范伦理学的根本分野。而这一差异，恰恰是理解现代社会道德困境的最好切入口。

德之事搪塞了。由此，在某种程度上，现代法治就不免沦为某些利益的浅薄说辞，为某些不道德行为加冕授勋。

总而言之，在现代社会道德趋向个体化的背景下，现代法治秉持个体道德中立的立场，侧重于外在权利的保护，放弃了对社会普遍道德的论证，因而，立足于社会普遍道德的社会公益和实质正义，并不能得到法律的支持，而不得不向个体权利和形式正义妥协。这种排除了道德内容的形式主义法治观念，开始遭遇前所未有的挑战，各种从形式法治向实质法治过渡之呼声日甚。[①] 在现代道德困境面前，以实证主义法律体系为表征的现代法治，不仅无法有效回应社会道德困境，反而也将自身愈加卷入到道德困境之中，这可谓是现代法治本身的"道德困境"。

三、"人权"话语的复苏与法治道德困境的延伸

（一）"人权"与法治形式品格的结合

秉持形式品格的现代法治对于道德困境的"鸵鸟主义"，是 20 世纪下半叶以来的"人权"话语复苏的动因之一。[②] 第二次世界大战后，各国纷纷将伦理色彩浓厚的"人权"写入宪法，并在联合国的主导下制定了一系列国际人权公约，将人权塑造为"普适性"话语——人权之为"普遍"性，源于人类社会成员的"普遍同意"，在此种意义上，"人权"就是当下社会的共识，足以承担"社会普遍道德"之重任。据此，法治对于人权价值的宣扬和保障，被视为法治走出形式僵化的一个重要维度，它实现了遵循形式品格的法治与社会道德的价值关联性。

在此背景下，无论是罗尔斯的重叠共识论，还是德沃金关于法律的

---

① 尤其在中国，由于文化传统和社会心理，很难接受没有实质内容的形式法治观。参见张翔：《形式法治与法教义学》，载《法学研究》2012 年第 6 期。

② 一般认为，对于第二次世界大战以来实证主义可能导致极权的警醒，是自然法复兴的时代背景。由于资本主义生产方式的固有局限，资产阶级统治逐步陷入危机之中，数次经济大衰退及世界大战可以视为危机的集中爆发：现实的惨烈迫使人们开始怀疑实证主义到底能否达成自由主义的理想。答案无疑是十分消极的。法律实证主义的传统，一定程度上助长了政府在公共事务中的主导性，而在代议制由于贫富分化而无法发挥预期功效的情景下，这种主导性极易被极端化。实际上，多元价值冲突所引发的社会共识消散和秩序危殆，乃是自然法复兴的思想动因。罗尔斯、德沃金、哈贝马斯等现代思想家的理论努力就在于如何重建多元时代的价值共识。

道德阐释论，抑或哈贝马斯的商谈理性和公共领域理论，其理论意旨均在于，为现代法律体系开通与自然法联接的管道，缓解法治形式品格与社会道德困境的紧张关系。就此而论，以人权为主旨的自然法的复兴，是为现代法治重建道德根基的努力。一方面，虽然历经多重磨难并饱受质疑，但以形式品格为根基的现代法治仍是现代社会最为适宜的社会组织和治理方式；另一方面，理想的法治不能仅仅是形式主义或程序主义的，法律若想为人所自觉遵从并自觉信仰，就须得是与“社会普遍道德”相契合的“良法”。[①] 因此，现代法律不仅应“制定得良好”，而且要承认法律体系的道德关联性，将“良法”标准与法律体系的道德基础予以有机结合，才能走出当下困境，实现其组织社会的使命。在某种意义上，这就是法律体系的社会根基所在，是法律体系生命力的现实源泉，构成了法律体系的正当性基础。承认这一道德基础，可以为患有道德焦虑症的现代人指明已经失落的道德良知，为被掩藏的社会普遍道德营造一个安身之所，从而凝聚社会共识，在此基础上，方能真正培育现代人对于法律的内在信仰。

“人权”话语的复苏，表面是对法治的形式品格的否决，但其实，在自然法的复兴浪潮下，法治的形式品格并没有因为上述责难而失去统治力。当代的人们一直徘徊在形式品格可能“极端化”的犹疑之中，但又无法割舍其给现代社会带来的巨大安定感。因此，尽管这一传统曾经在某种意义上给人类带来了困惑，现代社会还是选择坚守了这一传统，并以自然法的人权传统对其加以改造，尽量使其不脱离人类所预想的理想轨道。“人权”的自然法传统与法治的形式品格的结合，为实在法提供了一个超越实在法的评价尺度和检视标准，从而在一定程度上克服了形式品格可能的僵化倾向；而“人权”也成为违宪审查和宪法监督机制的核心精神，从而有效规避了传统自然法人权的“虚幻性”。这种结合，开启了当代法律与社会发展的基本模式：即通过道德评价促进法律发展，由此回应社会发展之诉求。近些年来女权主义、同性恋权

---

① 晚近以来，法学实证主义虽然承认法律承载有“最低限度的自然法”，此点无可争辩，概由于“最低限度的自然法”乃是维系社会的最基本要求，法律若不对此予以承认，则难以承担组织社会之重任。然而，法律对于道德的诉求若仅限于此，则难免陷入上述困境。作为一种独立的社会组织和治理方式，现代法治需要一种超越于法律本身、能够支撑起法律大厦的外在道德要素。

利、安乐死等现实问题就是这种新的传统的展现。

（二）道德困境的延伸

不过，经过改造之后的法治形式品格，并没有根除其固有的道德局限；尤其在与自然法的人权传统结合之后，还可能滋生出更为严重的道德问题。现代社会因尊崇个人自主性，而导致利益格局纷繁复杂，道德冲突频繁激烈，对于此种复杂局面，法治的形式品格始终无力通融圆洽，只能退而求其次采取中立立场，秉持"权利先于善"的理念，试图将各种冲突交由主体自决，只要冲突不超出法律界限。而在人权传统复苏之后，这种冲突则借助"人权"话语愈演愈烈，冲突双方动辄将其诉愿上升至"人权"以寻求终极正当，法治由此压力倍增，进而陷入进退两难之境地——若在实在法层面上承认"人权"诉愿，则意味着相应义务的增加，随之而来的是众多而过分的诉愿效仿，有限的社会资源最终将陷入分配的困境；若拒绝承认，这些诉愿将会继续纠缠不清，而且实在法可能还会被冠以"恶法"之名，冲突加剧。不唯如此，掺入"人权"话语的法治形式品格，有可能会放纵人的自私自利本性，进而动摇实证主义的根基——人的自私自利行为一旦被戴上"人权"的帽子，将会拥有额外的"通行权"，而在社会上横行无阻。这在现代社会已经不足为奇，各种过度的权利主张频繁抛出，已经足以提醒人们注意这种权利传统的危害了，而不能仅仅以"多元"为名戴着"宽容"的面纱继续纵容。

总而言之，人权话语的复兴为民众的诸多新型诉求提供了话语支持，但社会资源显然无法满足那些过分而众多的愿望，由此形成了某种程度上的民众诉求与法治的稳定之间的紧张关系，进而影响到民众对法治的认同度。这也成为现代法治在人权话语的自然法复兴之后所滋生的新型困境所在：一方面国家不得不扩大政治机构，以应对包括维护社会秩序、促进经济发展、保障弱势群体利益在内的越来越多的事务；另一方面各式各样的权利诉求不断涌现，扩大的政治机构亦难免囿于有限的社会资源而有心无力，自由竞争时代的民怨沸腾虽有所缓解，但民众却越来越斥责政府的无能。这一切，均源于现代法治对于"人权"话语没有限度的偏爱。

四、法治形式品格与道德关联的内在紧张

(一) 法治形式品格回应社会形势的两难处境

鉴于法治的形式品格对于现代社会秩序的高度重要性,法治的形式品格不宜轻易否弃。具体而言,在承认法治形式品格之于现代社会的积极价值的基础上,严格保持现代法治的程序主义、体系自治、普遍适用之品格追求,维持其固有框架。这是现代社会秩序维系之基本要求。不过,对于法治的形式品格的坚持,却会导致其与社会普遍道德之间产生一道无法跨越的鸿沟,这一鸿沟的出现,不仅仅是因为法律技术的局限(法律无法论证普遍道德),而是根源于现代法治对于个体价值的尊崇,在个体道德多元并立的情景下,唯有通过形式品格保证自身的中立立场,防止在法律中偏重某种道德而压制另一种道德。基于此,现代法治自身无法将社会普遍道德嵌入到规范和程序中去,否则将悖逆其权利先于善和道德中立之基本立场,有可能侵害个体精神自由。基于此,我们不能强求现代法治因"此"(寻求与社会普遍道德的契合)而失"彼"(法治的形式品格),妥适的做法,应尝试以一种既能维系形式品格、又可顾及普遍道德的立场,实现与社会普遍道德的价值关联,以此走出现代法治道德局限性。

另一方面,在"人权"话语复苏的背景下,现代法治虽在一定程度上实现了与道德观念的价值关联,但道德冲突却借助于"人权"话语而致冲突日趋激烈,进而形成对法律体系的巨大民意压力,由此导致某种程度上的民众诉求与法治的稳定之间的紧张关系,构成了现代法治在自然法复兴之后所滋生的新型困境。就此而言,缺乏规范内涵的人权,并不能担当现代社会普遍道德的重任:人权的"普遍"性在很大程度上却是"八面玲珑"或"左右逢源"的——人权内涵的广泛包容性,恰恰是"人权"规范内涵缺失的体现,它使得任何个体道德诉求均可诉诸其以获得正当性基础。于是,个体道德诉求便求得了与社会普遍道德的一致。这种一致,只能是最为肤浅的表面一致,它迎合了个体的欲望,并将个体哪怕是再浅薄或任性的一己之私粉饰为正当,因而,这种一致实际是个体利益诉求对于社会普遍道德的遮蔽,从本质上讲,是社会普遍道德

的“虚无化”表现。此点也构成现代社会道德困境的深刻肇源。简言之，如果“人权”一旦被人的无度欲求所利用，就会立即将道德缺失极端化为“道德”泛滥困境，进而发酵业已十分严重的社会道德问题，乃至于动摇现代法治的社会根基。就此而言，当下部分学者所畅言的“实质法治”，如果脱离了形式法治的框架约束，那么其所引发的后果，必然是对此种危害的最佳注释。

在上述两难的情景下，问题便可化约为：既要在保持现代法治的形式品格的前提下实现其道德关联，又不至于因人权话语的泛滥而使得现代法治不堪其重。法治作为现代社会主导型的秩序维系机制，必然面临与社会发展相适应的课题。这一问题，正是法治在现代社会发展新形势下所遭遇的挑战：现代法治在其初期所面对的社会，并未提出多元道德并存且相互冲突的难题，因而法治对此并未过多考虑，而当这一问题为现代社会所无法回避之时，现代法治自然面临有关于此的“有效性”诘问，当其应对无力之时，甚至会遭遇“正当性”危机。另一方面，当法治的形式品格对于社会形势的发展有所妥协之时，法治却面临着一种无所约束的“开放性”风险，这一风险可能是现代法治所无法承受的，它最终会消损法治所赖以存续的形式品格，一旦法治的形式品格无从确证之时，现代社会便将有秩序失控之虞。法治的形式品格与道德关联之间，始终存有无从消解的紧张关系，如何缓解这一紧张关系，成为作为现代社会维系机制的法治发展史上的“元问题”。尤其在社会转型期，这一“元问题”倍加凸显。

（二）既有应对思路的不足与改进

既有应对思路普遍从民主参与立法、能动司法与自由裁量执法等维度展开，通过对法律体系内含价值的挖掘及其支配性地位的强调，并以严格的程序予以约束，尝试增强程序的协商功能，以求在自治的法律体系内部促成一种有关争议的价值共识，由此回应作为法治外部环境的社会实质正义之诉求。尽管各自的侧重点有所不同，但归结起来，这一思路可被称为有关理念、技术和制度的从自治型法向回应型法的系统转型。[①] 各种应对思路其实是一致的，这是因为，在分享同一逻辑的法律系统内，理念、技术、制度之间，无一不是相互关联彼此作用的，对于其中任何一者的改造，必须得到来自于其他二者的有效支撑，而任何一者的改变，必然会对其他二者产生互动效应，进而影响到整体法律系统的品格。总体来说，这一应对路径的目标在于在法治的形式品格和回应社会形势的开放性中寻求平衡，但基本方式却是针对形式品格的改造——它虽谨慎地防范实质价值对于形式品格的消损，但这种改造却因为其所固有的与形式品格的内在悖反，而必然会不同程度地伤及形式品格本身；而且，更为重要的是，这一以实质正义为名的方式，在民意的期许下极易扩张，即使再严格的程序约束，也将无能为力，彼时，其与形式品格的紧张关系将时刻充斥于法律运行过程之中，法律运行在民意的阻滞下将举步维艰，法治所赖以存续的形式品格之正当性亦将被波及。就此而言，对于法治形式品格的维护，必须采取一种坚定的立场，否则各种冠之以"实质正义"之名的利益诉求必将钻营取巧（这一缺口如果被权力所利用，终将演化为极权主义），而不断腐蚀法治的形式根基。

在社会秩序维系的维度，社会构成一个整体系统，法律和道德分别是其功能子系统。作为功能子系统的法律，是自治性的，其内部运行逻辑不受同样作为功能子系统的道德干预。这一观念提示我们，可以在法治系统与道德系统之间寻找到一个沟通桥梁，该桥梁一方面能够将法治与道德联系起来，以保证法律体系与社会道德系统互动，同时可防止道德系统干预法治内部运行，以保护法治的形式品格，另一方面则可确保输入到法律体系中的"道德"经过了法律技术和法律制度的转换，由此可以具有明确的规范内涵，以防止道德泛滥危及法治的形式品格，进而造成因法律与道德冲突的社会无序。社会作为整体系统，必然能够提供这一平台，在现代社会的语境下，宪法正是社会系统为法律体系和道德提供的这样一种沟通桥梁。

---

① 参见〔美〕P. 诺内特、P. 塞尔兹尼克：《转变中的法律与社会：迈向回应型法》，张志铭译，中国政法大学出版社 2004 年版。

五、宪法作为法治与道德系统的沟通桥梁的证成及意义

（一）宪法作为法治与道德系统的沟通桥梁的缘由

以形式品格为根基的现代法治，是以一套效力层次高低有分的“金字塔”式法律体系呈现。在这一规范体系中，宪法是“最高的规范”，即凯尔森所言“基础规范”，其他规范的效力由宪法取得。所谓“基础规范”，是指不能从一个更高规范中得来自己效力的规范，那么，宪法的效力来自于何处？凯尔森认为，只有通过不断回溯，找到历史上第一个宪法，“这第一个宪法的效力是最后的预定、最终的假设，我们的法律秩序的全部规范的效力都依靠这一宪法的效力”①。由此可见，宪法作为法律体系的“基础规范”的效力来源，已经无法从实在法规范的层面上来求得，而只能诉诸一种“最后的预定”，“只有依靠这一假定，被宪法授予创造规范权力的那些人的宣告才是有拘束力的规范”。②

宪法作为根本法和最高法，当然不能仅仅凭据这一“假设规范”来获得效力，否则整个法律体系必然根基不稳。这一地位，也不能由各种制宪技术来赋予③，否则就混淆了宪法最高效力的“应然如此”和“实然如此”。它只能来源于一种社会哲学的思考。④

人类社会共同体发展的历史，就是人不断求得更好的生存和发展

① 〔奥〕凯尔森：《法与国家的一般理论》，沈宗灵译，中国大百科全书出版社 1996 年版，第 131 页。

② 同上书，第 143 页。林来梵教授将其称为一种“仅仅因为是妥当的，所以就是妥当”的假设规范、终极规范或原始规范。参见林来梵：《从宪法规范到规范宪法——规范宪法学的一种前言》，法律出版社 2001 年版，第 301 页。

③ 林来梵教授从比较宪法学的角度总结道，宪法的根本法地位，主要是由四种方式确立起来的：成文宪法的自我规定；硬性宪法的技术，如特别严格的宪法制定和修改程序；违宪审查机制的作用；宪政传统或宪法惯例。参见林来梵：《从宪法规范到规范宪法——规范宪法学的一种前言》，法律出版社 2001 年版，第 301—302 页。

④ 这种思考，构成了宪法社会哲学理论的主要命题。宪法社会哲学理论蕴藏于哲学、政治学、历史学、社会学和法的一般理论等专门的社会科学中。就其科学的价值、任务和功能而言，宪法的社会哲学理论所要重点解决的是在人类社会发展过程中宪法学的根本问题，诸如宪法产生、发展的逻辑必然性、历史规律性、社会正当性（尤其是政治上的正当性），宪法与其他社会现象的差异性、同一性和关联性以及宪法对人类社会、人类社会共同体（特别是国家）和作为个体的人（如主权国家中的公民）的作用、价值与意义。参见刘茂林：《中国宪法学的困境与出路》，载《法商研究》2005 年第 1 期。

的历史。人的生存和发展的基本理念，在人类社会共同体发展的每个阶段，都是普遍性的法则。尽管在不同的时空语境下，人类的生活呈现出多元而色彩斑斓的图景，每一种生活都有其属于传统的生活方式，然而，“不论社会生活采取什么样的特殊方式，都存在某些为社会生活所必需的道德法则……这些道德要素汇集起来，就构成了可以适用于每种社会生活方式的一种道德标准”[①]。宪法是人的生存和发展终极价值的最高规范载体，也是人的生存和发展终极价值的内在化。“蕴涵基本价值的根本法则，才是宪法所由产生的逻辑根据，并奠定宪法和宪政的道德根基。只有这样的法则，才能高于宪法，并以根本不变之道赋予宪法根本法特性，使宪法享有最高权威。”[②]

正是基于此，宪法是法律体系的价值基础。宪法对于人的生存和发展的终极价值的关注，对于整个法律体系具有辐射和整合的作用，“这种基本价值的核心，不仅是人本的，即一切为了人，为了一切人，而且是自由的，即维护人的尊严和福祉。这一基本价值也是普遍道德。根本法则是普遍道德的抽象形式，并因此成为普遍规范。正是由于在如此深邃而宽泛的意义上体现人本和自由这一基本的道德价值，根本法则才获得广泛认同，普遍适用，且历久弥新，指引总是有时效的可变的实在法”。[③] 在此意义上，宪法是法律体系的价值基础和立法依据。就此而言，宪法绝对不能被狭隘化地理解为纯粹实证主义规范。宪法对于社会普遍道德的关注表明，宪法是有关人类美好生活的整体性谋划，而人的道德生活是人的美好生活的价值来源，因此，宪法必然要关注人的道德生活，否则就是对宪法的狭隘化，也是宪法与人类有价值生活的断裂。

宪法的效力来源于社会普遍道德，社会普遍道德构成宪法的正当性基础，宪法规范蕴含着社会普遍道德。其一，社会普遍道德在宪法与共同体生活之间架起了一座桥梁，宪法规范对于社会普遍道德的确认，明确地表明宪法与共同体生活的内在一致性，由此构成宪法的正当性基础。其二，社会普遍道德能够为宪法所承载的普适性人权话语提供

---

① 〔英〕A. JM. 米尔恩：《人的权利与人的多样性——人权哲学》，夏勇、张志铭译，中国大百科全书出版社 1995 年版，序言部分。

② 夏勇：《中国宪法改革的几个基本理论问题》，载《中国社会科学》2002 年第 2 期。

③ 同上。

一种立足于现实社会的价值理解框架，使之指向特定历史时空的共同体现实生活和具体诉求，从而也为宪法的实施铸造了厚实的社会基础。[①] 其三，宪法对于社会普遍道德的确认，是树立宪法共识的过程。韩大元教授指出，"制宪的行为或者制宪的过程，就是把我们已经形成的一种国家和社会的共识规范化为一种宪法的内涵，也就是说通过制宪行为把一种共同的价值转化成为具体的宪法规范，使它成为宪法解释的一个依据和基础。宪法文本实际上就是社会共识通过一个制宪者的行为，使得共同的价值转化成为具体的规范的内涵"。[②] 在此意义上，宪法共识不仅仅是基于人们的同意、通过严格的立宪程序而达成的有关宪法的一致认同，还是在宪法与社会普遍道德的动态互动过程中不断被建构起来的，以宪法为载体，以社会普遍道德为底蕴的一致观念。

就此而言，作为现代社会根本筹划的宪法，在确认现代社会的基本价值之外，还应当承担的一种使命就是，弥合现代法治与社会普遍道德之间的价值鸿沟，实现二者作为彼此独立的社会组织方式的功能补益，为人的道德生活型塑良善秩序。

（二）宪法作为法治与道德系统的沟通桥梁的意义

宪法作为现代法治与社会普遍道德的沟通桥梁，在不损害现代法治自治品格的前提下，在法律体系的效力来源维度实现了其与社会普遍道德的关联，从而可以以这一间接的方式将社会普遍道德的效力辐射至现代法治严格保持道德中立的立场，引导个体道德进行自我规范，由此走出了现代法治固有的框架限制。同时，基于这一桥梁作用，可以通过法律体系的合宪性解释（合宪性解释的来源是社会普遍道德），缓解现代法治因规范稳定性而与现实生活的固有张力，超越形式法治的僵化倾向，赋予现代法治实质性的稳定内涵。另一方面，在现代社会普遍道德被个体道德遮蔽的情景下，这一联接方式又为社会普遍道德提供了富有生命力的践履路径，有助于凝聚多元社会的价值共识，共促法律信仰和社会进步。

---

① 参见秦小建：《宪法对社会道德困境的回应》，载《环球法律评论》2014 年第 1 期。

② 韩大元：《宪法与社会共识：从宪法统治到宪法治理》，载《交大法学》2012 年第 1 期。

就宪法的内部结构而言，依据宪法对于社会普遍道德的表达所重新提炼的宪法价值体系，对权力、权利、义务三大宪法结构要素进行重新配置，可以有助于宪法以一种妥当而谨慎的权力立场、严格界定的负责任权利话语和强调共同体伦理的义务观念来积极回应道德困境，进而以符合共同体及其成员协调共进的立场，来重新调整宪法三大结构要素的关系，以帮助宪法完成上述道德使命。具体而言，人权作为现代社会的基本价值共识，若想升华为现代社会普遍而又必要的道德价值，就必须将其关注点从孤立式的个体转向身处于共同体中的真实个人、从外在的物质利益转向人的伦理内在，即人权需要申扬共同体的观念，以此超越自由主义式个体道德的局限，促进共同体及其成员的互动发展。此时，宪法作为“人权”价值的安身之所，其对于宪法权利的理解，对于落实人权的共同体观念，至关重要。[①] 对于宪法权利的正确理解，既可严格限定人权的规范内涵，防止人权话语的滥用，又可在宪法体制层面上将权利观念与共同体精神两相结合。可以从对“宪法列举权利”和“未列举权利”的区分来严格规范人权的内涵，宪法列举权利，表明宪法担负有促使这些权利实现的义务；而未列举权利，则是作为宪法“努力实现的目标”，是对人权话语的限缩理解，防止以其广泛的包容性损害到成文宪法的权威，有效地克服了它的极端化倾向。此外，现代权利观念的发达，往往使人容易忘却或误解另一重要概念——宪法义务。应该说，宪法义务的价值是双重的，它一方面从“共同体”的维度确认了那些旨在维系共同体存续、以确保人的生存和发展的规则，彰显了共同体的伦理意蕴，另一方面则在实在法制度层面上提供了规制道德退步、引领个体道德进化的法律设置。

---

① 基于实证主义的立场，社会舆论普遍认为，没有在宪法和法律中得到规定的权利，就不是真正的权利，由此，我们可以看到诸多要求各种权利入宪和修改各种法律的主张。这种未经仔细考量的入宪主张，实际上潜含有较大的隐忧，已有学者从民主进程的角度对此进行了较为成熟的反思，参见姜峰：《权利宪法化的隐忧——以社会权为中心的思考》，载《清华法学》2010 年第 5 期；国外也有学者从权利的成本角度进行反思，参见〔美〕史蒂芬·霍尔姆斯、凯斯·R.桑斯坦：《权利的成本——为何自由依赖于税》，毕竟悦译，北京大学出版社 2011 年版。不过，这些反思均是从某个侧面展开的，尚未深入到宪法权利的本质性规定之中，也未揭示出宪法权利的真确内涵。

代结语:转型期中国宪法的道德功能

在现代社会的语境之下,宪法是以"现代宪法"呈现的,即所谓的经典宪法。在经典宪法理论看来,宪法是近现代资产阶级革命的产物,它是法律体系的根本法,是现代法治的重要构成。对宪法的这一理解,本身就是现代性的观念。既然宪法是现代法治的构成,又是现代性的观念,那么宪法何以能够超越现代性框架,帮助现代法治实现与社会普遍道德的关联?经典宪法概念将宪法视为"社会契约"式的先验产物,不能解释宪法是如何产生和演变的;它将宪法和法律视为一经缔结便凌驾于社会之上的超然之物,以至于在很大程度上使宪法及法律与社会生活相脱节,由此滋生的形式正义与实质正义之争论经久不息;与社会生活的脱节,使得宪法摒弃了实质性的善恶判断,以冷峻的面相卓然独立于丰富多彩的道德生活之外,渐而降格为寄生于现代法治躯壳内的秩序维系机制。就此而言,产生于西方自由主义社会的现代宪法,无从担当起上述使命。

相较于西方自由主义式的宪法传统和宪法发展模式而言,虽然中国宪法强烈地需要以先进国家的宪法发展模式为业师,但中国宪法植根于中国的历史和文化传统之中,本身有诸多可挖掘之处,中国宪法本身的品格及其身处的厚重历史文化传统,构成中国宪法回应道德困境的利好因素。简单而言,这些因素包括:中国宪法所孕育其中的传统"家国"观念及其所具备的共同体主义品格;作为后进国家的"后发优势",中国宪法可以在前鉴的基础上规避歧路,将成功的历史经验融入中国厚重的历史文化资源和中国宪法的独特品格之中,理性规划中国宪法回应道德困境之路;最后,中国现行宪法是世界上较为全面系统规定精神文明建设(道德是其主要内容)内容的宪法。

应当说,1982 年宪法颁布以来,中国宪法学的研究进入蓬勃发展时期。但由于所处特定时期的主要历史任务的导向,中国宪法学尚未关注到道德困境问题。而在当下道德困境凸显、道德成为社会政治经济文化发展所不能回避的基础问题之时,尤其在明确了宪法与道德存在紧密的内在关联之后,中国宪法学理应有所回应。中国宪法学对于道德困境的这一现实状况,一方面源于西方自由主义式宪法发展模式及其理论的流行，另一方面则源于对中国宪法本身独特品格及相关精神文明规范的忽视。[①] 从最本质的意义上讲，内生于中国社会结构（包括文化历史和现实诸多要素）、以中国宪法为蓝本和思考理据的宪法学理论，在当下中国付之阙如，以至于学界较多漠视了中国宪法自身蕴含的富有中国特色的、可供研究和建构独属于中国的宪法学理论的最佳素材，更丧失了以中国宪法为主线提炼中国法治原理、凝聚中国社会转型之价值共识、构建当代公共生活基本秩序的理论自觉。有鉴于此，中国法学研究应特别重视中国宪法的独特品格，要重视中国宪法中的精神文明建设条款，将其置于中国厚重的文化历史传统中去，以其为研究素材，提炼内蕴其中的社会基本规范与价值共识，在宪法学的整体学说框架下，论证以宪法正当性基础（效力来源）、宪法外部结构（宪法、法律体系与道德）和宪法内部结构（权力、权利与义务）为框架的宪法理论，从宪法学视角系统回应作为现代性危机深刻彰显且愈加严重的现代社会道德困境，以此弥补法治形式品格之不足，又不至于任由个体至上的极端观念泛滥，尝试以此构成中国宪法对于世界宪法的可能贡献。

（责任编辑：王金华）

① 针对《宪法》序言第7自然段和第24条，较多观点将此视为宣示性和意识形态性的规范，极端观点甚至认为此种规范严重损及了宪法的规范性和权威性。

论我国赔礼道歉的法律化

——兼谈对民法去道德化的反思

扈　艳*

内容摘要　赔礼道歉的法律化在我国具有历史和现实的双重立法实践。其合理性可以从其与法律责任形式的契合性、对当事人的作用以及社会效用三个方面证成。针对一个已然被纳入法律的制度而言，对该制度现存质疑进行回应比起合理性阐释更为重要。法律责任的承担是责任主体自由选择的结果，利益平衡之后赔礼道歉仍具有理论正当性，不涉及违宪。沿用历史未必具有局限性，比较法上的立法例有无不应成为判断制度是否合理的标准。民法的去道德化带来一系列社会问题，应引起我们的足够重视并对其进行反思。

关键词　赔礼道歉　法律化　民事责任形式　去道德化

一、引　　言

所谓赔礼道歉的法律化是指赔礼道歉从道德责任的承担方式通过法律确认演变为法律责任承担方式的现象，具体到民法领域中即演变为民事责任的承担方式之一。自《中华人民共和国民法通则》(以下简称《民法通则》)1986年颁布实施以来，赔礼道歉正式成为民事责任的承担方式在我国已经历了近30年的实践洗礼。在此期间，无论在立法层面还是司法层面，赔礼道歉制度都得到了不同程度的细化完善，并在纠纷日益多发、解决方式日益多元、精神利益和人格利益日益得到重视的今天发挥着重要作用。然而，就是这个根植于中国本土，充分体现东

---

* 中国人民大学民商法专业硕士研究生，《人大法律评论》编辑。

方智慧的责任承担方式①，其法律化自《民法通则》制定之初就一直经受学界的质疑。② 2014 年 10 月中国共产党十八届四中全会通过了《中共中央关于全面推进依法治国若干重大问题的决定》，明确指出要“加强市场法律制度建设，编纂民法典”，第五次民法典编纂的浪潮③席卷而来，赔礼道歉应否作为民事责任的承担方式继续存留于民法典之中，再次引发了学界的讨论。

正如有学者指出的，赔礼道歉的法律化之所以会引发争论，是因为其“除关涉宪法和民法，还旁及强制执行法和证据法，并涉及法律与道德的复杂关系”④，是一个既需要关照传统，又需要考量现代需求，既需要寻求法理上的正当性，又需要兼顾司法实践的操作性的涉及大量价值判断的综合问题。笔者认为作为一项已然被法律确认的民事责任承担方式，实践的自有惯性决定了对该制度存废之探讨，在注重应然合理性和必然可行性的同时，更应该关注对质疑意见的分析探讨，主张废除的一方应承担主要的论证责任，如果没有正当充分且必要的理由，不应

① 参见黄忠：《一个被遗忘的“东方经验”——再论赔礼道歉的法律化》，载《政法论坛》2015 年第 4 期。

② “魏振瀛认为：（赔礼道歉）能否采取判决的形式，我认为一般不采取为好。佟柔、杨荣新等认为：赔礼道歉只有当事人主动才有意义，作为承担责任的方式不当。但金平认为，对于《民法通则》的这一做法，我国民法学说也是给予积极评价的，认为其有利于缓和矛盾、切实保护受害人的权利，符合我国的民族传统，是民间调处纠纷经验的法律化、制度化。”参见张红：《不表意自由与人格权保护——以赔礼道歉民事责任为中心》，载《中国社会科学》2013 年第 7 期。转引自顾昂然等：《中华人民共和国民法通则讲座》，第 245 页；“民法通则（草案）座谈会”会议秘书处 1985 年 12 月 10 日第九号会议简报（主题是“对第六章民事责任的意见”）；金平等：《民法通则讲座》，西南政法学院法律系 1986 年版，第 398—399 页；金平主编：《民法通则教程》，重庆出版社 1987 年版，第 445—446 页；王作堂等：《民法教程》，北京大学出版 1983 年版，第 119—120 页。

③ 前四次民法典编纂历程：第一次为 1954 年至 1956 年底，中共八大上刘少奇同志在政治报告中明确要“健全社会主义法制”，这在一定程度上短时期内促进了新中国第一次民法典的起草；第二次为 1962 年至 1964 年，毛泽东同志 1962 年指出“不仅刑法需要，民法也需要”，1963 年指出“我们还没有制定民法典和刑法典，经验不足，我们也要搞”，根据其谈话指示精神，全国人大常委会的办事机构于 1962 年 9 月重新成立了民法研究小组；第三次为 1979 年至 1982 年，十一届三中全会的召开是该次民法典起草工作的重要背景；第四次为 1998 年至 2002 年，1997 年党的“十五大”把“健全社会主义法制，依法治国，建设社会主义法治国家”写入报告，并提出“到 2010 年形成有中国特色社会主义法律体系”的目标，为落实“十五大”精神，第四次民法典的起草工作得以恢复。参见易清：《新中国民法法典化历程考论》，知识产权出版社 2010 年版。

④ 张红：《不表意自由与人格权保护——以赔礼道歉民事责任为中心》，载《中国社会科学》2013 年第 7 期。

轻易言废。基于此,笔者在本文中拟从赔礼道歉在我国的立法实践现状入手,梳理学界有关赔礼道歉法律化合理性的论证以及学界现有的主要质疑,对以上质疑进行回应分析,并进一步阐析民法去道德化的反思。

二、赔礼道歉法律化的立法实践

(一) 历史存在

在我国古代的社会制度中十分讲求礼法秩序,道德与法律的交融程度较高,出礼入刑、失礼必服的规范和理念,为赔礼道歉作为一种责任方式提供了生存土壤。“族长在族中的权威很高,是家法的执行者,他可以根据族规或自己的意志判断曲直,酌定处罚。他可以责令赔偿损失、服礼道歉、罚款、加以身体刑、在祠堂打板子、开除族籍、送官究办。”[①]此处的服礼道歉的作用形式和功能与赔礼道歉类似,这种责任形式十分具有中国特色[②],通过语言或行为上的歉意表达以抚平当事人之间的关系裂痕,体现了中庸调和表象厌讼的中国智慧。[③] 同时,赔礼道歉的适用范围多集中于对民事主体人格利益进行侵害的场合,多体现为对名誉权之侵害。在清末变法中,1911 年完成的《大清民律草案》第 961 条的立法理由曾称:“名誉被害人之利益,非仅金钱上之损害赔偿足以保护者,遇有此情形,审判衙门得命其为适于恢复名誉之处分,例如登报谢罪等事是也,此本条所由设也。”[④]由此也可得见,赔礼道歉在我国历史上不仅作为一种责任形式存在,还具备了具体的履行方式。

---

① 瞿同祖:《法律在中国社会中的作用——历史的考察》,载《瞿同祖法学论著集》,中国政法大学出版 1998 年版,第 419 页。

② 参见梁漱溟:《中国文化要义》,上海人民出版社 2011 年版,第 76—86、180—199 页。

③ 参见尤陈俊:《“厌讼”幻象之下的“健讼”实相?重思明清中国的诉讼与社会》,载《中外法学》2012 年第 4 期。

④ 黄忠:《一个被遗忘的“东方经验”——再论赔礼道歉的法律化》,载《政法论坛》2015 年第 4 期。转引自《中华民国民法制定史料汇编(上册)》,“司法行政部”1976 年印行,第 661 页。

(二) 现行规范

新中国的赔礼道歉制度,可以追溯到根据地时期,是革命老区当时一项有效的纠纷解决方法。[①] 新中国成立后,自 1980 年全国人大常委会法制委员会民法起草小组完成的《民法草案(征求意见稿)》第 68 条就明确将责令赔礼道歉作为了一种民事制裁方法,1981 年的《民法草案(征求意见二稿)》第 62 条、《民法草案(第三稿)》第 486 条、1982 年公布的《民法草案(第四稿)》第 442 条都延续了该规定,并在 1986 年《民法通则》第 134 条正式规定"承担民事责任的方式主要有:停止侵害;排除妨碍;消除危险;返还财产;恢复原状;修理、重作、更换;赔偿损失;支付违约金;消除影响、恢复名誉;赔礼道歉",第 120 条再次明确"在公民的姓名权、肖像权、名誉权、荣誉权或者法人的名称权、名誉权、荣誉权受到侵害时,有权要求停止侵害,恢复名誉,消除影响,赔礼道歉"。这些规范的相关规定,使得赔礼道歉在我国民法中已然成为实然存在的民事责任承担形式,并且初步规范了赔礼道歉责任形式的责任范围。

之后 2009 年的《中华人民共和国侵权责任法》(以下简称《侵权责任法》)第 15 条规定:"承担侵权责任的方式主要有:停止侵害;排除妨碍;消除危险;返还财产;恢复原状;赔偿损失;赔礼道歉;消除影响、恢复名誉。"继续将赔礼道歉作为单独的民事责任承担形式。而且,《中华人民共和国消费者权益保护法》第 50 条规定:"经营者侵害消费者的人格尊严、侵犯消费者人身自由或者侵害消费者个人信息依法得到保护的权利的,应当停止侵害、恢复名誉、消除影响、赔礼道歉,并赔偿损失。"《著作权法》第 47 规定"有下列侵权行为的,应当根据情况,承担停止侵害、消除影响、赔礼道歉、赔偿损失等民事责任",第 48 条规定"有下列侵权行为的,应当根据情况,承担停止侵害、消除影响、赔礼道歉、赔偿损失等民事责任"。《最高人民法院关于确定民事侵权精神损害赔偿责任若干问题的解释》(法释[2001]7 号)第 8 条第 1 款规定:"因侵权致人精神损害,但未造成严重后果,受害人请求赔偿精神损害的,一

① 参见〔日〕高见泽磨:《现代中国的纠纷与法》,何勤华等译,法律出版社 2003 年版,第 167 页;侯欣一:《从司法为民到人民司法》,中国政法大学出版社 2007 年版,第 285 页。

般不予支持，人民法院可以根据情形判令侵权人停止侵害、恢复名誉、消除影响、赔礼道歉。”由此可见，立法及司法规范中均对赔礼道歉作为承担民事责任的形式之一进行一再确认和适用，并进一步细化了赔礼道歉责任形式的适用范围，使得其在司法实践中的应用更为清晰。

需要注意的是，赔礼道歉不仅在法律地位上得以确认，其履行方式也得到了细化。《最高人民法院关于审理名誉权案件若干问题的解答》（法发[1993]15号）第10、11条规定：“人民法院依照《中华人民共和国民法通则》第120条和第134条的规定，可以责令侵权人停止侵害、恢复名誉、消除影响、赔礼道歉、赔偿损失。恢复名誉、消除影响、赔礼道歉可以书面或者口头的方式进行，内容须事先经人民法院审查。”“侵权人拒不执行生效判决，不为对方恢复名誉、消除影响的，人民法院可以采取公告、登报等方式，将判决的主要内容和有关情况公布于众，费用由被执行人负担，并可依照民事诉讼法第102条第6项的规定处理。”该司法解释对于赔礼道歉的法律化具有不可小觑的意义，其划定了赔礼道歉的内涵范围，使得所谓赔礼道歉违宪的论调失去可讨论的前提。一方面其规定了当事人自愿赔礼道歉的履行方式，可以口头可以书面；另一方面，也更为重要的是，其规定了在当事人不愿进行赔礼道歉时的处理方式：强制登报后使其负担费用，已然在最大程度上平衡了当事人之间的利益，保护了侵权人的表意自由。

三、赔礼道歉法律化的应然合理性

赔礼道歉既然在民法领域被确定为承担民事责任的方式之一，关于其合理性的论述在学界已多有讨论，综合学界观点，可将其归纳为与法律责任形式的契合性、对当事人的作用以及社会效用三个方面。

（一）法律责任形式的契合性

关于法律责任的本质，学界历来有多种观点，其中影响比较大的有道义责任论、社会责任论和规范责任论。[①] 我国《民法通则》第106条规定：“公民、法人违反合同或者不履行其他义务的，应当承担民事责

① 参见朱景文主编：《法理学》，中国人民大学出版社2012年版，第321页。

任。公民、法人由于过错侵害国家的、集体的财产，侵害他人财产、人身的，应当承担民事责任。没有过错，但法律规定应当承担民事责任的，应当承担民事责任。”由此可见，我国民事责任一般是由违法行为引起的法律后果，其一般包含对违法行为的否定评价、对权利人的权利强制保护与恢复和对行为人进行制裁三层含义。[①] 关于赔礼道歉，国内学者指出：“根据《新华字典》的解释，‘赔礼’是指‘向人施礼认错’，‘道歉’则表示‘认错’。”“从文义来看，赔礼道歉至少包括两个方面的内容，一是认识到自己的错误，二是将这种认识通过一定形式表现出来。”[②]赔礼道歉是指侵权人向受害人承认错误，表示歉意，以求得受害人的原谅，有书面和口头两种形式。[③] 有外国学者认为一个完整的道歉应包括至少五个要素：(1) 承认事已发生；(2) 承认事不妥当；(3) 承认自己对行为负有责任；(4) 表示后悔的态度和悔恨的情感；(5) 保证类似行为将来不再发生。[④] 由此可见，中外对于赔礼道歉有所共识，赔礼道歉是将对错误的内心认识通过一定方式表露于外，即重在承认错误(无论其内心是否真正如此认为)，这种对错误承认的表露本身便具有重要意义。首先，承认的前提是有“错误”产生，将赔礼道歉作为一种民事责任承担方式，即是法律对引起赔礼道歉原因行为的否定评价。其次，这种法律的否定评价具有综合的社会效用，会在当事人所熟悉的一定人际范围内澄清事件真相，给侵权人一定的道德压力，由于否定评价会带来不悦精神体验，加之拒不履行时还可能遭受到财产的减损，故赔礼道歉当然可成为对行为人的一种制裁。最后，道歉的外化在一定程度上可促使相对人的精神恢复，通过赔礼和在一定范围内将侵权人的侵权行为公之于众，相当于相对人的行为受到了法律的肯定评价，相对人具有获得同情的情感支持，故其也达到了保护和恢复权利人权利的作用。由此可见，赔礼道歉使得民事责任在以上三种含义上都能得到满足，与法律责任形式具有契合性。

---

① 参见谭启平主编：《中国民法学》，法律出版社 2015 年版，第 70 页。

② 刘艳阳：《论“赔礼道歉”》，载《理论界》2013 年第 2 期。

③ 参见杨立新：《侵权责任法》，法律出版社 2011 年版，第 130 页。

④ 参见王利明、杨立新、姚辉：《人格权法》，法律出版社 1997 年版，第 143 页。

(二) 赔礼道歉对当事人的作用

法律责任的功能,可以大致归纳为报应和预防,报应的发挥方式主要表现为惩罚和补偿[①],惩罚针对的是侵权人,补偿针对的是受害人,所以赔礼道歉对当事人的作用可以从受害人和侵权人两个方面梳理:

赔礼道歉一般作用于人格利益受到侵害的场合,提出赔礼道歉请求的受害人或多或少都经历了来自于侵权人的精神上的压迫和伤害。受害人通过侵害人的赔礼道歉,可以在一定程度上消除内心的愤恨,通过侵权人的低姿态获得一定程度上精神压迫和伤害的回复和弥补,所以有学者指出,"即使是违背良心的道歉,对于侵害人仍能起到一定程度上的抚平创伤作用"。[②] 这也在一定程度上呼应了中国人更追求"本分和角色的和谐"。[③]

对于侵权人而言,赔礼道歉的作用则主要体现于自我救赎和自我形象重塑的内心和社会需要,该阐述来源于高夫曼的补救性交换理论,简言之可理解为由于错误的行为会在侵权人内心深处留下悔恨感与负罪感,若没有及时的发泄途径则会在侵权人心里沉淀为莫名的压力,通过赔礼道歉的方式,可以让侵权人在心里"把自我一分为二或者劈成两半",通过自我审视与外化道歉来疏导自己的压力,从而以一个崭新的面貌回归社会,该理论已为多位学者所共识。[④]

(三) 赔礼道歉的社会效用

上文已述,法律责任的重要功能之一为预防,即通过对行为人行为的否定和制裁,为社会其他成员提供警示的范本,从而规范其他社会成员的行为,以形成良好的社会秩序。正如涂尔干指出的,"惩罚的本质功能,不是使违规者通过痛苦来赎罪,或者通过威慑去恐吓可能出现的

---

① 参见朱景文主编:《法理学》,中国人民大学出版社 2012 年版,第 321 页。

② 黄忠:《一个被遗忘的"东方经验"——再论赔礼道歉的法律化》,载《政法论坛》2015 年第 4 期。

③ 参见马小红:《中国古代社会的法理学》,载《人大法律评论》2009 年卷,第 196 页。

④ 参见姚辉、段瑞:《"赔礼道歉"的异化与回归》,载《中国人民大学学报》2012 年第 2 期;黄忠:《一个被遗忘的"东方经验"——再论赔礼道歉的法律》,载《政法论坛》2015 年第 4 期;张力:《信用社会的软法治理——以赔礼道歉的法制化为视角》,载《河北法学》2013 年第 2 期。

仿效者,而是维护良知”。[①] 将赔礼道歉作为承担民事责任的形式之一,其在行为方式上相较其他民事责任承担方式更为柔和,对当事人及社会成员能起到更温和的教化作用,甚至对社会的信用体系起到积极作用[②];与此同时,赔礼道歉可以修补被破坏的道德原则秩序,也表达了侵权人对法律的再次尊重,有利于树立法律的权威。[③]

四、赔礼道歉法律化的现有质疑及回应

如上文所述,针对一个已然被纳入法律的制度而言,对该制度现存的质疑进行回应比起合理性阐释更为重要。目前,学界反对赔礼道歉法律化的主要原因可大致归纳为强制赔礼道歉涉嫌违宪、赔礼道歉作为法律责任形式具有历史局限性、赔礼道歉的法律化在比较法上孤立等三方面,以下笔者对上述问题逐一进行梳理并做简要回应。

(一)强制赔礼道歉是否违宪

在讨论强制赔礼道歉是否涉嫌违宪之前,需要首先讨论赔礼道歉是否具有强制性的问题。因为曾有学者指出“赔礼道歉系属将道德法律化,实际上并无作用”[④],“赔礼道歉的强制性难以实现”[⑤]。笔者认为,造成这些困惑的原因在于学者间对赔礼道歉的内涵界定多有不同。在上述论断中,对于赔礼道歉含义的理解过于狭窄,甚至隐含着只有发自内心和自愿履行的才是赔礼道歉之意。然而,赔礼道歉作为一种法律责任形式,其内涵除了包括本身含义外,还应包括具体的履行方式、履行对象、适用范围以及不履行时的救济方式等内容,以上内涵均为作为法律责任形式的赔礼道歉的概念项下的内容。因故,赔礼道歉具有强制性是毋庸置疑的:一方面当赔礼道歉被纳入民事责任形式之时,民事责任的强制性便当然赋予在赔礼道歉之上,这是其作为民事责任的

---

① 〔法〕涂尔干:《道德教育》,陈金光等译,上海人民出版社 2006 年版,第 123 页。

② 参见张力:《信用社会的软法治理——以赔礼道歉的法制化为视角》,载《河北法学》2013 年第 2 期。

③ 参见王立峰:《民事赔礼道歉的哲学分析》,载《判解研究》2005 年第 2 期。

④ 周友军:《我国侵权责任形式的反思》,载《法学杂志》2009 年第 3 期。

⑤ 参见冀宗儒:《论赔礼道歉作为民事救济的局限性》,载《人民司法》2005 年第 9 期;付翠英:《论赔礼道歉民事责任方式的适用》,载《河北法学》2008 年第 4 期。

本身属性决定的；另一方面，赔礼道歉的强制性还表现为其在正当程序护航下所具有的可执行性[①]，至于具体执行的方式软化和灵活程度在所不问；此外，需要注意的是，更无需为了回避强制赔礼道歉涉嫌违宪的问题在赔礼道歉是否具有强制性的问题上产生游移徘徊[②]，不然将有本末倒置、逻辑混乱之嫌。

强制赔礼道歉涉嫌违宪的疑问，源于日本和韩国的判例支撑，也为我国多位学者所指出，认为强制进行赔礼道歉侵害了侵权人言论自由中的不表意自由。[③] 其主要观点认为强制赔礼道歉迫使侵权人违背意愿进行扭曲的表达，是对人的内心世界、道德观念的强制。[④] 它违背了道德主观主义，因为每个人都是自己的道德立法者。[⑤]

对此，国内已有学者进行了全面而深刻的反驳[⑥]，对于其中要者，笔者深以为然。其一，任何自由都是有界限的，“良心自由”也不是绝对化的，这一点在古今中外的立法中均有迹可循。自由的边界在何是法律人孜孜以求的永恒命题，但是自由是有边界的，却是绝大多数的共识，并多以不损害他人、集体和社会利益的具体表述体现于法律之中加以固化。所以对所谓“良心自由”的维护，并不能成为对抗一切违背自身意愿所做行为的抗辩事由。其二，法律赋予人自由，其中就包含了行为人选择不自由的自由，正因如此法律责任才有其正当性基础。“法律责任是责任主体基于其由社会关系的现实状况所决定的自由意志所自主选择的结果。”[⑦]所以在此意义上，在法律的假设前提下，在当侵权人选择进行侵权行为之时，就意味着其自愿选择了承担相应后果，意味着其作出侵权行为是其考虑承担相应侵权后果和实施侵权必要性之后的

① 参见张力：《信用社会的软法治理——以赔礼道歉的法制化为视角》，载《河北法学》2013 年第 2 期。

② 参见黄忠：《一个被遗忘的“东方经验”——再论赔礼道歉的法律化》，载《政法论坛》2015 年第 4 期。

③ 参见柳经纬：《我国民法典应设立债法总则的几个问题》，载《中国法学》2007 年第 4 期；吴小兵：《赔礼道歉的合理性研究》，载《清华法学》2010 年第 6 期；葛云松：《民法上的赔礼道歉责任及其强制执行》，载《法学研究》2011 年第 2 期。

④ 吴小兵：《赔礼道歉的合理性研究》，载《清华法学》2010 年第 6 期。

⑤ 周友军：《我国侵权责任形式的反思》，载《法学杂志》2009 年第 3 期。

⑥ 参见黄忠：《一个被遗忘的“东方经验”——再论赔礼道歉的法律化》，载《政法论坛》2015 年第 4 期；张红：《不表意自由与人格权保护——以赔礼道歉民事责任为中心》，载《中国社会科学》2013 年第 7 期。

⑦ 参见朱景文主编：《法理学》，中国人民大学出版社 2012 年版，第 321 页。

理性选择。在看待法律责任问题时，不能将其与引起法律责任的原因割裂来看，也不宜忽视行为人的民事行为能力。其三，在某种意义上每一条法律都是对自由的限缩与践踏，没有一种法律责任形式使得责任主体在客观上完全自愿地进行承担。如果说强制赔礼道歉侵害了责任主体的不表意自由，那么其他责任形式也在不同程度上侵害了责任人的不同固有权利。不同责任形式之间的差别，多取决于侵权人侵害的权利利益的类型与程度，也直接表现为其对侵权人不同固有利益的限制和损害，只是从这些固有利益的性质来看，它们的人身属性的体现程度不同，如赔礼道歉限损的是表达自由，赔偿损失限损的是财产权，前者的人身属性体现更为明显。但是，这种不同是否或在多大程度上可以影响责任的承担，目前尚未有明确研究。然则，责任人之所以要进行责任承担，绝大多数情况是因为其过错在先或其行为违反了法律的规定，"大街骂人岂可小巷赔礼"，此时在受害人利益、责任主体利益以及社会秩序利益的平衡之中，显然受害人和社会的利益更应得到法律的保护和侧重。[①] 其四，言论自由与人格权保护的冲突，包括表意自由与人格权保护的冲突、不表意自由与人格权保护的冲突，二者皆属于基本权利冲突。不表意自由与人格权保护冲突的协调在言论分为事实陈述和意见表达的分析框架，可以得出更为妥当的结论。[②]

（二）是否历史局限性与比较法上是否孤立

有学者指出赔礼道歉在民法中的法律化是特殊历史时期的产物，具有一定历史局限性。具体是指赔礼道歉入法主要依靠经验积累，这说明欠缺必要的科学论证，将道德规范强行转变为法律规范；在特定历史背景下，迎合平反昭雪以及调和人民内部关系的需要。[③] 笔者认为，这种说法是站不住脚的：首先，经验积累本身就是科学论证的重要组成部分，一项制度已被实践验证，具有良好的运行效果和社会效果本身就是其科学性的重要体现。其次，该文作者潜在的因为制度是根据之前

① 参见黄忠：《一个被遗忘的"东方经验"——再论赔礼道歉的法律化》，载《政法论坛》2015 年第 4 期。

② 张红：《不表意自由与人格权保护——以赔礼道歉民事责任为中心》，载《中国社会科学》2013 年第 7 期。

③ 参见姚辉、段瑞：《"赔礼道歉"的异化与回归》，载《中国人民大学学报》2012 年第 2 期。

国情建设的，现在就必然不科学的逻辑是值得商榷的，因为改革开放以来中国纠纷多发，需要解决实际问题的国情没有变，中庸调和崇尚和谐关系的文化内涵也没有变，赔礼道歉作为与之适应的民事责任形式，其科学性也不应随时间的流转而产生变化。最后，我们还应注意的是，一项制度的现实运行效果是长期显现且与社会各因素进行互动后形成的有机结果，逻辑的推演很多时候并不能控制该制度的现实走向。

同时，也有学者提出由于赔礼道歉法律化十分具有中国特色，比较法上鲜有例证，因而有所不妥的观点。[①] 首先，即使对比较法上是否鲜有例证在所不问，基于法律基本的民族性与历史性，比较法上孤立无援本身就无法作为否定制度科学性的缘由之一，其他国家不将赔礼道歉作为民事责任形式并不能直接证成我国将其作为民事责任形式就不合理。其次，经现有学者考证，赔礼道歉在古今中外的立法实践中并不鲜见。在罗马法上，身份是主权者操纵的治理工具，破廉耻（Infamia）就是裁判官对个人宣告的道德否定评价，以惩罚此等人实施的某些行为或持有的某些生活方式的制度[②]，这与赔礼道歉形式表现虽有差异，但其作用机理有所相同。在德国，虽然民法典并未明文规定道歉责任，但实务上却根据责任法之一般条款而发展出了类似的制度。恢复名誉原状的方法除公布法院判决外，最常见的是所谓侵害名誉之虚假陈述的撤回（Widerruf）。[③] 这与我国赔礼道歉的实施方式十分相似，在日本、韩国及越南等国家也拥有相似制度。在英国，虽然法院不得命令加害人为谢罪广告或撤回、取消陈述的广告，但如侵权人主动为此行为时，便得作为减轻损害赔偿的事由。在美国，当侵权人自发为撤回侵害名誉的事实陈述时，亦得作为损害赔偿（包括惩罚性赔偿金）的减免事由。[④] 综上可知，赔礼道歉的责任形式在世界范围内仍具有生命力。要说明的是，以上国家的立法例虽然没有直接规定赔礼道歉的方式，但

---

① 参见姚辉、段瑞：《“赔礼道歉”的异化与回归》，载《中国人民大学学报》2012 年第 2 期。

② 周枏：《罗马法原论》，商务印书馆 1994 年版，第 127 页。

③ 邵允钟：《强制平面媒体道歉、撤回（或更正）报导与来函照登的合宪性检讨——以德、美二国判决之个案比较分析为出发点》，载《月旦法学杂志》2006 年第 7 期，转引自黄忠：《一个被遗忘的“东方经验”——再论赔礼道歉的法律化》，载《政法论坛》2015 年第 4 期。

④ 黄忠：《一个被遗忘的“东方经验”——再论赔礼道歉的法律化》，载《政法论坛》2015 年第 4 期。

是其相关规定与我国当事人不履行赔礼道歉时的实质处理方式却十分相似，这表明各国对人格利益与表意自由冲突后的利益平衡价值取向是相似的。

五、民法去道德化之反思

赔礼道歉的适用范围多为人格利益受到损害的情形，其履行方式和作用机理也是通过歉意的外化表达以抚平受害者的精神损害，本身具有较强的道德属性。也正是基于此，有学者主张赔礼道歉法律化是赔礼道歉的异化，其应该回归到道德责任的范畴之下。不应将高限度的道德限定于法律之中。[①] 笔者不以为然。其一，赔礼道歉作为在中国有长久实践的矛盾解决与民事责任承担方式，并不属于高限度的道德的范畴，因为侵权之后的赔礼道歉实属理所当然而非对行为人进行道德苛求。其二，这种回归无疑是对民法中道德因素的一次剥离，是民法去道德化的又一例证，对于受害人的心理体验回复并无所提高。当侵权人做出侵害他人人格利益的行为之时，若法律仍以考虑其人格利益表意自由为由允许其通过财产给付来弥补损失，很难想象这样的制度对受害人是公平的，而且这在一定程度上是对自然人人格利益的保护的弱化。

法律和道德的关系是法学研究的永恒命题，但自启蒙运动以来，随着市场经济的发展，以及法经济学的日益繁荣，人们生活中的一切似乎都可以被用来衡量和计算，法律去道德化似乎形成趋势。“启蒙运动时期的自然法理论，为人们在现代进行一场把法律从道德中解放出来的运动奠定了基础。”[②]“法律概念没有丝毫的道德涵义。”[③]类似的主张出现在人们的认知当中，“市场社会”对“市民社会”的侵蚀[④]似乎到了无

① 参见姚辉、段瑞：《“赔礼道歉”的异化与回归》，载《中国人民大学学报》2012 年第 2 期。

② 〔美〕博登海默：《法理学——法律哲学与法律方法》，邓正来译，中国政法大学出版社 2004 年版，第 394 页。

③ Genera Theory of Law and State, transl. A. Wedberg (Cambridge, Mass., 1949), p. 5.

④ 参见黄忠：《赔礼道歉的法律化：何以可能及如何实践》，载《法制与社会发展》2009 年第 2 期。

孔不入的地步。国内亦有学者敏锐地观察到了我国民法去道德化的现象，并对其表示担忧。笔者认为，去道德化带来的弊端是显而易见的，但是，法律去道德化的合理性和可行性总是建立在“如果能够把所有具有道德含义的语词从法律中清除出去”①的假设之上，假设不成立则去道德化难以为继，而这样的假设显然是不可想象的。

民法作为调整平等民事主体之间权利义务关系的法律规范，其私法性质和调整对象决定了相较其他法律其更充分地作用于人们的生活。相比一种法律规范，在理想意义上，民法更应该成为人们的生活方式。而这种生活方式不仅需要反映市场经济下利益衡量所产生的分配结果，更应该从道德层面成长为一个民族的精神共识和心灵归宿。②在这个层面上，在不同类型的法律规范中，民法与道德理应最为紧密。但反观现实，类似反对赔礼道歉法律化、民法原则面临适用困境、人格利益保护不周等民法去道德化现象不断出现，有些甚至披上法经济学的外衣获得了正当性的论证，捍卫民法的道德化曾几何时竟沦为了迂腐守旧的代名词。与民法去道德化相伴而来的，是短时间内特定主体经济利益的巨大收获和行为自由的极大释放，其碾压的是作为民法基石的诚实信用、公序良俗等道德化原则，引发的是道德滑坡、信任缺失等社会问题。在经济法、商法领域日益注重正当竞争、商业道德的今天，民法去道德化的走向必须引起我们的关注。

（责任编辑：孙悦）

① O. W. Holmes, *The Path of the Law*, in *Collected Legal Papers* (New York, 1920), p. 179.

② 凌斌：《编纂民法典：民族生活的法律归宿》，载《中国法律评论》2014年第12期。

论税收之债的法律性质

王灵波[*]　詹秋国[**]

内容摘要　税的关系由“权力关系说”内在转变为“债务关系说”。“权力关系说”下，税的关系是人民对国家的课税权的服从关系；“债务关系说”下，税的关系是国家要求纳税者履行一种金钱给付义务的法律关系，国家是债权人，纳税者是债务人，在这种学说下，税收之债具有公法和私法的双重属性。就公法属性而言，税收之债须固守公法法定主义原则，税收债权人享有公法之特权；就私法属性而言，税收之债应植入私法契约主义、引入私法约定理论、适用私法契约自由、准用私法规定。

关键词　权力关系说　债务关系说　法定主义　契约主义

一、引言：公私法二元对立下的税之关系

自古罗马以降，公法、私法二元对立理论即已形成。公法为权力服从关系的法律，私法为平等主体之间的法律，公法与私法属于截然不同的两个系统。公法“不是仅仅等同于民法的，而是行政自己的、相对于民法而言构成了例外的法”。[①] 诚如美浓部达吉所言，传统上理解“公法的法律关系，在内容上全部都是公法的，不但没有私法的要素夹杂其间，其发生变更和消灭的原因亦都是公法的；同样，对于私法的法律关系

*　江西师范大学政法学院讲师，江西师范大学卓越法律人才基地研究人员。

**　江西司达律师事务所主任。

本文为江西师范大学高层次人才引进项目资助成果。

①　〔德〕奥托·迈耶：《德国行政法》，刘飞译，商务印书馆 2002 年版，第 57 页。

系，亦以为是整个法系存于私法的分野，毫无公法的要素夹杂其间的。”[①]公法被作为有别于私法的第二种国家法律制度。尽管也存在与私法类似的法律概念和名称，但这仅是表面上的，其内在则是根植于不同的土壤之中。传统公法与私法有着泾渭分明的界限。这种明确区分的界限，奥托·迈耶总结为以下几个方面[②]：第一，不存在公法和私法共同的法律制度[③]；第二，否认存在能够产生直接民事法律效力的公法制度；第三，不应以类推方式援引私法规则来改善和补充公法的不足。

在公私法二元对立的背景下，体现在税的关系上，即是税之关系为权力关系的学说盛行不衰。“权力关系说”由德国行政法学之父奥托·迈耶(Otto Mayer)首先提出。按照迈耶的观点，税收的课征，是通过查定处分(Veranlagung)的行政行为而进行的。而查定处分是一种创设纳税义务的行为，并不单纯是确定纳税义务的行为。[④] 因此“权力关系说”中，国家以优越性的、权力性的意志主体出现，税的关系是人民对国家的课税权的服从关系，是典型的权力服从关系。这种把税的关系看成典型性权力关系的学说恰是传统公法理论在税法学上的表现。私法上平等、契约、债的理念在这种学说时代无法融入到税法之中。

二、税之法律关系性质的内在转变：“权力关系说”vs.“债务关系说”

现代法治国家，意味着任何公权力的行使必须纳入法治的调控范围内。因此，“现在的国家和国民之间的、围绕税的关系再也不是昔日

---

① 〔日〕美浓部达吉：《公法与私法》，黄冯明译，中国政法大学出版社2003年版，第149页。

② 〔德〕奥托·迈耶：《德国行政法》，刘飞译，商务印书馆2002年版，第122页。

③ 依传统公法学者的见解，所谓的共同的法律制度，本质上要么全属于私法的法律制度，要么全属于公法的法律制度，不可能存在公、私法并存的法律制度。因此，传统公法学者认为，共同的法律制度只不过是人们企图将私法冒用到公法中去，或将公法冒用到私法中去，是人们一厢情愿的猜度假想，与实定法相违。

④ 德国行政法学者把这种课税权的行使同警察领域中的警察权的行使视为同一形式，“即，在警察领域中，以法律——行政处分——执行处分——警察罚这一形式来行使警察权；而在税法领域中也是以法律——课税处分——滞纳处分——税罚则这一形式来行使课税权的。”参见〔日〕金子宏：《日本税法》，战宪斌等译，法律出版社2004年版，第19页。

的、纯粹的权力关系,而是法律上的关系,即法律关系。"[①]这种税的法律关系经历了从"权力关系说"到"债务关系说"的内在转变。

"债务关系说"由德国税法学者阿尔巴特·翰瑟尔体系地提倡出来。这种学说提倡把税的关系,作为由国家向纳税者要求履行作为债务的税(一种金钱给付)的关系,即在法律面前,把国家和纳税者的关系定性为债权者和债务者互相对立的公法上的债务关系。权力因素退居次要地位,私法因素日益凸显,私权神圣不可侵犯的价值理念深深植入到税法之中。[②]

税的关系性质的认定经历了从"权力关系说"向"债务关系说"的嬗变。这种理论体系的更新、价值理念的转换是否意味着税收之债要么一元性地认定为权力服从关系而完全排斥私法的要素;要么一元性地认定为债权债务关系而整体拒斥公法的要素?答案自然是否定的。因为在税的法律关系中包括了多种法律关系。这些法律关系中,有些关系是权力服从关系,如税务机关的更正、决定和滞纳处分权即属权力服从关系;而有些关系又属债权债务关系,如国家向纳税者请求金钱支付的关系就属完全的公法上的债权债务关系。[③] 我国税法学者把税的法律关系分为税收程序法律关系和税收实体法律关系。税收程序法律关系属于行政法性质,即税收之债的公法属性,"是为了配合或确保税收债权的实现,而由附随的非财产权性质的税法上权利与义务所构成的法律关系"。而税收实体法律关系,是属于财产法性质的请求权,即税收之债的私法属性,是以"金钱给付之请求权为标的的法律关系"。[④] 因此,税收之债,既有其内在固有的公法属性,也新植入了可准用债的理论的私法属性。因此,有必要作出合理的区分,以为法律适用做必要的理论准备。

---

① 〔日〕金子宏:《日本税法》,战宪斌等译,法律出版社 2004 年版,第 19 页。

② "债务关系说"反映在实定法上,如《德国税法通则》第 81 条规定:"租税债务在法律规定的租税要件充分时成立。为确保租税债务而必须确定税额的情形不得阻碍该租税债务的成立。"此规定认为纳税义务在课税要件满足时立即成立,实质上遗弃了通过查定处分这一单纯的权力行为创设纳税义务的传统观点。

③ 因为税的法律关系中,最基本的内容是由国家向纳税者请求金钱支付的关系,即公法上的债务关系,而非权力关系。故,现代税法以这种金钱给付的公法上的债务关系作为认定税之法律关系的根本关系。由此,才有税的法律关系的认定由权力关系说向债务关系说内在转变的必要。

④ 杨小强:《税收债务关系及其变动研究》,载《财税法论丛》(第 1 卷),法律出版社 2002 年版,第 162 页。

三、税收之债的公法属性

（一）公法法定主义原则的固守

税法是保护人民财产权利免遭国家课税权和征税权肆意侵害的法律，是公法的一种。在现代法治国家，权力与权利有着完全不同的运行规则：对于权利而言，法不禁止即自由；对于权力来说，法无授权即禁止。国家课征租税的权力也须受此公权运行规则的限制，仍须固守公法法定主义的传统。国家课征租税必须有法律的根据，非依法不得课税、征税，公民非依法不负纳税义务，此即税的法定主义或税的法律主义。简言之，税的法定主义即是“有税必有法，无法不成税”。

税之法定主义的内容，由四个子原则组成，即“课税要件法定原则”“课税要件明确原则”“合法性原则”以及“程序上的保障原则”。[①] 其具体含义，税法学者已有详尽的论述，本文不再展开。

在上述原则中最成问题的是法律同行政立法之间的关系问题。我国宪法并没有排除行政权立法的意思，事实上，行政机关的立法权相当强大，既有直接依据宪法和有关组织法规定进行的一般授权立法[②]，也有依据特定法律、法规授权或者依据国家权力机关或上级国家行政机关通过专门决议的委托制定的特别授权立法[③]；既有执行性立法[④]，也

---

① 〔日〕金子宏：《日本税法》，战宪斌等译，法律出版社 2004 年版，第 59 页。

② 譬如，我国《宪法》第 89 条规定，国务院可以根据宪法和法律，规定行政措施，制定行政法规，发布决定和命令。《宪法》第 90 条第 2 款又规定：国务院各部、各委员会根据法律和国务院的行政法规、决定、命令，在本部门的权限内，发布命令、指示和规章。

③ 国务院在税法领域制定的特别授权立法，譬如 1984 年 9 月 18 日，全国人大常委会发布《关于授权国务院改革工商税制发布有关税收条例草案试行的决定》，授权国务院在实施国营企业利改税和改革工商税制的过程中，制定有关税收条例，以草案形式发布试行。国务院依此授权制定的税收条例，不适用于中外合资经营企业和外资企业。通过这次授权，国务院先后颁布了《产品税条例（草案）》《增值税条例（草案）》《营业税条例（草案）》《国营企业调节税征收办法》。

④ 如为配合《个人所得税法》《外国投资企业所得税法》等税收法律的实施，国务院先后批准或发布了相关的实施细则。其中，由国务院批准、财政部发布的有《个人所得税法施行细则》（1980 年，1994 年经修改后由国务院重新发布）、《中外合资经营企业所得税法实施细则》（1980 年，已废止）、《外国投资企业所得税法实施细则》（1982 年，已废止）。直接由国务院制定和发布的有《外商投资企业和外国企业所得税法实施细则》（1991 年）和《税收征收管理法实施细则》（1993 年，2002 年经修改后重新发布）。

有试验性立法[①]。行政机关的立法权如此强大，税的法定主义是否有被行政机关的授权立法和试验性立法架空的可能，使税的法定主义徒具形式？尽管我国《宪法》第 56 条规定："中华人民共和国公民有依照法律纳税的义务"，是为税的法定主义的宪法依据。同样，《立法法》第 8 条也明确规定：有关税收基本制度的事项只能以法律规定。《税收征收管理法》第 3 条也坚持："税收的开征、停征以及减税、免税、退税、补税，依照法律的规定执行。"但是，就目前我国税收立法权的分配来看，真正由全国人大及其常委制定的税收法律只有三个，即全国人大制定的《个人所得税法》，全国人大常委会制定的《税收征收管理法》和《外商投资企业和外国企业所得税法》。在我国税收实体法方面，除了涉外税法之外，其他税种的立法都是由行政机关完成的，这样做固然有助于推进大规模税制改革的步伐，却与宪政国家的法治理念背道而驰，架空了税的法定主义，使其沦为具文。

（二）税收债权人享有的公法特权及其限制

在公法税的关系上，作为公法债权人的国家，其意思的效力优于公法债务人一方的纳税人，享有公法上为公益目的而特别赋予的权力，即公法特权，纳税人不得随意否认之。但，"公益性"先天性概念缺失、界限模糊，利益内容和受益对象均不确定。也许正是这种模棱两可、混沌不清的特性，使人类对公益的追求异常狂热、近乎痴迷。一旦私益与之相左，公益无需经理性的权衡即从先验上具有"特权效果"。也许正是基于对这种先验性"特权效果"的警惕，公法学者对"公法特权"一词讳莫如深。本文坚持在税的法律关系中，引入"公法特权"的概念，主要基于以下理由：第一，税的关系中，国家一方的"公法特权"，不是一个承不承认的问题，而是一个存不存在的问题，在税的关系中，国家一方的意思的效力优先于相对方，自无疑义。"公法特权"这一概念正好恰当、合适且形象地表述了现实生活中已存的这一"法律现象"。第二，在法治

① 《立法法》第 56 条第 2 款直接对国务院的试验性立法作出了规定。根据这款规定，国务院具体的实验性立法，譬如 1993 年 12 月 13 日发布的《增值税暂行条例》《营业税暂行条例》《消费税暂行条例》《土地增值税暂行条例》《企业所得税暂行条例》《资源税暂行条例》，1997 年发布的《契税暂行条例》以及 2000 年发布的《车辆购置税暂行条例》等。2003 年 11 月 23 日，国务院修订发布了新的《进出口关税条例》。

国家中，任何权利（权力）的行使都须纳入法律的调控之内。在税的关系中，代表国家一方所享有的“公法特权”并未脱离法治的疆域，其行使并非任意而为的，仍要受到法律的控制。第三，概念的清晰明了，有利于从理论上对税的关系中关于国家享有的权力（权利），进行系统的分类和研究。在目前“税收权力关系说”势微而“债务关系说”兴盛之下，极易出现私法平等主义泛化、公法法治主义滥用的错误，进而认为在税的关系中，国家享有的权利（力）在公法与私法上已无区别的必要。这并非笔者单纯的猜测，目前学界关于税的理论研究中，有大量的论文阐述私法规则该如何适用于税的关系，而对税的关系中原本的公法属性，所论甚少；对国家所享有的究竟是何类性质的权利，区分更少。事实上，税的关系中，国家既享有公法上的特别权力，这些权力主要受公法的规制，也享有可准用私法理论的权利。对国家在税的关系中享有的不同性质的税权，作理论上的廓清和分类，更加有益于将税的关系纳入法治的调控之中，也能有力地指导我国税务行政的实践。因此基于公益性考量的税收之债的公法特权，应受到公法法定主义等一系列公权运行规则的限制。在税的关系中，税收债权人主要享有以下公法特权：

1. 税收之债的设定权

民法上债的发生根据，主要有：合同、侵权行为、不当得利、无因管理、遗赠、抚养等。而公法上税收之债的发生根据是作为税收债权人的国家单方设定的。由税收债权人单方设定公民对国家负有法定的金钱给付义务或债务履行义务，意味着私主体在非违法情况下将部分财富无偿转为国有，这项加在私主体上的负担不仅具有无偿性，而且具有强制性，势必对人民自由财产造成侵害，税收由此成为国家对人民关系中最为经常也是最大的不利益。所以对于税收债权人所保有的此项单方设定权的规制要更为严格，才能避免私主体的财产自由权利受到国家权力直接而任意的侵犯。税收之债设定的理论观点经历了由“税收核定说”到“税收要件实现时说”的转变。“税收核定说”坚持税收之债的发生除有法律规定的要件之外，还须征税机关作出课税处分。没有征税机关做出征税决定的行政行为，即便税收要件已满足，税收之债也不会发生。而依“税收要件实现时说”的观点，税收之债与征税机关的行政行为并无关系，其发生是基于法律的直接规定，在法律规定的课税要件满足时立即成立。从“税收核定说”到“税收要件实现时说”的转变，是保护人民自由财产权免遭公法债权人单方设定权肆意侵害的时代精神的要求。税收之债的设定权,虽是公法债权人单方享有的公法特权,然而,其行使仍旧必须坚守税的法定主义。

2. 税收之债的处分权

税收债权人有权依法处分其享有的税收债权。这种处分权行使的效果,从税收债务人的角度看,可分为有利于税收债务人的税收优惠处分和不利于税收债务人的税收重课处分。因税收之债具有公益性目的,且具有无偿性、强制性的特征,税收债权人处分权的行使必须严格依法进行,非依法不得随意作税收优惠处分,非依法也不得肆意为税收重课处分。税收优惠处分可进一步分为间接优惠和直接优惠两类。间接优惠处分是直接针对税收构成要件并进而间接影响税额的税收优惠处分,它不直接针对税额,而是通过对税收构成要件进行限制这一消极措施达成减轻税负的目的。[①] 相应的,直接优惠处分则是通过直接减少应纳税额来使纳税人获得优惠的处分。其包括税收豁免[②]、税收抵免[③]及优惠退税[④]三项。税收重课处分是从消极方面对纳税人行为进行限制,体现了"寓禁于征"的思想。税收重课处分运用得较少,主要为加成征收和税收附加两种。

3. 税收之债的优先权

债之关系乃特定主体间的特别约束。"数个债权,不论其发生先后,均以同等地位并存"[⑤],此即债权的平等性。但"当整个债之关系或

---

① 间接优惠处分,依据其所针对的税收构成要件,又可分为主体式的税收优惠、税基式的税收优惠、税率式的税收优惠及期限式的税收优惠四种。参见施正文:《税收债法论》,中国政法大学出版社 2008 年版,第 101 页。

② 譬如,《房产税暂行条例》第 5 条规定:"下列房产免纳房产税:(1) 国家机关、人民团体、军队自用的房产;(2) 由国家财政部门拨付事业经费的单位自用的房产;(3) 宗教寺庙、公园、名胜古迹自用的房产;(4) 个人所有非营业用的房产;(5) 经财政部批准免税的其他房产。"此条即是税收豁免的规定。

③ 例如,《企业所得税法》第 34 条规定:"企业购置用于环境保护、节能节水、安全生产等专用设备的投资额,可以按一定比例施行税额抵免。"此即税收抵免的规定,其实际是国家对民间投资的补助,故又称为"投资津贴"。参见施正文:《税收债法论》,中国政法大学出版社 2008 年版,第 115 页。

④ 优惠退税可分为再投资退税、出口退税及先征后退三种形式。如《增值税暂行条例》和《消费税暂行条例》规定对出口货物实行税率为零的优惠政策,即是出口退税的一种。参见施正文:《税收债法论》,中国政法大学出版社 2008 年版,第 117 页。

⑤ 王泽鉴:《债法原理(一)》,中国政法大学出版社 2001 年版,第 10 页。

个别债权得被法律赋予对抗任何第三人的效果”[①]时，债的平等性原理即为实定法所“稀释”。税收之债的优先权是指，当税收债权和其他债权同时存在，债务人的全部财产或特定财产不足以清偿所有债务时，税收债权享有优先于某些债权而受清偿的权利。如日本《国税征收法》第8条即规定：“对纳税人的总财产，除本章另有规定的场合外，国税优先于一切捐税和其他债权而予以征收。”[②]又如韩国《国税基本法》第35条亦规定：“国税、加算金及滞纳金处分费，优先于一切公课及其他债权征收之。”[③]我国台湾地区“税捐稽征法”第6条也规定：“税捐之征收，优先于普通债权。”[④]我国《税收征收管理法》第45条规定：税收优先于无担保债权，优先于其后的抵押权、质权、留置权，优先于罚款、没收违法所得。由此可判断，各国立法上皆明确了税收之债的优先性。各国立法上为何普遍赋予税收之债有别于私法之债的优先效力？“公益性正是在立法和学说上承认税收的一般优先权，或将优先权赋予税收债权而未赋予一般债权的理由。”[⑤]但，正如前文所述，“公益性”先天性概念缺失、界限模糊，利益内容和受益对象均不确定，因此“公益性”考量下的税收之债的优先权，也不能过分强调。“过分强调税收债权的优先权，将损害私人交易的安全性，也不利于经济运行的效率，尤其在私债权由担保物权予以保障时，更是如此。”[⑥]因此，税收之债的优先性，既有强弱问题，又有限制问题，由此便产生了与私法之债下多种债权相为冲突的难题。解决税收优先权效力冲突的难题可参照这样几项原则：第一，坚持国税优先于地税原则，在同一税种或同顺序的税收之间，实行税收“扣押优先”或“交付请求优先”；第二，税收优先于普通债权，法律另有规定的除外；第三，税收与抵押权、质权之间，原则上依据权利设定的时间决定先后顺序，但土地增值税和关税应优先于抵押权和质权，留置权具有绝对优先于税收债权的效力；第四，协调税收优先权与私法优先权的效力冲突，具体情形，分别对待。

---

① 黄立：《民法债编总论》，中国政法大学出版社2002年版，第13页。

② 顾明：《外国经济法》，吉林人民出版社1991年版，第990页。

③ 同上书，第272页。

④ 许志民：《税务法规概要》，台北千华出版公司1993年版，第23页。

⑤ 张守文：《论税收的一般优先权》，载《中外法学》1997年第5期。

⑥ 同上。

4. 质问调查权

“情报是燃料，没有它行政机器就无法发动。”[①]税务机关作出某项征纳决定时，为保证其合法合理，符合实际情况，需要了解事实真相，收集有关课税要件事实的资料，因此赋予其质问调查权是必要的。质问调查权，即是“税收人员具有就课税要件事实质问有关人员及检查有关物品的权限”。[②] 税务调查，作为税收要件事实方面的信息收集的基本手段，其行使的结果是，要么作出行政征收行为，要么不作出行政征收行为而告终止。因此，质问调查和行政征收行为是相对独立的，质问调查的违法并不当然构成行政征收行为的违法。但，当质问调查存在重大瑕疵时，基于其作出的行政征收行为，极易对纳税人权利义务产生实质性不利影响。且税务机关行使质问调查权收集资料的活动本身也可能侵犯到纳税人实体权利。我国整体上的行政调查权行使的现状是，一曰乱，二曰怠。未能制定统一的行政程序法进行规制，也未能如韩国一样制定统一的《行政调查基本法》加以疏导。因此，有必要对属行政调查的税务机关的质问调查进行法律控制，不能任征纳主体肆意而为。相对人在质问调查权行使过程中的协助义务也必须具有一定的限度，不应完全屈意顺从。对征纳主体调查权的控制和相对人协助义务的规范，可遵循以下几项公法上的实体和程序基本原则：法律保留原则、比例原则、法官令状主义原则、禁止强迫自证其罪原则及特定人协助义务的豁免原则。

5. 强制执行权

当义务者不履行义务时，私法上债权人不享有强制执行权，一般要借助法院的力量请求国家予以保护。公法关系却与之相反，当义务者不履行义务时，权力者可自行用强制力实现义务。在税的关系上，税务机关行使征税权，若遇纳税人拒不履行按期足额纳税的义务时，税务机关可以直接采取强制措施迫使纳税人履行纳税义务。世界上多数国家的税法都规定了税务机关对税收之债的强制执行权。如德国的《租税通则》第6章规定：纳税义务人不主动履行纳税义务及其他税法义务时，即对其适用有关强制执行的规定。日本税法上有滞纳处分的规定，

① 〔美〕伯纳德·施瓦茨，《行政法》，徐炳译，群众出版社1986年版，第82页。

② 〔日〕金子宏：《日本税法》，战宪斌等译，法律出版社2004年版，第446页。

譬如日本国税征收法(昭和34年法律第47号)是关于日本国税滞纳处分的基本法。此外,日本关税11条、地税68条第6项、72条第6项等也对滞纳处分作了明确规定。我国现行《税收征收管理法》也规定了税务机关对税收之债的强制执行权。如第14条对税务机关强制执行措施的适用范围、条件、程序等作了详细具体的规定。此外《税收征收管理法》第28条规定:欠缴税款的纳税人需要出境的,应当在出境前向税务机关结清应纳税款或者提供担保。未结清税款,又不提供担保的,税务机关可以通知出境管理机关阻止其出境。尽管强制执行权是税收债权人享有的一项公法特权,然而其权力的范围并非无边无际毫无约束的。在租税法治国家的理念下,其范围必须限于法律的明文规定,绝不允许在解释上对其范围加以任意的扩大。

6. 制裁权

公法和私法在违反义务上的差异表现在,私法上若一方违反义务,权利方无权自行对相对方进行强制制裁,只能请求国家科处违反义务者以制裁。而对于公法上的违反义务,权力方可以自己的强制力去强制制裁。[①] 在税的法律关系中,税收债权人一方的国家有权对违反纳税义务的相对方进行制裁,以促使其实际并正确地按照法律的规定履行纳税义务。税收债权人行使这一权力虽带有惩罚的性质,但并不以惩罚为目的,更主要的是促使税收债务人主动、积极、实际地履行纳税义务,以保证国家能提供有效高质的公共服务,以维护社会正常秩序。因此,制裁权是税收债权人为保障纳税义务得以实际履行而享有的一项公法特权,其行使不必事先请求法院判决。

四、税收之债的私法属性

从古罗马延续至中世纪以至近代西方的法律思想里,私法的原则一直被认为是蕴藏于自然世界中关于公义的真理,它普遍适用,不变而永存。私法的出现和高度发达,有助于公法发展。在历史上,公法曾大量引入私法理念进行体系的重构。如把“国家看成法人”这种表述,即在公法之中植入了私法学上的思考。这种国家学说必然会把国家解释

① 〔日〕美浓部达吉:《公法与私法》,黄冯明译,中国政法大学出版社2003年版,第117页。

成为享有“以独自的生命职责”来塑造自己的“人格”。这不仅和私法相似，而且它里面还包含了民主和自治的因素。

正如历史上公法学者运用私法上“法人”理论来建构新的国家学说一样，公法学者也引入了私法上债的理论重新阐释税的关系。债的核心为请求特定人作为或不作为，这种债的观念并不是私法所特有的，公法学者认为公法上同样存在债的观念。[①] 税收债权，本质上被认为是一种非对价给付的公法债权。这种理论上的革命，传至日本，经我国台湾地区引入，渐成为我国大陆理论界的通说。税法在体系上虽被划入公法，但它在内容上和实体上仍和私法有着千丝万缕的密切联系。税收债权是以人们私人生活关系为前提而产生的，因此，税实体法的对象是私人生活关系，特别是私人关系。税收之债也就无可避免地具有私法的属性。

（一）私法契约主义在税法上的植入

“所有进步社会的运动到这里为止，都是一个‘从身份到契约’的运动。”[②]梅因这一脍炙人口并广为传颂的名句揭示了社会进步的基本规律，尽管对此争议不断，但其仍可称为对于人类现代文明发展历程的准确概括。现在的社会和以前历代社会之间的主要区别，在于契约在社会中所占的范围有多大。社会进步总的趋势即是不断地扩大契约运用的范围，而逐步缩小强行法适用的领域。公法学者不得不承认公法面临的一个令人尴尬的境地：如果“公法”仍死守曾一度占据的领域中的绝大部分，虔诚地膜拜“公法的神坛”，那么它将不符合生活的实际情况，必会落后于时代的需求；如果它逐步放弃固有的疆域，揭开“公法神坛”的神秘面纱，又难免不遭受“民法帝国”的侵蚀，而渐为“大民法”时代的光辉所稀释。在这种尴尬的悖论中，公法始终怀着警惕的心理与私法保持着亦步亦趋的姿态。

这种公法上的悖论难题，反映在税法上，即是“权力关系说”与“债务关系说”的激烈碰撞和冲突。税法能否植入契约主义，“权力关系说”基于两方面的理由，抱有惯常警惕的心理：其一为，私法上契约概念乃

---

① 〔日〕美浓部达吉：《公法与私法》，黄冯明译，中国政法大学出版社 2003 年版，第 86 页。

② 〔英〕梅因：《古代法》，高敏等译，九州出版社 2007 年版，第 213 页。

是基于平等权利主体之间的合意，而在税法关系中几乎皆属权力支配关系，当事人彼此间的关系并不平等，从而“合意”亦无法产生。其二为，私法上“契约自由”为数千年来根深蒂固的基本原则；而在税法上则强调“税的法定主义”，两者本质不易调和。

在税的关系还未纳入法的关系的旧的单纯权力时代，人出生时确定了无法改变的捐税服从义务，自无契约主义适用的可能。[①] “权力关系说”的时代，虽已然将税的关系纳入法的关系的研究视域，但需经税务机关一方的查定处分方可创设纳税义务，毫无可能与纳税人商量的余地，就无契约主义植入的必要了。“而现代法律则准许他用协议的方式为自己创设社会地位。”[②]契约法成为 19 世纪私法发展的核心。“全部的社会生活都要利用它、依靠它。由于有了明示的或默示的、宣告的或意会的契约，才产生了所有的权利、所有的义务、所有的责任和所有的法律。”[③]这种契约主义浪潮波及至税法上就表现为“债务关系说”的兴起。税收债权本质上被看成一种公法上的债权。尤需注意的是，税法上的契约主义由于固受公法的特殊限制，并不能完全等同于契约原本的内涵，而有所变通。

（二）约定理论在税法上的正当化

税收之债一经法律设定，便在当事人之间产生法律效力。当事人的任何一方应遵守这个法律的产物而无权任意变更或取消之。这是各国税法及学理一致承认的事实。但是，它留给我们的疑问是：税收之债产生效力的根源是什么？换言之，公民为何有缴纳税款的义务？仅是因为纳税义务是法律规定的一项强制性义务，公民必须据此积极作为么？那么法律为何将此规定为强制性义务？“公共利益”先天性概念缺失、界限模糊，利益内容和受益对象均不确定，“公共利益”的理由现

---

① 如在大黑暗时代的明朝，乃是由宦官管理和负责征收赋税。所谓税收，政府本有财政部（户部）主持，财政部也本有它的税务机构。但皇帝却另外设立一个征税系统，由他指派的宦官负责，称为“某地某税提督太监”，简称税监。宦官系统有皇帝支持的坚强背景，不单百姓不堪活命，竟连官员和乡绅也受其凌辱。在这种专制权力时代，法律形同虚设，更无契约适用的可能。详见柏杨：《中国人史纲（下册）》，山西人民出版社 2008 年版，第 604—606 页。

② 〔美〕伯纳德·施瓦茨：《美国法律史》，王军译，中国政法大学出版社 1989 年版，第 381 页。

③ 葛克昌：《税法基本问题》，台湾元照出版公司 2005 年版，第 65 页。

在看来过于牵强。契约法上的约定理论也许能另辟蹊径。

构成契约法核心的是约定原理。现代税法把税收关系解释为国家作为债权人、公民作为债务人的公法上的债权债务关系。这种公法之债是以“法律”这种特殊的合同文本形式设定的。正是这种设定形式的特殊性,引起人们当然的以为税收之债无当事人双方约定的可能性。事实上,在税收之债的形成过程中,当事人双方的要约和承诺并不是以显性明确的方式呈现在世人的眼前。契约的影子非常隐蔽,逃脱了学者的研究视野,税法上双方当事人的“约定”并不同于私法上的意思表示,它本身具有一经成立即受约束并据此实施相应行为的性质。构成税收之债的承诺,也并不同于私法上的个别性承诺。“承诺的观念意味着确信人类的意志能够影响未来”[①],但在税收之债的成立上,承诺是一个虚幻的概念,它只具有微不足道的作用,却并非毫无作用。如前文所述,税的设立须遵守法定主义,由全国人大或全国人大常委会来制定法律。全国人大既是权力机关,也是民意机关,制定有关税收的法律过程,实际上就是一方国家的意思与一方公民的意思讨价还价的要约和承诺。基于这种要约和承诺达成的一致性协议——税收法律,取得了“自缚效力”,也即“法律效力”,当事人任何一方不得违反,必须遵守,纳税义务遂因之而生。对于契约的“自缚效力”的说明(在税法上,表现为税收法律的法律效力),不同时代,学者回答各异,或求助于理性主义,或探寻于功利主义,或凭借于国家契约的理念,或借助于正义、自治、信任等。不管探寻的最终根源为何,契约法上“约定理论”的道德原理——“约定必须遵守”,为税收之债的效力根源、纳税义务的正当化探寻出另一种解释的途径。

(三)契约自由在税法上的适用与限制

作为公法体系中的税法,其与民法曾走过坎坷的分合史。现今,两者关系“既非独立,亦非依存,而同为国家统一法秩序的部分法域,应统一在宪法的指导理念之下”。[②] 税收债权是以人们私人生活关系为前提而产生的,因此,税实体法的对象是私人生活关系,特别是私人关系。

① 李永军:《契约效力的根源及其正当化说明理论》,载《比较法研究》1998年第3期。

② 葛克昌:《税法基本问题》,台湾元照出版公司2005年版,第11页。

脱离了广阔的私人生活关系，税收债权则会成为无源之水、无本之木。私人生活的领域，所有的关系都是产生于个人的自由合意。私人可以自己的自由意志订立契约，约定彼此间的权利义务，从而为自己划定责任范围。在这一特定领域内，私人的约定是权利义务的依据，而且是唯一依据，其他对当事人的义务课定，均是对私人权利的侵扰，均不合自然正义而应当排除。在此，私法成为型构自由社会的关键，一定程度上讲，私法是税法的基础。自由主义的基本原则要求“在安排我们的事物时，应该尽可能多运用自发的社会力量”。[①] 然而，契约自由并不是神灵。我们对契约自由谈得太多和想得过多，而对契约自由所服务的价值谈得和想得太少。契约自由并不等于订立契约的我行我素。契约自由的最大化，其带来的恶果可能违反了税法的宗旨，不符合量能课税的公平原则，有损税法的实质正义，产生没有效能或不公正的结果。这种利用契约自由原则可以对私法上法形式的选择可能性，欠缺合理理由地规避对其不利的法形式，而有意选择于其有利的法形式，达到减轻或排除税捐负担的行为，即是避税行为。因此，在税法所规制的经济活动中，私人之间订立契约的自由应受到一定程度的限制。

在税法上，对契约自由的攻击主要以契约选择的可行性为对象。所谓“可行性限制”是指当私人之间订立的某些种类的契约可能构成避税行为而导致税法上的没有效能或不公正的结果时，税法否决这样的契约，或调整其内容。税法限制私人之间订立此类契约的自由并不损害契约制度的内在意义。私人仍然有能力在税法所强加的限制范围内自由地订立契约，自由地转让货物。因此，私人之间自由立约、自由交易的范围，完全取决于税法对避税行为认定的标准和尺度。

（四）私法规定在税法上的应用

当税法存有漏洞之时，可否依民法规定弥补？依民法规定弥补税法漏洞，是否与税法定主义精神相违背？私法规律对于公法关系的适用属于公私法融合的表现之一。依上文所述，税的法律关系，既有含公法属性的权力服从的程序法律关系，亦有私法属性的债权债务的实体法关系。税法定主义的精神实质在于保护公民的财产自由权而限制国

① 〔英〕哈耶克：《通往奴役之路》，王明毅译，中国社会科学出版社 1997 年版，第 24 页。

家课征税权的滥用。故税法定主义所统辖的领域主要在含公法属性的税程序法上。对于可准用债的理论的税实体法，因之不易为公民创设税负担，对公民财产自由权的侵害极小，故当税法于此规定不完整之时，自然有适用民法规定的可能性和合理性。但是，并非所有民法的规定都可适用于税法，也并非所有的税法漏洞都可由民法规定弥补，即使两者的构成要件有着很大的符合性，也必须基于公法与私法内在精神的差异进行审慎而严格的审查。因此，税法上适用民法规定必须具备一定的条件。一般情况下民法规则适用于行政法关系至少应当符合三项条件：第一，调整该行政法关系的行政法规定不足；第二，私法对此有相应的规则可以适用；第三，适用民法规则不违反行政法的基本原则。税法与行政法同属于公法，其内在精神有着极大的相似性，同受公法法定主义原则的拘束，故在适用民法规定弥补自身之不足的条件上，有着很大的相似性。笔者认为，当税法规定存有漏洞须由民法规定加以弥补时，须满足以下几个条件：第一，税法对所决事项规定不完整，存有漏洞。这主要集中在可准用债的理论的税实体法上，其不易为公民创设税负担，对公民财产自由权的侵害极小，准用民法规定不会与税的法定主义精神相冲突。第二，税法所决事实（即存在的漏洞）与民法规定的构成要件有着某种程度的符合性。第三，适用民法规定与税法作为公法所产生的特殊性不相抵触且与税法的基本原则不相冲突。

笔者以税收之债的保全制度为例，分析上述适用民法规定填补税法空白的三条件。税收之债的保全包括税收债权人的代位权和撤销权。首先，我国《税收征管法》第50条对税收债权人的代位权和撤销权作出了规定[①]，为征税机关代表税收债权人行使代位权和撤销权提供了明确的法律依据，但对于如何行使税收债权人的代位权和撤销权，行使代位权和撤销权的条件是什么，《税收征管法》没有明确规定，存有漏洞。其次，《税收征管法》规定可适用合同法的有关代位权和撤销权的规定。这在实际上表明，税收债权人的代位权和撤销权与私法上债权

① 《税收征收管理法》第50条规定："欠缴税款的纳税人因怠于行使到期债权，或者放弃到期债权，或者无偿转让财产，或者以明显不合理的低价转让财产而受让人知道该情形，对国家税收造成损害的，税务机关可以依照合同法第73条、第74条的规定行使代位权、撤销权。税务机关依照前款规定行使代位权、撤销权的，不免除欠缴税款的纳税人尚未履行的纳税义务和应承担的法律责任。"

人的代位权和撤销权没有实质的区别，两者之间的构成要件有着某种程度的符合性。[①] 最后，适用民法规定的代位权和撤销权与税法作为公法所产生的特殊性也不相抵触，与税法的基本原则更不相冲突。因此税收之债的保全制度可适用民法之债的保全制度。又如《日本地方税法》第 20 条之七规定："民法有关债权者的代位权与诈害行为取消权的规定，地方团体征收金的征收准用。"可见，在日本，民法上债权人的代位权规定可直接移用于税法。这是私法规则用来弥补税法漏洞的典型形式之一，也是公私法融合在税法上的典型表现。类似之制度又如税收之债的担保制度，其源于民法上的担保制度，自然可适用民法上的担保制度的理论来填补《税收征管法》第 38 条和第 44 条所规定的税收之债的担保制度的不足。

又如，"民法上一系列的规定，是表现一般法律思想者，即可填补税捐债务法的法律规定的漏洞，而可直接适用"。[②] 例如我国《民法通则》第 4 条诚实信用原则和第 7 条禁止权利滥用原则的规定，第 86 条、第 87 条有关按份之债和连带之债的规定，《合同法》第 65 条有关代为清偿的规定等等均属之。[③]

五、余论：公私法渐趋融合下的税之关系

公法、私法二元对立的境遇并非一成不变。现代国家的行政任务，"非单独公法或私法所能满足，而须由另一法域予以补充"。[④] 公法与私法由传统的截然分立走向互为补充的彼此融合。公私法这种分立走向融合的趋势，在税法上最直观的反映即为，"权力关系说"渐趋势微，代之而起，"债务关系说"日益成熟而逐渐兴盛。

私法是用以调整平等主体间平权的法律关系，"私法最突出的特点

---

① 例如根据民法代位的一般理论，税收债权人的代位权成立的要件主要为：第一，税收债务人享有对第三人的权利；第二，税收债务人怠于行使其权利；第三，税收债务人迟延纳税；第四，有保全税收债权的必要。

② 陈清秀：《税捐法定主义》，台湾月旦出版公司 1993 年版，第 612 页。

③ 税最基本的内容是由国家向纳税者请求金钱支付，非特定之债，无人身上的专属性，从保障税收债权的角度，直接适用民法之代为清偿制度是合理的。

④ 葛克昌：《税法基本问题》，台湾元照出版公司 2005 年版，第 197 页。

是,它通过责任的现象直接将双方当事人联系了起来”。① 因此,私法内在上并不关涉社会整体的利益,而只注意责任两端之间的关系。私法之债的本质内容,乃债权人有效地受领债务人的给付,“债权不是对债务人的人身加以支配的权利。债法的基础在于当事人自由与平等原则”。② 因此,私法之债中,一方没有超越于另一方的特别权力,双方当事人的权利基本上是对等的,双方当事人的意思也具有对等的效力。当双方意思不能一致时,任何一方都没有强制对方接受其意思的权力。公法不同于私法之处的一个方面即在于公法不单是“为着权利者本身的利益,而是同时为着社会公共的利益的”。③ 公法上赋予特定主体权力是因为其享有该项权力有助于增进公益。税收之债作为公法之债中最为重要的一种,其不同于私法之债的根基,也在于税收之债的公益性。“公法债权人国家之身份,系公共利益之维护者,而非个人利益之代表者。”④税法作为公法,在公私法渐趋融合的趋势下,自应植入私法契约主义、引入私法约定理论、适用私法契约自由、准用私法规定。

(责任编辑:孙悦)

① 〔加拿大〕欧内斯特·温里布:《私法的理念》,徐爱国译,北京大学出版社 2007 年版,第 1 页。

② 王泽鉴:《债法原理(一)》,中国政法大学出版社 2001 年版,第 8 页。

③ 〔日〕美浓部达吉:《公法与私法》,黄冯明译,中国政法大学出版社 2003 年版,第 110 页。

④ 葛克昌:《税法基本问题》,台湾元照出版公司 2005 年版,第 207 页。

财税行为范畴疏议

黄家强*

内容摘要 行为理论一直是部门法学研究的重点所在。将复杂多变的法域行为进行体系化、抽象化和理论化,可以视作该部门法成熟的显性标志。财税法域中的行为理论研究对于财税法的学科建设、实践规范、理论充实都有着极为重要的意义,并且应当在先宏观后微观的研究路径下展开财税行为理论建构。财税行为独立且客观地存在于财税法基础理论体系之中,它是一种由财税主体实施的,能够产生财税法律效果,且需要财税法进行评价的行为。如何对财税行为作类型化区分是这一研究主题的难点所在,除了要确立起财税本体行为和财税依附行为的基本类型,还要从多个视角构建起财税行为的多元类型结构体系。

关键词 财税法 财税行为 概念层级 类型结构

引 言

> 对于法律来说,除了我的行为以外,我是根本不存在的,我根本不是法律的对象。我的行为就是我同法律打交道的唯一领域,因为行为就是我为之要求生存权利,要求现实权利的唯一东西,而且因此我才受到现行法的支配。①
>
> ——卡尔·马克思

诚如马克思上述所言,法律是一门约束人之行为的统治工具(经过民主演变后成为社会治理基本方式之一)。区别于内在性的思想、知

* 中南财经政法大学经济法专业硕士研究生。

① 《马克思恩格斯全集》(第1卷),人民出版社1986年版,第16—17页。

识、道德、修养等特质，人之行为具有形态多样性、环境迁移性、外在侵犯性、不可重塑性等。在民法、刑法、行政法、法理学等主要部门法理论研究当中，行为理论占据着十分显著的地位，也取得了相当可观的成果。在民商法领域，着重研究民事法律行为或民事行为，它构成了对一切私法活动进行法律评价的理论基础，“是连接权利主体制度、物权制度、债权制度这三大民法理论的纽带；是客观权利义务向主观权利义务转化的桥梁；是法制度向法现实转化的接口”。① 在刑法领域，重点研究刑事犯罪行为和刑事处罚行为，通过罪刑法定原则将各个犯罪构成要件详细化，一旦犯罪行为人的行为符合犯罪构成的主客观要求，所触犯之罪名即可成立，后由法院在刑罚法定原则指引下依法裁判量刑。在行政法领域，行政行为理论贯穿始终，其主要目的是规范行政机关与行政相对人的行为，实现政府依法行政的良好法治秩序。在法理学领域，法律行为作为重要的构成部分，它将“法学的研究视角从静态的法律规则转向动态的法律运作，从法律的效力转向法律的实效”。② 总而言之，在主要的独立部门法学科内，早已形成了各自归属的法律行为理论体系，这在一定意义上也是学科独立性、分离化的显性标志。

随着十八届三中全会提出“财政是国家治理的基础和重要支柱”以来，许多财税法学者愈加着力于寻求财税法之学科独立性，将之从以往作为经济法分支的从属地位中解脱出来，也在建构财税法总论的逻辑体系上取得了浩瀚如巨的研究成果。③ 然而，不得不承认财税法学科发展存在一大缺陷——财税法基础理论研究上的“短板”。行为理论作为独立性部门法学科的研究重镇，却是财税法领域的一大欠缺，由此成为财税法总论研究亟需解决的一大攻关重点。④ 而关于财税行为的具体研究方向，也有学者指出，“关于财税行为的研究，可以从两方面推

---

① 申卫星：《对民事法律行为的重新思考》，载《吉林大学社会科学学报》1995 年第 6 期。

② 张文显：《法的概念》，法律出版社 2011 年版，第 235 页。

③ 以北京大学刘剑文教授为领军者的中国财税法学人，肇以财税法的公共财产法属性定位，讨论和列据财税法学科的特异性现实与独立性必要，并积极寻求财税法总论体系化构建，先后从财税法总论及其下属财税功能、财税行为、财税责任等进行理论论证。

④ 财税法研究中使用“财税行为”等概念的论著比比皆是，但对于财税行为理论本身的研究则几乎处于空白状态，自刘剑文、陈立诚在其《财税法总论论纲》一文中首次提出财税行为以来，目前尚只有北京大学陈立诚发表于《北京社会科学》的《财税行为建构论纲》，其余著作或论文均或从财政收支行为或从税收行为某一角度阐述，如张晓婷《税行为研究》（北京师范大学出版社 2011 年版）、王桦宇《财政收入行为及其调制研究》（武汉大学 2005 年硕士论文），并未站在财税法的综合视野下统一论述财税行为。

进：一是对'财税行为'范畴本身进行分析……二是对财税行为开展类型化梳理……"[①]，除了剖析财税行为的自身结构与外在关联以外，还须论证财税行为理论的合理存在与可行建构，这应当成为这一问题研究的起点和重点所在。

一、财税法域行为理论研究的关联主题

"范畴及其体系是人类在一定历史阶段理论思维发展水平的指示器，也是各门科学成熟程度的标志。"[②]法律行为作为基本范畴之一，正日益受到法哲学和法应用学领域内各部门法学科的重视。具体到财税法学科，目前正处在财税法理论体系建构的关键时期，关于财税行为理论的研究刚刚起步，这也符合财税法理论一体化研究的总体路径指向——"在基本范畴建构和基本原则形塑以后，进一步探索和研究财政行为的类型化，并纳入规范化的学术研究之中。"[③]财税法域中的行为理论到底从何谈起？又涵盖了哪些关联主题？这些问题一直是困扰财政行为与税收行为正当统合之路上的"绊脚石"。

（一）财税法域行为理论研究价值

从事一项理论研究，最终必然要受以各种层面上的价值评价，如理论漏洞填补价值、学科独立建设价值、法律适用实践价值等，这也构成了此项理论研究的必要性与可行性所在。行为理论研究拓展到财税法域，不是简单地为搭建财税法统一学科体系而充塞科研成果，也不是"学人的'自娱自乐'或'学术游戏'"，而是兼具了理论价值与现实意义。[④]

首先，行为理论于财税法基础理论研究有漏洞填补的价值。目前我国财税法学理论研究中，虽然使用"财税行为"等概念的论著比比皆是，但对于财税行为理论本身的研究则几乎处于空白状态。[⑤] 综观财

① 刘剑文、陈立诚：《财税法总论论纲》，载《当代法学》2015年第3期。

② 张文显：《法哲学范畴研究》，中国政法大学出版社2001年版，第1页。

③ 王桦宇：《论财政法的意义及其学科构建——一种研究思路的展开》，载《财税法论丛》（第14卷），法律出版社2014年版，第12页。

④ 陈立诚：《财税行为建构论纲》，载《北京社会科学》2015年第7期。

⑤ 刘剑文、陈立诚：《财税法总论论纲》，载《当代法学》2015年第3期。

税法基础理论研究的整体生态系统，独缺财税行为理论研究的身影，形成了一个巨大的研究漏洞，影响着财税法学理论发展的整合大势。从行为理论视角看财税法总体，它是一门整合了公共财产的集中上收、合理支出与有效监管等诸项行为的综合性学科，形成了以宪法之财税条款为根基，预算法和财政收支划分法为主干，财政收入法（如税法、非税收入法、公债法等）、财政支出法（财政转移支付法、财政拨款法、财政贷款法、财政投资法、政府采购法等）以及财政监管法（财政监督法、国库管理法、政府会计法、审计法等）为枝干的财税法体系结构。① 有学者提出的一体化税法实际上也是“财税法整合论”的支持者，只不过是另外的一种整合模式，即从税法与其他部门法的相互交叉界域当中抽离出财税一体化体系，这种整合模式是否必要还有待商榷。② 但无论如何，财税法整合的趋势潮流已不可逆转。将形态多样的财税行为统合起来是这场“整合运动”的重点和难点所在，也正因如此，现有的财税法理论研究中缺少财税行为理论研究的大局视角。财税行为理论的引入一方面可以填补当前财税法域中行为理论研究的空白，另一方面也为未来财税法域中行为理论的进一步丰富拓展提供正确的方向性指引，起到推动财税行为研究浪潮兴起的作用。

其次，行为理论于财税法学科趋向独立有支持建设的价值。在任何一门社会科学领域，学科地位的主从关系一直是其下学人魂牵梦萦的大事，财税法学科尤为如此。有学者提出，“学科地位的独立、研究方法的创新和研究视野的拓展是当下财税法学研究面临的三大问题”。③ 可见财税法学科独立这一主题一直被财税法学者极力探求，不过这一过程也是如潮汐般错落起伏，过去很长时间内财税法学科一直寄存于经济法学科之下，归属于宏观调控分法之列，但近年来随着财税体制改

---

① 刘剑文、陈立诚：《财税法总论论纲》，载《当代法学》2015 年第 3 期。

② 华中科技大学彭礼堂教授是“一体化税法”理论的首创者和推崇者，其提出“一体化税法是一个内涵税宪法、税债法、税行政法、税刑法等综合性较强的法律部门”，这一财税法整合方式能够使我们看到财税法是一门涉域极广的部门，无论从宪法上财税权利的宪政彰显，还是从民法上债之理论挪用，行政法上权力控制要求，刑法上最低容忍底限设置，均有所规定。然而，这种“学科联系式整合模式”还缺乏一个统一的逻辑主线将之串联起来，导致出现“形不散而神散”的局面。“一体化税法”理论详细参见彭礼堂：《一体化税法新论》，载《经济法论丛》（第 27 卷），法律出版社 2014 年版，第 223—239 页。

③ 刘剑文：《作为综合性法律学科的财税法学——一门新兴法律学科的进化与变迁》，载《暨南学报》（哲学社会科学版）2013 年第 5 期。

革深入推进以及提升国家财税治理能力的要求等，各种因素（主要包括政治重视、经济形势、国家治理危机、全球化趋势等）都在一定程度上加快了我国财税法学的理论研究、学科建设和具体实践的行动步伐。然而，不得不承认的一个现实是财税法学科目前仍未真正实现独立，虽然已有一些高校在财税法学硕博士教育培养上有所突破，但经济法学界与财税法学界关于财税法学科从经济法学中独立出来这一问题仍存在许多争议。[①] 这有两方面的原因：一是部门法研究领域内的利益纠葛；二是财税法基础理论研究相较经济法滞后，存在未有回应或立论不足等诸多问题，尤其是财税行为理论的空缺。因而，研究财税行为理论，能够为实现财税法学科独立增加理论砝码，通过布局财税法总论之完整和合理体系，支持财税法学科建设事业。

最后，行为理论于财税法律之具体适用有指导实践的价值。研究某一法域内的行为理论，不仅有着丰沛该法域的基础理论研究之意义，更为重要的是，通过发掘并归类领域法学内的行为模式及其背后隐藏的行为动机、危机等，使得各方法律行为主体能够按照法律预期设定的方案进行活动。财税法在理念内核上体现保护私人财产权和规范公共财产使用的两大主旨，在主体范围上涉及政府和公民之间的依存关系，在行为模式上涵盖公共财产的收支行为与其依附行为（如财政监督行为等）。任何一门部门法都没有像财税法这般变幻万千，这可从国家税务总局经常发布税收政策性文件得以佐证，实际上这也是财税行为模式不断转换、创新的必然结果。

（二）财税法域行为理论研究路径

综上所述，财税行为理论研究对于财税法有着补充基础理论、支持学科建设、指导具体实践等价值意义，是当前中国财税法学理论和应用走向深入的一道迫切性议题，理应得到财税法学界的焦点关注。不过，在启动财税行为理论研究热潮之前，有必要解决这样一个先导性研究

---

① 例如北京大学率先于 1999 年招收财税法学专业博士研究生，又早在 2004 年推动全国法律硕士研究生（财税法方向）教育的创建。此外，厦门大学法学院于 2014 年设立全国首个财税法博士点和财税法教研室，财税法学教育呈现出前所未有的蓬勃之势。但观之国内其他法学院校，财税法学科依旧被包含在经济法学专业内，市面上专以“财税法学”命名的教材屈指可数。参见刘剑文、耿颖：《财税法学科的综合化与多元创新之路——从北京大学财税法学专业的演进展开》，载《中国大学教学》2014 年第 2 期。

课题:财税法域行为理论研究体系到底包含哪些分支?又当以何种路径与方法做好这一研究?

从财税法渐进迈向独立化、综合性、应用型的一门部门法科学的趋势来看,当前及未来很长一段时间内财税行为基础理论的建立和塑造尤其重要,即行为理论研究在财税法域中应当遵循这样一条路径——在概括出财税行为理论的基础上,建立起以财税行为为统领,以财政基本行为、财政支出行为、财政收入行为、财政监管行为,财税法律行为和财税事实行为,财税合法行为、财税脱法行为、财税违法行为等为分支的财税行为理论研究体系结构。其中,每一分支行为类型下,还可分离出更多更具体的行为范式研究主题,例如对纳税行为、征税行为的研究,甚至可以缩小到对纳税服务行为的研究等。但尤应注意的是,财税法域行为理论应当在先宏观后微观的研究路径下展开,不可反其道而行之,否则就会因缺乏统一之逻辑线索联结而造成彼此冲突、难以融合的局面。

此外,从研究方法上来说,对财税行为理论不仅应把握表层上之概念分析、行为分类和比较辨析等研究方法,更应认识到财税法学的学科交叉这一特性,将政治学、财政学、税收学、经济学、管理学甚至法经济学的知识子体与法学知识母体相结合,探究财税主体"为何行为"的行为动机和"何以行为"的行为模式等深层次理论问题。

二、财税行为理论的概念层级

财税行为类型包罗万千,既有财税法律行为,亦有财税政治行为、财税管理行为、财税本体行为,还有财政基本行为、财政收入行为、财政支出行为、财政监管行为等,尽管有人提出财税行为与财税法律行为存在概念范围上的差异,不宜以财税法律行为作为财税各方行为类型的总称,但终而言之,所谓财税行为实则就是财税法律行为的缩略词。[①] 不过,为建立起明晰区分式的财税行为体系架构,笔者

① 北京大学硕士研究生陈立诚在其关于财税行为的理论研究中,提出法律行为的核心在于意思表示,但在像财税法这样的公法领域内并无意思自治的空间,探究意思表示也并无作用,还可能招致不必要的混乱,因而不宜称之为"财税法律行为"。然而,他又认为,将财税法律行为与财税事实行为作为一种分类来研究依然可行,这与其前述理由存在着一定的矛盾,同时,笔者认为现阶段随着财税法治的理念深化和适用推进,法治应成为财税行为的本质特性,故而,从根本上来说,所谓财税行为实际上就是财税法律行为的缩略词。

依然支持“财税行为”的提法，但之所以述及财税行为与财税法律行为二者之间的本质与属性，实则为法律行为理论适用于财税法域提供理论依据。

(一) 财税行为存在之辩解

与许多基础理论研究路径不同，关于法律行为的理论研究肇始于民法学科，随后才扩及其他部门法域和法理层面，因此，法律行为理论沿循的是由窄到广、从点到面的研究进路。法律行为理论的总体发展表现为三个阶段：第一个阶段是狭域性研究阶段，在这个过程中，法律行为一般作为“民事法律行为”的代名词，至今若将法律行为理论移用到其他部门法，都摆脱不了对民事法律行为中关于意思表示的内涵能否为他法所吸收的疑虑。第二个阶段是拓域性研究阶段，在这个阶段中，法律行为理论逐渐从民商法的狭小空间内分离出去，并被刑法学、行政法学、经济法学以及法理学等部门法学科所吸纳，成为各自法域内不可撼动的重要理论组成部分。第三个阶段是广域性研究阶段，在这个时期内，伴随着学科间的重新组合和大部门法学科的渐进分化，法律行为理论又与财税法学、知识产权法学、竞争法学等细致化学科进行理论衔接，呈现出欣欣向荣的研究现状。

具体到财税法学而言，是否存在独立的财税行为备受争议，对此关键需要解决两个方面的疑惑：一是财税法学科的独立性问题，二是财税行为的独立性问题。其中，后者在很大程度上依赖于前一问题的解决，但也不限于此。笔者在本文第一部分已论述到财税法学科趋向独立这一发展趋势，在此重点讨论财税行为的独立存在性这一未解问题。欲论证财税行为客观且独立地存在于法律行为系统之中，需要对以下问题进行详述回应。

1. 问题之一：财税行为独立存在之基础？

任何一门学科内的理论延展与创新并非毫无根据的恣意任行，而是有其内在的理论生产力源泉。将分散零落的财政税收领域内的各种行为类型集合成财税行为的综合概念，这一财税理论创新是否切实可行，又是依据何种基础理论等，都成为辩证财税行为这一命题真伪的理论制高点，亟需财税法学人解惑扶正。从表面上看，这是财税法学科从经济法中独立出来后的理论自足性补充，或者说是财税基础理论有待充实之后为学科之独立贡献完整理论体系。但归根到底，财税行为的独立性有其更加深层次的理论基础，这也构成了整个国家公共财政迈向法治化、民主化、公共性的治理脉络。

那么，财税行为独立之基础到底为何？笔者认为，财税行为独立之基础有如下方面：(1) 民主法治在世界各国范围内的通行，民主法治国家正成为现代化国家的范本。实际上，这都是体现宪政国家中公共财政的涵义——“宪政下的公共财政应当以充分实现民主为核心”。[①] (2) 财税法因与宏观调控法不相适应而逐渐从中游离出来，并因财产之私人与公共二维属性分立而归入到公共财产法的范畴之中，可以说，随着宪政国家对财政民主的要求，财税法已逐步找到了正确定位。(3) 实现财税法由以往宏观调控法向公共财产法的性质转换之后，从整体的理论逻辑自洽性到体系完整性，独立且统合的财税行为概念起到了弥补财税法总论论证不足这一缺陷的作用。统言之，财税行为独立之基础在于宪政国家之发展潮流、财税法之正确定位和财税法之理论补足。

2. 问题之二：财税行为客观存在之逻辑？

当前，我们通常所说的法律行为不再仅限于民事一法，而是上升至法理层面的总体法律行为体系。因而，财税行为之存在还需解决第二个问题，即财税行为的客观存在性问题（前面所述的是财税行为的独立存在性问题）。就财税行为的客观存在性这一问题而言，其需要解决的一个疑问就是财税行为如何能够与法律行为体系下的民事行为、刑事行为、行政行为、经济行为等互不冲突地融合到一体，即如何重点解决它们彼此之间的差异区分，此一问题笔者将在下文述及财税行为的本体认知中有所涉及，故在此不赘述。但笔者要强调的是，财税行为有纳入法律行为体系的客观存在性和必要性，这不仅是由于财税法学科的独立已成必然之势，而且还因为财税行为与其他法域行为都有着同等不可忽略的地位。

（二）财税行为的基本概念认知

所谓“财税行为是财税主体实施的，能够产生财税法律效果，且需

① 刘剑文：《重塑半壁财产法：财税法的新思维》，法律出版社 2009 年版，第 21 页。

要财税法进行评价的行为”。[①] 其具有以下几方面特征：

1. 从主体上，它涉及公共财政收入的政策制定者（立法机关）、政策执行机关（政府机关）、政策裁判者（司法机关）与政策指向者（公民）之间，以及各个国家机关相互之间的行为。因此，财税行为是一项公对私和公对公的行为，这也使得它尤为复杂难解。

2. 从性质上，它针对在公共财产征收、使用、管理、分配等过程中各方主体之间的权利义务配置与行为约束。既规定国家机关的财税权力范围，也赋予公民以财税之当然权利；既规范权力享有者国家机关的财税权力行为，也规范权利享有者公民的财税权利行为。

3. 从范围上，它涵盖了从公共财产的立法征收到执行征收再到合理支出最后到全程监管的各种行为，也包括了财税权限中的立法、司法、执法、守法行为，总而言之，财税行为作为财税法律行为和财税事实行为的上位概念[②]，囊括了财税系列活动中发生的各类行为。

从上述已知，财税行为是与民事行为、刑事行为、行政行为、经济行为等并列下属于法律行为体系之中，但财税行为与上述行为在一定层级上存在着重合现象，例如财税行为当中也有类似民事行为中的税收担保行为、税收保全行为等，亦有刑事行为中的税收犯罪行为，还有行政行为中的税收处罚行为以及经济行为中的税收调控行为等，这也是“一体化税法”理论的合理性基础之一。然而，财税行为相较上述部门法行为依旧有很大区别。首先，财税行为或借鉴并引用民事行为中的私法制度（如债之保全制度、债之担保制度、不当之债之返还制度等），这是由于私法债之制度和理念在公法上之运用，由此形成了税收性质的债务关系说。正如日本著名财税法学大家北野弘久所言：“作为法实践论的税法学应以租税债务关系说为基础展开研究。”[③]但无论如何，财税法作为公法的本质不可逆转，它与民事行为的私法特质不可融并。其次，财税法当中也有一些涉及刑事范畴的行为，如在我国现行《刑法》当中就在破坏社会主义市场经济秩序罪下规定了数类危害税收征管的

① 陈立诚：《财税行为建构论纲》，载《北京社会科学》2015 年第 7 期。

② 同上。

③ 〔日〕北野弘久：《税法学原论》，陈刚、杨建广等译，中国检察出版社 2001 年版，第 162 页。

犯罪[1]，但依据刑法的兜底性保护和社会最低容忍限度之法律特征，不仅在财税领域，更在民事、行政以及国际等法领域都可看到刑法的身影。因而刑法规制的广泛性并不能够代表财税行为之全部，财税犯罪行为只是财税行为的“冰山一角”。再次，财税行为与行政行为有着梳理不清的关系纠葛，这不仅是长久以来财税法甚或经济法一直被认为是行政法分支的认识惯性所致，还有在权力主导型的国家财税法一直被视作带有浓厚的“财政权力之法”的味道这一因素，但从法实践论上财税法不仅作为“财税权力之法”，而更应该成为“纳税人的权利之法”。[2] 财税行政行为不只包含了财税主管机关的行政执法作为，更应是以人为本的行政服务行为、权利维护的行政救济行为、权力控制的行政规范行为等综合体现。最后，财税行为与经济行为的关系一直处于若即若离，说不清、道不明的状态。“经济行为是人们为了获得财富，或者以营利为目的，利用稀缺资源进行生产、交换、分配、消费以及提供服务等一系列活动的总称。”[3]它包括市场主体行为和政府经济行为类型，通常也被学者称为经济法律行为、经济法行为、经济法主体行为、经济法域中的行为、经济法中的行为或经济法上的行为等。[4] 虽然在经济法学界“经济法行为包括宏观调控行为和市场规制行为”这一观点已基本达成共识，但就财税行为而言，其中有很大部分行为体现经济法的宏观调制功能，除此之外，它还有中观控权功能以及微观维权功能等。

（三）财税行为的指向功能分析

功能主义的发端——布拉格学派创始人马泰休斯（Mathesius）曾

---

① 我国现行《刑法》第201—212条列述了数类税务犯罪，如逃税罪；抗税罪；逃避追缴欠税罪；骗取出口退税罪；偷税罪；虚开增值税专用发票、用于骗取出口退税、抵扣税款发票罪；虚开发票罪；伪造、出售伪造的增值税专用发票罪；非法出售增值税专用发票罪；非法购买增值税专用发票、购买伪造的增值税专用发票罪；虚开增值税专用发票罪；出售伪造的增值税专用发票罪；非法出售增值税专用发票罪；非法制造、出售非法制造的用于骗取出口退税、抵扣税款发票罪；非法制造、出售非法制造的发票罪；非法出售用于骗取出口退税、抵扣税款发票罪；非法出售发票罪；持有伪造的发票罪等。

② 〔日〕北野弘久：《税法学原论》，陈刚、杨建广等译，中国检察出版社2001年版，第8—10页。

③ 薛克鹏：《经济法基本范畴研究》，北京大学出版社2013年版，第111页。

④ 关于经济法部门中各学者关于“行为理论”的概念使用及范围描述总结一览表，具体参见张继恒：《经济法行为范畴之建构》，载《安徽大学法律评论》2012年第2辑。

言："每一个真正伟大的思想一定来自实际应用，具有实际效果。"[①]财税行为的指向功能，是指财税行为所指向的目标功效，它与财税法功能有着内在的一致性和衔接性，即以财税法的行为规范之本体职能获得正当性支持的财税行为，并在财税行动中实现财税法的政治、经济、社会功能。[②] 当然这里所述之财税行为的指向功能，是以符合财税法律的立法宗旨和规范内容为前提的，即是以事前拟定财税主体之行为合法合理，或者说这是对财税行为进行理论研究和法律规范所欲求实现的终极目标。结合上文所述，笔者认为，就财税行为的指向功能而言，主要包含宏观调制功能、中观控权功能、微观维权功能三个层次。

首先，财税行为具有宏观调制指向功能。按照一些学者的观点，将经济法主体的行为分成两大类，即经济调制行为和市场对策行为（调制行为和市场行为）。[③] 撇开财税法与经济法学科归属或独立问题的争议不谈，这一问题一直难以疏解的一个重要原因，就在于庞大的经济法理论体系紧紧束缚住财税法理论。如今公共财产权概念[④]的提出使得这一束缚也正土崩瓦解。但即使这一学科实现革命性的现实扭转，也无法忽视两个学科之间某些地方的共通之处，财税是国家宏观调控市场经济的重要手段不可否认。例如，国家对中西部地区加大财政资金支持力度，通过开征环境保护税来改善人居环境，给予税收优惠政策以鼓励发展高新技术产业等，都体现出国家以财税手段宏观调控经济。因而，虽然财税法与经济法的相互间学科地位问题争执不下，但宏观调控作为财税行为的指向功能之一当属确定。当然，"正如宏观调控法不代表经济法的全貌一样，它也不是财税法的全貌，甚至不是主体，仅仅

① 胡壮麟：《功能主义纵横谈》，外语教学与研究出版社2000年版，第12页。

② 刘剑文教授认为财税法功能主要包含规范理财行为、促进社会公平和保障经济发展三个方面，分别对应财税法的政治、社会、经济三位一体功能。参见刘剑文：《财税法功能的定位及其当代变迁》，载《中国法学》2015年第4期。

③ 张守文：《略论经济法上的调制行为》，载《北京大学学报》（哲学社会科学版）2000年第5期。

④ 关于公共财产权的概念与法治解读，首次加以详细论述的是刘剑文教授与王桦宇博士的《中国社会科学》中的《公共财产权的概念及其法治逻辑》，自此诸多财税法学人以这一权利理论共同建构起财税法学科之统合性基础——公共财产法，并在此之下搭建财税法总论的理论体系。参见刘剑文、王桦宇：《公共财产权的概念及其法治逻辑》，载《中国社会科学》2014年第8期。

是一个附带的功能而已”。[①]

其次，财税行为具有中观控权指向功能。现代财税法治以控权为核心，并通过控权方式实现保障公民权利的目标，“就是要以公民私人财产权保障作为对政府财政的控制，这是法治的内在要求在财税领域的具体体现”。[②] 财税控权理念贯穿于国家财税治理的全过程，并在制定的每一财税制度中得以体现。近年来，随着国家对提高财税治理能力的重视，在财税领域掀起了一场激烈的财税制度规范化改革，不仅体现在国家财税法律法规的修订和立法，还体现在对国家财税制度的创新驱动。如 2015 年新《预算法》的修订通过，让规范政府预算行为落到实处，过去大量存在的预算外支出也被纳入严格的预算管理体系之中；此外，在税收立法领域，《立法法》的修订将税收法定主义从纸上文字变成法律条文，并且许多税种单行法律（如环境保护税法、增值税法、资源税法、房地产税法、关税法、船舶吨税法、耕地占用税法）的制定以及《税收征收管理法》的修改也被纳入十二届全国人大常委会的立法规划之中。种种迹象表明我国正经历着从财税管理向财税治理，从行政主导向财税法治的现代财税文明国家转轨。

最后，财税行为具有微观维权指向功能。从表征上看，财税法是规范财税权力的控权之法；但从本质上来说，财税法是维护公民私有财产权利和公共产品权利的维权之法。我国财税领域立法与修法的实践表明，除了规范财税权力行使以外，更重要的是构建起财税服务体系。在财政法层面，每一笔财政资金的使用都应以满足公共需求为目的，这是王权财政向国家财政进而向公共财政历史进步的体现；在税法层面，税务机关应摈弃权力管税的传统税收征管思维，形成为纳税人服务的现代税收服务思维。2015 年税收征收管理法修订草案最大的亮点就是税务机关服务于纳税人的职责义务、具体制度、程序规范等都得到了体现，比如事先裁定（修订稿称之为预约裁定）制度的引入，先缴税后复议程序的取消，第三方向税务机关披露涉税信息等规定，都直接或间接地融入了为纳税人服务的先进理念。

---

① 熊伟：《走出宏观调控法误区的财税法学》，载《财税法论丛》（第 13 卷），法律出版社 2013 年版，第 75 页。

② 刘剑文、侯卓：《财税法在国家治理现代化中的担当》，载《法学》2014 年第 2 期。

三、财税行为类型结构之建构

“类型或者以此种方式，或者以彼种方式，或者同时以此种及彼种方式，较概念为具体。”[①]主体的概念与类型研究是基础理论的两大主要议题，承接前文对财税行为概念的多层级透析，此起下文将对财税行为的类型结构进行建构，以期塑造财税行为理论的体系化、完整化和统领性的财税基础理论地位。

（一）财税行为分类研究现状

前已提及，现有关于财税行为已发表的研究成果只有北京大学硕士研究生陈立诚的《财税行为建构论纲》一文，在此文中他有如下观点[②]：一是从财税权力的性质划分，财税行为应包括财税执法行为和除狭义立法以外的其他立法行为，将狭义立法行为划入“宪政行为”，并且认为财税司法行为属诉讼法部门。二是从财税行为的具体类型划分，财税行为主要包括但不限于财政基本行为、财政收入行为、财政支出行为、财政管理行为四个方面，并将财政监督行为排除在外。[③] 三是从财税行为的基础类型出发，认为财税行为包含决策行为与对策行为两种范式，其中决策行为又可分为选择行为、羁束行为，对策行为可分为参与行为、应对行为。

针对上述三种关于财税行为分类之见解，笔者有一些疑问：其一，财税行为分类研究范围之起点为何？是建立在广泛含义上的财税行为的全面研究，还是建立在财税法学科属性下的财税行为本质研究？即到底是基于广义还是狭义上的财税行为论讨。其二，财税行为类型化体系应当如何建构？是坚持常见的分散式分类结构，还是创立财税行为的总体性分类架构？即如何建构起“理论上立得住脚，逻辑上经得起推敲”的财税行为类型结构。显而易见，前述的三者观点都是沿循狭义

---

① 〔德〕卡尔·拉伦茨：《法学方法论》，陈爱娥译，商务印书馆 2003 年版，第 337 页。

② 参见陈立诚：《财税行为建构论纲》，载《北京社会科学》2015 年第 7 期。

③ 他认为，之所以将财税监督行为排除在财税行为体系之外，是因为财政监督本身就是第二性的行为，是对已经发生的财政收入、支出等第一性的行为的评价，而监督行为本身并不是财税法评价的对象，其所引发的也主要不是财税法上的权义关系。参见陈立诚：《财税行为建构论纲》，载《北京社会科学》2015 年第 7 期。

范围内的财税行为基础分类模式，并无细化触及财税行为庞杂的类型体系中去，虽然这种模式对于财税行为类型化基础理论研究起着相当重要的基石作用，但往往也由于这种概括式、抽象化的分类结构使得对于财税行为的认知是“一叶障目，不见泰山”。因此，从丰富财税法基础理论这一角度而言，这种分类模式是可取的，但对于财税行为类别的体系化视野而言，并不利于从多角度探视财税行为类型的复杂性。

另外，抛却研究视角这一命题，对于上述关于财税行为的三种分类观点阐释，还有需进一步辨明的地方。首先，将财税领域内的狭义立法行为划归为“宪政行为”而非“财税行为”，是否值得商榷？宪法虽被称为“母法”，但其也是由适用于不同领域的立法条款所组成，就宪法中的财税条款来说，其发挥着统领财税立法行为的作用，不应割裂为宪政行为。其次，因为财税监督行为归属于第二性的行为，而认定不应列属于财税行为类型范畴，但财税监督行为毕竟是监督行为在税务行政范围内的适用，其监督行为的模式、目的等特点与监督行为涉及的其他行政部门领域并不雷同，因此，财税监督行为有必要纳入财税行为体系。最后，关于决策行为及其分类，虽然在法理层面给予了财税行为分类的综合视角，但决策行为与对策行为的类型实则贯穿于各部门法之中，难以体现出财税法特色。

（二）财税行为基础类型构建

就一门学科领域而言，行为理论中基本分类的研究应首当其冲地受到重视。“决策行为—对策行为”的分类范式虽然也可以适用于财税行为之中，但正因为其庞大的涉域面导致了财税行为基础分类缺乏财税法的应有特色。虽然笔者也较赞同在财税行为基础分类研究中应用这一范式，但还应探索其他可行的特有范式。就此，笔者提出“本体行为—依附行为”的分类范式以供探讨。

“本体行为—依附行为”的分类范式是基于财税法学科独立价值而建立的，它将财税法学科的本体特性与依附特性相衔接，并在此基础上进行二元分类。从财税法学科归属本质上来看，财税行为分为财税本体行为与财税依附行为。所谓财税本体行为，就是指在财税法的特有属性——公共财产法属性下进行的一系列财税主体行为，即包含财税权力主体行为和财税权利主体行为。而财税依附行为，是指依附于财税法属性下的服务于公共财产规制全过程中的他域财税行为,这部分财税行为往往由于学科交叉性等原因,在能否纳入财税行为体系的问题上存在争议。这种分类模式,一方面能够在财税行为理论建构方面为财税法学科迈向独立贡献力量,另一方面还便于厘清财税法与经济法、行政法等交叉学科间的边界。

不过,这种本体行为与依附行为的认定也存在一定的难度,这不仅是由部门法学科的综合规范性所导致,财税本体与其依附范围的广域性也使得这一问题难以有效解决。但大体上,财税本体行为应包含财税权力主体行为和财税权利主体行为两种,财税依附行为应包括财税涉域交叉行为和财税涉域公共行为。具体来说,一方面,财税本体行为包含作为财税权力的享有者——国家财税职权管理机构的公共财权行使行为和作为财税权利的享有者——公民个体的公共财权受益行为,前者如财政基本行为、财政收入行为、财政支出行为、财政管理行为等,后者如财政给付行为、财政受益行为、财政参与行为、财政监督行为等;另一方面,财税依附行为包括具有学科交叉特性和具有涉域公共属性的行为类型,前者如财税立法行为、财税犯罪行为、财税合同行为、财税涉外行为等,后者如财税公益行为、财税分配行为等。

当然,这种"本体行为—依附行为"的分类范式本身也存在着较大的问题,即关于本体与依附难以认定。但笔者提出此种基本分类范式,一则从财税法的特有学科属性,为财税行为的基本类型构成提供另外一种视角;二则为建构财税行为之基本类型提供充实的基础理论。综上,财税行为的基本类型应包含如下(见下图1:财税行为的基本类型)。

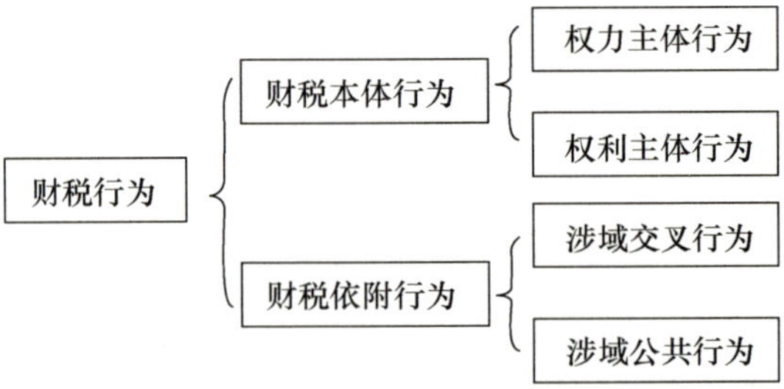

图1　财税行为的基本类型

（三）财税行为多元分类体系

关于某一主题的类型研究，除了要积极找寻其各种类型之间的共同基本类型之外，还要基于各种分类基点寻求构建该主题的庞大类型化体系。对于财税行为而言，由于其涉及行为的复杂化、交叉性、多样化，使得有必要通过构建多元分类体系的途径，为进一步细化研究各个下属行为类型提供前提参照。以下笔者将从几个角度提出财税行为的多种分类视角，以先期建构起财税行为的简单分类体系。

1. 财税宪法性行为、财税法律性行为和财税政治性行为

依照财税行为的规范本质，可以将财税行为分为财税宪法性行为、财税法律性行为和财税政治性行为。财税宪法性行为是财税行为规范的基础，是其他规范有效进行的效力来源，一般表现为一国宪法当中的财税条款和财税宪法实践。观之我国宪法，关于财税方面的宪法条文主要规定在第12条（社会主义公共财产神圣不可侵犯），第56条（公民有依法纳税的义务），第62、67条（全国人大及常委会的预算职权）等。财税法律性行为是财税行为规范的常态，也是适用最为广泛的行为规范类型，它构成了财税法的基本渊源，其基本形式包括法律法规、部门规章、地方性法规以及国际条约和协定等。而财税政治性行为是财税行为规范的另一种表现，尤其在像我国这种行政主导思维较为严重的国家，政治管理财税、政治监督财税甚至政治决定财税的现象常有发生，例如上级政府对下级政府、政府对财税主管部门的收支命令等。财税政治性行为有其特殊的规范作用，但也在一定程度上扰乱了正常的财税法治秩序，导致“权大于法”现象的泛滥成灾。

2. 财税基本行为、财税收支行为、财税监管行为

以财税内容作为区分点，财税行为主要包括财税基本行为、财税收支行为和财税监管行为三个方面。财税基本行为涵盖了预算行为和财政收支划分行为，前者是关于国家公共财政收支的合理预算问题，后者是关于中央与地方政府之间财政收支权限的合理设置问题。财税收支行为涉及公共财政的两项基本活动，即公共财产的征收与使用，它主要包括常见的税收行为、非税收入行为和公债行为等财政收入行为，以及财政采购行为、财政投融资行为、财政拨贷款行为和财政转移支付行为等财政支出行为。财税监管行为关系到公共财产收支过程中的各方行

为规制，一方面财税机关要对公民履行财税义务的行为过程进行必要管理，另一方面公民和其他国家机构也有权对财税机关的执法过程进行民主和法律监督。

3. 国家财税行为、区域财税行为、国际财税行为

根据财税行为所牵涉的地域范围，可以将财税行为划分为国家财税行为、区域财税行为和国际财税行为三种。国家财税行为是基于一国领域范围内的国家自主财税行为，它是国家主权的一个集中体现。区域财税行为是基于一定区域内的国家或地区之间关于财税方面的合作，近期我国大陆地区与台湾地区签订的《两岸租税协议》即体现了这一点。国际财税行为则基于经济贸易全球化的发展趋势，在世界上大多数国家之间签订的一种广泛共识的财税规则文本或国际惯例，如OECD(经济合作与发展组织)在世界范围内大力推行的BEPS(税基侵蚀与利润转移)行动计划正是国际财税行为的一个例子。

四、结　　语

财税治理在国家治理结构当中的重要位置和财税法学科的特殊属性，使得财税法域中的行为呈现出复杂多元的类型体系，尤其是财税行为基础理论的缺失，将财税法行为理论推上了研究制高点。目前，关于财税行为的基础性与类型化理论研究并不多，如何建构起合理的财税行为理论对于财税法的学科建设、实践规范、理论充实都有着极为重要的意义。同时，财税行为理论研究还涉及行为效力、行为动机和行为模式的具化分析，都需要进一步研究。

(责任编辑：王金华)

论其他规范性文件与上位法“相抵触”的标准

顾海燕*

内容摘要 其他规范性文件是除宪法、法律、法规和规章以外的行政规范性文件的总称，最初作为内部性规则出现，但在发展过程中出现了不同程度的外部性，需将其纳入行政法研究范畴。在实践中，因其制定主体多元、程序不规范，其他规范性文件与上位法“相抵触”的情形较为普遍。目前的规制手段是，通过权限控制和程序控制或者通过备案、裁决、撤销、清理以及司法审查等事后控制。前者并不易于辨别和实施，且过于严苛的程序控制在客观上可能抑制行政自制的积极性，违背其他规范性文件的存在目的。后者一方面在解决法律冲突的问题上缺乏鲜明的利益驱动；另一方面，又有运动式执法的嫌疑，不宜作为长效机制。司法审查是解决其他规范性文件与上位法“相抵触”问题的较为理想的方式。

关键词 其他规范性文件 相抵触 司法审查 行政自制

一、其他规范性文件的概念界定及其类型化

（一）其他规范性文件的概念

一般而言，其他规范性文件是指除宪法、法律、法规和规章以外的行政规范性文件的总称。其他规范性文件成为一个立法上的概念，最

* 清华大学宪法与行政法专业硕士研究生。

早是在1996年实施的《行政处罚法》中。[①]《行政许可法》也采用了其他规范性文件的说法，但是其范围却与《行政处罚法》不一致。[②] 本文所指的其他规范性文件的外延与《行政处罚法》重合。而最能阐释这类规范内涵的是《行政诉讼法》的规定，即明确了这类规范是由行政机关制定和发布的，是除了行政法规、规章以外的，具有普遍约束力的决定、命令的总称。《最高人民法院关于审理行政案件适用法律规范问题的座谈会纪要》(以下简称《座谈会纪要》)中也较为详细地论述了其他规范性文件的制定主体、实践中发挥的作用以及对法院的拘束力。[③]

在立法中，与之相对应的概念还有出现在《行政复议法》中的"行政规则"。该法规定行政规则的范围包括"国务院部门、县级以上地方各级人民政府及其工作部门，以及乡、镇人民政府"的规定。这一规定实质上指明了这类规范的制定主体。此外，在《宪法》和《地方各级人民代表大会和地方各级人民政府组织法》(以下简称《地方组织法》)中还有"行政措施""决定""命令"以及"指示"的称谓。

在学理上关于这类规范的名称，也是众说纷纭。除了沿用上述立法中所列的其他规范性文件[④]、行政规则[⑤]以外，还有行政规范性文

---

① 《行政处罚法》将除宪法、法律、法规、规章之外的规范性文件，称为其他规范性文件。

② 根据《行政许可法》第17条的规定，"其他规范性文件一律不能设定行政许可"中的其他规范性文件是指除了宪法、法律、法规、规章、国务院决定以外的规范性文件。

③ 根据《座谈会纪要》，其他规范性文件主要是指县级以上人民政府及其主管部门制定发布的具有普遍约束力的决定、命令或其他规范性文件。在实践中，这类规范对行政机关的约束力具体体现为这些规范是行政机关作出具体行政行为的直接依据。而对法院的拘束力则包括两个层次：第一，这类规范对法院不具有法律意义上的拘束力，因为这类规范并不是正式的法律渊源；第二，如果经审查，确为合法、合理的，则可以承认其效力，而具体方式是在裁判理由中予以评述。

④ 参见罗豪才：《行政法学》，北京大学出版社1996年版，第158页；应松年：《行政法学新论》，中国方正出版社1998年版，第228页；湛中乐：《论行政法规、行政规章以外的其他规范性文件》，载《中国法学》1992年第2期；李杰：《其他规范性文件在司法审查中的地位及效力探析》，载《行政法学研究》2004年第4期。

⑤ 朱芒教授认为行政规定所指的"不是一种具有共同性质的行政规范，即不具有法律规范性的行政规范，而是一类行政规范，即不具有行政法规或行政规章外在形式的所有行政规范"。同时，根据行政规范的外在形式、在内容方面是否涉及私人权利义务以及是否对人有拘束力等标准，使得行政规则可以与法规命令(笔者注：即本文所说的行政规范中的法律规范)区别开来。参见朱芒：《论行政规定的性质——从行政规范体系角度的定位》，载《中国法学》2003年第1期。

件[①]、行政规范[②]、红头文件[③]、非立法性行政规范[④]、规范性文件[⑤]等多种说法。从比较法的角度来看，大陆法系国家习惯称之为行政规则[⑥]，而英美法系国家则更多地称之为非立法性规则。[⑦]

在笔者看来，上述所列的众多说法中，有些仅是称谓上的差异。而透过这些争鸣，我们事实上也可以感受到学界对这类规范内涵的挖掘逐步深入。总体看来，目前理论界就这类规范已达成如下几点共识：

第一，这类规范是基于行政立法与其他规范性文件的二元分立学说而提出的，是除行政法规、规章以外的行政法律规范。正如朱芒教授所言，它们“不是一种具有共同性质的行政规范”，“而是一类行政规范，即不具有行政法规或行政规章外在形式的所有行政规范”。[⑧] 而这种“拦腰截断”的方式表面上是由于规范的表现形式不同，本质上却是由于行政职权的差异。根据我国《立法法》，有权制定行政法规、规章的主体有四类，即国务院，各部委，省级政府以及较大市的人民政府。这类主体根据《宪法》和《地方组织法》的抽象授权，也有权限制定其他规范

① 参见高若敏：《谈行政规章以下的行政规范性文件的效力》，载《法学研究》1993年第3期；汪自成：《道具与工具：行政规范性文件的异化》，载《南京工业大学学报（社会科学版）》2010年第4期。

② 叶必丰教授和周佑勇教授认为行政规范是指各级各类国家行政机关为实施法律和执行政策，在法定权限内制定的除行政法规以外的具有普遍约束力和规范体式的决定、命令等的总称。叶必丰、周佑勇：《行政规范研究》，法律出版社2007年版，第33—34页。

③ “红头文件”不是一个法律概念，而是一种通俗称谓，多见于党委文件和媒体报道中。比较有代表性的是全国人大法工委刘松山的观点。他认为“红头文件”是指以各级国家政权机关的名义发出的、代表国家行使各项管理职权的、除宪法、法律、法规、规章以外的，有关机关和部门制定发布的措施、指示和命令等非立法性文件。因套以象征国家机关权威的“红头”，故称之为“红头文件”。参见刘松山：《“红头文件”冲突法律的责任归属——兼评福州王凯峰案》，载《法学》2002年第3期。

④ 这一说法主要出现在中共杭州市委党校陈丽芳副教授的相关著作中。参见陈丽芳：《非立法性行政规范研究》，中共中央党校出版社2007年版；陈丽芳：《非立法性行政规范性文件制定主体的责任探析》，载《中共杭州市委党校学报》2006年第6期。

⑤ 参见马怀德：《行政法与行政诉讼法》，中国法制出版社2000年版，第208页；叶必丰教授前期作品，如叶必丰：《行政法学》，武汉大学出版社1996年版，第168页；林庆伟、沈少阳：《规范性文件的法律效力问题研究》，载《行政法学研究》2004年第3期。

⑥ 〔德〕哈特穆特·毛雷尔：《行政法学总论》，高家伟译，法律出版社2000年版；〔日〕盐野宏：《行政法》，杨建顺译，法律出版社1999年版，第72—74页。

⑦ 参见余凌云：《现行行政法上的指南、手册和裁量基准》，载《中国法学》2012年第4期；高秦伟：《美国行政法上的非立法性规则及其启示》，载《法商研究》2011年第2期。

⑧ 参见朱芒：《论行政规定的性质——从行政规范体系角度的定位》，载《中国法学》2003年第1期。

性文件。除此之外,行政职权等级较低的其他地方各级人民政府及其工作部门就只能依靠制定这类规范来实施上位的法律、规范以及执行政策。

第二,这类规范的制定主体广泛,涵盖了包括国务院、各部委、县级以上地方各级人民政府(含其工作部门)和乡镇人民政府在内的所有行政机关。[①] 在这些主体当中,根据是否有宪法和组织法授权,可以将其分为两类:一类是有宪法和组织法的抽象授权,这类主体主要包括国务院、各部委、县级以上各级人民政府(这三类主体由《宪法》授权)以及乡镇人民政府(由《地方组织法》授权)。这类主体可以在其权限范围内,为实施法律或者执行上级机关的规定,而制定具有普遍约束力的规范;另一类则是没有宪法和组织法授权、基于行政实践制定行政规则的主体,即县级以上各级人民政府工作部门。笔者赞同朱芒教授的观点,认为《行政复议法》将这类规定纳入审查范围是对行政实践的务实回应,但并不属于特定法律的授权,因而也就不能获得第一类规范那样的普遍约束力。[②]

第三,这类规范所涉内容广泛。随着现代国家发展对行政的依赖,其他规范性文件的触角几乎深入到行政的全部领域。但是,由于这类规范的授权不够具体、效力层级低、制定程序不够规范、监督机制亦不够完善,因而,在规范所涉范围和程度上都要受到一定限制。根据《国务院关于加强法治政府建设的意见》(国发[2010]33号),这类规范应主要着眼于"改善民生和发展社会事业以及政府自身建设",但"不得设定行政处罚、行政许可、行政强制等事项";同时,也"不得违法增加公民、法人和其他组织的义务"。

第四,关于这类规范的效力。这类规范虽然具有某些法的特征,但

---

① 参见《宪法》第89条、第107条;《地方组织法》第59条、第61条;《行政复议法》第7条。

② 学者中注意到这一差别的并不多,在分析其他规范性文件的效力、公开、制定程序等主要问题时,也并没有区分上述两种情形。在笔者所搜集的资料中,朱芒教授是唯一一位对上述两类规范做区分的学者,但是在讨论行政规定的性质时也并没有涉及上述两类规范的差异。参见朱芒:《论行政规定的性质——从行政规范体系角度的定位》,载《中国法学》2003年第1期。

又不是“法”[①]，即不是正式的法律渊源。但是，这类规范又具有普遍约束力，这主要体现在这些规范是行政机关作出具体行政行为的直接依据。正如朱芒教授所言，这类规则从“要件设定”“内容选择”以及“程序适用”等方面直接调整着行政机关的具体行政行为[②]。从法律位阶上来看，在我国规范性文件体系中，这类规范一方面处于最底端，效力层级低，不得与宪法、法律、法规、规章的规定相抵触；另一方面，对于行政执法部门和执法人员来说，这类规范事实上具有最高效力[③]。

第五，从性质上看，国内外的理论对这类规范的内部性均不存在争议。[④] 行政规范的内部效力主要是指行政机关的自我约束，包括对“制定主体及所属主体和公务员的约束力”[⑤]。换句话说，这类规范不直接设定或者变更行政相对人的权利和义务，也不对相对人直接产生效力。然而，一方面从行政规则发生效力的路径上来看，这类规则难免会在内容上涉及相对人的权利和义务，同时这类规则作为具体行政行为作出的考量因素或者识别标准，其效果必定会“外溢到相对人”[⑥]；另一方面，随着这类规则在行政实践中发挥的功能日益增大，而又因其自身的复杂性，有时事实上很难将其与作为正式法律渊源的法律规范相区别。故此，这类行政规范也日益衍生出一定的外部性。

（二）其他规范性文件的形式

其他规范性文件在实践中的表现形式层出不穷。根据《党政机关公文处理工作条例》（中办发[2012]14 号）的规定，行政规范文种包括决定、命令（令）、决议、意见、通知、通报、通告、公告、公报、报告、函、请

---

① 参见姜明安：《行政诉讼与行政执法的法律适用》，人民法院出版社 1995 年版，第 605 页。

② 参见朱芒：《论行政规定的性质——从行政规范体系角度的定位》，载《中国法学》2003 年第 1 期。

③ 参见刘松山：《“红头文件”冲突法律的责任归属——兼评福州王凯峰案》，载《法学》2002 年第 3 期。

④ 在我国，余凌云教授认为这类规范是“行政机关的自我约束”，具有“强烈的内部性特征”。参见余凌云：《现行行政法上的指南、手册和裁量基准》，载《中国法学》2012 年第 4 期；叶必丰教授也认为这类规范的内部效力是一个“不争的事实”。叶必丰、周佑勇：《行政规范研究》，法律出版社 2007 年版，第 33—34 页。

⑤ 叶必丰、周佑勇：《行政规范研究》，法律出版社 2007 年版，第 33—34 页。

⑥ 余凌云：《现行行政法上的指南、手册和裁量基准》，载《中国法学》2012 年第 4 期。

示、批复、纪要、议案等。除此之外，还有在实践中发挥着重要作用的指南、手册和裁量基准等[①]。

指南、手册和裁量基准是近几年来我国打造“法治政府”过程中主推的一项工作。浙江金华公安局作为指南实践的先行者，在行政实践的基础上，于 2004 年率先推出了《关于推行行政处罚自由裁量基准制度的意见》(金市公通字[2004]23 号)。加之国务院于同年发布《关于印发全面推行依法行政实施纲要的通知》，其中明确提出了“合理行政”的要求，并要求行政机关在行使自由裁量权时“应当符合法律目的”“排除不相关因素的干扰”。此后，地方各级人民政府纷纷效仿金华公安局的做法，渐次出台了各类指南，力图将上位法中对行政自由裁量权规定不够详细的条款加以细化[②]。而随着 2009 年公安部提出“三项建设”[③]任务，各地又一次掀起了制定各类执法指南的高潮。

根据余凌云教授的研究成果，指南、手册和裁量基准是“针对已发生的、多是常态下的情形，总结以往实践经验，形成惯例，并要求以后遇到同样情形时必须遵行惯例，平等对待”。[④] 而指南、手册和裁量基准之间也存在着不同的形态和涵摄范围，这主要体现为“裁量基准仅解决量罚问题，指南、手册却是对裁量运行的系统控制”。本文为了研究方便，将指南、手册和裁量基准统称为指南。毋庸置疑，作为其他规范性文件中更为具体的一种，指南具备上文所论述的其他规范性文件的主要特征。同时，我们也可以看到作为行政实践的自我探索，指南也具有若干个性特征。其中最为突出的是指南中的“分格技术”。指南的主要目的是希望控制行政自由裁量权。具体方式包括两种：一是对法律要

① 如由余凌云教授牵头、与省市政府合作，共同制定的《四川省公安交警执法执勤指南》和《甘肃省城市管理综合执法指南》。

② 如《云南省道路交通安全违法行为处罚标准暂行规定》(2004)，《石家庄市交通局行政处罚自由裁量基准制度实施办法(试行)》(2008)，《常德市环境保护行政处罚自由裁量权基准(试行)及其说明与制度汇编》(常环发[2010]28 号)等。

③ “三项建设”是指切实提高基层实战能力，强力推进信息化建设；切实提高执法能力，推进执法规范化建设以及切实提高群众工作能力，推进和谐警民关系。其中对于执法规范化建设提出了“健全完善相关程序规定和标准规范”以及“进一步完善……治安行政案件裁量标准”。

④ 余凌云：《现行行政法上的指南、手册和裁量基准》，载《中国法学》2012 年第 4 期。

件中的不确定法律概念进行解释，使其具体化；二是划分量罚幅度。[①]

（三）其他规范性文件的类型化

根据制定依据和授权方式的不同，可以将其他规范性文件划分为两类：一类是执行性的其他规范性文件。这类规范往往有明确的上位法依据或者上位法的具体授权；第二类则是创制性的其他规范性文件。这类规范性文件主要依据宪法或者组织法的抽象性授权或者上位法的基本原则、精神制定。

作出这种划分的意义还在于厘清本文所述的相抵触与《立法法》中确定的“相抵触”原则的关系。虽然对于后者学界仍有诸多争议，但是一个基本的共识已经达成，即相比于同样由该法确立的“根据”原则，“相抵触”原则作为地方性法规的立法原则显然更为宽松。地方权力机关可以在宪法、法律以及行政法规缺失的前提下，根据地方的特殊情况和实际需要，针对法律保留原则之外的事项作出自主性规定。只要这种规定不同现有的宪法、法律以及行政法规相抵触即可。而“根据”原则乃是针对行政法规和规章的要求，该原则要求行政法规、规章的制定必须有上位法的依据，且应当限定在自身的职权范围内。同时，针对规章，《立法法》还规定它只能是执行上位法。回到上述其他规范性文件的分类，我们可以看出，如果要套用《立法法》中所确立的上述两项原则。则第一类执行性的其他规范性文件需要适用“根据”原则，而第二类规范性文件则适用“相抵触”原则。

而本文中的上位法，一方面不是特指制定其他规范性文件所依据的法律规范，而是囊括了所有法律位阶较高的法律规范；另一方面，从上位法的内容上看，不仅包括上位法的具体规定，还包括了上位法所确立的原则和精神。也就是说，本文中的上位法是最广泛意义上的概念。

由此可见，假设《立法法》中的“根据”原则以及“不抵触”原则都能对其他规范性文件适用，那么本文所说的与上位法相抵触其实包含了其他规范性文件违反“根据”原则或者“不抵触”原则两种。对于前者而言，与上位法相抵触体现在其他规范性文件的制定缺乏上位法依据或

① 参见朱新力、唐明良：《尊重与戒惧之间——行政裁量基准在司法审查中的地位》，载《北大法律评论》2009 年第 10 卷，第 349 页。

者违反了上位法的授权;对于后者而言,抵触具体表现为其他规范性文件的主体缺乏相应的职权或者违反了上位法的原则、精神。

二、“相抵触”的多发性及其表现形式

由于制定主体广泛,授权和制定程序不规范,指南等其他规范性文件所规定的内容与上位法相抵触的情形几乎随处可见。“抵触”是指相互冲突,一般发生在不同位阶的法律规范中。这里所说的上位法也不仅是指制定规范性文件所依据的法律规范,而是指位阶高于该规范性文件的所有法律规范,包括由上级行政机关制定的规范性文件。

(一)分析样本说明

本文以“北大法意”数据库中精选案例库为主要研究样本,以“抵触”为关键词,共搜索行政案件414例。在此基础上,初步筛选出符合本文研究目的的案件共37例。在阅读上述案件判决的过程中,笔者发现有的法院在使用“抵触”概念时,会与“冲突”“不一致”等词混用,这启发了笔者以“相冲突”和“不一致”为关键词,进行了第二轮的检索。本次检索以“北大法意”数据库中的精选案例库为研究样本,分别检索出行政案件53例、126例,并将其作为上述研究样本的补充。第三轮检索则是在阅读了相关文献基础上进行的二次检索,主要包括最高人民法院答复中所涉及的案例以及发生抵触的法条。

(二)“相抵触”的多发性以及表现形式

在上述三轮检索的基础上,本文共梳理出符合本章要求的行政案件12例。在借鉴《座谈会纪要》所列举的抵触分类的基础上,本文将行政审判实践中其他规范性文件与上位法“相抵触”的情形归入以下四大类。

1. 违反上位法的强制性规定

强制性规定与任意性规则相对,是指必须依法适用,在法律实施过程中,不能以个人主观意志予以变更或者排除适用的规则。在法律规定中多以“必须”“应当”“禁止”等词表述。而本文所说的上位法是指效力位阶较高的法律规范,而不局限于制定其他规范性文件所依据的法

律规范。

案例 1 《城市居住区规划设计规范》规定了多层之间以及高层与各种层数住宅之间的宅侧面间距。[①]《城市居住区规划设计规范》局部修订的公告中明确“其中，1.0.3、3.0.1……为强制性条文，必须严格执行”（笔者注：5.0.2.3 不在此列）。而根据《江苏省城市规划管理技术规定》：“住宅建筑（南侧）与非住宅建筑（北侧）之间的最小间距，……多层非住宅建筑与多层住宅之间垂直布置为 9 米。”[②]

尽管《江苏省城市规划管理技术规定》中规定的多层非住宅建筑与多层住宅之间垂直布置距离小于《城市居住区规划设计规范》，但是，因为《城市居住区规划设计规范》中关于高层与各层住宅间距离的规定不是强制性规定，因而事实上江苏省的技术规定并没有与上位规范相抵触。

案例 2 《农业税条例》和《关于对农林特产收入征收农业税的若干规定》都对缴纳农业税作了规定。同时，《农业税条例》还规定了免征情形。[③] 此外，《国务院关于进一步做好农林特产农业税征收工作的通知》明确规定：“凡属规定的应税产品收入，必须依法全面征税，除经国务院和财政部批准外，任何单位和个人一律不得擅自决定减免税或者暂缓征税的主体和批准程序。”[④]而原兴化县委、县政府（1986）71 号文件则擅自规定“新开发的滩池，免交五至十年农业税”[⑤]。该文件事实上违反了上位规范的强制性规定，属于明显的与上位法相抵触的情形。

2. 增设相对人义务或者削减相对人权利

案例 3 根据《刑事诉讼法》第 36 条的规定，律师有权会见在押犯罪嫌疑人、被告人。而涟源市公安局的内部规定却要求“会见在押被告人必须出示人民法院出具的会见证明。否则，不许可会见”[⑥]。会见证

---

① 《城市居住区规划设计规范》5.0.2.3 规定：宅侧面间距，应符合条式住宅，多层之间不宜小于 6 m；高层与各种层数住宅之间不宜小于 13 m。

② （2007）新行初字第 23 号。

③ 《农业税条例》第 15 条：纳税人依法开垦荒地或用其他方法扩大面积所得到的农业收入，从有收入的那一年起，免征农业税一至三年。

④ 《国务院关于进一步做好农林特产农业税征收工作的通知》规定：凡属规定的应税产品收入，必须依法全面征税，除经国务院和财政部批准外，任何单位和个人一律不得擅自决定减免税或者暂缓征税。

⑤ （1994）扬中行终字第 17 号。

⑥ （2005）山行初字第 4 号。

明成为律师会见在押犯罪嫌疑人、被告人的前提条件，这一规定在事实上扩大了相对人的义务，与上位法相抵触。

案例 4 《民法通则》规定了姓名权，公民“有权决定、使用和依照规定改变自己的名字”①；根据《户口登记条例》第 17 条、第 18 条规定，由需要改名字的本人提出申请，并把需要改名的理由写充分，到当地派出所户籍室办理。而依据焦作市公安局内部规定：对于申请改名字的，“16 周岁以下的公民酌情办理，16 周岁以上的公民，公安机关要严格控制”。焦作市公安局的这一规定实质上在没有合法授权的前提下，通过内部规定限制了 16 周岁以上公民的姓名权，削减了行政相对人的权利，属于与上位法相抵触的情形。

3. 违反上位法的立法目的，擅自扩大或缩小上位法的适用范围

案例 5 《劳动部关于贯彻执行〈劳动法〉若干问题的意见》第 2 条界定《劳动法》的适用范围为“企业、个体经济组织和劳动者间形成的劳动关系”。而《福建省人民政府关于〈福建省劳动安全卫生条例〉有关条文的应用解释》第 1 条则将“尚未领取工商营业执照”，但“事实上已进行生产经营活动”的企业、个体经济组织也纳入了调整范围。② 该解释性规范与《劳动法》所规定的企业、个体经济组织的内涵不一致，其效果是扩大了义务主体的范围，应认定为与上位法相抵触。

案例 6 按照《行政处罚法》的规定，行政处罚的对象为公民、法人或其他组织。鸡西市工商行政管理局作出的《关于对火车站限制竞争行为行政处罚当事人认定问题的答复》则将火车站纳入了行政处罚对象，认为“虽然火车站及其上级单位铁路分局、铁路局均未按照国家有关规定办理企业法人登记或营业登记，但不影响对其违法行为的处罚”。③《答复》显然扩大了行政处罚的对象，与上位法相抵触。④

案例 7 国务院颁布的《关于劳动教养问题的决定》《关于劳动教养的补充规定》以及公安部制定的《劳动教养试行办法》就劳动教养的适用范围作了明确的规定。而山西省政府发布的其他规范性文件却规

① 《民法通则》第 99 条规定：公民享有姓名权，有权决定、使用和依照规定改变自己的名字。

② （2001）闽行终字第 3 号。

③ （2002）鸡冠初字第 15 号。

④ 事实上，《会议纪要》所列的“下位法扩大或者限缩上位法规定的给予行政处罚的行为、种类和幅度的范围”是实践中较为普遍的现象，后文还会专门论及。

定了阻碍厂长、经理履行职务的,也可实行劳动教养。[1] 后者将劳动教养的适用范围擅自扩大,且违反了法律保留原则(《立法法》的重要原则),应当认为与上位法相抵触。

案例 8 《国务院批转国家经贸委〈关于 1996 年国有企业改革工作的实施意见〉的通知》[2]规定:学校人员应以移交前在职人员为基础,专任教师按国家有关规定标准审定合格后接收,非教学人员按当地同类学校编制比例划转。关于"在职人员",国家经贸委办公厅 427 号函解释为"尚未办理正式退休手续的人员",且"不含已办理正式退休手续的人员"。而根据南宁市人民政府 184 号文规定:"移交前"的具体时间划定为"以企业提交分离申请前三个月";南宁市人民政府 147 号文:"接收对象必须是在职在岗人员"。[3]"尚未办理正式退休手续的人员"范围显然要比"在职在岗人员"广。也就是说 147 号文的规定实际上缩小了上位法的适用范围,应当认定为与上位法相抵触。[4]

4. 法律依据、行政机关的职权与授权问题

当涉及行政授权问题时,判断其他规范性文件是否与上位法相抵触就变得更为复杂。从下面的几个案例,我们也可以看出,这类相抵触问题,往往不像上述三类那样容易得出结论。

案例 9 根据《吉林省城市规划条例》,因城市规划或国家建设需要,使用临时用地或者拆除临时建筑的,不予安置和补偿。[5] 同时,《吉林省城市房屋拆迁管理条例》补充规定,对"拆除未超过批准期限的临时建筑给予适当补偿,但核发证照已明确不予补偿的除外"。而永吉县人民政府《关于加强城镇浮房管理的通知》[6]则规定:"取得浮房产权证的,房屋拆迁时按正规房的补偿标准减半给予补偿。要求安置的,可按

---

① 《山西省人民政府关于保护企业厂长、经理依法执行职务的规定》第 8 条第(二)项规定:"以暴力、威胁方法阻碍厂长、经理依法执行职务,尚不够刑事处罚的,可实行劳动教养"。

② 国发(1996)11 号。

③ (2001)桂行终字第 10 号。

④ 该案中还涉及另一个问题:对于不确定概念"移交前",作为规范实施机关的南宁市人民政府是否有权作出解释。

⑤ 该条例第 42 条规定:因城市规划需要,使用临时用地的单位或个人必须无条件及时交回临时用地,国家不予安置和补偿。第 48 条规定:临时建设工程在使用期限内,因国家建设需要,使用单位和个人必须无条件及时拆除。国家不予安置和补偿。

⑥ 永建发(1992)22 号。

扩大面积标准交纳费用，未取得浮房产权证的一律不予补偿。”[①]而浮房产权证制度在上位法中并没有规定，因而该制度的确立是缺乏依据的。且“浮房产权证”制度与上述两项条例中关于临时建筑拆迁补偿的规定相抵触。

案例10 《机动车登记办法》规定机动车管理实施登记制。而根据南通市四部门联合发布的《关于加强市区道路交通管理的通告》和南通市政府有关规定：摩托车总量控制、上牌实行准购证制度。[②] 这主要是依据《江苏省道路交通管理条例》[③]以及《江苏省机动车排气污染防治条例》的抽象性授权。但是，准购证制度是否突破了授权范围？

案例11 建设部《关于发布〈城市公共客运交通经营权有偿出让和转让的若干规定〉的通知》[④]第9条规定：“经营权有偿出让的期限由地方人民政府根据当地实际情况规定，但不得搞永久经营权。”市政府据此授权市物价局、财政局、城建局、交警支队制定《关于征收城市出租车增容费的通告》[⑤]，规定中巴车、的士车营运年限6年。[⑥] 在本案中上诉人质疑建设部对城市公共客运交通单独行使行政主管职权，继而主张该《通知》是越权制定，因而归于无效。越过具体行政行为作出的依据，而直接挑战授权的合法性，这可谓是个具有开创性的当事人。除此之外，我们还应注意到另外两个问题：一是，继上诉人的这一主张，我们还可以进一步追问授权的形式，由本案引申出来的主要问题是建设部可否通过规范性文件向地方各级人民政府授权？二是，本案中还存在转授权的问题，即市政府将建设部的授权转授给下辖的四个行政部门。

案例12 按照交通部有关规定，城市公交的营运范围“应严格界定在城市市区”；且公共汽车“应当缴纳公里客货附加费”。而盐城市政府某《会议纪要》却认为城市公交可以在“规划”内开通若干路线，且为

---

① (2000)吉行终字第48号。

② (2003)港行初字第25号。

③ 《江苏省道路交通管理条例》第6条：各级人民政府应当根据城市规模、道路状况和社会需求……逐步淘汰高耗能、低效能、污染超标、安全性能差的交通工具。《江苏省机动车排气污染防治条例》第15条：县级以上政府可以根据大气污染防治的需要，限制市区摩托车的保有量。

④ 建城(1993)386号。

⑤ 1995年10月27日公布。

⑥ (2000)株行终字第40号。

保证正常营运,"继续免交有关交通规费"。[1] 该《会议纪要》一方面通过"规划"的说辞,给扩大城市公交的营运范围预留了空间;另一方面,"免交"交通规费的规定直接与上位法规定相左。本案的关键问题也就在于考察盐城市政府有无此职权。

三、法院对其他规范性文件的审查

对于实践中如此普遍的"相抵触"现象,法院是如何回应的?在回答这个问题之前,我们还要弄清楚下面几个问题:在我国现行制度中解决其他规范性文件与上位法相抵触问题的做法有哪些?司法审查在这当中又发挥着什么样的作用?司法审查的依据和边界在哪里?这些司法实践先行者的贡献和局限又在哪里?

(一)其他规范性文件对法院有拘束力吗

在探析法院的态度时,首先要弄清楚的一个问题是其他规范性文件的法律地位。对于这个问题,学术界的争议由来已久。

争议的焦点主要在于这类规范是属于法律渊源的一种形式,还是仅作为一种事实或者证据存在。通说认为其他规范性文件具备强制性、抽象性等"法"的特征,也可以作为行政行为的依据,但是不能作为正式的法律渊源。叶必丰教授和周佑勇教授认为,从其他规范性文件的性质上来看,这类规范"具有普遍约束力",但是又"不属于法的具体表现形式"。[2] 一方面,他们认为其他规范性文件具有不同于具体行政行为的普遍约束力,其适用对象是不特定的相对人。另一方面,之所以说其他规范性文件不是"法",是因为其他规范性文件的制定程序有别于作为正式法律渊源的行政法规和行政规章,且不符合行政立法的法定标准。李步云教授则从维护法的统一性的角度出发,认为其他规范性文件之所以不能理解为"法",也不能作为司法机关的审判依据或参照,是为了避免政出多门。究其根本,这种观点的根本立足点在于维护法的统一和权威、捍卫正当程序等法治价值,并以此保障公民的合法

---

① (2003)苏行终字第025号。

② 叶必丰、周佑勇:《行政规范研究》,法律出版社2007年版,第35页。

权益。

支持其他规范性文件属于法律渊源的,如皮纯协教授则认为其他规范性文件"在其所属行政区域范围内具有强制性",因而,应当认定为行政法的渊源。[①] 孙国华教授从规范性文件的法律地位和实际作用出发,也支持其他规范性文件的法源地位,他认为:首先,我国地域辽阔,各地社会差异大,加上省级以上立法供应不足,因而,制定和发布规范性决定和命令就有了现实需要;其次,从司法实践来看,审判机关在办理案件时,对于涉及这类规范的规定,事实上会在审查其合法性的基础上参照执行,只是不以书面形式在判决或裁定中加以援用。[②] 周佑勇教授基于对审判实践的考察,也承认裁量基准之所以可以作为审判依据的形式来源,主要是源于我们事实上将它视为"一种规范或规则"加以看待了。换句话说,"此时基准已经具有法源地位","它完全可以被法官用以说明某行政行为的合理性,乃至合法性"[③]。青年学者吴鹏也是这一观点的支持者,他认为现有的行政法理论将其他规范性文件排除在法源之外,不仅违背了法律渊源的基本理论,违反了宪法、组织法的规定,还"割裂了现有的法律秩序",并且导致实践和理论中出现了诸多矛盾。[④]

第一种主张广受诟病之处就在于既然承认了其他规范性文件在很大程度上具备了"法"的特性,而且在实践中成为了具体行政行为最为直接的依据,那么凭什么还要否认其法源地位呢?对此,持第一种主张的学者中,有人提出了在这种情况下,其他规范性文件"实际上被作为适用上位法的媒介,其法律效力来源于上位法,而这种来源于上位法的法律效力,也不同于法律渊源的规范效力"。[⑤]

在笔者看来,其他规范性文件无论是在理论上还是实践中,都已经具备了法律渊源的特征。一方面,其他规范性文件作为行政机关的内

---

① 皮纯协:《中国行政法教程》,中国政法大学出版社 1988 年版,第 12 页。

② 孙国华:《法理学教程》,中国人民大学出版社 1994 年版,第 397—398 页。

③ 周佑勇:《裁量基准司法审查研究》,载《中国法学》2012 年第 6 期。

④ 参见吴鹏:《论"其他规范性文件"的行政法法源地位》,载《首都师范大学学报(社会科学版)》2006 年第 6 期;吴鹏:《中国行政法法源理论的问题及其重构》,载孙国华主编:《中国特色社会主义法律体系前沿问题研究》,中国民主法制出版社 2005 年版,第 424—441 页。

⑤ 孔祥俊:《法律规范冲突的选择适用与漏洞填补》,人民法院出版社 2004 年版,第 79 页。

部规则，是行政机关进行层级管理的手段，能直接约束行政机关；另一方面，其他规范性文件的外部化特征日益突出，在行政行为作出过程中不可避免地对行政相对人发生效力。同时，从实践中来看，虽然越来越多的法院开始自发地对其他规范性文件进行审查，但是从判决结果来看，对其他规范性文件的尊重程度仍然很高。这也就是说，其他规范性文件在一定程度上也对法院产生约束力。

（二）法院能不能审查其他规范性文件

对于其他规范性文件与上位法相冲突的问题，目前主要有两大机制加以控制：一是通过权限控制和程序控制。这里的权限控制本身存在的问题主要在于权限划分不明晰。各级行政机关制定规范性文件时有的是依据具体法律的授权，有的则是基于抽象法律而获得的职权立法，这两者之间的界限并不容易清晰界定，同时，授权本身也可以是模糊的。另一方面，对于其他规范性文件的程序控制，相对于规章以上的法律而言，在实践中往往也很难经过大范围的听证、评论程序，因而主要是通过行政层级之间的审批和集中审查。二是通过备案、裁决、撤销、清理以及司法审查等事后控制。但是，无论是备案、裁决、撤销，还是清理，在解决法律冲突的问题上都缺乏鲜明的利益驱动，因而事实上这些冲突解决机制都是缺乏动力的。同时，裁决、撤销以及清理，都有运动式执法的嫌疑，不是解决法律冲突的长效机制。也难怪有学者感慨："虽然我国法律规范冲突解决机制多种多样，但真正发挥作用的不多，许多机制处于虚置、休眠状态。"① 相比之下，司法审查是解决其他规范性文件与上位法冲突问题的较为理想的机制。

那么，法院通过司法审查方式来解决其他规范性文件与上位法相抵触的问题是否有立法依据呢？根据《行政诉讼法》的规定，其他规范性文件是不能作为行政审判依据的。而最高人民法院《关于执行〈中华人民共和国行政诉讼法〉若干问题的解释》（以下简称《若干解释》）第62条规定人民法院在审理行政案件时，"可以在裁判文书中引用合法有效的规章及其他规范性文件"。最高人民法院公布的《座谈会纪要》

① 刘莘：《国内法律冲突及立法对策》，中国政法大学出版社2003年版，第177页。

也规定了其他规范性文件的效力[①]:第一,明确指出其他规范性文件不是正式法律渊源,对法院并不具备"法律规范意义上的拘束力";第二,法院可以对其他规范性文件的合法性、效力、合理性、适当性进行评述;第三,这种评述只是用于支持法院的判决理由,不能作为判决依据;第四,考虑到其他规范性文件通常是行政机关具体行政行为作出时的依据,因此,法院在认定具体行政行为的合法性时,若其本身是合法、有效且合理、适当的,法院应承认其他规范性文件的效力。但是,《若干解释》是否超越了法院的职权,违反了《行政诉讼法》的立法本意,在学理上也是存在争议的。而《座谈会纪要》的效力就更加容易受到攻击。

(三) 实践中法院是如何审查其他规范性文件的

实践中,法院普遍将《若干解释》和《座谈会纪要》的规定理解为法院对其他规范性文件拥有选择适用权。[②] 但是,从相关判决来看,各法院对选择适用权的理解却各不相同。对法院选择适用权的深入理解,需要首先回答如下几个问题:

一是其他规范性文件能否作为审查具体行政行为合法性的依据?以《人民法院报》刊登的首例尾号限行案来看,原告诉称《北京市人民政府关于实施交通管理措施的通告》(以下简称《通告》)与《道路交通安全法》相冲突,根据《通告》作出的处罚行为无效。法院从《道路安全法》对北京市人民政府的授权以及《通告》合目的性的角度出发,论证了《通告》的有效性,并据此支持了行政处罚的有效性。从而,我们可以认为《通告》作为北京市人民政府发布的其他规范性文件,在其合法有效时,可以作为支持行政行为正当、有效的依据。这个问题在实践中基本不存在争议。

在这一点上,问题比较突出的是有些法院在论证其他规范性文件的合法有效性时往往过于简单,有时甚至趋于武断。如前文案例 11 中,面对行政相对人针对建设部 386 号文件的质疑,株洲市中级人民法

---

① 《座谈会纪要》将具体应用解释和其他规范性文件并列阐述,本文中"其他规范性文件"的概念应包含这两者。

② 参见孔祥俊:《法律规范冲突的选择适用与漏洞填补》,人民法院出版社 2004 年版,第 168—195 页;赵瑞罡、蒋慕鸿:《其他规范性文件在行政审判中的适用——对国内首例"尾号限行"案的评析》,载《人民法院报》2010 年 8 月 12 日第 7 版。

院回应道:“建设部作为国家主管城市公共客运交通的行政机关,有权针对城市公共客运的管理,在法律法规授权范围内,制定规范性的文件。386号文件无论从其制定依据,还是内容均未与法律、法规冲突,因而是合法、有效的。”而对于行政相对人在庭审中提出的“建设部不能一家发文规定城市客运有偿出让和转让经营权”,而应当依据国务院规定,与交通部、财政部和国家计委等部门联合发布的意见,并没有做正面回应。且并没有明确指出386号文件的制定依据,其判决并不具有说服力。

二是其他规范性文件能否作为行政审判的法律依据?这是个常常被忽视的问题。根据《若干解释》和《座谈会纪要》的要求,法院不能将其他规范性文件作为判决依据,而只能作为判定具体行政行为合法性时的说理依据①。也即其他规范性文件一般用于裁判文书的说理部分,而法律依据部分则根据其他规范性文件的上位法。《若干解释》的执笔人之一甘文博士就认为:若法院经审查认为被诉的具体行政行为所依据的其他规范性文件合法有效,则“无论是何等级”②,“没有必要不在裁判文书中引用”③;但是,甘文博士同时提出其他规范性文件不能单独作为行政审判的依据,他认为行政机关在“提供规章以下的规范性依据的同时,应当提供合法的规章、法规及法律的依据”④,而这种做法的意义就在于“如同法院在裁判文书中引用规章以下的规范性依据”⑤。在梳理的12个案例中,法院一般都会论及其他规范性文件与其相关的上位法之间的关系,据此判定其他规范性文件的有效性,并最终确认据此作出的具体行政行为是否合法有效。但是,在所选取的案例中,都没有将其他规范性文件作为判决依据。

---

① 姜明安、叶必丰以及周佑勇教授都支持这一观点。姜明安教授指出:“人民法院在判决的正文中,不宜直接引用行政规范性文件的条文,但在判决的理由部分,可以指出具体行政行为所依据的合法的行政规范性文件。”姜明安:《行政法与行政诉讼法》,北京大学出版社、高等教育出版社1999年版,第174页。叶必丰、周佑勇教授也认为:“行政规范可以作为人民法院审理行政案件的依据,但应限定于判决的理由部分。”叶必丰、周佑勇:《行政规范研究》,法律出版社2007年版,第204页。

② 甘文:《行政诉讼法司法解释之评论——理由、观点与问题》,中国法制出版社2000年版,第176页。

③ 同上。

④ 同上。

⑤ 同上。

与第一点类似，在该问题的说理上，法院也常常显得过于粗疏。如案例3，娄底地区中级人民法院在判决依据部分仅以"拒绝律师依法会见在押被告人与法相悖"为由准许原告撤诉。而至于到底是违背了哪部法律的哪一具体条款，法院在通篇判决文书中始终没有提及。

三是法院能否在判决中宣判其他规范性文件无效或者应予撤销？2003年河南"种子案"曾经在法学界引起了轩然大波，而现实中李慧娟法官政治生涯的终结却一直让人心有余悸。无论是业内所熟知的"种子案"，还是曾经一度引起媒体关注的甘肃酒泉法院的判决[①]，都表明了法院在判决中对地方性法规的效力进行评判是一件极具风险的事，因为这不仅缺乏明确的法律依据，而且极易触动其他部门的敏感神经。那么，对于效力层级较低的其他规范性文件，法院的态度又是怎样的呢？我们可以看到，不同于对待地方性法规的态度，实践中是能够容忍法院对其他规范性文件的合法性与否进行评判的。这也是有《若干解释》和《座谈会纪要》做支撑的。

当然，我们不可忘记一点：这种评判只是针对个案，其主要目的也是为解决据此作出的具体行政行为的合法性问题。这一评判并不能阻止所涉的其他规范性文件在行政实践中的多次运用。也即这种评判实质上并不能阻却其他规范性文件在行政机关中的普遍适用。按照我国目前的制度设计，能够宣判其他规范性文件无效或者撤销的只能是立法机关和行政机关。[②]

---

① 酒泉市中级人法院曾以技术监督局行政处罚依据的地方性法规《甘肃省质量监督管理条例》与《行政处罚法》相抵触，认为该地方性法规不能作为实施行政处罚的依据，并据此撤销了行政处罚。之后省技术监督局、省人大常委会都介入该案件中。省人大常委会根据《行政诉讼法》第53条第2款的规定，认为"审判机关根本无权在法律文书中超越审判职权，认定法律、行政法规、地方性法规无效。审判机关在审理过程中，如果认为某一地方性法规与法律、行政法规、地方性法规有所抵触或矛盾，应当向全国人大常委会报告，也可以向上级审判机关逐级上报请示，直至向全国人大常委会报告，而绝不允许擅自越权裁决"。并最终将其定性为"严重违法司法事件"。该案最终由甘肃省高院提审，并最终以事实不清、程序违法为由撤销了上述行政处罚。案情见《甘肃：法院废了省人大的法规?》，载《中国经济时报》2000年9月5日；案件的发展情况参见孔祥俊：《法律规范冲突的选择适用与漏洞填补》，人民法院出版社2004年版，第168—172页。

② 具体说来，根据《宪法》《地方组织法》的规定：全国人大常委会有权撤销"国务院制定的同宪法、法律相抵触的决定、命令"；国务院有权改变或者撤销各部、各委员会以及地方各级国家行政机关发布的不适当的决定、指示和命令；县级以上地方各级人民代表大会常务委员会有权"撤销本级人民政府的不适当的决定和命令"；县级以上地方各级人民政府有权改变或者撤销所属工作部门以及下级人民政府不适当的决定、命令。

而让笔者感兴趣的是,实践中有多少法院敢于宣判其他规范性文件无效或者应予撤销?以上文列举的12个案例为参考模板,共有3个法院在判决文书中判定了其他规范性文件的效力。其中,案例4中,法院认为“公安机关在办理公民变更姓名问题所依据的公安部对辨明‘应适当加以限制’的规定有法律效力”。案例12中,法院认为“386号文件无论从其制定依据,还是内容均未与法律、法规相冲突,因而是合法、有效的”。案例12中,法院认为“《会议纪要》第五条超越法定职权。该内容无法律、法规依据,并且与现行有效的国家有关部委的多项规定相抵触,依法应予以撤销”。需说明的是在该案中,法院认为《会议纪要》中该规定①具有行政强制力,是可诉的具体行政行为。也就是说,该案所涉的条款也并非典型意义上的其他规范性文件。

综上,我们可以得出结论:在审判实践中,法院在裁判文书中也不会直接宣布其他规范性文件无效或者予以撤销,而是转为判定行政机关作出的具体行政行为适用法律不当,或者在原告将其他规范行为作为维护自身利益的依据时,法院审查后决定不予适用。至此,我们也许能够体会到法院对其他规范性文件所享有的“选择适用权”的局限性。

(四)小结

抛开其他规范性文件的性质不谈,无论是理论、立法还是实践中,都承认法院拥有判定其他规范性文件是否合法、合理的权力,并且可以在此基础上进行选择适用。也即法院事实上享有了对其他规范性文件进行司法审查的权力。但是,这种权力又是受限制的,一是这种审查是附带性的,是在审查具体行政行为的效力时附带审查的;二是,这种审查自身的法律后果是有限的,这主要体现为即使法院在行政审判过程中认定某一规范性文件是违法或者不合理的,也不能直接宣布其无效,更不能阻止其在行政实践中反复适用。综上,我们应当承认法院有权审查行政机关所适用的其他规范性文件是否与上位法相抵触,且司法审查是目前化解相抵触问题时较为理想的方式。只是这种方式在审查的启动方式、审查范围以及效果上都受到一定程度的限制。

---

① 该规定是指:“城市公交在规划内开通的若干线路,要保证正常营运,继续免交有关交通规费。”

四、审判实践中确立的“相抵触”标准

在扫除了对其他规范性文件进行司法审查的理论障碍后，本章就上文 12 个案例组成的分析样本进行更深入的研究，并在此基础上，梳理出法院在判定其他规范性文件与上位法“相抵触”问题中所采纳的若干标准。

（一）其他规范性文件违反上位法的强制性规定

对于案例 1，法院认为《技术规定》作为地方性法规并未违反国家强制性规定，因此与上位法并不冲突。在本案中认定强制性规定的依据是很充分的：其一，《技术规定》的上位法《城市居住区规划设计规范》修订案中明确指出了强制性条款，而关于多层非住宅建筑与多层住宅之间垂直布置距离的规定并不在此列；其二，《城市居住区规划设计规范》中对多层非住宅建筑与多层住宅之间垂直布置距离的规定所用字眼为“不宜”，而非“应当”“禁止”“不得”等一类不留余地的词。显然这为《技术规定》突破《城市居住区规划设计规范》的规定预留了空间。

然而在实践中，认定强制性规定并非易事。也正因为此，我们可以发现法院在某些案件中会回避这个问题。如案例 2，法院直接认定原兴化县委、县政府“新开发的滩池，免交五至十年农业税”的规定与国务院行政法规的规定不符，因而对法院不具有约束力。该案判决的潜台词则是国务院的规范性文件中明确规定了“任何单位和个人一律不得擅自决定减免税或者暂缓征税”，这是一个强制性条款，因而县政府的免税规定与上位法相抵触，在法院认定具体行政行为有效性时不具有约束力。

这里需要区分的是其他规范性文件对上位法中的不确定法律概念进行解释时，并不违反强制性规则。比如在案例 8 中，南宁市人民政府的规范性文件将“移交前”规定为“企业提交分离申请前三个月”。广西壮族自治区高级人民法院认定这属于南宁市人民政府自由裁量的职权范围，并不违反上位法的有关规定。笔者亦赞同这一做法。

（二）增设相对人义务或者削减相对人权利

在案例 3 中，法院认为“被告以原告没有人民法院出具的会见证明，拒绝律师依法会见在押被告人与法相悖”。在案例 4 中，法院认为：根据《民法通则》第 99 条，公民改变姓名必须“依照规定”。公安机关在办理公民变更姓名问题时所依据的公安部对“应适当加以限制”的规定有法律效力。总结这两个判决，我们可以看出：首先，这两个案子都不能归入强制性规则的问题来解决。因为其所涉及的法律规范并非典型的强制性规则或者禁止性规则；其次，这两起案件中，无论是涉及增设相对人义务或者削减相对人权利的法规，都属于限权性规定。再者，导致法院对两案态度不同的根本性原因在于对于相对人权利作出的这种限制是否具有上位法的依据。综上，在缺乏法律依据的前提下，其他规范性文件作出限权性规定的，属于与上位法相抵触，对法院不具有事实上的拘束力。

如果有行政相对人质疑其他规范性文件所依据的上位法的效力，法院又该如何回应？在案例 11 中，建设部《通知》中将经营权有偿出让的期限授权给地方人民政府制定。市政府据此授权四部门制定的规范性文件将中巴车、的士车营运年限规定为 6 年。在本案中上诉人质疑建设部不能针对城市公共客运交通单独行使行政主管职权，继而主张该《通知》是越权制定，因而归于无效。法院将上诉人的意见纳入了审理范围，并从建设部和市政府各自的职权出发，认可了两个不同层级的规范性文件的效力。①

（三）违反上位法的立法目的，擅自扩大或缩小上位法的适用范围

在案例 5 中，上诉人诉称《福建省人民政府关于〈福建省劳动安全卫生条例〉有关条文的应用解释》与劳动法对个体经济组织的界定不一致，应为无效解释。被上诉人辩称《应用解释》是对《劳动法》及《安全卫

---

① “建设部作为国家主管城市公共客运交通的行政机关，有权针对城市公共客运的管理，在法律法规授权范围内，制定规范性的文件。386 号文件无论从其制定依据，还是内容均未与法律、法规相冲突，因而是合法、有效的。被告市政府作为一级地方人民政府，有权在其职权内，依照该文件设定城市公共客运交通的经营期限。”见（2000）株行终字第 40 号。该案还涉及转授权的问题，下文继续探讨。

生条例》所涉及的一些原则性规定的具体化和明确化，与《劳动法》并无抵触，因而是有效的。法院则回避了这一问题，转而判定被上诉人适用法律不当。在案例 8 中，广西高院认为：南宁市人民政府 147 号文关于“接收对象必须是在职在岗人员”的规定，与国家经贸委等五部委 184 号文规定的接收对象应当为“在职人员”不一致，据此不予接收，是违法的。显然，在本案中由于存在部分人员尚未办离退休手续、但已经内退，因而“在职在岗人员”的范围要小于“在职人员”。南宁市人民政府的规范性文件缩小了上位法的范围，当属与上位法相抵触。行政机关以此为依据作出的行政行为属于适用法律规范不当，应当依法予以撤销。

本案中，关于“企业、个体经济组织尚未领取工商营业执照，事实上已进行生产经营活动”的，能否纳入劳动者范畴的问题是个有争议的话题。最高人民法院在《关于对江苏高院就徐继康不服南京市工商行政管理局下关分局扣押财产一案请示的答复》中就《江苏省实施〈反不正当竞争法〉办法》第 2 条中规定的“经营者以外的组织和个人，从事与市场竞争有关的活动，也必须遵守本办法”是否与《反不正当竞争法》[1]相冲突的问题，结合该案认为“‘坐堂医生’接受医院的聘请，宣传推销其研制的药品并为患者代购药品，如果其不具有销售药品的经营权，不宜认定为反不正当竞争法所规定的经营者”。而江苏高院审委会其中一种意见认为(但不是最终“倾向性的意见”)：“从字面上看，《办法》第二条扩大了反不正当竞争法第二条关于经营者的规定，但该扩大解释符合立法本意，两者并不存在冲突。”仔细辨别，可知最高人民法院在回复中回避了《办法》是否与《反不正当竞争法》相冲突的问题，而是务实地就事论事，避免对《办法》的效力进行判定。

在案例 6 中，法院直接认定了“《答复》与《行政处罚法》的行政处罚对象相抵触”。在案例 7 中，法院首先承认了山西省人民政府的规范性文件将劳动教养的适用范围作了扩大的规定。随后明确了这一规范性文件的效力，即“人民法院只在符合行政法规规定的范围内参照适用”。在本案中也即行政法规规定的劳动教养适用对象有以暴力、威胁方法

---

① 《反不正当竞争法》第 2 条：本法所称的经营者，是指从事商品经营或者营利性服务(以下所称商品包括服务)的法人、其他经济组织和个人。

阻碍厂长、经理依法执行职务的行为时,可对其实行劳动教养。本案的判决相对于案例 6 而言,在为什么与上位法抵触以及与上位法抵触后的效力问题上做了正面和较为具体的回应。

至此,还需要说明的是什么叫做违反上位法的立法目的。这主要是针对实践中下位法在执行上位法的过程中因为措辞等原因,无意间改变了上位法的适用范围的情形。比如说《道路交通事故处理办法》[①]规定了交通事故中,公安机关可以决定暂时扣留"交通事故车辆"的情形。[②] 而公安部《道路交通事故处理程序规定》[③]则规定了类似情形下,公安机关可以暂扣"交通事故责任者的车辆"。[④] 而在实践中,由于交通事故责任者车辆还可能是与交通事故无关的车辆,因而交通事故责任者的车辆范围显然是比交通事故车要大的。但是,从公安部 2004 年和 2009 年先后两次对《道路交通事故处理程序规定》的修改中来看,制定者并非有意扩大暂扣车辆的范围,而更可能是措辞上的原因,也即制定者并没有扩大上位法范围的意图。这种情况下,更明智的做法是执行机关以及审判机关通过目的性限缩的方法来解释下位法,而不是直接认定下位法与之相冲突。

之所以在这一部分举了较多的案例,一是因为该类抵触情形涵盖的类型较多,也较为繁琐;二是因为实践中下位法扩大或限缩上位法规定的予以行政处罚(行政强制、行政许可)的行为、种类以及幅度范围的现象较为普遍。这种现象不仅发生在制定规范性文件的过程中,而且更多地出现在制定规章和地方性法规的过程中。这也是《座谈会纪要》将其单列为违法情形的原因。

---

① 1991 年国务院发布,现已失效。

② 《道路交通事故处理办法》第 13 条规定:"交通事故造成人身伤害需要抢救治疗的,……交通事故责任者拒绝预付或者暂时无法预付的,公安机关可以暂时扣留交通事故车辆。"

③ 已废止。2009 年施行的《道路交通事故处理程序规定》已经统一使用"交通事故车辆"的说法。这个例子其实是发生在部门规章与行政法规之间的,因为能比较清楚地说清立法目的,且之后的法律修改也能证实这一点,所以列在这部分。参见孔祥俊:《法律规范冲突的选择适用与漏洞填补》,人民法院出版社 2004 年版,第 197—198 页。

④ 《道路交通事故处理程序规定》(1992)第 28 条则规定:"对不预付或无力预付的,公安交通管理部门可以暂扣交通事故责任者的车辆"。

（四）缺乏法律依据或者违反行政机关的职权与授权

案例9中，吉林省吉林市中级人民法院认为永吉县城乡建设局在法律、法规没有关于浮房规定的情况下，制定了永建发(1992)22号文件，且此文件与相关的法律、法规相抵触，很显然该文件不能作为判决对浮房补偿的依据。在本案中，可以看出法院认定22号文件与上位法相抵触的依据为两点：一是，上位法没有规定，规范性文件自行创设了浮房的概念，并设立相关规则；二是，规范性文件与上位法的相关规定不符。而其中蕴含的潜台词又包括永吉县人民政府不具备制定这一规则的职权或者缺乏特定法律的授权。而在案例10中，虽然《中华人民共和国机动车登记办法》规定了对于机动车的管理采用登记制，但是由于南通市政府获得了《江苏省道路交通管理条例》以及《江苏省机动车排气污染防治条例》两部地方性法规的授权，因而法院认可了"摩托车总量控制、上牌实行准购证制度"这一规定的效力，判定南通市政府的其他规范性文件可以成为行政机关履行车辆登记管理法定职责的依据。与案例9对比可知，当其他规范性文件突破了上位法的规定时，决定其效力的关键是看规范制定机关是否获得了特定法律规范的授权，也即是否拥有明确的法律依据。

对于案例11，上文已经从"相对人质疑其他规范性文件制定依据本身的效力"这一角度作了解析。除此之外，我们还可以就两个小问题，对该案作进一步挖掘。一是，法院在授权问题上的说理是否充分的问题。查看本案的判决，可知法院在判定建设部职权的问题上是极为武断的，面对上诉人"建设部无权单独对城市公共客运交通行使主管职权"的质疑，仅仅以"建设部作为国家主管城市公共客运交通的行政机关，有权针对城市公共客运的管理，在法律法规授权范围内，制定规范性的文件"回应，说理并不充分。二是，转授权的问题，无论是在案例11还是在案例10中，我们都可以看到地方政府在获得上位法授权之后，会委托一个或多个主管部门制定规范性文件。笔者没有看到能够说明政府部门与同级政府在授权事务上职权分工的具体文件，也没能查证规范性文件的发布主体，但是，从理论上讲，需要明确的一点是地方政府不能将授权再次转让，规范性文件的发布主体也应当是获得授权的地方政府。

案例12除了论证上述结论外，还揭示了另一个细节：其他规范性文件不等同于抽象行政行为。当其他规范性文件中的某些规定影响到特定相对人的权利义务关系时，其性质将变为可诉的具体行政行为，可以被法院所撤销。江苏省高级人民法院在该案中认为“《会议纪要》第五条超越法定职权，且该内容缺乏法律、法规依据，并与现行有效的国家有关部委的多项规定相抵触，应依法予以撤销”。[①] 这里认定其与上位法相抵触的依据主要是违反了上位法的强制性规定，这主要体现在两点：一方面，上位法明确规定城市公交的营运范围“应严格界定在城市市区”，而盐城市政府却在《会议纪要》中规定城市公交可以在规划内开通若干路线；另一方面，上位法规定公共汽车“应当缴纳公路客货附加费”，而《会议纪要》则作了与之相反的规定：在保证正常运营的前提下，“继续免交有关交通规费”。

（五）小结

结合上述标准，我们可以推断出法院在判断其他规范性文件与上位法是否抵触的问题上，主要采用了如下思路：第一步，判断其他规范性文件所依据的上位规范的性质，分为两种情形：如果其他规范性文件的规定是针对上位法的任意性规范，或者是在上位法规定的涵摄范围内，那么规范制定机关可以在其职权范围内作出细化规定；而如果其他规范性文件的某项规定是就上位法的强制性规定所作的变通规定，或者其规定扩大或缩小了上位法的适用范围，或增设了相对人的义务，或削减了相对人的权利，那么问题的关键就变为第二步，即判断规范制定机关是否获得了特定法律的授权，也即是否有明确的法律依据。第三步，判断授权的来源（法律依据）或者职权范围，并判断其他规范性文件是否违背上位法的授权目的。[②]

---

① 注意在该案中，《会议纪要》虽然形式上是发给下级政府及所属各部门的，但第5条的内容实际上已直接赋予了公交公司在规划区内免交交通规费的利益，不应认定为抽象行政行为。见（2003）苏行终字第025号。

② 这有些类似美国的“谢弗朗”规则。关于该规则，下文有具体介绍。

五、一个校正的体系

上述标准在一定程度上回应了开篇的困惑,也具备了一个规范性体系的雏形。然而与此同时,笔者也感受到其局限性。比如,在涉及指南中普遍采用的分格技术以及对不确定概念的解释的合法性这些问题时,上述标准似乎仍然不能提供一个理想的解决方案。值得庆幸的是,笔者在梳理案例库的过程中,发现法院在判定地方性法规、规章是否与上位法相抵触时,对类似的问题作了回应。那么,接下来只要说明审判实践中对地方性法规、规章中采用的这套标准可以同样适用到其他规范性文件中即可。根据《立法法》的规定,地方性法规与上位法的关系遵循"不抵触"原则,而规章所依据的则是"根据"原则。而依据前文对其他规范性文件的分类,本文所述的规范性文件既包括了根据上位法的具体规定和明确授权制定的规范,还包括了在不与上位法的精神、原则相抵触的情况下,在自身职权范围内制定的其他规范性文件。因而,可以说其他规范性文件与上位法的关系,和地方性法规、规章与上位法的关系之间具有逻辑上的自洽性。进而,可以推断法院在处理地方性法规、规章与上位法相抵触问题上所采纳的标准,同样可以运用到其他规范性文件与上位法相抵触的命题上来。于是,笔者确立了这套校正体系的第一个分支,即地方性法规、规章与上位法"相抵触"的标准。

(一)地方性法规、规章与上位法"相抵触"的标准

运用上文的检索方法,通过研读研究样本,梳理出了符合本章要求的案例以及最高人民法院答复。在梳理这类案例时,笔者有几个直观的感受:一是,这类案例的类型更为集中,主要是涉及违反上位法的立法目的,擅自扩大或缩小上位法的适用范围的判定,尤其是有关下位法扩大或缩小上位法规定的给予行政处罚(或行政强制、行政许可)的行为、种类及幅度范围的案例。二是,法院对法规、规章的尊重程度更高。换句话说,法院对法规、规章的审查力度更小。这主要体现在法院确认法规、规章与上位法相抵触的案例更少。下面,就具体案例说明法院在认定相抵触标准上的变化。

1. 涉及负担行政行为的行为、种类和幅度范围的

负担行政行为与授益行政行为相对，是指“为行政相对人设定义务，或者剥夺、限制其权益的行政行为”。[①] 其中，设定行政强制、行政处罚，撤销行政许可是典型的负担行政行为。

《行政处罚法》规定了地方性法规设定行政处罚的权限。[②]《森林法》第六章法律责任部分并没有对运输木材设置行政处罚。而《广西壮族自治区木材运输管理条例》设定了针对“无木材运输证件运输木材”违法情形的罚款。[③] 原告提出《广西壮族自治区木材运输管理条例》与我国《森林法》相抵触，田林县林业局不应适用该管理条例。广西壮族自治区百色地区中级人民法院认为由于该木材运输管理条例是根据《行政处罚法》的规定而制定的，原告的主张“无证据证实，不予支持”。[④]

根据上一案例的逻辑，在法律、行政法规已经就某一事项作出规定，但没有就该事项设定行政许可时，地方性法规和地方政府规章应该也有权直接根据《行政许可法》的授权，设定行政许可。[⑤] 然而，根据最高人民法院的一则答复可知[⑥]，最高人民法院并不认可这一观点。最高人民法院在该答复中指出：第一，若已经制定法律、行政法规，地方性法规或地方政府规章“只能在法律、行政法规设定的行政许可事项范围内就实施该行政许可作出具体定”，而“不能设定新的行政许可”；第二，反过来，在“法律和《盐业管理条例》没有设定工业盐准运证这一行政许可”的情形下，“地方性法规或地方政府规章不能设定工业盐准运证制

---

① 姜明安：《行政法与行政诉讼法》(第 4 版)，北京大学出版社、高等教育出版社 2011 年版，第 198 页。

② 参见《行政处罚法》第 11 条。

③ 《广西壮族自治区木材运输管理条例》(自治区人大常委会)第 15 条规定：违反本条例规定运输木材的，由县级以上林业行政主管部门或者其委托的木材检查站按照下列规定处罚：(一) 无木材运输证件运输木材的，没收木材，可并处以木材价款 10%以上 30%以下的罚款。……

④ (1999)百中行终字第 12 号。

⑤ 参见《行政许可法》第 15 条第 1 款。

⑥ 《关于经营工业用盐是否需要办理工业盐准运证等请示的答复》(2010)行他字第 82 号。

度”。[1]

由此,我们也可以看出法规、规章在行政处罚与行政许可设定权上的区别。仔细阅读法律文本,我们可以看出法律在规定地方性法规、地方政府规章的行政处罚和行政许可设定权的前提上有着细微的差别,也即前者所关注的是法律、行政法规是否已经就违法行为作出了行政处罚规定,而后者关注的是法律、行政法规是否就该事项作出了规定。也即如《答复》所言,当法律、行政法规就某事项已经有规定,但并没有规定就该事项必须设立行政许可,那么地方性法规、地方政府规章是不能行使行政许可设定权的。[2] 这在最高人民法院的另一则《答复》中也得到证实。最高人民法院在《关于雷电防护设施检测机构是否应当进行计量认证问题的答复》[3]中认为:“根据《中华人民共和国计量法》等有关法律的规定,雷电防护设施检测机构需要经过资格认证,但不需要经过计量认证。”[4]

而根据《行政强制法》的有关规定[5],其设定行政强制的前提与《行政许可法》中关于行政许可设定权的表述相一致。具体到实践中,如《江苏省实施〈反不正当竞争法〉办法》第 17 条[6]设定了扣押财物的强制措施,而《反不正当竞争法》中并无类似的强制措施规定。《办法》的这一规定是否与《反不正当竞争法》相抵触?江苏省高级人民法院就此向最高人民法院提交请示。最高人民法院在《关于对江苏高院就徐继

① 《行政许可法》第 16 条第 3 款规定:“规章可以在上位法设定的行政许可事项范围内,对实施该行政许可作出具体规定。”《江苏省〈盐业管理条例〉实施办法》第 32 条第 1 项:“未取得制盐许可证而擅自生产的食盐、工业盐和液体盐等各类盐产品,属于私盐。”

② 江苏高院认为按照《黑龙江省计量条例》第 25 条的规定,“雷电防护设施检测机构应当进行计量认证,而《计量法》第 22 条则未有规定,这说明《黑龙江省计量条例》第 25 条与《计量法》第 22 条的规定不一致。”

③ (2003)行他字第 13 号。

④ 《计量法》第 22 条:“为社会提供公证数据的产品质量检验机构,必须经省级以上人民政府计量行政部门对其计量检定、测试的能力和可靠性考核合格。”《黑龙江省计量条例》第 25 条:“向社会提供公证数据的产品质量检验机构、计量公证服务机构和为执法工作提供检测数据的技术机构,应当按照规定经国家或者省质量技术监督行政管理部门对其计量检定、测试的能力和可靠性进行计量认证。”

⑤ 参见《行政强制法》第 9 条第 1 项、第 4 项,第 10 条第 2 款、第 3 款,第 11 条。

⑥ 《办法》第 17 条规定:“监督检查部门在监督检查不正当竞争行为时……对有可能被转移、隐匿、销毁的与不正当竞争有关的财物,经县级以上监督检查部门负责人批准,可以封存、扣留,并可以通知仓储、运输、银行等有关单位依法协助办理。”

康不服南京市工商行政管理局下关分局扣押财产一案请示的答复》[①]中指出：“《反不正当竞争法》没有授予工商行政管理机关扣押财产的权力，如果下位法与该法的规定不一致，应当适用《反不正当竞争法》的规定。”也即法院间接地承认了《办法》与上位法相抵触。

2. 涉及罚款数额等裁量基准的

其实，无论是《行政处罚法》与《行政强制法》，还是《行政许可法》，均明确规定了其他规范性文件不具有设定权。但是，正如本文第一部分所提及的那样，实践中，为响应“法治政府”的号召，各地出台了各类行政处罚裁量基准。在上文中，我们也初步探讨了这类基准、指南的效力问题。在该部分，我们进一步探讨法规、规章中涉及处罚细化的规定时，法院是如何判定其效力的。

例如，《江苏省道路交通管理规定》规定：“对非机动车违章行驶处5元罚款或警告。”而《南京市道路交通管理规定》规定：“对非机动车行驶违章处50元以下罚款或警告。”南京市白下区人民法院认为“两部地方性法规在罚款数额上相抵触，层级不一致，且存在冲突。根据法律法规层级冲突时的选择适用规定，根据后者作出的具体行政行为应予以撤销”。[②] 也即法院间接地否定了《南京市道路交通管理规定》的效力。

3. 强制性规则必须遵守

《森林法实施条例》就木材运输证制度作了强制性规定，并要求相关证件“必须随货同行”。而《江西省木材运输管理办法》则规定了补办运输证的，“应将所扣留的木材予以放行”。[③] 江西省分宜县人民法院认为“《江西省木材运输管理办法》第十九条的规定与《森林法实施条例》第三十五条、第四十四条相抵触，因《江西省木材运输管理办法》是地方政府规章，《森林法实施条例》是行政法规，根据上位法优于下位法的原则，《江西省木材运输管理办法》第十九条的规定应视为法定失效”。[④]

---

① (2004)行他字第3号。

② (2000)白行初字第15号。

③ 《江西省木材运输管理办法》第19条则规定：依法扣留木材时，应当发给当事人扣留通知书。当事人自扣留之日起15日内能够提供发货地林业行政主管部门或其委托单位补办的运输证的，应将所扣留的木材予以放行。

④ (2004)分行初字第1号。

4. 涉及不确定法律概念的

《海关法》规定了与走私人“通谋”或者为走私人提供方便的，可能被依法追究刑事责任，没收违法所得，并处罚款①。《海关法行政处罚实施细则》则规定了“知情不报并为走私人提供方便的”，可被处以没收违法所得，并处罚款或者单处罚款②。在该案中，上诉人称《海关法行政处罚实施细则》对“知情不报”予以处罚，比《海关法》中设定的“通谋”才处罚更为严厉，与上位法相冲突。福建省高级人民法院在判决理由中对“通谋”的含义和适用进行了阐释，认为“两者不冲突，只是《实施细则》的处罚程度没有修改后的海关法第八十四条严厉，可以对本案适用”。由此可见，在判断其他规范性文件对不确定法律概念的阐释是否与上位法相抵触时，关注的焦点不仅仅是该解释是否有悖于上位法确立的特定含义，还要结合个案，审慎考虑将该解释适用到个案中是否合法、合理。

5. 时效冲突

《城市房屋拆迁管理条例》已经废止，依据其制定的《河南省城市房屋拆迁管理条例》效力如何？法院回避了上述问题，而直接适用《河南省城市房屋拆迁管理条例》，即间接地承认了其效力。③ 笔者并不认同该院的认定。

6. 效力层级较高的一般法与效力层级较低的特殊法之间的冲突

《收养法》第 26 条、第 27 条规定：“有权提出解除收养关系的有收养人、被收养人，特殊情况下送养人也有权提出，其他人均无权提出解除收养关系。”《四川省公证条例》第 24 条则规定：“当事人或利害关系人有权申请撤销公证。”四川省雅安市中级人民法院认为利害关系人申请撤销公证，其实质为有权提出解除他人的收养关系，《公证条例》与《收养法》规定相抵触，在本案中不应适用《公证条例》。④ 进一步分析，

---

① 《海关法》第 84 条：伪造、变造、买卖海关单证，与走私人通谋为走私人提供贷款、资金、账号、发票、证明、海关单证，与走私人通谋为走私人提供运输、保管、邮寄或者其他方便，构成犯罪的，依法追究刑事责任；尚不构成犯罪的，由海关没收违法所得，并处罚款。

② 《海关法行政处罚实施细则》(1993，现已失效)第 6 条：知情不报并为走私人提供方便的，没收违法所得，可以并处违法所得两倍以下的罚款；没有违法所得的，处人民币 5000 元以下的罚款。

③ (2001)清行初字第 11 号。

④ (2002)雅行终字第 14 号。

我们还可以更深地理解前文所说的上位法的内涵，即本文所说的上位法不仅是指效力位阶较高的法律规范，而不局限于制定其他规范性文件所依据的法律。而本文所说的相抵触也就不仅是指不能与同类别的上位法相抵触，也包括不能与所有法律位阶更高的法律规范相抵触。

7. 一面对两面

《矿产资源法实施细则》明确了地下水资源的双重属性，并就地下水资源的勘查以及开发、利用、保护和管理分别规定了适用不同的法律。[①] 而福建省人大常委会制定的《地下热水管理办法》则规定了市水行政主管部门对温泉的统一规划和协调，以及城市建设行政主管部门对温泉的开发利用。同时还规定了上述两个温泉主管部门可决定本办法规定的行政处罚。[②] 福州市中级人民法院认为《办法》没有根据国家标准把温泉按照温度的不同区分出地热和地下水，以致将部分地热归入地下水中，由此给这部分地热确定的行政主管部门与法律、行政法规的规定不符。

（二）美国最高法院的实践

笔者也曾尝试从比较法的角度来修正相抵触的标准。以美国为例，法院对指南、手册等非立法性规则的效力也一直表示关切。但是，在搜集资料的过程中，笔者发现美国法院在判定这类规则的效力时，更为重视的是程序性审查，而鲜有公认的实体性标准。同时，在不同的时期内，法院对非立法性规则的审查程度也有较明显的差异。而这种明显的阶段性特征又主要是由美国最高法院通过斯基德莫案、谢弗朗案以及米德案等一系列经典案例作为导向的。究其根本，导致这种差异的根源是，在美国，对于非立法性规则乃至所有位阶的行政法律规范的审查问题，已经转化成了宪法框架下，如何实现行政权和司法权的合理配置的问题。下面列举美国最高法院的几例判决，从中我们可以对美

---

① 《中华人民共和国矿产资源法实施细则》第 44 条：地下水资源具有水资源和矿产资源的双重属性。地下水资源的勘查，适用《矿产资源法》和本细则；地下水资源的开发、利用、保护和管理，适用《水法》和有关的行政法规。

② 《地下热水管理办法》（福建省人大常委会）第 5 条：市水行政主管部门是地下水资源的主管部门，负责对温泉的统一规划和协调，对温泉的保护工作进行指导。福州市城市建设行政主管部门是温泉开发利用的主管部门（以下简称温泉主管部门），负责温泉的保护和开发利用的统一管理工作。第 27 条规定：本办法规定的行政处罚，由市温泉主管部门决定。

国非立法性规则的司法审查制度形成某些直观的感受。

在 EEOC v. Arabian American Oil Co.①一案中,最高法院认为解释性的指南不能获得谢弗朗尊重②,原因就在于虽然国会对行政机关有普遍性的授权,但是这种授权中并没有包含"制定法律法规"的权力。在这种情况下,法院当然也不是完全不考虑行政机关的解释。在这种情况下,美国最高法院认为应当适用斯基德莫尊重③,即在行政机关具有说服力的范围内,给予行政机关的解释以尊重。在该案中,法院系统阐释道:"对行政机关解释的尊重程度取决于行政机关考虑的缜密程度,说理的有效性,与之前或者未来的行政决定的一致性等因素。"在同一年的 Martin v. Occupational Safety and Health Review Comm′n④案中,最高法院也阐述了类似的观点,认为解释性规则和执行指南不能获得谢弗朗尊重的原因就在于它们不是源于行政机关制定法律的权力。从上述案例中,我们也可以感知,对于日益呈现出外部化特征的非立法性规则,美国最高法院纠结、反复,但又不失审慎的态度。

接下来,举 1995 年的 Reno v. Koray⑤ 一案为例,试图从微观层面探析美国最高法院判定非立法性规则效力的具体标准。该案的争议焦点是被告缴纳了保释金被释放后,送到治疗中心的这段时间能否算作是行政拘留,进而折抵刑期。1984 年《保释金改革法案》规定"可以在监禁判决作出之前,在社区治疗中心接受管制"。但该法案并没有明确

① See 499 U. S. 244 (1991).

② 谢弗朗尊重是在 CHEVRON U. S. A. INC. v. NATURAL RESOURCES DEFENSE COUNCIL, INC 案中所确立的重要原则。根据谢弗朗尊重原则的要求,当对行政机关法律解释的效力发生争议时,法院不能以自己的判断取代行政机关的决定。这就使得司法审查的焦点从"法律是什么"转为"什么是法律所允许的"。对法律解释进行审查的标准也从正确性转化成了合理性。另一方面,谢弗朗案例实质上改变了行政权和司法权在法律解释问题上的权力配置。它事实上使得行政机关成为模糊法律的主要解释者:如果行政机关获得了国会的明确授权,那么行政法律规范对法院的拘束力将是具有"支配性的分量"的;而即使当国会授权并不清晰时,行政法律规范只要是合理,而不是专断、任性或者违反法律的,也应当获得法院的尊重。这事实上意味着法院在行政机关制定、解释和适用行政法律规范的问题上给予了极大程度的尊重。See 468 U. S. 1227(1984).

③ 在 Skidmore v. Swift & Co 一案(斯基德莫案)中,杰克逊法官认为行政法律规范对法院的效力体现在:行政法律规范不能对法院产生拘束力;但是,行政法律规范应当对法院具有说服力。而说服力的大小,应当根据以下因素确定:"行政机关考虑的周密性""推理的充分性""决定的一致性"等。这就是法院独立判断模式。See 323 U. S. 140.

④ See 499 U. S. 144 (1991).

⑤ See 515 U. S. 50.

这种行为的性质。被告认为自己在治疗中心所待的这段时间,自由也受到了限制,应当算作“行政拘留”,可以折抵刑期。监狱署在内部指南中对行政拘留定义为“按照联邦拘留令的要求所度过的那段时间;也包括根据法院的拘留命令所度过的那段时间,即那些在监视程度相对较低的环境中或者社区计划中所进行的、判决作出之前的拘留”。“但是,在社区矫正中心居所或者在缴纳保释金后被高度监视的(如,监视居住、电子监视等)行为都不能算作‘行政拘留’。”地区法院驳回了原告诉请,认为被告待在治疗中心的行为不符合《保释金法案》中关于行政拘留的解释。上诉法院认为“行政拘留”是指与拘留性质相当的限制人身自由的行为。

美国最高法院从《保释金法案》的立法背景和历史出发,认为既然判决前的行政拘留能够折抵刑期,言下之意,行政拘留应当与监禁的性质相当。据此,美国最高法院认同了监狱署的解释,认为如果认同被告在治疗中心所待的这段时间能够折抵刑期,将是不合适的。最高法院进一步阐释,监狱署对《保释金法案》中关于“行政拘留”的解释是最自然、也是最合理的理解。虽然监狱署的解释只是以内部指南性质的制度声明呈现,而不是根据《美国联邦行政程序法》的规定,经过了通知和评论程序而公开的规章;但是,监狱署这种类似于解释性规则的内部指南也应当获得一定程度的尊重,因为监狱署的这种解释是在法律规定所允许的范围内。从美国最高法院在该案的态度中,我们可以看出对于外部化的非立法性规则,尽管其可能与上位法不一致,但是,当其基于自身的裁量权,作出不与上位法明显相抵触的规定时,应当是对行政相对人有拘束力的;同时,我们还可以进一步得出结论,认为这类规定在其合法、合理的范围内,也具有拘束法院的效力,可以作为法院判定行政行为有效性的依据。

笔者认为作为校正体系之二的美国最高法院的实践,一方面让我们看到在美国非立法性规则的地位,即对法院不具有直接的拘束力,但在其合理的范围内会受到法院的尊重;另一方面,更为重要的是,为法院提供了在判定是否采纳非立法性规则时,可供参考的考量因素,而这些考量因素正是法院用以支撑自身裁判的重要依据。

六、对审判实践中“相抵触”标准的批判性思考

(一)“相抵触”标准的规范性体系

根据上文的梳理,“相抵触”标准的规范性体系首先应当包括下列四项内容:

表6.1 “相抵触”标准的规范性体系(之一)

序号	具体标准	典型案例
1	其他规范性文件违反上位法的强制性规定的	(2007)新行初字第23号 (1994)扬中行终字第17号
2	在上位法依据缺位的情形下,增设相对人义务或者削减相对人权利	(2005)山行初字第4号
3	违反上位法的立法目的,擅自扩大或缩小上位法的适用范围的	(2001)闽行终字第3号 (2002)鸡冠初字第15号 (2001)桂行终字第10号
4	缺乏法律依据或者违反行政机关的职权与授权的	(2000)吉行终字第48号 (2003)港行初字第25号 (2000)株行终字第40号 (2003)苏行终字第025号

关于这四项内容,需要说明的是四个标准之间的关系并非完全对立的。比如说在判定其他规范性文件是否增设相对人义务或削减相对人权利,或者是否违反上位法的立法目的,擅自扩大或缩小上位法的适用范围时,就需要同时考虑其他规范性文件的相关规定是否有上位法提供的法律依据,其制定机关是否有宪法或组织法的抽象授权或者获得具体的法律授权。

其次,作为校正体系之一的法规、规章与上位法“相抵触”认定的司法实践能够为上述规范体系提供什么?第一,涉及其他规范性文件违法设定行政处罚、行政强制等负担行政行为的行为、种类和幅度范围的,可以纳入到上述第2项标准。而裁量基准超出了上位法设定的罚款幅度的,则可归为该类情形中的一类特殊情形。但是,裁量基准问题的复杂性不止于此。本文提供的案例也只是较为明显的抵触情形,即裁量基准中设定的处罚超出了上位法的幅度。而对于裁量基准中更为

普遍性的运用分格技术，根据违法情节的轻重，在上位法的罚款幅度内设置不同处罚的情形，本文并没能提供具有代表性的案例。第二，一面对两面以及涉及不确定法律概念的其他规范性文件，可以纳入到上述第 3 项标准中进行考察。其中，涉及不确定法律概念的问题是难点，这往往要运用到法律解释技术。第三，有关时效冲突，效力层级较高的一般法与效力层级较低的特殊法之间的冲突等问题，可以适用《立法法》规定的法律冲突的一般规则。而这一点可以作为上述规范体系的重要补充。

表 6.2 “相抵触”标准的规范性体系(之二)

具体标准	阐释	典型案例
1. 违反上位法的强制性规定的	(1)多在上位法中以“必须”“应当”或“禁止”等字眼标明； (2) 行政机关不得以职权、自由裁量权等为由予以排除。	(2007)新行初字第 23 号 (1994)扬中行终字第 17 号
2. 在上位法依据缺位的情形下，增设相对人义务或者削减相对人权利	(1) 其他规范性文件违法设定行政处罚、行政强制等负担行政行为的行为、种类和幅度范围的； (2) 裁量基准超出上位法设定的罚款幅度的。	(2005)山行初字第 4 号 (1999)百中行终字第 12 号 (2000)白行初字第 15 号
3. 违反上位法的立法目的，擅自扩大或缩小上位法的适用范围的	(1) 一面对两面； (2) 涉及不确定法律概念的其他规范性文件：运用法律解释技术。	(2001)闽行终字第 3 号 (2002)鸡冠初字第 15 号 (2001)桂行终字第 10 号
4. 缺乏法律依据或者违反行政机关的职权与授权的	(1) 效力不同于正式法律渊源，但可获得法院认可； (2) 若普遍性授权，则考量因素：行政机关考虑的缜密程度，说理的有效性以及行政决定的一致性等； (3) 若基于行政自由裁量权，可与上位法不一致。	(2000)吉行终字第 48 号 (2003)港行初字第 25 号 (2000)株行终字第 40 号 (2003)苏行终字第 025 号

（续表）

具体标准	阐释	典型案例
5. 法律冲突的一般规则	(1) 时效冲突的：新法优于旧法。根据旧法制定的其他规范性文件，与新法相抵触的部分，应认定为无效； (2)“法条竞合”：效力层级较低的特殊法与效力层级较高的一般法冲突时，法院可以在某个案例中决定不予适用其他规范性文件。	(2001)清行初字第11号 (2002)雅行终字第14号

最后，作为校正体系之一的美国最高法院的实践，又可以为进一步细化上述标准提供镜鉴，特别是在处理法律授权、职权问题上给我们提供参考。第一，其他规范性文件的效力不同于作为正式法律渊源的法律法规，但是解释性规则和执行指南等其他规范性文件又可以在一定程度上获得法院的认可。第二，若其他规范性文件是基于立法机关对行政机关的普遍性授权，那么法院在审查其他规范性文件时，则可以从行政机关考虑的缜密程度、说理的有效性以及与之前或者未来的行政决定的一致性等因素来考量，进而决定是否认可其他规范性文件的效力。第三，若行政机关是基于自身的行政自由裁量权，虽然其制定的其他规范性文件可能与上位法不一致，但是只要在法律所许可的范围内，只要不出现与上位法明显相抵触的规定时，都可以认定其他规范性文件的效力。

综上，本文所述的“相抵触”标准的规范体系应当包含表6.2所示内容。

(二) 对审判实践中“相抵触”标准的批判性思考

需要说明的是，正如本文一再强调的那样，其他规范性文件是一类规范的总称，它们在制定程序、内部性、外部化以及效力上存在着某些共性。然而，我们也不能忽视这类规范囊括了不同的制定主体和表现形式，因此，我们在检验“相抵触”标准时，就不能不考虑这类规范的个性特征，并在此基础上，考量这些个性特征是否会影响到法院“相抵触”标准的采纳。为此，我们需要对上述规范性体系进行更深入的思考。

1. 制定主体的层级对“相抵触”标准的影响

不同级别、地区行政机关由于治理水平、自制动力、资源调配能力的差异，其他规范性文件的质量也参差不齐。

笔者注意到立法中区分了其他规范性文件本身的效力层级。最为典型的是《行政诉讼法》第53条的规定：“人民法院审理行政案件，参照国务院部委根据法律和国务院的行政法规、决定、命令制定、发布的规章”。这一句包含两层意思：一层是规章在行政审判中的地位是“参照”。根据《座谈会纪要》的解释，参照的含义为审理案件过程中，“应当对规章的规定是否合法有效进行判断，对于合法有效的规章应当适用”。值得注意的是第二层意思，也即作为规范性文件之一种的“国务院的决定、命令”可以成为国务院各部委制定规章的依据，那是否可以据此认为这类规范的效力事实上是高于规章的？更进一步，联系上文提到的《行政许可法》中对其他规范性文件的界定，我们是否可以据此认为国务院决定属于其他规范性文件中较为特殊的一种，其位阶位于规章之上，至少可以成为行政审判的参照呢？事实上，根据《行政复议法》和《行政许可法》的规定，国务院的决定、命令都不能算作是本文所说的其他规范性文件。

实践中，尚未出现对国务院规定、命令的效力进行审查的案例。而法院对于职权层级较高的行政机关所制定的规范性文件，则往往表现出更大程度的尊重，审查力度较小。如上文提到的对于建设部《通知》的效力问题，法院没有经过任何有说服力的说理，即给出了建设部的规范性文件是合法、有效的结论。这主要是源于我国的行政职权、法律渊源和法律效力都置于一种纵向等级关系中，苛求法院对行政层级更高的部门作出的其他规范性文件的效力进行否定，是一件十分困难的事情。所以多数法院要么通过程序违法、适用法律不当等理由，回避对其他规范性文件的审查；要么在缺乏充分说理的条件下武断地认定其他规范性文件的效力，并在事实上助长了其他规范性文件的“法外效力”。

2. “相抵触”不等同于“不一致”

从内容上来看，其他规范性文件与上位法不一致，是否就一定意味着与上位法相抵触？比如说《道路交通安全法》就饮酒后驾驶机动车这一违法情形规定可以暂扣机动车驾驶证，并处1000元以上、2000元以下罚款。[①]《四川省〈道路交通安全法〉实施办法》进一步细化了罚款幅度，对于饮酒后驾驶机动车的，根据机动车的类型，分别处以 300 元、500 元罚款。只有对于醉酒后驾驶机动车的，才分别对于一般机动车、营运机动车处 1500 元、2500 元的罚款。[②] 而《四川省公安交警执勤执法指南释义》则区分七种情形，就不同程度的违法情形规定了不同的处罚基准，其中最轻微的一种设定了"暂扣 1—2 个月机动车驾驶证，处 300 元罚款"的处罚。由此可以看出，对上述问题的回答是否定的。试想，如果其他规范性文件与上位法完全一致，那么这类规范的存在又有什么意义呢？其他规范性文件是行政自治的产物。特别是其中的指南、裁量基准，它们的制定主要是为了对行政自由裁量权的运行进行控制。有学者甚至认为，"行政机关的规则是比法院审查更加有效的控制裁量工具"。[③] 因而，在判断"相抵触"标准时，一个重要的要素便是判定行政机关是否拥有相应的职权，相关事项是否属于其自由裁量的范围。而事实上，从梳理出来的案例看，行政机关违反授权或职权制定规范性文件，已经屡见不鲜。与此相对照的，则是在实践中，法院对上述问题的回应显得过于粗疏。通常只是对行政机关的职权（或相关法律的授权）进行简单的肯定或者否定，而并没能够在判决理由中给出更为详尽的判定依据。

3. 其他规范性文件的外部化对"相抵触"标准的影响

其他规范性文件的外部化是指其他规范性文件不仅对行政机关内部有拘束力，而且对行政相对人也发生效力。以日本和德国为例，"学说上虽然一般将行政规范仅仅限于'内部性规则'，而只在行政系统内部有效"[④]，但同时通说也认为，"近年来这类规则的功能日益扩大，外部化的趋势日益明显，因而有的也具有了外部效力"。[⑤] 而其他规范性文件的外部化，是否对"相抵触"标准提出了新的要求？如在上文所总

---

① 《道路交通安全法》规定：饮酒后驾驶机动车的，处暂扣 6 个月机动车驾驶证，并处 1000 元以上 2000 元以下罚款。

② 《四川省〈道路交通安全法〉实施办法》：饮酒后驾驶机动车的，处机动车驾驶人 300 元罚款；驾驶营运机动车的，处 500 元罚款。

③ 转引自余凌云：《现行行政法上的指南、手册和裁量基准》，载《中国法学》2012 年第 4 期。

④ 叶必丰、周佑勇：《行政规范研究》，法律出版社 2007 年版，第 180 页。

⑤ 同上。

结的"相抵触"标准中,都没有涉及其他规范性文件的程序要求。而在实践中,随着其他规范性文件效力的外部化,相对人对其他规范性文件的制定程序也提出了要求。

例如在一起状告厦门市同安区人口和计划生育局的案例中,上诉人在上诉理由中提出被上诉人提供的《〈农村人口生育政策适用的规定〉补充说明》,"未报省人民政府批准,没有经过征求意见、审核、签署、公布等程序,系程序违法"。[①] 福建省厦门市中级人民法院认定《〈农村人口生育政策适用的规定〉补充说明》"应视为对地方法规的具体应用解释,可以作为人民法院在认定被诉具体行政行为合法性问题时采用"。实践中,绝大部分的其他规范性文件的制定程序都没有遵守严格的立法程序。这一方面是出于行政效率、行政成本的考虑。其他规范性文件的更迭快,数量多,如果对其制定程序科以太高的要求,则很有可能抑制行政机关自制的积极性。况且,由于其形式多样,制定主体多元,有的还在外观上与党政文件混同,因而,事实上也很难对其制定程序进行有效监督。另一方面,这类规范往往给自己职权的行使设定了更多的限制,但是其强制力则不如正式的行政立法强。以指南为例,它主要是给行政机关提供了大多数情况下的参考,同时,指南也具有一定的灵活性,它不是一个僵化的标准,应当允许行政机关在特定的情况下作出相应的变通。[②] 而一旦遵循了征求意见、公开等程序,则意味着赋予行政相对人一种合理的预期,使得行政相对人有权要求行政机关严格执行指南的规定,这显然也是与指南设立的初衷相违背的。

鉴于上述分析,笔者认为,不宜对其他规范性文件的制定程序设立过严标准的最主要原因在于,这种做法会抑制行政自制的积极能动性。有鉴于此,笔者认为,该问题的解决,应当更多地依赖司法审查来保障。可以肯定的是法院不应采取"鸵鸟政策",而应更为积极地回应。至于其他规范性文件的外部化将在多大程度上影响到"抵触"标准的认定,则应该视该规范在行政行为形成中所占的决定性比例而定。总体看来,其他规范性文件在行政决定中所占的比例越高,法院对其审查力度应更大,对其程序要求也应当更为严苛。

---

① (2009)厦行终字第 107 号。

② 参见余凌云:《游走在规范与僵化之间——对金华行政裁量基准实践的思考》,载《清华法学》2008 年第 3 期。

结　　语

其他规范性文件事实上已经逐步突破了其内部规则属性的束缚，将触角伸向了行政活动的全部领域。而随着其介入社会生活的程度日益广泛，其他规范性文件的逐步外部化，行政机关滥用权力的可能性也随之变大，侵害行政相对人合法权益的威胁也在增加。

在传统监督机制要么缺乏启动动力，要么不宜作为长效机制的情形下，司法审查的方式被寄予了厚望。然而，正如前文所述，这种司法审查权本质上是在行政审判过程中对其他规范性文件的选择适用权。这种司法审查权的局限性主要表现在：一方面，这是一种附带性的审查方式，是法院在审查具体行政行为的合法性时，对作为行政行为依据的其他规范性文件进行的审查；另一方面，这种审查方式所引起的法律后果是极为有限的。在行政审判过程中，为了规避自身职业风险，多数法院避免直接认定其他规范性文件违法或者应予撤销；更不能阻却其在行政实践中反复适用。要在不突破现有司法制度框架的前提下，履行好对其他规范性文件的司法审查权，法院一方面要以更为积极的姿态去应对；另一方面，也应当注意保持审慎的态度，以不抑制行政自制的积极能动性为限。

就行政机关而言，前文总结出来的其他规范性文件与上位法"相抵触"的若干标准，是行政机关制定其他规范性文件过程中所应遵循的最低限度的标准。从行政机关的角度来看，"相抵触"问题的实质其实是在我国法治社会的构建过程中，如何更好地规范行政机关制定实质性的行政法律规范的活动，以便在发挥行政机关的积极性的同时，将制定其他规范性文件的活动制度化。而这也是构建法治政府，推动行政法治的应有之义。

笔者并不赞同"存在即是合理"，但是认为法学学人不应该对现实采取"鸵鸟心态"，在法治理想的庇护下试图否定一切不具备法治外观的事物。从不合法到合法，并非只有扼杀和批判这一条道路，应当还有训导和规制。

（责任编辑：王金华）

政府权力清单制度研究

汪明琨*

内容摘要 当前我国的行政体制已形成较为稳定的格局，但在简政放权的形势下不仅存在政府设法增权扩权的现象，也存在界限不明导致的权力推诿、权力混乱等问题。为解决这些问题，政府权力清单制度应运而生。然而，综合近三年市级政府的清单实践，如火如荼的同时也产生了诸多问题：一方面，政府将权力清单演变为政府对权力的自我裁量，深陷自我裁定的思维框架，如此模式行政机关将重点放置于权力清单的制定过程，忽视后续的清单运行、清单调整机制，导致政府部门推行权力清单缺乏内在动力；另一方面，各市级政府之间的清单实践规范性不足，普遍缺乏社会参与，使得最终的运行效果差别较大。由此可见，厘清权力清单制度的主体、程序、公开机制、保障机制，规范权力清单的制定十分必要。

关键词 权力清单 责任清单 正当程序 动态调整

一、权力清单的时代背景

权力清单的缘起有着深刻的时代背景，“全面深化改革”的主题贯穿至当今一切制度的核心，然就政府权力清单制度来说其背景定位无疑是新时期的行政体制改革。[①] 具体来说，权力清单是中央政府在总结我国改革开放后六次行政体制改革实践的基础上提出的新型改革思

---

* 中南财经政法大学宪法学与行政法学硕士研究生。

① “新时期”是以十八大的召开为起点，“全面深化改革”是以党的十八大、十八届二中全会的阐述和部署，以及十八届三中全会通过的《中共中央关于全面深化改革的若干重大问题的决定》为蓝本，对行政体制改革的方向、内容、方式作出了总体部署。

路,主要为了解决行政组织重叠、程序匮乏、行政职能交叉等问题。[①]综合这六次的改革实践,我国的行政体制基本完成了从计划经济时代的全能政府向市场经济体系下有限政府的转变,其背后体现的是权力退出的过程。

(一)以政府职能、权力和责任为核心要素展开的行政优化改革

与以往单纯的机构调整的改革相比,新时期的行政体制改革与职能转变紧密相连。当前的改革从减少行政审批权着手,这就要求减少政府对具体事务的管理,凡是市场能够处理的问题都交由市场解决,必须由政府审批的事项则强化程序运行,做到公开透明规范。如此一来,行政权力数量的减少,反而迫使政府提高对现有权力事项的管理能力,增强行政权能责的契合程度,将体制改革和职能转变结合起来,使政府可以全面正确履行职能并提供更为优质的公共服务。

(二)以控制政府权力和拓展公民权利为指向的行政机制改革

新时期的行政体制改革,本质上是对行政公权力和公民权利之间的关系再造,其背后的张力体现在控制行政权、拓展公民权的两个方向。换句话说,今后行政改革的方向集中在两面,即对政府而言:法无授权即禁止;对公民或市场主体而言:法无禁止即自由。当前的行政权力运行仍然处于一个运行效率低下,行政机构臃肿,公权力对私权利的侵犯并不鲜见的状态中,因此建构起一个完善的行政组织运行体制,和谐均衡的国家权力和公民权利基本框架成为当务之急。这就需要在政府与其他主体的活动期间,及时转变政府职能,充分发挥市场的基础性

① 改革开放以来我国的六次行政体制改革分别为:(1)1982年行政体制改革,大幅度减少了政府机构数量,为日后经济体制改革铺平了道路。(2)1988年行政体制改革,精简政府机构的同时提出了"转变政府职能"的改革要求和改革方向,极具历史意义。(3)1993年的行政改革,以1992年的十四大和邓小平的南行讲话作为背景,要求建立符合社会主义市场经济体制的行政管理体制,并正式推行国家公务员制度。(4)1998年的行政体制改革,明确政府职能即宏观调控、社会管理和公共服务三项,同时对政企分开有了新突破,此次改革标志行政体制改革进入新阶段。(5)2003年政府机构改革,以2002年中国加入世贸组织为背景,其目标要求逐渐形成行为规范、运转协调、公正透明、廉洁高效的行政管理体制,同时将政府职能定位为经济调节、市场监管、社会管理和公共服务四个方面。(6)2013年启动的大部制改革,以十二届全国人大一次会议通过的《国务院机构改革和职能转变方案》为标志,此次改革以合并重构中央政府机构作为最具体表现形式,形成了较为完整的政府职能定位。

配置作用，减少政府对公民私有领域的干预，划清政府与市场、社会、公民等主体之间的权力界限，保证权力不越位、不失位；在政府内部不同行政机关之间的配合过程中，通过合理配置行政权，达致上下级政府间的权力收合、恰当，同级政府部门之间的权力相互协调、有序；在公权力运行过程中，加强公开机制构建，架构起科学民主透明的行政决策机制。只有将控权力与拓权利的实质纳入到行政改革的方式中，改革成效才能彰显。

（三）以建设法治政府和服务型政府为目标的行政深化改革

当前，全面深化改革的总体目标是推进国家治理体系和治理能力的现代化，围绕这一总体目标，行政体制改革的具体目标为建设法治政府和服务型政府。[①] 经过三十余年的经济建设，我国在取得卓越经济成就的同时产生了发展不平衡等发展中问题，同时政府职能定位于经济建设，长期忽视公共服务，导致行政权力的法治意识和服务意识严重滞后，严重拖累新常态下的经济政治发展模式，也违背市场经济的发展要求。这就要求当下的体制改革，亟待从政府指导思想、组织和权力结构、职能配置等方面，通过规范行政权力授予、运行、监督等环境，理顺权力配置体系，建设一个责任有限、效能透明与法治的政府。[②] 在今后的行政实践中，政府当以法治的要求履行政府职能，实现服务人民的本质属性，将实质正义与程序正义结合，方能达致善治。

二、权力清单的功能使命

权力清单缘起于我国经济社会转型时期，正式诞生在全面深化改革的历史背景下，可以说权力清单就是行政体制改革过程中的阶段性产物。换句话说，我国各级政府权力的自我革命发展到今天以建设权力清单制度作为历史性的节点，一方面其继承改革开放三十余年的六次行政改革成果，另一方面清单制度又是对现有行政体制的超越，指向未来的政府权力运行方向。

---

① 王浦劬：《论新时期深化行政体制改革的基本特点》，载《中国行政管理》2014 年第 2 期。

② 石佑启、杨治坤：《论行政体制改革与宪政的互动》，载《河北法学》2009 年第 1 期。

(一) 延续行政体制改革路径，奠定深化改革基础

综合六次行政体制改革的历史经验，我们可以看出历次改革以行政组织配置、政府职能转变、行政权力运行机制、法律与制度的外部保障四个方面为主要内容。具体来说，第一，行政组织配置主要指机构设置及人事制度的构建情况，历次改革都以精简政府机构和人事编制为最重要的形式特征；第二，政府职能转变主要指政府的职能定位，政府职能问题是贯穿历次行政体制改革的核心要素，完成了从计划经济体制下的微观管制到市场经济体制下的宏观调控的转变；第三，作为改革的另一个核心的行政权力运行机制调整，都以权力运行程序为表现，其要求改革政府与市场、政府与社会、政府与人民关系的调整，以及具体的权力界限划分等内容；第四，法律和制度的外部保障以依法治国的基本国策的提出为标志，在加强社会主体法治体系建设的同时，将法治理念逐步渗透到行政体制改革的过程中，做到任何改革于法有据。[①]

权力清单制度是对我国数次行政体制改革经验的总结，其体现在以下两个方面：第一，以控制行政权为改革目标，这是历次改革始终贯穿的主线，权力清单通过划清政府与市场、政府与公民关系的界限，实现对公权力的规范；第二，以梳理行政组织法律法规为改革方式，这是进入 21 世纪后行政改革的新思路，以完善立法方式推进改革，权力清单通过细化抽象的法律条文、梳理准确恰当的规则体系，明确政府权能。权力清单制度的创新之处在于对今后改革的方向予以明确，奠定今后改革的基础，其体现在以下两个方面：第一，以优化权力运行程序为改革内容，以往的历次改革极少关注行政程序问题，这也是我国行政法治发展过程中普遍忽视程序建设的体现，而权力清单要求的不仅是职权入清单，权力的运行程序也要进清单，实现程序控权的可能；第二，以清单运行的制度建设为改革思路，历次改革大都以政府部门的删减合并作为成果，政府机构改革的思路较为单一，而权力清单要求建立起涵盖权力梳理机制、权力公开机制、清单参与机制、清单动态调整机制等一体化的制度。

① 侯静：《改革开放以来中国行政体制改革目标研究》，东北师范大学 2014 年博士论文。

(二) 升华权力法定原则,实现行政法律体系的再造

我国的行政体制改革虽然每五年就要大规模地开展一次,但现实是行政机构戏剧化地陷入了一个"精简—膨胀—再精简—再膨胀"的循环周期。这源于当前我国混乱杂糅的行政组织法体系,政府权能配置没有准确的立法制约。权力法定作为行政法的基本原则之一,其内涵职权法定、依法的规定行政、法律优先和法律保留四个方面内容。[①] 权力法定原则以法治对公权力的限制为使命,要求政府行为须在法治的框架下进行,起到了积极的控权作用。然而,当前我国的行政组织法律体系极不完善,对政府的权力、职能、责任及程序的规定或是原则抽象性的规定,或是多头凌乱的规定,造成现实中行政机关的自由裁量权过大,甚至部分自由裁量超出对部分法律法规的解释。权力清单制度的建构,就是要进一步落实权力法定原则的要求。

三、权力清单的概念和特征

(一) 权力清单的概念

权力清单包括广义和狭义两个层面的定义。广义上,凡是行使公权力的国家机关或通过公权力履行社会公共管理职能的事业单位、社会组织,其权力都应当通过清单形式表现出来,因此涵盖了立法、行政和司法机关的一切权力。然而,根据《宪法》规定,我国的立法机关是全国和地方各级人大,其立法权的行使集中在《立法法》中的明确规定,如《立法法》第 8 条对能够制定法律的事项作出严格限制,在第一章的二、三节分别对全国人大和全国人大常委会的立法程序作出详细规定,第五章对法律、行政法规、地方性法规等规范性法律文件之间的立法冲突作出了规定,并提供立法冲突的救济方式等等,因此《宪法》《立法法》为我国立法机关开出了权力清单,并描绘出立法权力运行图以及立法权

① 参见方世荣、石佑启:《行政法与行政诉讼法》(第 2 版),北京大学出版社 2011 年版,第 41 页。

力的监督和保障机制。[1] 根据宪法规定，我国的司法权包括人民法院行使的审判权和人民检察院行使的检察权，在中国特色社会主义法律体系已经建成的背景下我国司法权是极其严密的权力体系，通过民法、刑法、行政法等各领域的实体法作出司法权限的范围规制，以及《民事诉讼法》《刑事诉讼法》《行政诉讼法》等程序法作出司法权力运行程序的规范机制，因此司法机关的权力清单是以法律为基础，完整、全面而具体的司法权力。反观我国运作过程中的行政权，既包含了实体性权力又囊括了程序性权力，对实践中行政权运行的影响因子既包括散见于各法律位阶下不同层级不同效力的规范性文件，又包括行政主体的个人意志，以至于行政相对人在与行政机关的"交往"过程中往往无法找到直观的事务处理流程。鉴于此，行政机关权力清单的制定显得尤为必要，权力清单制度的含义须采用狭义方式理解，局限于行政权。如果对权力清单做出更为广泛的理解，将不可避免地导致权力清单成为一个泛化的概念并失去其研究的价值和可能。

因此，笔者认为权力清单是指政府及其工作部门或者其他主体[2]依据现行宪法、法律、行政法规等规范性文件将其行使的行政权，按照一定类别对其行使主体、适用条件、运行流程、职权责任等方面进行全面梳理并通过一定形式予以公开，从而明确各个职能部门的权力数量和行使边界的文本。所谓权力清单制度是行政主体制定并实施权力清单而产生的一系列制度性安排，包括权力清单编制机制、清单公开机制、权力清单动态调整机制、权力清单的运行保障机制等多个配套性机制在内的制度设计。

---

① 《立法法》第 8 条通过正面列举的方式规定能制定法律的事项："（一）国家主权的事项；（二）各级人民代表大会、人民政府、人民法院和人民检察院的产生、组织和职权；（三）民族区域自治制度、特别行政区制度、基层群众自治制度；（四）犯罪和刑罚……（十一）必须由全国人民代表大会及其常务委员会制定法律的其他事项。"《立法法》第二章的第二节和第三节分别对全国人大和全国人大常委会的立法程序作出说明。《立法法》第五章"适用与备案审查"中，对宪法、法律、行政法规等规范性法律文件的效力及相互之间抵触后的审查原则予以详细说明。

② 在中共中央办公厅和国务院办公厅公布的《关于推进地方各级政府工作部门权力清单制度的指导意见》中，权力清单的实施范围不仅包括政府及其工作部门，而且涵盖依法承担行政职能的事业单位、垂直管理部门设在地方的具有行政职权的机构等。

(二)权力清单制度的特征

1. 权力清单的制定主体是行政主体

在我国,能够制定权力清单的主体应是独立行使行政职权,能够作为行政主体的国家机关或者社会组织。包括:第一,国务院和地方各级人民政府及其职能部门是当然的国家行政机关,包括国务院、国务院所属机构、地方各级人民政府、地方政府派出机关、地方各级政府所属机构是权力清单制定和实施最主要的主体。第二,非行政机关的组织经法律、法规授权或者行政机关的合法授权,也是清单中的制定主体,包括行政机关的内设机构、派出机构以及一些管理公共事务的事业单位、社会团体等非政府组织。由于这些主体具有法律、法规、规章赋予独立的行政职能,管理社会和公共事务,以其主体自身名义实施行政行为,可以独立承担行政行为的法律后果,它们也是权力清单的制定主体。总之,权力清单的制定主体应当以能否成为行政主体作为判断标准。

2. 权力清单的依据以规范性法律文件为主,其他规范性文件为补充

宪法规定我国一切权力属于人民,政府的权力来源理应出自人民的授予,政府行使权力的方式和界限自然受到以人民意志为基础制定的法律法规的统一规制。行政法首要的基本原则就是依法行政,即行政机关必须服从于法律,按照法律的规定开展行政活动,法无授权则无行政。因此,宪法、法律、行政法规、部门规章、地方政府规章是权力清单的制定依据。然而,我国的立法体系纷繁复杂,行政活动所遵循的规则远不局限于此,除此之外,诸如地方政府制定的规定、条例、意见均在我国行政权的运行中发挥着不可忽视的影响力,其能否作为权力清单的制定依据,也是值得讨论的问题之一。权力清单的制定和实施恰以梳理规范性法律文件、控制“政出多门”为其目标之一,如果各类规范文件都可以作为制定依据,显然清单将失去实施的价值和意义,但若严格将规范性法律文件作为唯一制定依据或某些主体制定的文件才能作为清单依据,不仅前者规定较为宽泛,无法有效指导具体行政行为,而且后者的“一刀切”也不符合推动我国经济体制改革和拓宽各类行政试点的趋势,政府活动会因此显得支撑乏力。因此,笔者认为,符合以下条

件的规范性文件可以作为权力清单的制定依据：第一，该规范性文件的制定主体必须是具有行政立法权限的行政立法主体；第二，该规范性文件的范围应当在宪法、法律法规的授权范围内，不得超出制定机关的立法权限；第三，规范性文件的内容不得与宪法、法律、行政法规、规章的明确规定相抵触，不符合上位法规定的内容一律不得作为清单依据。①

3. 权力清单是内部行政法和外部行政法的统一

根据其作用范围，行政法律规范分为内部行政法和外部行政法。内部行政法是调整行政机关之间、行政机关与公务员之间的权利义务关系，外部行政法是调整行政机关与行政相对人之间的权利义务关系。② 权力清单最重要的价值之一便是划清边界，所谓边界涵盖以下三个方面：第一是纵向边界，即各级政府及其职能部门的垂直管理之间的权力界限，如国务院和地方人民政府、地方上下级人民政府之间以及国务院各部委和其垂直领导的地方政府部门之间的权力界限；第二是横向边界，即同级政府各部门之间的权力界限，如国务院各部委之间、同级政府下各职能部门之间的权力范围；第三是整体边界，即政府与市场、社会和公民之间的权力范围，如在三者之间政府奉行“法无授权皆禁止”的权力准则，市场和社会可享有“法无禁止皆自由”的准入原则。因此，权力清单的前两项边界分属于内部行政法和外部行政法，在不同层面发挥作用。

4. 权力清单是行政职权和行政职责的统一

权责统一是行政法的基本原则，其基本内容是要不断加强行政机关的行政效能，明确行政责任。行政职权是行政权的具体法律表现，行

① 陈向芳、邓薇：《行政权力清单制度评析及完善》，载《广东行政学院学报》2015 年第 3 期。

② 美国著名行政法学家布鲁斯维曼在其 1903 年出版的行政法学教科书中系统性地区分了外部行政法（external administrative law）和内部行政法（internal administrative law），并指出“行政法是由外部法与内部法共同构成的”，他认为外部行政法处理的是行政机关与公民的关系或者官员与公民的关系，体现的是“政府对公民的要求”或者“公民对政府的要求”；内部行政法则关涉官员的相互关系或者行政机关之间的关系，它们共同作用于行政运作之中。转引自于立深：《现代行政法的行政自制理论——以内部行政法为视角》，载《当代法学》2009 年第 6 期。王名扬先生在其著作中也将行政法作如此分类，“内部行政法和外部行政法又有不可分离的联系”，“内部行政法和外部行政法同样重要，制止行政机关滥用权力，不能单靠法院和国会等外部控制手段。行政机关内部的控制有时更有效率”。参见王名扬：《美国行政法》，中国法制出版社 1995 年版，第 40、146 页。

政职责是对行使行政职权的基本要求，而二者与政府之间的关系是治理体系现代化的题中之意。当前行政主体的职权不明，一些“有益”的权力被当做“肥肉”，相关部门激烈争夺，另外一些繁琐且“无益”的权力则被相关部门消极对待，相互推诿，如此一来不仅严重影响行政效率，而且对追究行政责任造成障碍。权力清单制度的构建旨在加强责任制度建设：第一，通过全面梳理行政权力，减少不必要的行政权限；第二，通过权力运行流程图的方式公开各行政权力的运行过程，方便公民查询，提高行政效率；第三，通过厘清每项职权对应的责任事项，建立责任清单，明确责任主体，不作为或消极作为必须承担行政责任，严重的承担刑事法律责任。

四、权力清单制度的法律性质

权力清单作为新生概念，其法律属性并无通说，学者对它定性的表述也较为含混。大致有以下三种观点：第一，权力清单是一种新权力的设定，其本质是对行政法律法规的细化和整合[①]；第二，权力清单具有行政组织规则、行政行为规则、行政实体法、行政程序法以及监督规则的属性，它的行政法价值是对行政权的有效控制[②]；第三，权力清单是地方行政机关制定的规范性法律文件，其编制过程是一项立法活动或准立法活动，具有法律效力[③]。第一种表述只是从权力清单制定的形式上进行了概括，权力清单必然是根据与行政权相关的法律法规进行权力梳理和分类，但这样的说法并未讨论到政府制定清单行为的合法性问题，没有交待清楚其性质定位；第二种表述厘清了权力清单所具备的行政法律规则属性，颇具启发却“剑走偏锋”，因为这只是对权力清单具体法律效果的切入；第三种表述论证了权力清单属于规范性法律文件的范畴，体现了法学视角。笔者认为，“规范性法律文件”一词大多是从法理学上进行的界定，即具有普遍约束力的一般规范性文件，但2009年最高人民法院发布的《关于裁判文书引用法律、法规等规范性法律文件的规定》中明确指出，“规范性法律文件”包括法律及法律解

---

① 王春业：《论地方行政权力清单制度及其法制化》，载《政法论丛》2014年第6期。
② 关保英：《权力清单的行政法价值研究》，载《江汉论坛》2015年第1期。
③ 林孝文：《地方政府权力清单法律效力研究》，载《政治与法律》2015年第7期。

释、行政法规、地方性法规、自治条例或者单行条例、司法解释。然而，权力清单的制定主体是以政府为主的行政主体，与上述规范性文件的主体都不同，自然难以划分到规范性法律文件的范畴。[①]

笔者认为，从权力清单的内涵、定位、目标以及中央文件指导意见来看，政府制定权力清单属于抽象行政行为，具有准立法活动的性质，其效力是低于规章的规范性文件。抽象行政行为由学术概念产生，是行为对象不特定的行政行为。行政法学界一般认为，现行《行政诉讼法》第13条第(2)项的"行政法规、规章或者行政机关制定的具有普遍约束力的决定、命令"是关于抽象行政行为的规定[②]，并且最高人民法院司法解释对该款定义为，"行政机关针对不特定对象发布的能反复适用的行政规范性文件"。[③] 根据行政法通说，抽象行政行为具有针对对象不特定、反复适用、具有普遍约束力以及从属性和准立法性的特征。

第一，权力清单是政府机关作出的针对不特定对象的行政行为。权力清单的制定首先是要对行政机关所行使的权力进行梳理和重新配置，每一项行政权力的"取消""冻结""下放"都影响到与其相关法律法规的权力变动，影响政府与公民之间权利义务关系的分配，且其针对在该权力领域范围内不确定的人或事。比如在武汉市政府权力清单中，武汉市民政局具有行使社会团体登记的权力，该项权力保护公民结社自由，针对社会组织管理领域，凡是成立非营利性社会组织的武汉市中国公民均可申请登记。

第二，权力清单可以反复适用，具有普遍约束力。政府制定权力清单包括行政职权的梳理和权力清单的公布两个部分。权力清单一旦梳理完成并经公布，其将作为一个整体发挥作用，政府必须按照清单上的权力开展行政活动，否则就应当承担责任清单带来的行政责任处罚。而公民可以根据清单公布的权力运行流程进行活动。当然，没有任何一项制度是长期稳定无须改变的，权力清单制度也包括权力清单的动

① 规范性法律文件包括行政法规，行政法规的制定主体是国务院即中央人民政府，权力清单的制定主体是从国务院的职能部门到各地各级人民政府及其职能部门，显然权力清单不属于行政法规。

② 江必新：《〈行政诉讼法〉与抽象行政行为》，载《行政法学研究》2009年第3期。

③ 2000年3月10日《最高人民法院关于执行〈中华人民共和国行政诉讼法〉若干问题的解释》。《行政诉讼法》于2014年进行了修改，尽管该司法解释早于新修订的行政诉讼法，但新旧行政诉讼关于该问题的表述并未做改变，故依然具有法律效力。

态管理机制，清单调整的前提是权力依据的法律、法规、规章的变动，但这并不影响权力清单作为一个整体对该行政区域内权力的长期约束。

第三，权力清单具有从属性。抽象行政行为的从属性表明该行政行为是依托于上位阶的规范性文件而存在的，从这个意义上讲，只要权力清单与上位法的规定相抵触，就应认定其无效。权力清单的制定依据是涉及行政机关权力的宪法、法律、行政法规以及规章，清单内容必须有上位法的明确授权才能被写进去，逾越上位法的授权即为无效内容。

第四，权力清单具有准立法行为的性质。立法又被称为法的制定，是指立法主体创制、修改、废止法律的活动。根据我国《宪法》《立法法》规定以及法学界通说，我国立法体制仅包括有立法权的人大及其常委会制定法律和地方性法规的活动。[①] 权力清单并不直接属于我国立法体制，也不是行政立法的范畴，因而不是完整意义的立法行为。之所以称其具有立法性质，是因为权力清单的制定依据是对现行法律法规的梳理和确认，尽管其针对对象是权力梳理而不是法规整理，但根据当前各地政府权力清单实践大多涉及权力的取消、整合、弱化和转移，行政权力的再确认必将涉及相关法律法规、规章及其他规范性文件的修改、补充。一则是政府在调整权力后会对其法律适用进行解释和说明，有立法权的行政机关如国务院作出的解释相当于行政法规、国务院各部委的解释其法源地位等同于部门规章、有地方政府规章制定权的主体所作解释也相当于地方政府规章，这些都属于我国制定法以外的法律渊源；二则是权力清单在制定并公布后，政府将按照清单行政，公民依据清单流程活动，因而清单成为法律之外的权力依据，获得法的属性。

五、政府权力清单制度的实践和困境分析

当前我国各市级政府都已经将制定本级政府权力清单列入政府的首要工作，从中办、国办发布的《关于推进地方各级政府工作部门权力清单制度的指导意见》（简称《指导意见》）的要求以及当前 31 个省级行

① 周永坤：《规范权力——权力的法理研究》，法律出版社 2006 年版，第 78 页。

政区[①]不同程度的清单实践中可以看出，到2016年底之前全国291个市级政府都将公布政府权力清单。在这样的形势下，权力清单作为一项制度首先从个别县区进行试点，伴随着少数省市政府启动行政职权目录的公开，进而中央提出指导性决策，各地政府开始广泛推进。

（一）当前政府权力清单制度的实践现状

省级政府	权力清单制定情况	市级政府	权力清单制定情况
湖北省	2015年9月，于湖北省机构编制网、湖北省政府门户网站公布省级政府权力清单。	武汉市	2014年3月31日，于武汉市政府网站公布全市55个市直部门4530项行政权力和政务服务事项。
广东省	2014年12月26日，广东省人民政府公布省直部门权责清单（第一批）；2015年2月13日，广东省人民政府公布省直部门权责清单（第二批），共6971项权责事项。	广州市	2014年12月30日，于"广东省网上办事大厅广州分厅"公布首批政府部门权责清单，其包括市民族宗教局等10个部门，共有1134项权责事项。其他政府部门权责清单将作为第二批，于2015年公布。
浙江省	2014年6月25日，于"浙江政务服务网"公布浙江42个省级部门权力清单上的4236项行政权力。2014年10月，浙江省市县三级政府的行政权力清单都将在服务网上公布。	杭州市	2014年7月15日，于"浙江政务服务网杭州市站点"公布杭州市权力清单，包括45家部门4227项职权。
青海省	2015年6月19日，于省政府门户网站、各部门门户网站分批正式公布"青海省政府工作部门单位权责清单"，82个部门（单位）共梳理出职权事项7488项。	西宁市	2014年5月12日，公布行政审批事项清单；2015年7月22日，组织实施西宁市权力清单制定工作。

① 根据我国的行政区划，我国共有34个省级行政区域，但在清单的实践中排除了台湾地区、香港特别行政区和澳门特别行政区，故为31个省级行政区进行了权力清单实践。

（续表）

省级政府	权力清单制定情况	市级政府	权力清单制定情况
广西壮族自治区	2015 年 6 月 30 日，于广西壮族自治区政府门户网站公布自治区发展改革委等第一批 14 个政府部门的权力清单和责任清单，晒出权力事项共 2751 项。广西自治区政府其他部门的权责清单已于 2015 年 9 月 29 日在自治区政府网站上公布。	南宁市	2015 年 7 月 12 日，于南宁市政府门户网站公布首批 19 个政府部门的权力清单和责任清单，共梳理出权力事项 4049 项。南宁市政府其他部门的权责清单已于 2015 年 10 月 23 日在该市政府网站上公布。
河北省	2015 年 1 月 25 日，于河北机构编制网、省政府及各部门门户网站公开省政府部门目前保留的行政权力清单，共 3995 项。	石家庄市	2015 年 4 月 28 日，于该市政府网站公布了市级部门行政权力清单。市级部门目前保留的行政权力清单，共涉 50 个部门的 1799 项行政权力。
黑龙江省	2015 年 3 月 31 日，于黑龙江省人民政府门户网站发布 45 个部门的 3119 项行政权力。	哈尔滨市	哈尔滨市政府公布权力清单分三批进行：第一批于 2015 年 5 月 1 日公布，包括哈尔滨市编委办等 20 个部门；第二批于 5 月 27 日公布，包括市审计局等 9 个部门；第三批于 6 月 1 日公布，包括市公安局等 10 个部门。最终公示各类权力事项 5026 项。

总体而言，市级政府推行权力清单制度的建设处于全面拓展阶段，实践中的探索稳步推进，具有这样几个特点：

1. 城市分布方面，省会城市制定时间最早、进展最快

在实践中，2014 年首批公布权力清单的城市比如武汉、杭州、长沙、南京、广州等都为省会城市，其带动了整个省份的权力清单推行进程，个别城市包括长沙、武汉、太原等城市甚至早于省级政府权力清单的公布。南宁就是广西自治区权力清单的试点城市。省会城市是一省政治、经济、文化中心，市场发展程度较高，政府的改革需求更为迫切。并且，近几年的行政体制改革，为权力清单的制定奠定了基础。

2. 地理区域方面，东中部地区推进速度快，西部较慢

从推进城市的分布看，不同地区市级政府对权力清单的推进进程

存有差别。笔者发现,差别体现在两个层面:首先,中部、东部地区的市级政府推进较快,个别城市甚至引领着该市所在省份的清单制度建设;西部、东北部地区的推进速度较慢,这些地区出现有以行政审批事项清单代替权力清单、责任清单的概念混淆[①],殊不知,行政审批事项只是权力清单下的一个子分类。其次,在同一省份内部,省会以及该省范围内设区的市对这项制度的推进较为迅速,而其他地级市显然较为落后。地区之间存在的此种差异,从一个层面也反映出经济发达地区的政府对权力约束具有更强的内在动力,其市场主体对这样一份优质"清单"的迫切需求。清单制度的区域差异本质上是由经济发展水平决定的,由于西部地区市场经济发展程度有限,政府职能转变的外在动力不足,相较于东中部地区市场与政府互动的程度,西部地区的推进动力更多是来自上级部门的导入性推动。

3. 发展阶段方面,清单实践逐渐走向制度化轨道

自2013年底十八届三中全会中央提出建立权力清单制度开始,"权力清单"成为一个新名词进入到政府权力改革的实践中,2014年2月国务院各部门公布行政清单将简政放权的权力清单制度予以推进,但各地方仍处于行政审批清单的建设以公布审批事项的缩减数量为支点的缓慢探索阶段。2014年下半年部分城市公布了市级权力清单,它们的出现成为了制度建设的催化剂:其中包括武汉市、杭州市、南京市在内的城市不仅引领和推进了本省权力清单的建设速度,并且各自开创独具特色的清单制度,比如武汉进行了14种细分的权力分类、制定各个权力的运行流程并由武汉市人大进行监督;杭州市的责任清单将政府职责边界、事中事后监督制度都详细标明,并推动全省开创政务服务网统一政府信息的公开;南京市制定了权力清单动态管理事项办法,率先建立清单动态管理机制。这些极具创新思维的清单实践,也在不同程度上影响了我国权力清单制度的推进水平。直至2015年3月中办、国办公布的《指导意见》出台后,慢热的权力清单建设进入快速的火热发展阶段,各省各市级政府都将权力清单建设纳入到政府工作的重心,其影响力也体现在2015年陆续制定并公布清单的城市,存在以那

① 西宁市人民政府门户网站,2014年5月12日发布文章《西宁市各部门晒出权力清单》,曾这样表述:"点击进入后,市政府各部门目前保留的行政审批事项清单,即'权力清单'一目了然。"这样的认识显然片面地理解了权力清单的内涵。

些较早公布的清单为模板的特点，比如石家庄市公布的《关于建立责任清单制度实施方案的通知》中责任清单内容、流程几乎都以杭州市责任清单为蓝本。

从推进方式看，市级政府推行权力清单往往以制度化的形式进行，对可能遇到的问题有所考虑，并初步构成了清单制度的框架。由于市级的清单建设时间较晚，之前无论学界还是实务界对这项制度可能出现的难点以及风险都有所认识，以至于市级政府在实际构建中探索出相对可行的制度流程，形成“辨明依据—梳理权力—调整权力—公布权力—明确责任—监督运行”的整体推进程序。许多城市将权力清单与责任清单并称为“权责清单”一同制定并公布，这表明这些市级政府并未孤立看待权力清单，而是把“权责”视为整体一并构建。此种动态视角对权力清单制度的完善十分有益。

总的来说，市级政府推行的权力清单制度正在从一项体制改革创新点发展为统一的制度，但其背后体现的是政府、市场与公民三者之间的治理结构博弈，也体现出处理政府权力与公民权利间的张力较量。推进较规范、公开更彻底的市级政府往往是经济发达地区，其背后动力来自自上而下的与自下而上的不断互动。市场对规范权力运行的压迫导致政府职能转变要进入更加理性化的阶段，最大限度减少“权力失范”现象，因此权力清单制度的持续性也导致个别城市已然开启了第二轮的清单建设，进入动态调整阶段。相比之下，经济较落后地区的市级政府制定的权力清单较为简单，其原因来自清单建设的背后动力非原发性，而是上级政府的导入性过程[①]，该地区依然处于政府主导型社会管理阶段，市场主体对政府的内在压迫性有限。

（二）市级政府权力清单制度的困境分析

任何新事物的出现都会产生各种问题，并与现有制度体系发生冲突。权力清单制度同样如此。作为一种具有中国特色的权力运行机制，权力清单制度在市级政府的推行实践中依然存在诸多难题。

1. 宪法困境：政府对权力的自我裁量

“国家的一切权力属于人民”是我国《宪法》对人民主权原则的明确

① 胡税根、徐靖芮：《我国政府权力清单制度的建设与完善》，载《中共天津市委党校学报》2015年第1期。

表述，该条中的“权力”意指包含政府权力在内的广义国家权力，因而权力清单中对政府权力的梳理、调整、增删应由国家的权力主体即人民最终决定，政府在权力变动中只是运行机关、实施机关，而不能成为制定主体。我国《宪法》要求人民通过全国和地方各级人大行使国家权力。因而，如果权力清单的最终批准和生效未经本级人大批准，那么这项制度的运行便脱离了我国宪法体制，隐含违宪风险。从目前我国市级政府推行权力清单制度的实践来看，市政府办公厅首先发布“推行权力清单制度”的通知，由各职能部门清查，在核心环节——权力清理的过程中责任单位属于各职能部门自身，市编委办是权力清单推行的组织主体，市政府办公厅、市法制办、市审管办等市政府部门成为该制度的参与主体，各部门相互配合最终确定生效的权力清单。由于清单制度的清权依据是规范性法律文件，因而，权力清单其性质属于抽象行政行为，是具有一定效力的规范性文件，因而政府本身作为权力清单的制定主体、各职能部门作为责任主体进行制定，必将由于宪法法律的体制规定以及法律专业知识的欠缺导致其法律权限资格的不足。《宪法》第105条的表述，清晰地确认出地方政府属于地方权力机关的执行机关，因而执行是政府的主要宪法职责，自我编制权力清单并按照“清单之外无权力”原则实施，则难逃违宪可能。综上，市级人大作为清单制定主体，在政府制定完整权力清单后，经本级人大常委会讨论、决定是否批准通过，以此决定政府权力清单的效力，这既是人大行使对同级政府监督权的体现，也是解决权力清单自身合宪性困境的必然要求。

2. 制定程序不规范：缺乏普遍的社会参与

任何制度的法治化，法定程序都是基础性保障。权力清单的推行是以市场经济下政府与市场关系胶着为背景，那么市场主体和公民本身是这项制度最重要的两个客体，他们的需求才是决定清单公开程度、实施范围、实施方式极具价值的决定因素。如果政府内部苦心工作数月制定一份清单，却只是将现有权力合并同类项、换个名字甚至默默塞进一些兜底性权力，那么这样的清单制定就是一场“文字游戏”，其不只是数月的无用功，还是政府公信力的一次毁灭。检验一张权力清单是否合格有效，最佳的标准就是在制定过程中市场主体、社会组织、公民个人的广泛参与以及专家学者的积极论证。它可以出现在权力清理阶段，也可以安置在清单审核程序中。根据笔者可查的清单制定过程看，当前市级政府的公众参与元素集中体现在清单公布后，公民通过网站、电话、邮件等方式对其提出反馈意见以达到监督和公众参与效果，显然这样的参与层次极为不够。

3. 信息公开不充分：政府深陷自我裁定的思维框架

信息的广泛公开与透明是权力清单制度的关键要素，没有充分公开的清单不是有价值的清单，没有普遍透明的权力就不具有可实现性，遑论政府的一切权力都是人民赋予的这一权力来源逻辑。从现有情况来看，权力清单公布情况较好的地方在于其都公布在政府门户网站的醒目位置，公民作为个人用任何设备均可直接查看，但问题是不同政府的公布内容不彻底，主要体现在两个方面：第一，权力清单大多都公开了制定依据、权力名称、实施主体、实施对象等方面，但市级政府公布的清单普遍缺乏权力的运行流程图。笔者认为在涉及政府与相对人关系比如行政许可、行政处罚等类型的权力时都应当进行详细的流程说明，其可以包括该项权利的时限规定、所需条件、是否收费(收费标准)、提交材料等方面。第二，政府公布了清单，却未见关于制定和实施权力清单的发文公告，其大多以“公告”“通知”“实施意见”的名称发布。对于这样一份清单公告，它的意义不可小觑，其内容一般体现了该市权力清单的整体制定过程，包括指导思想、主要任务、法律效力、监督途径等方面。那么，是否政府没有制定公告，直接公布清单呢？显然这是不可能的推测，通过可查的资料看出，指导意见的公布时间往往比最终清单公布时间早三个月以上，公告确实是作为规范文件对于编制清单的各责任主体具有指导性作用，而且通过对部分市级政府门户网站关于权力清单内容的查阅，可知这样一份指导性文件的名称信息，说明它事实上存在。然而，现实是包括武汉在内诸多城市可查清单，却未见公告，这不得不说是一项未彻底公开的权力清单，也足见政府依然将它视为一项政府内部的政策性文件，未有公开之必要，权力的自我裁定思维可见一斑。

4. 执行乏力：政府自身推行清单缺乏内在动力

这一困境与我国当前法治环境息息相关，这也是最难解决的根源性问题。权力清单从当前的实践来看，属于政府对自身权力的裁剪，在缺乏权力之间制约的体制框架下无异于进行一场政府的“自我革命”。当前我国的经济体制改革进入深水区，总会触碰各方面利益，李克强总理经常强调一句话："我们会用壮士断腕的决心推进改革，做到'言必行，行必果'。"可见，权力清单制度的出台是在这样的外在背景下进行，中央的高度热情和明确要求成为推进的内在动力，根据笔者调研，此种推动模式在实践中造成两个后果：

第一，基层公务员对权力清单消极实施，过于重视清单的形式创新，忽视权力有限的实质价值。市级政府存在部门或者县、区领导热情高，基层公务员积极性有限，大多认为这是在已经繁重的工作基础上增加的任务负担，与以往的政策没有两样，参与编制的人员往往将重心放在权力事项减少多少项、缩减百分比的数字这种形式创新，以达到契合简政放权形势的需要，之后通过概括性地公开权力事项或者设计多个类似"其他权力事项"的兜底条款等方式笼统地执行这样一份工作，更有甚者出现"边减边增""明减暗增"的情况。权力清单作为简政放权的方式之一，政府如若按照要求真正剪裁实施，必然会削减自我利益，这对于行政机关来说很难产生足够的内在动力推行，因此政府基层部门的消极作为成为全面推进权力清单制度的困境之一。

第二，政府思维固化权力清单，轻视清单的动态运行和监督效果。编制清单具有划分政府内部权力界限的重要职能，这是这项制度运行的关键一步，但若局限于此，则清单的监督作用便难以发挥，权力清单制度本身是根据法律法规的变动而动态运行的，如果将其编制出来，使其一成不变，自然无法满足权力的动态运行属性。当前市级政府将重心置于其编制、公布过程，但就可查的公布结果看大多没有明确的权力调整在清单制度的程序安排，遑论对权力清单实施状况的考察监督机制。原本，权力清单制度的另一个重点是责任清单的编制，但实际上很多市级政府以"权责清单"的名称和方式发布，责任清单被笼统地以"依法追究行政责任"带过。如此一来，政府将权力清单制度仅视为清单制作这一静态程序，忽视动态调整、权责一致、依法追责的动态实施机制。

六、权力清单制度的路径构建

权力清单制度处于当前我国全面深化改革的时代背景下，全面推行这项制度既需关注宏观制度设计，也需明确微观的细节处理。尤其是要考虑到权力清单制度与我国的现有监督体系、权力运行体制的有效衔接。笔者以为,需要从程序设计、清单公开、清单动态调整三个方面进行权力清单制度建构。

(一)权力清单的制定程序设计

在规范公权力运行的历史沿革中,始终存在行政效率和行政程序的紧张关系,而法治政府建设应在二者之间找到平衡点。正当程序是对权力滥用设置的阻碍,即便设计良好的制度,如果没有符合正当要求且具有可操作性的程序,就会变得毫无价值,公民也会因政府的恣意行政而丧失对法治的信任。通过上文分析,可以看出,权力清单的编制和运行有其固定的行使步骤,但为了保证推行的规范化和法治化,必须加强清单制定过程的人大批准和公民参与,落实清单运行过程的市场反馈和人大监督,体现权力清单的民主性和科学性。

从上文所述的典型市级政府的清单制定过程来看,各市在实施权力清单制度之前,其启动都以市政府办公厅制定并公布的《X市关于开展权力清单制度的通知》为标志,该文件将清单的制定流程进行一定程度的说明。总结此类文件所展示的清单制定程序以及该地后续实践情况,笔者概括出市级政府推行清单普遍具备的一般性程序,如下图:

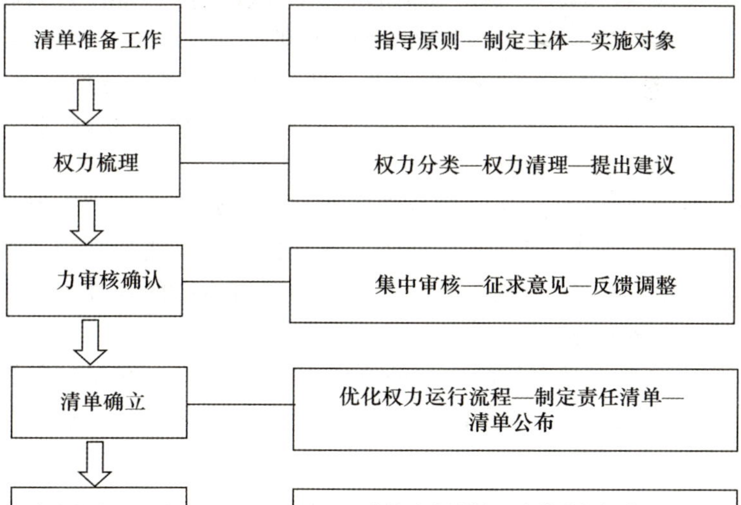

图1　市级政府推行权力清单的一般程序

尽管实践中存在市级政府推行权力清单的一般程序，但各市级政府在具体实施上差别较大。因此在该一般程序中仍存在亟待补强的关键要素，以保证权力清单制度的正当性与合理性。

1. 政府作为清单的制定主体，为制度运行提供组织保证

第一，制定主体由市政府自上而下组织推进，保证制定过程的权威性和合理性。综合各市政府的推行实践来看，一般都会在市级层面成立“X市推行权力清单制度工作领导小组”，办公室设在市编委办，组长大多由市长担任，副组长由市委副书记、常务副市长、市委组织部部长、市政府秘书长等重要市级政府责任人组成，组员较多，大多为各部门的主要负责人。领导小组主要任务在于规划、指导和协调整体的权力清单制度推进工作，一般不负责清单的具体制定或运行，而是由其办公室所在的市编委办对这项制度进行整体布局、统筹安排，市政府办公厅、市法制办配合，形成工作合力。市编委办组织各政府部门进行权力清理，指导梳理工作，各部门是部门清单的责任主体。市级层面的领导小组，决定了权力清单制度是一项需要纳入政府工作报告的重要任务，其推进权威毋庸置疑；市编委办，全称为市机构编制委员会，其职能是专门负责行政机关、事业单位的机构改革以及机构编制的日常管理，对权力梳理工作和部门协调工作较为熟悉，由其协调整体推进工作，具有现实可操作性；由政府各部门负责对自身权力的清理和整合，也是合理的，各部门在多年行政实践中对其所行使的领域极为熟悉，对于权力运用方式、运行效果以及其是否可以删减或下放最为了解，如果由另外的任何部门进行梳理都难以保证其专业性和未来的可操作性。因此，在我国具有较浓厚的行政化政治生态背景下，如此安排组织工作，可以将高层级的领导推动与专业的规划主体、专业的清理主体相结合，既保证最终公布的政府权力的合理性，又保证了权威的推进效率。

第二，实施对象以行政权力的行使为标准，拓展清单的实施范围。实施对象即权力清单推行的政府部门，它决定了清单实施的宽度和范围，在中办、国办公布的《指导意见》中，规定权力清单的实施范围是地

方政府工作部门、依法承担行政职能的事业单位①、垂直管理部门②设在地方的具有行政职权的机构等三个主体，这也为各地政府的实施提供了指导。综合各地实践，权力清单的实施范围普遍都确定市政府工作部门及其部门管理机构、派出机构和具有行政主体资格并依法承担行政职能的事业单位为实施对象，这是最基本的推行部门；然而包括杭州、济南、合肥等部分市级政府将"列入党委工作机构序列但依法承担行政职能的部门或单位"纳入到了权力清单的推行范围中，如市编办、档案局等部门。由于实施范围的不同，也因此造成了不同市级政府推行清单的部门差别。然而，笔者认为，权力清单的制度价值在于规范政府权力运行，因此清单的实施范围就应当与行政权力紧密联系，凡是具有法律法规赋予的行政职权并能独立行使、承担法律后果的行政主体都属于清单的实施范围。

2. 地方人大常委会是清单的确权主体，为制度运行提供合法基础

综合当前市级政府的清单实践，人大对权力清单制度的参与性主要体现在权力审核过程中吸收人大代表、政协委员、专家学者等参与审核论证。将权力清单纳入市级人大会议以议案形式展开推进的只有武汉市政府，属极少数情况。我国宪法明确规定地方人大对本行政区的重大事项有讨论、决定权，根据上文所述，只有通过本级权力机关对该

---

① 自2012年中共中央、国务院发布《关于分类推进事业单位改革的指导意见》后，国家对承担行政职能的事业单位将从严认定，目前我国承担行政职能的事业单位仅占一定比例，具体包括以下四种类型：(1) 授权性行政主体，即根据法律法规授权行使行政职权的事业单位，包括执法和管理两类：执法类主要是从事行政处罚、行政强制、行政检查等职能的事业单位，如动物防疫监督所、植物检疫所等；管理类主要是从事行政许可、非行政许可审批等职能的事业单位，如事业单位登记管理局、公路管理局、流域管理局、航道局等。(2) 职权性行政主体，即根据宪法和有关组织法的规定，应当作为行政机构，其上级机构或同类机构也是行政机构，因受行政机构和编制数额限制列为事业单位的机构，主要有城建规划局、旅游局、水利局、科技局、体育局、物价局等。(3) 非行政主体，即事业单位依据法律、法规和规章的规定接受委托而承担行政职能，只能以委托人的名义对外行使行政职权，由此产生的法律后果由委托人承担，如旅游质量监督管理所、卫生监督所等。(4) 无法律法规授权而承担行政职能的事业单位，这类行政职能依照法律法规应由行政机关的内设处室或直属行政机构承担，但现实中一些地方受人员紧缺、领导决策等影响而单独设置事业单位来承担，如劳动监察大队、城市监察大队、水政监察大队等。参见李学经：《承担行政职能事业单位改革路径浅析》，载《中国机构改革与管理》2013年第2期。

② 垂直管理是和属地化管理相对而言的：垂直管理意味着脱离地方政府管理序列，不受地方政府监督机制约束，直接由省级或者中央主管部门统筹管理"人、财、物、事"，其分为中央垂直机构（央行、海关、国税）和省级垂直机构（工商、质检、药监、地税）。

级政府所制定的权力清单进行审核确认,才能解决政府对权力自我裁量的宪法困境。市级人大及其常委会的制度主体地位应当贯穿于清单制定并运行的整个阶段,体现在三个方面:

第一,在梳理阶段,“市权力清单推行领导小组”应当组织适当的人大代表,参与到清单的制定环节。密切联系群众,既是人大代表的义务也是人大代表的优势,作为人民和人大、政府之间的桥梁,其往往可以处于中立的位置以理性的方式表达人民对政府权力运行的想法,发现问题并提出意见。代表的优势在权力清单的编制过程中是任何主体都无法取代的,这也为后面人大会议的审议清单程序提供调研基础。

第二,在确认阶段,市人大常委会对市政府提交的权力清单进行最终的审议决定。综合各地的“市级人大议事规则”以及“市级人大常委会议事规则”来看,市级人大会议每年1—2月举行,会期在4—5天左右,一方面人大会议议程本身安排紧张,无法及时对政府清单进行审议并公布,另一方面一旦出现清单审核未通过的情况,政府清单的修正以及提交人大再次审核将需等待一年时间,造成不便。而市人大常委会会议一般规定为“每两个月至少举行一次”[①],会期较长,时间较为充裕,并且能够对政府所制清单及时审议。因此,由市人大常委会进行政府权力清单的审核确认较为合理。权力清单的审核阶段,市级政府已将相对成熟的权力清单编制完毕,交由市人大常委会审议,市人大常委会应当对其做全面审查,包括清单内容是否符合法律、法规对权力内容、行使方式的规定,清单制定程序有无不全面、不合法的步骤等,确保政府权力清单的合宪性与合法性;人大常委会在审查过程中,同时应当通过多种方式将清单内容向社会公开征求意见,听取人民群众的意见和建议,保证清单内容的合理性。最终经过审议,符合法律法规规定

---

① 《中华人民共和国全国人民代表大会常务委员会议事规则》第3条规定:“全国人民代表大会常务委员会会议一般每两个月举行一次;有特殊需要的时候,可以临时召集会议。”各地方人大常委会的议事规则参照该《规则》制定,尤其在常委会会议的召开方面,各地方人大常委会与全国人大常委会的会议召开时间、方式相同,比如《武汉市人大常委会议事规则》第二章第4条规定:“常委会会议,每两个月至少举行一次。有特殊需要的时候可以临时召集会议。”《杭州市人民代表大会常务委员会议事规则》第3条规定:“市人大常委会每两个月至少举行一次会议;有特殊需要的时候,可以临时召集会议。”可见,地方人大常委会的会议召开的时间和频率,适应权力清单制度的需要。

的，以人大常委会发布决定的形式进行公布，政府不再具有自行修改的权力，保证清单的稳定性；不符合法律法规规定的，直接予以撤销；符合法律法规规定但不符合经济社会发展要求、不符合当地实际情况或者部分内容群众提出的意见较多，该清单应予以退回，由政府重新进行编制后再次提起申请审核。

第三，在监管阶段，人大对权力清单制度运行的监督是主要监督手段。其监督体现在三个方面：一是，市人大对政府实施权力清单的行为进行监督，包括未按清单要求、违反权力运行流程，侵害市场主体利益的行为进行纠正和追责；二是，权力清单需要随法律法规变动及时调整，而最终的修改需要权力机关审查和决定；三是，权力清单的效力决定其必然不能与法律法规相抵触，一旦发生公布后清单与法律不一致的情况，只有人大有权力对二者关系进行解释，并作出最终决定：权力清单有误的交由政府重新修改，地方性法规或政府规章需要修改的由人大作为立法机关按法定程序进行修改，在法规公布之前，权力清单的该部分内容自动失效。

综上，清单的主体问题得到明确：权力清单的编制主体为市政府，确权主体和公布主体为各市的人大常委会。笔者在遵循一般程序的基础上将完整的权力清单制定程序分为三个阶段：第一阶段以“清权简权”为目标，在“市权力清单领导小组”和各政府部门之间针对权力事项的调整、变更和具体流程等进行互动，属于清单制定的准备和权力事项的梳理阶段，也是整个权力清单制度的基础；第二阶段以“审权确权”为任务，由“市权力清单领导小组”对各政府部门业已形成的权力事项进行集中审核，针对各部门在“清权”过程中出现的问题予以解决，不断调整和优化该清单并将最终的清单上交至市政府，本阶段是权力清单制度的核心；第三阶段以“固权制权”为目标，市政府将该市权力清单提请至市人大常委会审议，审议通过则由市人大常委会向社会公布，若权力清单存在违反宪法法律规定、随意设定权力的情况则直接予以撤销，若清单部分内容存有不合理之处则退回市级政府进行修正调整。权力清单的最终程序如下图所示：

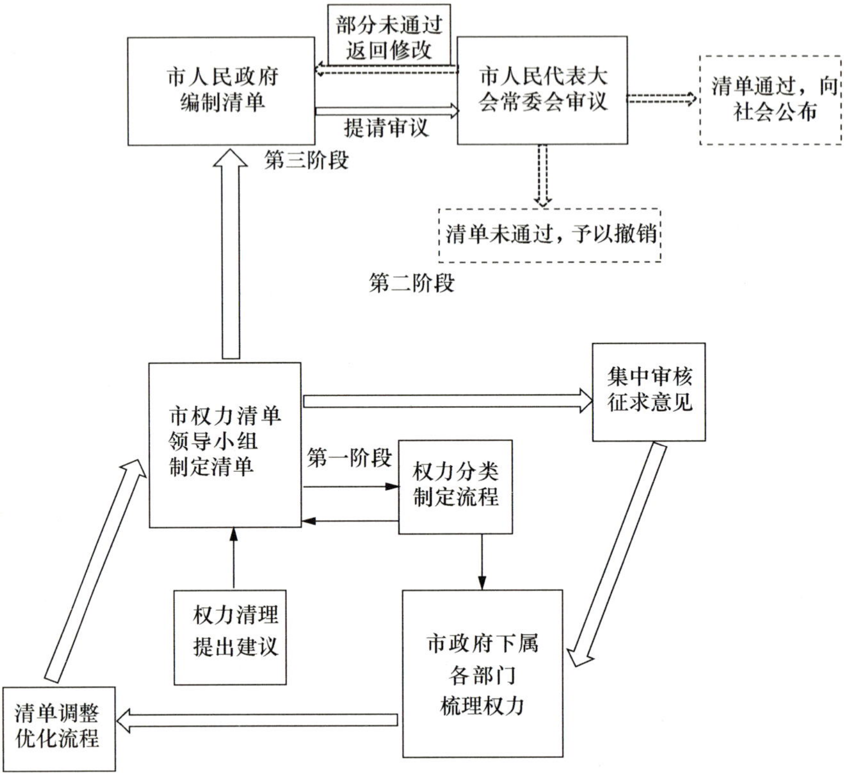

图 2　权力清单的最终程序

(二) 权力清单公开机制的建构

权力清单制度之所以得到普遍的社会关注，其原因是将“神秘”的政府权力进行彻底的公开。长期以来，我国地方政府的权力数量、种类以及权力的运行方式等难以被公民整体知晓，自国务院制定了《政府信息公开条例》后政府信息才得到逐步的公开。权力清单制度的全面推行，将加速政府信息公开制度的体系化、信息化。综合主要市级政府的清单实践以及从可查询的清单公布情况看，市级政府权力清单的公开机制应当从以下几方面构建：

1. 权力清单的公开内容全面，以公开为原则，不公开为例外

有观点认为，权力清单的公布应当追求一个“度”，避免清单公布带来巨大的负面效应，由此将公众关注度较高、政府权力较大、与行政相

对人密切接触的权力事项向社会公开，其他部分对政府内部公开。[①]笔者认为这是值得商榷的。首先，国家安全机构不在权力清单制度的实施主体范围内，其他部门涉及国家机密的内容，在市政府的审查环节、市人大常委会的审核环节都已将其排除在外，其涉密权力事项不可能在清单中出现；其次，对内公开和对外公开的划分标准极为模糊，增加区别公开的程序徒增清单制定负担；最后，若因担心政府在行政诉讼中败诉而缩减公开范围，则失去了权力清单制度的推行价值。因此，权力清单的公开范围应当全面、具体并且具有实际意义。综合各地清单实践，权力清单的公开内容如下：

表2　权力清单的公开内容汇总[②]

权力编码	设立权力编码，便于行政信息系统的查询
权力名称	具体权力事项的名称
实施主体	
权力依据	作为权力合法来源的说明，包括相关法律法规规章的具体条款
权力运行流程	行政许可：审批流程、是否收费（收费依据及标准）、审批条件、审批时限、需提交的材料、颁发证件的名称及法律效力等
	行政处罚：处罚种类、处罚流程、处罚标准等
	行政征收：征收流程、征收条件、征收标准等
	行政强制：强制种类、强制措施流程、强制条件等
	行政给付：给付流程、给付条件及标准、给付期限、需提交的材料等
	行政奖励：奖励条件、奖励流程、奖励标准等
	行政确认：确认流程、收费依据及标准、确认期限、需提交材料等
	行政征用：征用条件、征用流程、经济补偿依据、补偿标准等
	行政裁决：裁决流程、收费依据及标准、裁决期限、需提交的材料等
	行政检查：检查流程、检查对象、检查内容、检查方式等

---

① 该学者认为，权力清单公布要有度的原因在于三点：第一，公众不关注所有清单是否公开，而是只关心涉及自身利益的事项，公开较多浪费资源；第二，公开国家安全、重大国家格局调整的内容使清单公布彻底，损害国家利益；第三，彻底公开，导致政府过多成为行政诉讼被告，导致败诉，影响公信力。因此，其要分为“对社会公开”和“对内公开”。参见赵勇、马佳铮：《大城市推行权力清单制度的路径选择——以上海市Y区为例》，载《上海行政学院学报》2015年第2期。

② 该表是笔者综合了前文选取的典型市级政府推行权力清单制度过程中清单的公开范围，然而各市的权力运行实际不同，其政府在权力分类上有所区别或者在责任清单上予以不同程度的公布，因此此表并不涵盖全部，各市级政府可根据实际情况自行调整公开类别。

（续表）

权力运行流程	行政服务：行政服务流程、服务对象、收费依据及标准、服务条件、服务期限、需提交的材料等
	其他权力事项：包括权力行使流程、条件、收费依据及标准等
备注	权利运行中其他需要公布的内容
办理机构	该实施主体的政府部门所在的详细地址、联系方式等
监督机构	监督投诉方式、监督部门所在地的详细地址、投诉电话等

2. 责任清单公开范围彻底，统一行政职责内涵

责任清单的推行情况在各市级政府的清单实践中差别较大。不可否认，造成这种差别的原因在于政府对责任清单的理解和重视程度的差异。权力清单以明确政府部门权力事项为目的，对工作流程予以优化并展开，这对于各级政府来说具有普遍共识。然而，责任清单究竟应对哪些事项进行梳理、责任如何与权力对应等问题，在业已公布的市级政府责任清单中，难以达致一致，如此也造成相当多城市的责任清单形态各异。比如，部分市政府认为责任清单与权力清单差别不大，“责任清单就是权力清单”，或者直接以权责清单的形式将二者合并制定并公布。[①] 笔者认为，造成如此明显的差异的原因是权力清单制度作为一项新的制度未经充分的理论讨论，直接走向了行政法治实践，诸如何为责任清单、行政职权与行政职责关系等理论问题的探讨没有展开，因而现实中必然出现存在差异的清单实践。

在中办、国办公布的《指导意见》中责任清单的指导原则是“权责一致”，梳理责任清单即为梳理行政职责，那么对行政职责的解构当为关键。一般而言，行政职责具有三个方面的内涵：一是，行政职责与职权相关，职责是职权存在的基础；二是，行政职责是法律明确规定的，行政主体不能恣意设立或规避；三是，行政职责要求行政主体必须以“履行”的方式进行，否则就要承担相应的法律后果。因此，市级政府制定责任清单应满足四个要求：首先，责任清单与权力清单相一致。责任清单的

① 该认识在厦门市和大连市的权力清单推行实践中较为明显：厦门市在公布的《厦门市人民政府关于印发厦门市推行市级行政权力清单制度实施方案的通知》中，提出“根据不同类别行政权力的职责定位和工作任务，落实责任主体，规范职责权限，明确相应责任。明确权力清单就是责任清单，违规行使或者不当行使的，依法依规追究相关责任”。因而厦门市责任清单至今难见踪影；大连市政府以“大连市政府部门权责清单”的名称和形式制定并公布，在权力清单上增加“责任事项”“责任事项依据”的内容进行一并公开。

组织方式、实施范围与权力清单的制度要求相同,并且每项权力都应列出相应的责任事项。其次,责任清单的法律依据明确。政府部门的每项责任都应有法律法规规章作为其合法来源并应详细说明,没有依据的职责不能列入清单。其三,责任清单厘清职责边界。职责交叉现象是责任清单主要解决的问题之一,对于多部门都有权限的职责厘定具体分工,要确定具体职责主体。最后,构建问责机制。针对未依法履职的政府行为建立相应的问责程序,提供追责途径。

3. 公开方式多元化,加速政府公开的信息化建设

当前,网络在政府与公民之间扮演的角色愈发重要,也渐成公民办理事务的首要选择。因此,各市级政府不仅要制定出清单,还要加强权力清单公布的信息化建设,方便公民查询。如此,清单的价值才能彰显。经过审核确认的权力清单,首先要在市人民政府门户网站的显著位置进行公布,同时各部门单位门户网站同步公开。实践中,部分政府以制定权力清单为契机,开通政务服务网作为统一的政府信息公开平台,包括权力清单、责任清单甚至投资领域的"负面清单"在内的政府信息,分别设定板块予以统一公开,这是值得推广的信息化公开方式。

当然,信息化的清单构建平台不意味着权力清单只在互联网上公开,而是以互联网为主体的全面公开。目前,还有相当多的公民没有网上行为习惯,因此市级政府及其部门应当在其办事机构所在地或者市政府行政服务综合大厅的明显位置进行书面公开,比如设立政府信息公开栏将部门的权力清单予以公示。市级政府权力清单的公开还应当由当地新闻媒体、市级报纸刊物以及各政府部门组织专项活动进行宣传和引导,使更多的人了解政府权力清单的内容和查询方式。

(三) 权力清单的动态调整机制构想

随着法律法规的调整、政府机构的变化、部门职能的转变以及经济社会改革形势的发展,政府权力也会不断调整变化。清单的动态调整机制原本就属于权力清单制度的重要组成部分。综合当前实践,各地的清单建设尚处于制定阶段,而其动态调整机制属于制度的运行阶段,故其并未得到整体性的建构。笔者认为,权力清单的动态调整机制应当从以下几个方面理解并构建:

1. 权力清单动态调整的事项与情形

综合各地市级政府的清单实践可以看出,行政权力经梳理后的未

来去向大致分为这样几条思路：权力保留，即有合法依据将列入清单的权力事项；权力整合，即将多部门共同行使，或具有相似特征的权力进行合并，然而权力整合从效果上看属于特定部门的权力保留以及其他部门的权力取消；权力取消，即不具有合法依据与合理性的权力进行删减，不列入清单；权力下放，即将由下一级政府部门行使更为方便、高效的权力下放至下一级政府，一般也列入清单；权力转移或变更，即将政府权力在法律规定和符合经济社会发展要求的前提下转移至社会组织行使。因此，权力清单的动态调整机制应当是出现了某些特定情况，需要将已列入清单的权力重置处理或者将未列入清单的权力列入清单。

（1）权力事项从权力清单中取消的情形。① 市级政府制定清单的依据为宪法、法律、行政法规、地方性法规、部门规章、政府规章六类，当立法机关作出废止部分法律的决定后，以此为依据列入权力清单中的权力事项即为无效，市政府应当通过法定程序取消清单中的该项权力，其相应事项一并失效。② 其他予以变更的情形。

（2）权力事项应当下放至县区级政府行使的情形。① 当立法机关作出修改法律将管理权限下放至下一级行使的决定后，以此为依据列入权力清单的权力事项应当随着法律变动而调整，市政府应当通过法定程序下放清单中的该项权力及其他相关事项。② 在规范性法律文件未作修改的情况下，存在直接面向基层、权限范围较广、事项较多并且由下级管理更方便有效的权力，市级政府经过充分调研报上级政府备案后通过法定程序进行权力事项的下放。③ 其他予以变更的情形。

（3）权力事项应当增加并列入清单的情形。① 当立法机关制定并颁布新的法律法规规章或者修改法律新增行政权限后，该事项因具有合法性依据而成为符合要求的行政权力，市政府应当通过法定程序将该权力及相关事项列入清单。② 当国务院或省级政府根据法律法规的调整按照法定程序将特定权力事项下放至本级政府，该市级政府应当按要求承接该权力，并制定符合清单要求的事项一并列入清单。③ 为加快政府职能转变、适应改革形势，当有权机关对市政府部门的职能进行调整后增加行政权力的，市政府应当按照法定程序将增加权力及其事项列入清单。④ 其他予以变更的情形。

（4）权力事项应当变更的情形。① 当立法机关修改法律法规规章后，该行政权限的名称、行使主体、权力运行程序、运行时限、监督机关等权力事项要素发生变化后，市政府应当通过法定程序将需要调整的事项内容进行修改后列入清单。② 鉴于很多法律法规对行政权力的规定具有一定自由裁量范围，当市级政府认为列入清单的权力事项部分要素需要进行调整的，市政府应当按照法定程序将需要调整的事项修改后列入清单。③ 为加快政府职能转变、适应改革形势，当有权机关对市政府部门的职能进行调整后变更部分权力事项内容的，市政府应当按照法定程序将需要调整的事项修改后列入清单。④ 其他予以变更的情形。

2. 权力清单动态调整的程序设计

为了适应不断变化的社会经济发展及改革需要，权力清单的动态调整还需要设置具体的程序。笔者以为，包含以下三个方面：

(1) 动态调整的提起主体为具体行使该权力的行政机关。作为该项权力的长期行使主体，对该权力更熟悉，由该部门提出调整申请具有合理性。然而，政府内部的调整不可避免地涉及部门利益倾向，比如取消、下放权力便导致一些部门不愿“放手”，为避免清单因提起主体不作为而未动态调整，因此在程序中应当增加规定，政府部门在权力调整事项发生 10 个工作日内提出申请，并将其纳入责任清单予以规制，若未及时调整按照责任清单要求追究相应责任。

(2) 清单调整程序由受理主体（市编委）、合法性审查主体（市法制办）配合完成。市编委以负责行政机关、事业单位的机构改革以及机构编制的日常管理为基本职能，对权力梳理工作和部门协调工作较为熟悉，由其协调整体推进工作，具有可行性。并且“市权力清单制度领导小组”的办公室大多设在市编委，权力清单制度的整体规划都是在领导小组直接领导下的市编委的组织和计划下进行的，因此它对清单制度的整体设计最为了解。然而，各项职权的事项审查是一项具有法律专业性的工作，市编委并不具备这样的专业背景，故市编委在收到清单调整申请后应当及时送至市法制办，由其在规定时间内进行权力事项调整的合法性审查。

(3) 权力清单动态调整的审核程序应当由市政府报市人大常委会审核，以人大决定的方式通过。人大决定权是《宪法》第 99 条、第 104 条赋予全国和地方各级人大的一项重要的国家权力，市人大的决定是权力机关讨论、决定本市重大事项的决策形式，政府及其他组织僭越人大决定权，都是对宪法的破坏。[1] 政府权力清单在制定阶段以人大对权力的审核确认为关键，保证了清单的合宪性，但如果清单的修改调整可以由政府独立进行“提出—修改—调整—审核—公布”，那么政府权力的自我裁定将失去外部监督。因此，权力清单的动态调整应当以市人大常委会的“决定”为调整事项最终生效与否的标志。

权力清单制度的动态调整机制，既要做到出现法定事由及时进行补充、修改，避免权力运行在任何时间出现真空现象；又要做到程序控制，防止政府未经批准恣意进行权力事项调整；同时还应当进行充分论证，广泛听取人大代表、政协委员、专家学者以及普通公民的意见和建议，保证动态调整机制的及时性、正当性和专业性。综上，可将权力清单的动态调整图示如下：

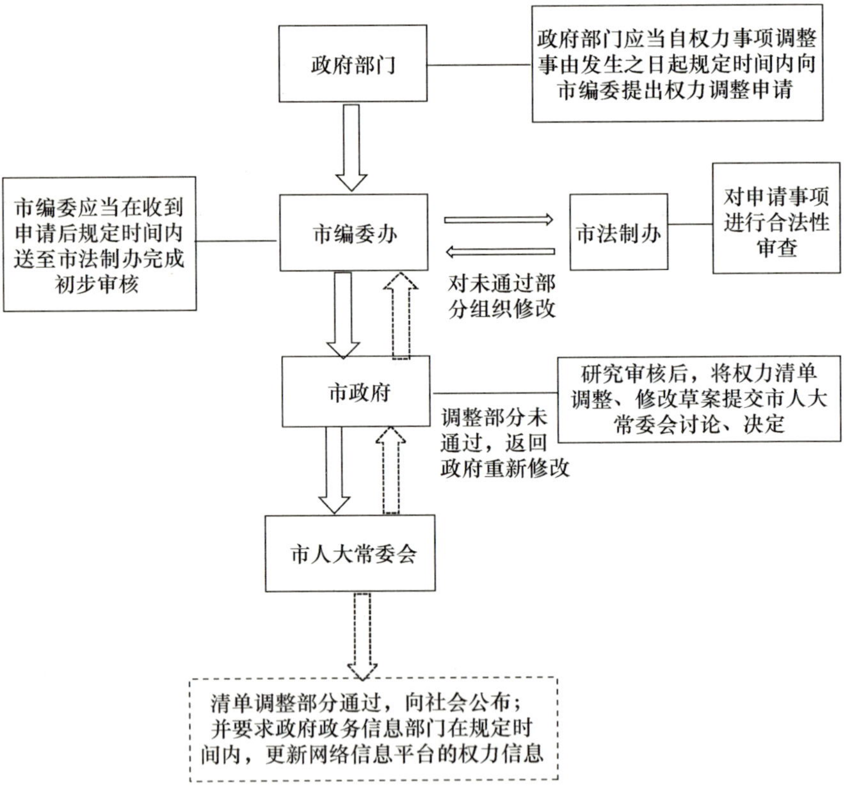

图3　权力清单动态调整流程图

① 田必耀：《尊重人大决定权》，载《人民日报》2003年8月13日第13版。

结　语

权力清单制度是宪法和行政法领域的一个新问题、新制度，涉及政府权力现有的设定模式和运行方式，其构建的路径选择依然面临诸多难题：既存在理念上的分歧，如权力清单是否破坏我国的宪法体制、权力清单能否有效规制政府的恣意行政等问题；也存在制度规范层面的缺失，如目前我国没有直接规范权力清单制度的法源，只停留在“中央政策”方面进行引导，清单法治化问题还未步入正常轨道；在实践中也存在难题，如实际政府各部门在“清单行政”和“依法行政”之间陷入的纠结与误区以及公民尚无按照清单办事的习惯等问题。本文解释了权力清单制度运行的部分困境，但受制于理论、制度、实践、调研等因素的制约，笔者对清单的研究只是一种不成熟的尝试，对于后续可能在理论和实践中产生的清单问题亟待进一步的观察和研究。

（责任编辑：唐冬平）

论德国废电池回收立法及其启示

张青波*

内容摘要 废电池蕴含着较大的环境风险，环保部门应加以重视并采取有效措施回收。为完善我国的废电池回收立法，可参考德国的相关立法。德国废电池回收立法的特点是法律层级高、立法完备详尽、追求尽可能回收利用废电池、设置了多元主体的回收渠道、努力调动义务人积极配合。我国相关立法可以借鉴之处主要有：写明电池中各类重金属含量限制的标准和超标电池的淘汰时间；通过有效措施尽可能扩大回收的废电池范围；明确规定各回收义务人的法律义务和责任。

关键词 环境风险　废电池回收　立法

一、废电池回收的必要性

我国每年消耗约200亿只电池，其中一次性干电池就有70亿只。由于尚未建立起高效便捷的回收废电池的途径，废电池的回收率仅为1%—2%。[①] 现实中物资回收经营者只回收电动车、工业生产等较大的废电池或多次使用的充电电池，大量的家用一次性废电池被当作普通生活垃圾丢弃，最终被掩埋或焚烧。然而，电池中含有汞、锰、镉、铅、锌、铬等重金属以及酸碱等物质，在使用过程中被封存在电池壳内部，经过一定掩埋时间后，电池壳被磨损、腐蚀，这些物质就会泄露出来进入土壤或水源，进一步进入人的食物链，严重危害人体健康。被焚烧的电池中的重金属会因高温挥发而被烟气带走，通过呼吸直接进入人体，

---

* 中南财经政法大学法学院副教授，硕士生导师。

① 王艳丽：《废旧电池回收处理现状及问题研究》，载《资源节约与环保》2014年第4期；田庆华等：《废旧电池循环利用产业发展现状调研及对策》，载《再生资源与循环经济》2014年第11期。

而焚烧的灰渣中同样仍留存富集程度更高的重金属，成为更大的污染源。相反，废电池中的重金属若能被回收利用，可以减少原生矿的开采，并节约大量的冶炼能源。[①] 根据学者在湖南省的调研，目前电池回收体系仅为散兵游勇，许多耗巨资建成的处理中心，因原料不能持续供给，面临着经营困难的窘境，相关企业的员工也认为现有的回收网络体系非常差。[②] 因而，无论从消除污染的角度，还是从资源回收再利用的角度，回收废电池都非常有意义，也非常有必要拓展。

据媒体报道，我国实现了家用电池的低汞化甚至无汞化，在目前缺乏有效回收的技术经济条件下，环保部门不鼓励集中收集已达到低汞或无汞要求的一次性废电池，因而废电池可以当作生活垃圾处理。有环保部门表示：一次性干电池早就无汞化、低汞化了，不用丢进(电池回收箱)来，其可利用成分少，不能利用只能处置。和其他垃圾处置相比，电池处置需要固化填埋，相应成本很高。[③] 该环保部门的表态确属有据。查阅 2003 年颁布的、相当于部门规章的《废电池污染防治技术政策》(简称《政策》)，的确规定：目前，在缺乏有效回收的技术经济条件下，不鼓励集中收集已达到国家低汞或无汞要求的废一次电池。

但是，无汞电池(包括一次性干电池)中仍然含有铅、镉、锌、锰、铬等重金属以及酸、碱物质。2008 年颁布的、相当于规章的现行《国家危险废物名录》中仍将含镉、含铅、含铬、含锌的废物，废酸、废碱作为危险废物。同时，该名录第 6 条要求，废镍镉电池、氧化汞电池、电子类危险废物从生活垃圾中分类收集后，其运输、贮存、利用或者处置，应按照危险废物进行管理。可见，不含汞的废电池仍对环境和健康构成威胁，缺乏有效回收的技术经济条件或者成本高昂，不能作为拒绝回收电池的借口。

而且，按照行政法的原理，环保部门有义务收集废电池。如果说在传统控权性行政法下，为了保障公民自由，任何行为在被证实具有危险

---

① 彦文：《废旧电池重金属材料让人忧》，载《资源与人居环境》2014 年第 8 期。

② 田庆华等：《废旧电池循环利用产业发展现状调研及对策》，载《再生资源与循环经济》2014 年第 11 期。

③ 张路延等：《10 个人有 8 个不知：干电池能直接扔》，载《华西都市报》2014 年 12 月 23 日第 2 版。

性之前，应被视为无害，国家无权干涉。[①] 那么在现今充斥着各种风险的社会中，未来生活世界的状态、情形或者时间所包含的不安定性、不确定性不能消除，危险的诱因、引发者以及发展参数都完全不为人所知。甚至看起来无关紧要的初始和过程条件，都可能（长期无法被感知地）导致剧烈的系统性剧变。[②] 但是，不确定性不能作为阻碍政府行为的理由。[③] 不能等到所有情况都一清二楚时才允许国家权力限制公民自由和增加个人负担。[④] 为了防控未知的危险，行政机关被授权踏入人类知识的边界之外或者经验未逮的领域，有权在有怀疑时开展行动，以免产生巨大的危险或不可逆的损害。行政干涉的门槛降到了存在危险嫌疑的事实构成——它的满足只需要对损害存在某种科学上合理的依据，不必谨守以反复验证的客观经验为基础的危险存在的情形，更不能等到危险已经具体化为可能的损害。在抽象的风险出现之际，国家就要采取行动。[⑤] 这就是现代行政法从控权行政转向风险行政的根据。

既然废电池已经具备危害环境和人身健康的可能性，潜存着环境风险，环保部门就应当采取措施加以防控，不能以废电池不具有现实的危险性为由，怠于行使职责。事实上，商务部现正委托中国物资再生协会起草废电池回收利用体系实施方案。可见，废电池回收已经引起政府重视。为了能使废电池回收体系立法乃至与电池相关的各种立法臻于完备，下文将介绍德国有关立法，并展开与中国现行有关立法的比较，期能为我国环保法制的进步略尽绵薄之力。

---

① UdoDiFabio, Risikoentscheidungenim Rechtsstaat: ZumWandelder Dogmatikimoeffentlichen Recht, insbesondeream Beispielder Arzneimitteilueberwachung, Tuebingen: Mohr, 1994, S. 12—13, 455；〔德〕莱纳·沃尔夫：《风险法的风险》，〔德〕乌尔里希·普罗伊斯：《风险预防作为国家任务》，均载刘刚编译：《风险规制：德国的理论与实践》，法律出版社 2012 年版。

② 〔德〕格哈德·班塞：《风险研究的缘由和目标》，〔德〕乌尔里希·普罗伊斯：《风险预防作为国家任务》，均载刘刚编译：《风险规制：德国的理论与实践》，法律出版社 2012 年版。

③ 赵鹏：《风险、不确定与风险预防原则》，载沈岿主编：《风险规制与行政法新发展》，法律出版社 2013 年版，第 267 页。

④ 〔德〕乌多·迪·法比欧：《环境法中风险预防原则的条件和范围》，载刘刚编译：《风险规制：德国的理论与实践》，法律出版社 2012 年版，第 276 页。

⑤ UdoDiFabio, RisikoentscheidungenimRechtsstaat: ZumWandelderDogmatikimoeffentlichenRecht, insbesondereamBeispielderArzneimitteilueberwachung, Tuebingen: Mohr, 1994, S. 51—52、459—460；〔德〕迪特尔·格林：《宪法视野下的预防问题》，载刘刚编译：《风险规制：德国的理论与实践》，法律出版社 2012 年版，第 113 页。

二、德国的废电池回收立法

德国联邦政府早在 1998 年就根据欧盟指令颁布了《废电池法规命令》,联邦议会于 2009 年又提高立法层级,制定了《关于电池与蓄电池流通、回收与兼容环境地清除的法律》(简称《电池法》)。该法适用于各种电池,无论其形式、大小、容量、成分、用途,包括安装于其他产品中或附带于其他产品的电池,但不适用于军事设施、武器、弹药、防御装备中的电池。下文将具体介绍该法的内容。

(一)电池的销售与回收

1. 进入市场的门槛

按照该法第 3、4 条的规定,汞含量大于 0.0005%电池重量的电池被禁止投入流通。镉含量大于 0.002%的电池也被禁止投入流通,不过用于警报系统(包括紧急照明)、医疗设施、无线可手持的带电工具中的电池除外。投入流通意指为了销售、使用或利用而有偿或无偿地交付第三人,包括经营性的进口。违反上述规定被投入流通的电池,由其生产者从市场召回。生产(定义为经营性地将电池初次投入流通)者必须按照第 4 条,提前登记并通过履行回收义务确保旧电池能够回收,方可将电池投入流通。销售者必须通过履行第 9 条规定的回收义务确保最终使用者能够交回电池,方可向最终使用(意即使用电池或内置电池的产品并不再以所获得的形式向外转让)者供应电池;生产者未登记或未合规登记的电池,不得供应;故意或过失供应未登记或未合规登记的电池的销售者,视为生产者。

任何生产者有义务在将电池投入流通前,通过互联网向联邦环保部门以电子方式登记生产者的名称、法律形式、地址、联系方式、商业登记情况、所拟投入流通的电池种类(车用电池、工业电池、家用圆筒小型电池抑或纽扣电池)、销售商标。家用(圆筒小型)电池的生产者还需要登记所加入的共同回收系统,或者自己根据哪一个行政许可所设置的回收系统以及将该系统所委托运营的第三人名称、法律形式。车用或工业电池的生产者还需要登记旧电池合规回收的可能性,并对所设置的回收可能性以及有权交回者获得这一途径做进一步说明。生产者在上述信息发生变化或放弃经营时，应立即通知环保部门。联邦环保部门将所获得的上述各种信息（除商业登记和行政许可情况外），按照不同类型电池生产者的类别，在官方网站上公布，并注明登记或变动日期。上述信息在放弃经营三年之后删除。

2. 生产者的回收义务

按照第 5 至 8 条的规定：生产者有义务无偿接收由销售者依第 9 条所回收的废电池以及由公法上的（垃圾）清运人依第 13 条所收集的家用电池，并依照第 14 条加以利用或将不能利用的废电池清除。这同样适用于依照《电子仪器法》和《旧车法规命令》处理旧仪器或旧车时所出现的电池。

为履行上述义务，家用电池的生产者设置共同的、非营利、无遗漏运转的家用电池回收系统，并加入其中。任何加入的生产者有义务应请求向共同回收系统告知自己前一年度投入流通的各种电池数量，自己所接收、利用、清除的各种废电池数量，以及利用和清除在质上和量上的结果。在退出系统时，生产者有义务立即告知州主管机关。共同回收系统由联邦环保部会同联邦经济部确认是否已被设置，并在联邦公报上清楚具体地公告。共同回收系统必须对所有生产者设定同等加入条件，必须从所有家用电池的销售者、所有公法上的清运人、所有第 12 条中的处理机构无偿取走电池，必须通过网络化的回收点保证从上述各单位中无遗漏地回收，必须从各回收点无偿取走电池，必须无偿为各回收点准备合适容器，必须通过竞争性程序招标废电池的回收、运输、分类、利用和（针对不可利用的废电池）清除等各种服务（服务期最多为 5 年），必须通过按照加入的生产者根据各自电池的数量分担电池处理成本而确保系统的财政平衡，必须每年告知联邦环保部门处理废电池的花费，并必须对生产者特有或专属的信息保密。共同回收系统有权要求既未加入共同回收系统、又未建立自有回收系统的生产者支付由该生产者投入流通并通过共同回收系统所回收的废电池处理成本。

如果共同回收系统未建立，那么任何家用电池的生产者有义务建立自有回收系统履行回收义务，除非生产者已经建立并运营了由其所在州主管垃圾的行政机关所许可的回收系统。该许可应申请而发放，如果全部申请材料提交行政机关后三个月内行政机关未做决定，许可视为发放。对生产者自有回收系统的许可条件是系统能够将电池回收率(即同一年度回收电池数与投入流通电池数之比)在2012年达到35%、2014年达到40%、2016年达到45%。生产者还应同样承担上述对销售者、垃圾清运人、第12条的处理机构和回收点的各种义务。在审批许可程序中,对回收目标的实现和以上义务的遵守所必需的前提条件通过专家的鉴定加以证明。为了持续地确保遵守以上义务和第14条规定的废电池利用义务,许可可以事后附加义务。多个生产者可以共同建立和运营回收系统;如果他们共同通过委托第三人建立和运营,那么许可也可具有对各生产者的效力而发放给第三人。运营被许可的自有回收系统的生产者,可向其他未加入共同系统又未运营自有系统的生产者,主张由后者投入流通并由自有系统合规清运的废家用电池的处理费用。

车用和工业电池的生产者向销售者和第12条的处理机构提供合理并无偿的回收电池途径,并按第14条对所回收的电池加以利用,但上述销售者和处理机构不负有将废电池交给生产者的义务。对于工业电池,有关的生产者、销售者、处理者、最终使用者可作出不同约定。只要车用和工业废电池被销售者、第12条的处理机构、公法上的清运人、商业的(垃圾)清运人按照第14条利用,生产者由于第5条所负的回收义务视为已被履行。

3. 销售者的回收义务

第9、10条规定,任何销售者有义务在其营业场所及附近无偿接收最终使用者的废电池,该义务不包括电器或车辆中内置的电池。回收义务限于销售者所销售的电池种类和最终使用者通常抛弃的数量。寄送零售业的营业场所是寄出地。销售者有义务将所回收的家用电池备共同回收系统领取或者通过至少每年一次的专门声明而备生产者自有回收系统领取。只要销售者未利用生产者根据该法第8条提供的途径而自己或交由第三人利用废工业和车用电池,销售者应确保满足第14条的要求。如果销售者将废工业或车用电池以利用为目标交付商业清运人或公法上的清运人,视为销售者满足了第14条的要求。向最终使用者交付车用电池时,销售者有义务对每个电池收取7.5欧元的押金,押金在交还旧的车用电池时退还。销售者可以在收取押金时发放一个标志并让押金退还取决于交还该标志。如果内置于车辆中的车用电池被交付最终使用者,则押金义务取消。

4. 最终使用者的义务

废电池的占有人应当将废电池置于与其他未分类的垃圾相分离的容器中。内置于其他产品中的电池则按照《电子仪器法》和《旧车法规命令》的规定处理。废家用电池仅仅通过联通共同回收系统或某个生产者自有回收系统收集。最终使用者如果是经营性的或其他的经济企业或公共机构,可以就其处的废家用电池与前述两类系统作出回收种类和地点的不同约定。废车用电池仅仅通过销售者、公法上的清运人和第 12 条的处理机构收集。最终使用者如果是经营性的或其他经济企业或公共机构,也可将其处的废车用电池直接交生产者或废电池的职业清运人。废工业电池仅仅通过销售者、第 12 条的处理机构和废电池的职业清运人收集,只要没有根据第 8 条作出不同约定;第 14 条的要求应确保满足。

5. 第三人的义务

第 12 至 13 条规定:废电器的处理机构、旧车处理机构有义务将处理过程产生的废家用电池备共同回收系统领取或者通过至少每年一次的专门声明交由生产者自有回收系统领取。上述机构自己或交由第三人利用处理过程产生的废工业和车用电池,应确保满足第 14 条的要求。如果上述机构将废工业或车用电池以利用为目标交商业清运人或公法上的清运人,则视为满足了第 14 条的要求。只要公法上的清运人参与废家用电池的收集,所收集的电池应备共同回收系统领取或者通过至少每年一次的专门声明交生产者自有回收系统领取。只要公法上的清运人参与收集废车用电池,它有义务根据第 14 条处理所收集的电池。

6. 利用与清除

按照前文多次提到的第 14 条,在技术上可能和经济上合理的范围内,所有被收集和可辨别的废电池应当根据技术状况加以处理并利用其材料。于此要满足:(1) 除去所有液体和酸性物质。(2) 处理和储存(包括暂时的储存)只能在具有不可渗漏的底面和防风雨顶盖的地点或在合适的容器中进行。(3) 至迟到 2011 年 9 月 26 日,利用方式必须达到对废铅酸电池中铅原料的利用达到 65%,对废镍镉电池中镉原料的利用达到 75%,对其他电池原料的利用达到 50%。可以辨别但处理和利用技术上不可能或经济上不合理的废电池、不可辨认的废电池、合规处理和利用的废电池的残渣,应当以符合公共利益的方式按照技术状况清除。禁止以燃烧或堆放的方式处理废车用和工业电池,但其合规处理得到的残渣除外。如果运输符合欧盟法有关规定,处理和利用可以在国外进行。将废电池运到欧盟之外,只有在有可信证据表明利用符合本法要求方被考虑。

与此同时,第 15 条则要求:共同回收系统、生产者自有回收系统每年于 4 月 30 日之前向联邦环保部门(生产者自有回收系统还要向许可机关)报告,(1) 其成员在上一年度在国内投入流通和剩余的(按照类型分类的)家用电池量;(2) 在上一年度回收的(按照类型分类的)废家用电池量;(3) 在上一年度从材料上加以利用的(按照类型分类的)废家用电池量(出口并在国外利用的废家用电池要特别说明);(4) 达到的回收率;(5) 达到的利用率(即同一年度材料被利用的废电池数和回收电池数之比);(6) 利用与清除在质上和量上的结果;(7) 回收、分类、利用和清除的全部(按照电池类型分类的)费用。应环保部门的要求,该报告以通过独立专家检验和证实的形式提交。该报告(除费用项)在提交 1 个月内在回收系统的网站公布。车用和工业电池的销售者要就废车用和工业电池的收集、回收、利用向联邦环保部门报告前述(2)(3)(5)(6)项的内容,采取同样的形式并负同样的公布义务。车用和工业电池的生产者可以为多个销售者提交一个共同报告。联邦环保部门可以在联邦公报上公布对上述报告形式和结构的建议。

(二) 电池的标志与提示义务

第 17、18 条规定:生产者有义务在初次投入流通之前在电池上做不能扔入一般垃圾的标示。该标志必须至少占电池或销售包装的表面最大面积的 3%(对圆筒性物体只需至少占表面最大面积的 1.5%),但最多 5 公分长、5 公分宽。对汞含量超过 0.0005%电池重量、镉含量超过 0.002%电池重量、铅含量超过 0.004%电池重量的电池,生产者有义务在初次投入流通之前,分别以金属符号(Hg,Cd,Pb)标示,任何符号必须至少占前述 3%或 1.5%面积的四分之一。如果标志或符号的长度和宽度都小于 0.5 厘米或者技术上不能在电池上标示,可以不使用标志或符号,但是标志或符号必须至少在包装上占 1 厘米长、1 厘米宽的面积。标志和符号必须明显、清楚、持久。对车用和工业电池,生产者还负义务在初次投入流通之前,明显、清楚、持久地标示其容量。

只要和上述标志、符号相容，允许另外自愿地做其他标示。

销售者应当通过在顾客通道的直接视野内张贴明显、清楚的文字或图画，提示顾客：(1) 电池在使用后可以无偿交还到营业场所；(2) 最终使用者负有交还的法律义务；(3) 第 17 条中的标志和符号有何种意义。以寄送方式将电池交付最终使用者的，应在其使用的说明材料中或通过附加说明做相应提示。生产者有义务告知最终使用者上述(1)(2)(3)的信息、电池中的物质对环境及人类健康的可能影响、分类收集和利用电池对环境和健康的意义。如果共同回收系统实施了宣传上述信息的活动，未加入该系统的家用电池生产者有义务按照其市场份额分担活动的成本，此时视其为履行了生产者的提示义务，该信息宣传活动应对市场竞争保持中立。

(三) 其他规定

依该法负义务者可委托第三人履行其义务。委托不影响委托人的责任，受托人必须拥有必要的可靠性。受托人也可以是共同回收系统。联邦环保部可对该法的某些地方通过法规命令做细化或例外规定。环保部门还可以对共同回收系统发布必要的命令，以确保其持续遵守第 6 条的规定和第 14 条对利用的要求。而且，为实施该法，环保部门有权采取《联邦循环经济法》第 47—62 条中规定的监控措施并限制当事人住宅不可侵犯的宪法权利。另外，对故意或过失违反该法义务的各种行为，该法分别处以 1 万至 10 万欧元的罚金。

总结而言，德国电池立法的特点，一是法律层级高，显示立法者对电池可能造成的环境损害的重视。二是立法完备详尽，包括了家用、车用、工业等不同类型的电池，覆盖电池生产、销售、使用、回收、利用和清除的全过程，清晰界定了相关各行业、各方当事人的具体义务。如第 4 条明确列举的登记事项，第 7 条对生产者自有回收系统回收率提出的精确数率要求，第 10 条规定销售车用电池要收取押金的数额，第 14 条中对储存、处理、利用废电池的具体要求，第 15 条规定的回收系统提交报告的内容，第 17、18 条规定的标示方式、大小、内容等等，对寄送销售也也做了专门规定。三是立法围绕的重心是尽可能回收、利用废电池，追求变废为宝，降低对环境的危害，只有在不能利用时方可清除，明确规定清除只限于技术上不可能或经济上不合理利用的废电池、不可辨认的废电池以及合规处理和利用的废电池的残渣。四是立法的重点是对电池的生产者、销售者课予严格的市场准入门槛、回收义务、通报信息义务和产品标示义务,同时设置了共同回收系统、生产者自有回收系统、销售者、废旧电器和车辆的处理机构、职业电池清运人、公法上的垃圾清运人、商业垃圾清运人等多元主体的回收渠道,从而能够使废电池的回收遍及整个社会。五是立法努力调动义务人积极配合,比如赋予生产者选择加入共同回收系统还是经许可自设回收系统的选择权、将销售者的回收义务限于销售者所销售的电池种类和最终使用者通常抛弃的数量;再如立法虽没有对未将废电池与其他垃圾分类的最终使用人处以罚款,但要求生产者、销售者应积极宣传回收电池的意义,促使最终使用人履行分类义务。

在较为完善的法制基础之上,德国于1998年就建立了共同回收系统(GRS-Batterie)。浏览该组织的网站可以看到,至2014年,共有超过3000家电池生产商、销售商加入该系统,它们在2014年共将34109吨家用电池投入流通。而共同回收系统在2014年通过约17万个回收点,共回收了15017吨废电池,其中14764吨废电池被再利用。

三、与中国法的比较所带来的启示

可见,完备的立法可以有效减少废电池对环境的污染,并有力推动资源的再生利用。他山之石,可以攻玉。在当前我国环境风险累积、环境问题频发的形势下,应当借鉴有益经验,完善有关立法,加强对废电池的收集和再利用。下面将参考德国相应立法,讨论作为我国废电池回收立法的前述《政策》中亟待完善的方面。

(一)重金属含量的规范

德国法禁止汞含量大于0.0005%电池重量之电池的生产,而《政策》将电池的汞含量限制到低于0.0001%,值得肯定。与此同时,《政策》要求逐步减少糊式电池、镉镍电池的生产和销售量,最终实现淘汰糊式电池和(在民用市场淘汰)镉镍电池,也有助于环保。《政策》中提出:依托技术进步,通过制定有关电池中镉、铅的最高含量的标准,限制镉、铅等有害元素在有关电池中的使用。《政策》意在授权制定相应标准,但却迟迟未见相应标准出台。因而,我国立法应当效仿德国,一步到位,明定电池中各类重金属含量限制的标准和超标电池的淘汰时间,防止发生立法由于缺乏配套规范不能被执行的窘境。

(二) 回收废电池的范围

《政策》将废电池的收集重点放在镉镍电池、氢镍电池、锂离子电池、铅酸电池等废弃的充电电池和氧化银等废弃的扣式一次电池,却将废一次电池排除在收集范围之外。相比德国立法将各类家用电池、车用电池和工业电池全部纳入回收范围,该政策所规定的回收范围略显狭窄。如果说在2003年制定该政策时尚可以缺乏有效的技术经济条件为由,那么在十多年后的今天,为了防止电池污染环境,并促进资源再生,理应通过修法建立适当的回收机制,将各类电池(用于军事设施和武器装备的除外)都纳入回收利用的渠道。

(三) 废电池回收义务的规范

《政策》中对回收废电池所作的规定是:承担回收废电池责任的主体是电池的制造商、进口商;使用电池产品的制造商;委托其他电池制造商生产使用自己所拥有商标的电池的商家。各主体应按照自己商品的销售渠道指导、组织建立废电池的回收系统,或者委托有关的回收系统有效回收。电池和使用电池的电器销售商应当在其销售处设立废电池的分类回收设施予以回收,并按照有关标准设立明显的标识。鼓励消费者将废电池送到电池或电器销售商店相应的废电池回收设施中。废电池的收集包装应当使用专用的具有相应分类标识的收集装置。通过宣传和普及废电池污染防治知识,提高公众环境意识,促进公众对废电池管理及其可能造成的环境危害有正确了解,实现对废电池科学、合理、有效的管理。

上述规范过于笼统,不能落实法律责任,难以督促各回收义务人切实履行义务。借鉴德国法,可在以下几方面完善:

1. 生产者

由于德国电池回收制度比较成熟,也能够有效监控生产者履行回收义务,因而它允许生产者在共同回收系统和自有回收系统之间选择。反观我国,电池回收法制远未完善,生产者回收废电池的法律意识尚待强化，环保部门职责庞杂，难以有效监控生产者自有的回收系统。因而，比较现实的是立法明确在一定期限之前由中国电池工业协会协调建立一个共同回收系统，并强制所有生产者加入该系统。为使回收工作有效展开，回收系统必须由行政法严格监管。首先，系统有权获知加入系统的各生产者投入流通、回收、利用、清除的电池数，以及利用和清除废电池的结果。其次，系统应以同等条件并通过网络化的回收点，从生产者、销售者、其他回收主体处无偿取走电池。再次，系统应当至少每年公布其回收、运输、分类废电池的数量和结果，并按照各生产者投入流通电池数量的比例分摊系统的成本。最后，仿照德国《电池法》第15条，系统应每年向环保部门全面报告其工作情况，并通过网站向全社会公布。

2. 销售者

《政策》中已经明定了销售者的回收义务。同时宜规定销售者应将收集的废家用电池备共同回收系统取走或者交给具有法定资质的专门处理机构。对于工业电池、车用电池，由于其含有更多致污染物质，也更有回收利用的价值，应当仿效德国《电池法》第10条，要求销售者收取押金。

3. 消费者

立法应规定消费者负有将废电池投入回收设施的义务。德国法上对生产者、销售者、其他回收义务人违反法定义务的行为都课以罚金，相比之下，法律虽然规定了最终使用者有义务将废电池投入专门回收设施，但未对违反义务的行为施以罚金。规定为法律义务有助于消费者积极配合，只不过推动消费者履行义务的不是强制性的处罚，而是具体、有效的行政指导措施。

行政指导虽然依赖于相对人的自愿配合，但是作为一种耗费国家资源的活动，指导也要追求努力实现行政目的。对于效果不彰的行政指导，必须重新认识并摆正行政指导目的和手段的位置，要确立重结果的新型指导理念，以有效实现行政目的作为立足点，通过改善指导的手段和方法来为有效实现目的服务，而不是因突出指导手段方法的非强制性而放松对达成目的的要求。如为了促使公民节能减排，可以借助特定的危险样本、鲜活事例、让公民直接体验、告诫法律将要设置的责任、公布负面典型形成声誉上的压力、对反面的消费行为施加经济负担、建立各种节能组织、反馈公民节能减排的集合效果、示范各种节能减排的方法，乃至弘扬低碳美德等方式，促进节能减排目的的实现。[①]如同对于低碳减排一样，对于鼓励消费者配合回收、提高公众环保意识，《政策》不应停留在过于笼统的规定上，应当不仅规定生产者、销售者类似德国《电池法》第17、18条所规定的标示义务，更应当要求政府环保部门采取上述各种具体的指导措施，通过量化的废电池回收率对环保部门的指导效果加以考核。

4. 其他主体的回收义务

为了实现无遗漏地回收废电池，立法除了对生产者、销售者、消费者回收义务的设置外，还需要考虑到垃圾清运组织、废电器和废车处理机构、废电池的专门回收机构等可能占有废电池的组织。他们应被赋予将废电池交付共同回收系统或者具有法定资质的专门处理机构的义务。由此就可与《固体废物污染环境防治法》第37条所规定的“拆解、利用、处置废弃电器产品和废弃机动车船，应当遵守有关法律、法规的规定，采取措施，防止污染环境”相互衔接。

（四）废电池回收后的处理

回收废电池本身不是目的，而是为了利用其原料并防止污染。相比德国《电池法》第14条对废电池贮存的规定，《政策》中含有对废电池的运输、贮存更为详尽的规范。同时，《政策》规定：回收后的批量废电池应当分类送到具有相应资质的工厂（设施），进行资源再生或无害化处理处置。此外，对废电池再生资源工厂，《政策》从技术、许可、选址、处理效率、处理方式、处理设施、作业环境、污水废物等方面作了详尽的规定，甚至比德国相应规范更为完备。而且，对于尚无有效经济技术手段处理的废电池，《政策》规定宜分类填埋和贮存，以便将来再生利用。这点也相比德国法将不能合理利用的废电池加以清除的规则，更符合尽可能再生利用废电池的追求。《政策》还专门规定了对废铅酸电池必须回收利用，并规定了相应的处置方式和回收企业，也堪称完备。同时，我国还存在对废电池再生利用工厂的法定优惠措施——《清洁生产促进法》第33条规定：依法利用废物和从废物中回收原料生产产品的，

① 方世荣、谭冰霖：《论促进公民低碳行动的行政指导》，载《法学》2014年第2期。

按照国家规定享受税收优惠;《关于限制电池产品汞含量的规定》第 9 条也要求对废弃电池处理加工单位,从政策、资金上给予倾斜和支持,并享受国家资源综合利用优惠政策。不过此处仍有可借鉴德国法之处:对于不可辨认的废电池、合规处理和利用的废电池的残渣,《政策》应规定以何种适当方式加以清除。

(五) 法律责任

与德国《电池法》以及我国多数立法不同,《政策》并未对违反义务的行为设置行政处罚的法律责任。为了能够有效地实现避免废电池污染环境的立法目的,立法应对违法生产超标电池、拒不回收或不按规定回收废电池、违规处理废电池等违法行为,视其情节轻重,设置警告、罚款、没收违法所得和非法财物、责令停产停业、暂扣或吊销许可证或执照等处罚。因而,《政策》等相关立法的层级需要至少提高到行政法规的层级。通过行政法规来规范电池的回收和利用,防范它对环境的风险,也能彰显立法者对治理电池污染的重视,促进全社会积极依法正确处理电池。

四、结　　论

上面所做的比较法工作绝非为了照搬德国法规范,更不是以德国法之成就,否定我国环保部门的工作努力和成绩。相比德国法制发展更为悠久的历史,我国环保法取得的进步已经很大。但是,环保法制上已有的成绩绝不是我们裹足不前的理由。《中共中央关于全面推进依法治国若干重大问题的决定》提出要用严格的法律制度保护生态环境,加快建立有效约束开发行为和促进绿色发展、循环发展、低碳发展的生态文明法律制度。为了能够更为有效地防控环境风险,建设美丽中国,实现中华民族永续发展,环保部门应当努力借鉴国外有益制度经验,对十多年前制定《政策》进行全面的修订,方能使废电池的回收与处理与时俱进,符合新的环保理念。

(责任编辑:王金华)

量刑程序模式省思

李章仙*

内容摘要 量刑程序的独立设置是为了规范刑事法官的自由裁量权，革除“估堆式”刑罚裁量的司法惯性。在程序模式选择的问题上，理论研究呈现了“隔离式”“混合式”“绝对独立”和“模式微调”四种不同的路径主张。这种认识层面的模糊直接导致制度实践中出现了量刑证据匮乏、量刑建议僭越法官审判权、量刑辩护疲软无力的弊端。改革量刑程序模式的关键在于厘清认识上的误区，将量刑程序本身的独立性这一应然存在与独立的量刑程序这一实然选择区别对待。

关键词 量刑 程序模式 独立性 分离

一、量刑程序模式探索

在刑事案件中，刑事责任的确定过程即为对被告人施以不利法律评价的过程。而这一过程包括两个基础性要素：一是罪的确定性，二是刑的确定性。两项因素的一一对应关系即为罪刑关系。现代法治理念要求罪刑关系应具有均衡性，即对司法个案的处理要做到“罪”与“刑”相适应。倘若在同类案件中出现同罪不同罚现象的话，就会打破这种应有的均衡。多年来，由于我国《刑法》中所规定的刑罚幅度过宽，裁判者在长期的裁判实践中已养成了借由发挥自由裁量权以进行“估堆式”

---

* 中国政法大学刑事司法学院诉讼法学专业博士研究生。

量刑的司法惯性，重罪轻刑之势，“积重难返”。[①] 针对此，围绕着如何规范刑事法官自由裁量权，我国部分地方法院早从2003年起便率先开始了量刑规范化改革的探索历程。[②] 在关注地方实践经验的基础上，最高人民法院从2007年起便将量刑的规范化作为加强刑事审判工作的重要环节，并在其一系列规范性文件中频频涉及。[③] 2010年9月13日，“两高三部”印发了《关于规范量刑程序若干问题的意见(试行)》。[④] 伴随这一过程，学界以量刑程序独立性为中心展开了大讨论，各代表性国家的量刑程序模式被广泛引入著述之中。

相比刑事实体法层面的量刑规范研究，量刑程序的理论基础颇有“先天不足”的特点。

因为刑法领域对定罪与量刑问题的探讨从来都是各分天下，前者常表现为犯罪构成要件理论、违法性阻却事由、犯罪形态等方面的论

---

① 曾经轰动一时的“许霆案”便是这一现象的代表性案件，一审判处无期徒刑和再审五年有期徒刑的反差引发了公众对量刑是否适当的大讨论。再如，即使同样是在交通肇事案件中，海南盛进案造成两死两伤，北京张建案造成一人死亡，但前者被判处有期徒刑三年，缓刑三年，后者则被判处有期徒刑三年零六个月，参见《法意周刊》2006年9月13日第144期。此外，同一般犯罪相比，职务犯罪案件中刑罚的轻缓化也颇为大众所诟病。具体论述可参见熊秋红：《中国量刑改革：理论、规范与经验》，载《法学家》2011年第5期。

② 其中，具有代表性的量刑改革试验地方包括2003年江苏省姜堰市人民法院，2005年浙江省桐乡市人民法院，2006年山东省淄博市淄川区人民法院和江西省南康市人民法院等。

③ 2007年9月13日，最高人民法院下发《关于进一步加强刑事审判工作的决定》，要求各地法院尽快制定死刑案件和其他刑事案件的量刑指导意见，建立和完善相对独立的量刑程序，严格控制和慎重适用死刑。2008年8月6日，最高人民法院下发《人民法院量刑程序指导意见(试行)》，将量刑纳入法庭审理程序，具体规定定罪事实的调查与量刑事实的调查、定罪问题的辩论与量刑问题的辩论相对分离，以及控辩双方就此进行对抗性调查与质证的庭审程序。随后，最高人民法院确定了两个中级法院和七个基层法院作为量刑程序改革试点法院。2008年10月26日，最高人民法院王胜俊院长在向第十一届全国人大常委会所作的《关于加强刑事审判工作维护司法公正情况的报告》中明确指出“总结量刑规范化试点经验，加快出台量刑指导性意见，依法规范刑罚自由裁量权的正确行使，防止重罪轻判、轻罪重判，维护法制统一”。2008年12月28日，中央政法委在《关于深化司法体制和工作机制改革若干问题的意见》中，将“规范自由裁量权，将量刑纳入法庭审理程序”列为未来我国司法改革的一项重要任务。对此，最高人民法院迅速落实。2009年3月17日，最高法院出台的《人民法院第三个五年改革纲要(2009—2013)》指出，应规范自由裁量权，将量刑纳入法庭审理程序，研究制定《人民法院量刑程序指导意见》。应最高人民法院要求，从2009年6月1日起，全国法院系统正式展开量刑规范化试点工作。

④ 该文件由最高人民法院、最高人民检察院、公安部、国家安全部和司法部联合印发，下文简称《量刑程序意见》。

题，后者则着眼于评定个罪中具体量刑情节的刑罚幅度。定罪与量刑可谓二足并立，无一偏废。相反，在我国刑事程序领域，定罪与量刑却表现出浓厚的"一元化"特征，审判中历来并不区分定罪程序与量刑程序的传统，两个阶段的职能混乱造成量刑程序的独立与分离不能得到足够重视。庭上本应对量刑情节进行的公开、透明审理，被裁判者在庭后进行的秘密式裁量所代替。定罪与量刑程序合二为一，量刑程序沦为法庭审判的附庸，其研究也受到偏废。

因此，在量刑程序理论研究中不可避开并且首先要解决的问题是：量刑程序是否有必要独立？若有必要，其独立性的界限在哪里？换句话说，刑事量刑程序的设置应当采用何种模式？

二、模式选择观点爬梳

经过文献梳理，目前在量刑程序与定罪活动关系的分配问题上，理论研究与实务操作主要出现了四种特征鲜明的主张：

（一）多数学者所赞同的"定罪与量刑分离模式"

该模式也可称作隔离式量刑模式，即刑事庭审应将定罪与量刑完全区分为两个不同的法律问题，并设置不同的审理阶段分别予以处理。其典型代表为陈卫东教授主持的安徽省芜湖市"隔离式"量刑程序改革。在该试点改革出台的十八条指导意见中，量刑程序的进行得到细化设计。[①] 此种模式框架下，对于被告人认罪的案件，由于定罪问题的繁琐调查已无实际意义，法庭审理便可直接转入对量刑情节的法庭调查与法庭辩论。同时要严格区分定罪事实和量刑事实，前一阶段的定罪审理中不允许涉及对被告人有关量刑问题的讨论。

此外，在陈瑞华教授所著《量刑程序中的理论问题》一书中，通过对量刑程序理论问题的全面研究，也主张在刑事案件审理，特别是被告人

① 即《芜湖市人民法院、人民检察院关于公诉案件量刑程序指导意见（试行）》，该意见系中国人民大学诉讼制度与司法改革研究中心在安徽省芜湖市两级法院进行量刑程序试点改革所形成的实务操作意见，涵盖了定罪事实与量刑事实的区分、认罪案件的量刑程序、不认罪案件的量刑程序，量刑的证据规则、证明责任、证明标准等程序操作规范。具体可参见陈卫东主编：《量刑程序改革理论研究》，中国法制出版社 2011 年版，第 95—120 页。

不认罪案件的庭审程序中将定罪与量刑作绝对分离的程序设计。持此种观点的论者重在强调借由该种分离的程序设置化解被告方在无罪辩护与量刑辩护选择上的两难处境,为被害人的参与、社会调查报告的引入搭建平台,进而充分保障量刑问题上被告人的程序性权利。

(二)现行立法所确立的混合式量刑程序

该种模式也称作相对独立的量刑模式。按照现行《刑事诉讼法》第193条的规定,在审理过程中,法庭“对与定罪、量刑有关的事实、证据都应当进行调查、辩论”,明确提出量刑审理的必要性。最高人民法院《关于适用〈中华人民共和国刑事诉讼法〉的解释》第225条也强调法庭审理不仅要调查法定量刑情节,也要审理诸多酌定量刑情节。但法律并没有对定罪与量刑程序应如何具体安排进行明确规定。实践操作多按照《量刑程序意见》第9条进行,即不仅法庭调查阶段“应查明有关的量刑事实”,而且法庭辩论阶段,审判人员应“引导控辩双方先辩论定罪问题”,定罪辩论结束后,“控辩双方可以围绕量刑问题进行辩论”。

主张此观点的学者普遍认为,对于正当且开放的量刑程序而言,其独立性本身就具有正当性,因此将量刑程序与定罪程序相区分是合理且必要的。在这一点上,混合式量刑程序模式与隔离式量刑程序设计是一致的。所不同的是,在混合式量刑模式的框架下,法庭审理仍然以法庭调查和法庭辩论两大阶段为主轴。从整体上看,这种模式并没有打破原有法庭审理结构,不论是量刑调查还是量刑辩论都置于法庭原有的调查与辩论阶段之中,只是同两阶段原有框架相比,量刑审理与定罪审理已经有所区别。

持这种观点的学者不赞同将定罪与量刑程序截然分开,主要理由有三:其一,由于我国并未实行陪审团制度,案件中与被告人有关的所有罪、责问题一直以来都是合议庭统一进行审理,这区分于英美国家法官只解决刑罚适用的做法。其二,定罪与量刑的绝对分离需要以司法资源对案件分流的合理配置提供保障。客观真实的办案标准决定了即使是在被告人认罪的案件中,法官也会通过庭前仔细阅卷和庭上对案件关键事实与证据的调查来追求案件的客观真相。若贸然分离,诉讼期限延长、成本增加、羁押期限延长等负面效应便会接踵而至。其三,在我国惯习的办案机制下,合议庭常需要休庭合议,对案件进行进一步研究后才能作出最后的判决，当庭宣判的低宣判率就是最好的例证。如果简单将定罪与量刑程序割裂，则会造成依普通程序审理的案件面临至少两次以上的开庭审理，无疑会严重拉低诉讼效率。[①]

（三）绝对独立量刑程序模式主张

有少数论者认为，既然量刑活动与定罪活动不仅目的和任务不同，而且各自所遵循的诉讼原则、程序和证据规则等均有差别，那么为了达到罪责刑相适应的目的，就应当在所有案件中都建立起绝对独立的量刑程序，以此彻底实现量刑公正。在查清定罪事实，并且基于此作出的定罪裁判已生效的基础上，再开始量刑程序。[②]

赞同该主张的论者主要基于以下两点理由：(1) 只有将量刑程序完全从以往的法庭审理模式中分立出来，才能真正体现其独立价值。设置单独的量刑法庭，将会有效阻断与量刑无关的大量定罪信息在量刑阶段进入裁判者视野，控辩双方也能就定罪与量刑两个不同的审理活动做出不同的应对措施与参与方案。如此便可有效调动被告方参与量刑的积极性，让法官在接触充分量刑证据的基础上作出科学的量刑裁决。(2) 由于实践中被告人不认罪的比率很低，而且这部分案件属于重大复杂或者影响性案件，因此本身就会耗费一定的司法资源，因而在这类案件中进行定罪法庭与量刑法庭的分离设置，将不会引起诉讼负担的大幅度增加。尽可能多地搜集到与案件定罪问题联系不大但却事关量刑问题的法定或者酌定量刑情节，这必然会推动审判工作的专业分工，提高法官的专业化水平。

（四）少数学者主张量刑程序模式只需微调即可

以左卫民教授为代表的学者在一定范围的实证研究的基础上得出

---

① 对于支持混合式量刑模式的学者而言，在我国现阶段将定罪与量刑程序完全分离会面临着可行性的质疑。具体论述的展开可参见胡云腾、李玉萍：《构建我国量刑程序的几个问题》，载胡云腾主编：《中美量刑改革国际研讨会论文集》，中国法制出版社 2009 年版，第 101—104 页。

② 参见简乐伟：《被告人不认罪案件量刑程序的理想模式》，载《政法论坛》2009 年第 6 期。当然，该文中，作者也指出在被告人认罪案件中，法官可以在审核被告人自愿认罪，并且犯罪事实是其作为的基础上开始量刑。笔者认为这样的安排与隔离式量刑程序相比，在量刑程序的设计上独立性更强。

以下结论：目前量刑程序改革在方向上就出现了误区，即其重要性被不当夸大，规范量刑的改革重点应当放在实体法领域对刑罚结构的调整和量刑幅度等的确立上。与此相对应，量刑规范化改革应实体先行，程序则作为配合，不宜“大动干戈”，只宜在现行庭审架构下小改或微调。[①]

与前三种观点所不同的是，坚持此种主张的学者认为：通过量刑程序的大改来实现量刑规范化实有“越位”之嫌，不论是绝对分离、混合式还是相对独立的量刑程序模式的改革，都未注意到以实体改革为风向标，这是不对路的。就在定罪与量刑信息区分存在混淆这一点上，量刑程序模式改革就因贸然地对定罪与量刑程序进行人为割裂，不仅导致法庭调查和辩论出现混乱，还造成同一事实情节在单独的定罪审理和量刑程序中受到二次法律评价的现象。在如何进行量刑程序模式的改革问题上，这部分学者提出：改革只需将定罪与量刑设置在统一的法庭审理中，让二者略有区隔即可（应当说这一点与目前实务运行所呈现的“相对独立”量刑程序模式相契合）。并且这种尝试只能限于极少数案件，即被告人不认罪或控辩双方对定罪不存在争议，但对量刑问题产生重大分歧的案件。此外，在量刑问题的审理上，法庭审判不能搞对抗化，要保留量刑程序中法官的职权主义特征。

当然，还有一部分研究人员只是对中国量刑程序改革的路径和经验进行理论和实践的对比，从问题分析的角度看待这场程序的改革。这类文章注重的是观念的转变，并未对定罪和量刑程序模式应当进行如何设置作出明确答复。[②]

综上论点，不难发现，量刑程序改革虽已历经多年，但在基本的模式选择问题，即定罪与量刑程序关系设置上，不论是理论还是实务都未达成共识。单学术界的研究而言，在框架结构上就已见仁见智，更不用说具体的细节设计了。毋庸讳言，量刑程序改革正面临着一个非常吊诡的局面。在此，笔者并不妄判各主张孰是孰非，因为改革是一个摸索前进的过程，各家之言均有理有据。究竟哪种模式在我国目前的刑事

---

① 相关论述可参见左卫民：《中国量刑程序改革：误区与正道》，载《法学研究》2010 年第 4 期。

② 该类文章可参见熊秋红：《中国量刑改革：理论、规范与经验》，载《法学家》2011 年第 5 期；汪建成：《量刑程序改革中需要转变的几个观念》，载《政法论坛》2010 年第 2 期。

治理环境下更具有亲和力，目前可以说是未见分晓。但有一点可以肯定的是，不论是何种模式的改革，均各自存在着这样或那样的问题，因而我们有必要透过“眼花缭乱”的改革进程发现一些共同性的弊端。

三、模式实践弊害分析

（一）量刑信息的全面性问题

量刑信息的全面性指的是不仅要在程序中严格区分何为定罪事实，何为量刑事实，而且要尽可能多地让与量刑相关联的事实与证据出现在法庭上。凸显量刑程序重要性的一个很重要的措施，就是要让改革后法官所接触到的量刑证据多于以往。否则，如果证据还是和以前一样仅仅限于侦查搜集的案卷材料，那么，量刑程序独列就不免有只是“花架子”之嫌。在此方面，量刑程序改革的实务效果应该说是不尽如人意的。

首先，在定罪事实与量刑事实的区分上，由于两种事实本身在很多情况下就存在着混淆，再加上我国的刑事法官普遍缺乏区分的意识和能力，庭审对量刑事实的调查就出现了混乱。不可否认，与归案方式（是否为自首）、认罪态度、是否有立功表现以及被害人谅解等纯正的量刑情节相比，案件中许多有关的事实和情节兼具定罪和量刑两种意义。特别是在一些“情节加重型”和“特殊动机型”犯罪中，这样的情况出现得更普遍。[①] 虽然二者的区分从实用角度来讲，并不能给法官办案带来多少功用，且区分具有一定的复杂性与难度，但这并不能否认区分的必要性。

区分二者不但契合先定罪，后量刑，定罪与量刑应当有所差别这一既定的办案思路，更重要的是其能为不同证据规则的适用提供契机。笔者认为，与最高人民法院确立的相对独立的量刑程序模式中对二者的区分不到位相比，芜湖经验的相关规则中提供了操作性比较强的区

① 在某些刑事案件中，情节严重是定罪事实，但情节严重的程度就成了量刑事实。例如：《刑法》第261条关于遗弃罪的罪状表述为“对于年老、年幼、患病或者其他没有独立生活能力的人，负有扶养义务而拒绝扶养，情节恶劣的，处五年以下有期徒刑、拘役或者管制”。其中，“情节恶劣”是该罪的入罪条件，这显然是定罪事实。但在量刑程序中，情节恶劣也无疑可作为重要的量刑情节加以考量。

分方法。[①]

其次，借鉴许多国家已经实行的由中立第三方专门调查犯罪人的个人情况，向法官提供诸如家庭成长环境、个人经历、人际关系、前科劣迹等量刑情节的做法，我国不少地方也建立起了社会调查报告制度。2012年《刑事诉讼法》将这一制度在未成年人犯罪案件中的运用以法律的形式确定下来，但立法中并未将此在所有案件中进行模式化推广，因而各地做法十分混乱。[②] 社会调查报告对于法官来讲，其在量刑方面的参考价值是极为有限的。这样一来，与以往相比，法官除了通过阅卷接触量刑证据以外，通过其他途径获取的量刑信息是很有限的。再加上控辩双方所出示的量刑证据又多为阅卷所得，因此总体而言，改革后对量刑证据的法庭调查与辩论，因受量刑信息全面性的限制而无法发挥其应有功能。试想一下，如果案件中关于量刑情节的证据与改革前无异，那就意味着独立的量刑调查或是辩论所针对的对象仍局限于公安机关案卷材料中所记载的量刑证据。这也预示着裁判者对被告人最后刑罚幅度的裁量必然会通过庭前阅卷形成心证，只是对这部分量刑证据多了单独讨论这一道形式上的“工序”而已。

（二）检察机关“强势”的量刑建议

所谓量刑建议是指人民检察院在向人民法院提起公诉的过程中，就被起诉人在刑罚种类与幅度的界定问题上以书面或口头形式向人民法院所作的建议。应该说，将公诉权从定罪申请权利扩展到量刑之后，改革已经取得了一定的积极成果。

一来，检察机关在提起公诉时明确提出有关的量刑建议这一行为，本身就会极大地缩减法官在量刑问题上滥用其自由裁量权的空间。并且，量刑建议一旦得不到采纳或者法官最后的裁决与检察院的建议相去甚远的话，就很有可能引发抗诉程序，这无意中会“逼迫”法官更加谨慎地分析和对待检察官所提出的量刑建议。二来，对于控方已经抛出

---

① 按照《芜湖市人民法院、人民检察院关于公诉案件量刑程序指导意见（试行）》第四条的规定，定罪事实与量刑事实的区分因案而异，包括犯罪前的一贯表现和犯罪后的悔罪表现等量刑事实应当在量刑程序中处理。对于既属于定罪事实，又属于量刑事实的证据，一律在定罪阶段处理。对两种事实的区分存在争议的，由法官主持控辩双方进行协商，协商不成的，由法官作出最终决定。

② 参见杨飞雪：《刑事案件社会调查制度研究》，载《人民司法》2009年第2期。

的有形之剑，辩方就会更加有针对性地准备有关量刑的辩论，双方对其中所涉及的有关量刑理由就可以更加公开地进行质证。这对于被告方，尤其是辩护律师的量刑程序参与来讲无疑是具有积极意义的。这是量刑建议积极的一面。

但是，从控制裁判结果的角度来讲，实践中检察院多以量刑建议几乎接近百分之百的采纳率来论证其在量刑程序改革中的成果。首先，人民检察院在提出量刑建议的过程中，其所依据的量刑事实信息的全面性与准确性没有得到足够的重视。这些证据的来源仍依赖于侦查机关所移送的卷宗材料，公诉方量刑证据来源渠道没有得到实质性的拓宽。其次，由于辩护律师调查取证这一“老大难”问题的存在，正式庭审过程中，辩方的反驳论据也主要来源于庭前的证据开示。可以说，通常情况下，诉讼双方在量刑信息的占有量上没有太大差别。在这样的条件下，如果出现了检察机关量刑建议多数被法院采纳的情形的话，就意味着控辩双方对裁判者心证施加对等影响的局面没有出现，实际上控方的求刑权已在无形中僭越了法官的审判权。占有同等量刑证据的情况下，控方反倒占据了压倒性优势，这明显背离了改革的初衷。

此外，公诉机关提出的量刑建议，其具体、明确程度有待考察。在美国 1987 年颁布的量刑指南中，明确罗列了每一种罪名的基本等级和刑罚的具体刑量表。但从目前实体罪名的量刑指导规范来看，即使是像盗窃、抢劫、诈骗等常见罪名中，量刑情节与其对应的刑种划定幅度仍显笼统而粗疏，不够细致、全面。这又从另一个角度反映出检察机关在作出量刑建议时，其所依据的量刑证据（有关的量刑情节信息）是不充分的。在未较为充分地把握量刑证据的基础上，根据尚显粗糙的实体量刑规范所作出的量刑建议，其本身就将缺乏充分的正当性论证，同时也会因控辩的实质不对等而造成在量刑问题上检察机关“强势”的话语权压倒辩护方的现象得不到改观。

（三）量刑辩护的“短板”问题

关于量刑辩护所面临的问题，如上文所述，多数情况下，其所要接触的两类证据兼具双重性质，是没有办法绝对分清的。那在这样的情况下，难道坚持作无罪辩护的被告方可以因法庭审理与自己的辩护方向冲突而拒绝参加或临时退出审理吗？这显然是不可能的。再者，从辩护策略的角度来讲，即使辩护律师选择以无罪作为服务当事人的辩护方向，也不意味着律师可以对任何有关被告人的量刑事实或证据信息完全置之不理。也许论者会反问道，这难道不会无形中加重律师的负担吗？对此，答案也是否定的。从本质上来看，量刑辩护也是一种辩护活动，只是说这种辩护活动是围绕着有关量刑情节与证据展开的。因此，量刑辩护也需要发挥辩护的实质效果才能达到量刑程序的参与目的。但实际操作中律师的量刑辩护职能难以得到有效行使。

首先，我国刑事一审程序中辩护律师参与率极低。2012 年《刑事诉讼法》第 34 条增加了“尚未完全丧失辨认或者控制自己行为能力的精神病人”和“可能被判处无期徒刑”的犯罪嫌疑人、被告人两类主体作为法律援助对象，并且将“经济困难”因素纳入法律援助机构为申请人提供律师辩护的主要考量因素之一，可以说在涉及无期徒刑、死刑等严重犯罪案件中法律援助已基本覆盖。但在众多轻罪案件中律师介入仍存在很大缺口，若无律师协助，被告人也无法对庭审中出现的量刑证据发表有效质证意见。①

其次，即使是在有辩护律师出庭的案件中，其量刑辩护效果也没有得到质的提升。这又会涉及量刑的有效辩护问题。实际庭审中律师常以“鉴于被告人认罪态度良好”“考虑到被告人是初犯”等模板化的表达作为量刑辩护意见。特别是在法律援助案件中，量刑意见几乎是千篇一律。更有甚者，律师庭前不会见当事人，也不详细查阅卷宗笔录，庭上无论是定罪还是量刑意见均是照本宣科。如此一来，量刑辩护效果岂能明显？

再加上律师调查取证权没有得到相应的司法保障，辩方对有关量刑信息的调查取证无法充分展开。而许多有利于被告人的量刑信息，尤其是诸如被害人过错、认罪态度、成长经历及一贯表现等可以在一定程度上作为说服裁判者从轻处罚的证据，在控方收集证据和举证过程中往往会因其强烈的追诉倾向被有意或无意地忽视。参与率低、有效

---

① 案情越重，律师介入的必要性就越大，但轻罪案件中若无律师介入，也容易造成错判。例如：在目前有关信用卡诈骗罪的案件中，银行方通常提供催款的书面证据以证明被告人“经发卡银行两次催收后超过三个月仍不归还”这一“恶意透支”要件。在没有律师协助的情形下，被告人根本无法对这些书证发表有效质证意见，法庭上出现的事实经常都是一家之言，刑事被告人只能被动地“任人宰割”。遗憾的是，迄今为止，我国仍有 70%左右的刑事被告人无法获得律师的帮助。

性不够、量刑信息占有少，这几个综合因素就导致了在量刑辩护中，律师无法与公诉方进行有效抗衡，量刑辩护的程序参与也就落入了形式化的窠臼。

（四）量刑证据规则的缺失

我国传统的证据规则主要是针对限定法官定罪权而设置的，因此如果要将其原封不动地适用到量刑程序中是存在明显缺陷的。正如R. Peter Anderson法官在2008年“中美量刑改革国际研讨会”上所指出的那样，量刑与审判在目的上是有很大差别的，后者目的在于对罪与非罪的决定，而前者主要考虑的是犯罪对被害人和社会造成的损害。换句话说，定罪考虑的是过去，而量刑关注的是未来。① 与定罪活动相比，由于量刑程序中进入法官视野的信息量必须足够全面、具体，因此对于证据资格和证明标准的要求相较定罪来讲要有所降低。

遗憾的是，虽然在地方法院的试点规范中对该问题进行了一定程度的区分，但在《量刑程序指导意见》这一受众范围更广的规范性文件中对这一差别只字未提。这就造成了在实践中，对量刑程序中的证据规则往往是按照法官个人的理解运行。在证明责任的分担问题上，一般来说法检两家都赞成“谁主张，谁举证”的原理，认为不管是控方还是辩方，均要对己方提出的对己有利的量刑事实承担举证责任。而律师仍然倾向于控方在举证上的主导性，保持着较为消极保守的基调。

再来看对证明标准的主张，实证调查报告显示，多数的法官和检察官基于现行法律规定仍然倾向于在定罪和量刑程序中保持证明标准的一致性。只有少数法官会在审理案件的过程中适度降低有关量刑情节的证明标准。② 除此之外，对于涉及量刑的证据，实务中法官一般不会进行调查取证，只会在一些青少年犯罪案件或者特殊类型的案件中对个别的量刑情节进行查证、核实。而律师执业的高风险性也使得即使有新证据，辩护律师也很少会主动去调取，往往借助申请法院调取的方

① 参见〔美〕彼得·安德森：《量刑证据问题和量刑程序问题》，载胡云腾主编：《中美量刑改革国际研讨会论文集》，中国法制出版社2009年版，第36—37页。

② 详情可参照《量刑程序改革芜湖调研报告》，载陈卫东主编：《量刑程序改革理论研究》，中国法制出版社2011年版，第71—73页。

法解决。至于与量刑程序独立相匹配的特殊证据规则的设置,在实践中就显得更加凌乱。

不过,在定罪和量刑事实没有得到明确区分,量刑程序设置的独立性程度也没有解决的情况下,量刑证据规则这一对程序精密化要求更高的程序设置暂时不能实现也在情理之中。

四、模式设置误区论

在量刑程序的设置上,两大法系的典型国家可以说是有"天壤之别","两分式"与"一体化"差异明显。这与各国刑事治理环境是密不可分的。如果进一步对这种差异进行深度挖掘的话,不难得出这样的结论:两种量刑程序模式固然有别,但这种差异并不足以支撑我们对二者孰好孰坏妄下定论。换句话说,英美国家将定罪与量刑两个不同质的活动作两段式处理,实现了借力程序实现量刑规范的目标。但法德两国将二者"混沌",合二为一的程序设置,也并未导致其裁判者自由裁量权滥用直至失控的局面出现,总体上也符合现代法治对刑事司法公正化运行的要求。

那么我国量刑程序模式,是学习英美"双轨制"进行绝对独立的改造好,还是结合法德的有关程序设置,在保持现有审判框架不变的情形下作相对独立的调整好呢?笔者认为,生搬硬套地将域外某种做法"拿来"绝非明智之举。既然是程序方面的改革,在充分论证有关正当性与可行性的基础上,既要注重通盘的整体调度,又要"死抠"细节的程序要素。当然,鉴于自身短拙的理论研究水平,笔者在此尚无法针对目前我国量刑程序改革中存在的弊端提出一套可以与域外相媲美的较为合理的程序设计,只希冀厘清理论层面一个明显的认识误区。笔者的观点是:量刑程序的独立性并不等同于独立的量刑程序。

量刑程序独立与否首先是一个在审理中的理念性问题。也就是说不论是裁判者还是控辩双方,都要在观念上明确量刑与定罪是有区分的。有了这种"潜意识"的认识,才能在具体的诉讼行为中给量刑活动划分一定空间。对此,在近年来"大动干戈"的改革之后,不论是理论研究者还是亲历办案的实务人员都有了一定程度的认知。可以说,抛开具体的操作效果,司法人员,至少法官已经开始对量刑"另眼相看"。这也是改革所取得的初步成就和值得赞许的地方。

接着需要论证的是，既然在观念上已经承认其独立性，那么就该把这种独立性的设计付诸实际。但问题是，为了体现量刑程序的独立性，我们就应当构建一个专门的程序来处理量刑问题吗？在这一点上，笔者不大赞同有些学者提出的学习英美量刑听证程序，而将法庭审理彻底一掰为二的做法。① 以反驳为主线，理由如下：

第一，量刑程序的独立与否跟被告方所面临的辩护上的两难抉择没有直接联系。支持截然分离的论者认为：在被告方以无罪辩护为主导参与审判的过程中，若不将对量刑的审理完全割离的话，辩方将会“被迫”提出证明被告人罪轻的证据。这无疑是相互矛盾的。但笔者认为，无论量刑程序是否分离，只要在刑事案件中被告方选择作无罪辩护都会出现这样的“尴尬”。

值得注意的是，即使是在英美量刑听证程序中，法庭审理在定罪阶段也不可能完全不涉及有关量刑证据的提出。上文中也分析过，很多时候，这两类证据兼具双重性质，是没有办法绝对分清的。在这样的情况下，难道坚持作无罪辩护的被告方可以因审理与自己的辩护方向冲突而拒绝参加或临时退出法庭审理吗？这显然是不可能的。再者，从辩护策略的角度来讲，即使辩护律师选择以无罪作为服务当事人的辩护方向，也不意味着律师可以对任何有关被告人的量刑事实或证据信息完全置之不理。也许论者会反问道，那这样的话不就会无形中加重律师的负担吗？对此，答案也是否定的。在目前我国无罪判决率极低的情况下，即使是打算作无罪辩护的案件中，律师也通常会经由阅卷或查证的方式把握与被告人有关的量刑情节。这可以说是辩护律师执业的分内之事。更何况无罪的主张口说无凭，律师如果想充分证明这一点的话，很多对被告人有利的量刑事实也必须包含在其提出的证据范围内。

第二，截然分离的量刑程序设置未必能够有效防止法官滥用其量刑裁量权。首先必须承认的是，纵然有法官滥用自由裁量权的现象存

① 即将量刑与定罪程序完全分离，先进行定罪程序，在确定被告人有罪后再启动量刑程序。也就是本文第二部分中所列举的“定罪与量刑分离模式”。参见陈卫东：《量刑程序改革的一个瓶颈问题》，载《法制资讯》2009 年第 5 期；陈瑞华：《定罪与量刑的程序分离》，载《法学》2008 年第 6 期；陈瑞华：《论量刑程序的独立性》，载《中国法学》2009 年第 1 期。

在，但对这一权力的限制应当是慎重的，不能是盲目的，无底线的。毕竟，自由裁量权一直是法官的职业荣耀之所在，因为它通过个案凸显出一名法官的个人修养、价值观念等极具个性的东西。美国在刑事指南方面所探索的效力变化的历史应该给我们提供参考。不强求法官接受指南效力，不强制指南的法律适用更可能引起多数法官的关注与参考。因为它是建立在对法官这个职业自身在办理案件灵活运用这一"天然"权利尊重的基础上，通过对法官量刑处理的引导来产生规制效用的，绝非将法官的个性思维死死地硬塞进铁笼似的框架结构之中。在这一点上，我国部分实体法学者所探索的电脑量刑，注定会因过度的僵化而无法扩展其适用空间。

另外，在目前的司法状况下，自由裁量的艺术在裁判者手中已经在何种境地下被毫无顾忌地使用？个案的量刑不公究竟多少是因法官个人的原因造成的？这些问题尚无比较确切的研究数据作为支撑。在此背景下，如果盲目地为规范裁量权开出"量刑程序分离"这一改革药方的话，难免把握不准方向。

加之，如果真如部分论者所"鼓吹"的那样，只有建立起绝对独立的量刑程序才能有效规制自由裁量权的话，那么在实行"一体化"审理的大陆法系国家莫非裁量权的行使已滥用成灾？因此，这两者间是没有必然因果联系的。正如我们不能在庭前全案移送案卷材料与法官产生不利被告预断之间划上等号。

第三，即使是法庭审理为量刑程序另辟"一片天地"，也不见得会对辩护权的充分行使产生多大的积极影响。诚然，单列程序专门处理量刑问题的确方便被告方，特别是辩护人将与被告人有关的量刑情节集中处置。这样一来，就可使得被告方在定罪审理中集中精力"破坏"控辩所建立起来的有罪证据体系。但是有一点我们不能忽视的是，如果辩护方手中不能因改革而掌握同以往相比更多的、更有价值的量刑证据的话，那么即使设置独立的程序也注定不会为律师的辩护带来便利。这一点其实很好理解，换一种方式表达就是，在控辩双方乃至整个法庭所占有的量刑证据没有变化（增加）的情况下，仅仅通过量刑程序独立或是不独立这一形式上的变化都有将费心建立起来的量刑程序染上"走过场"这一旧习气的风险。

也即，强调量刑程序或者说量刑活动本身相较定罪活动而言具有独立性，并不意味着我们就应当对量刑进行与定罪“隔离”的程序设置。并且，从目前《刑事诉讼法》条文的规定来看，至少在立法层面，法律选择了相对独立的量刑程序模式。第193条虽然明确了对量刑的事实应当进行“调查、辩论”，从立法上对量刑程序的相对独立化设置提供了立法依据，但根据立法者的解释，“本款规定仅强调了”对与定罪、量刑有关的事实、证据都应当进行调查、辩论，并非为量刑设置专门程序。[①]

此外，只要对与我国诉讼制度更为接近的法国、德国以及采用混合式诉讼模式的日本、意大利等国的司法改革历程进行分析，就可以看到对该问题的争论从20世纪70年代就已开始，但这些国家至今仍没有将定罪与量刑程序完全分离。[②] 同样，在我国的近邻——韩国，公诉程序二分的必要性曾受高度关注并于1992年2月制定了具体的程序方案。但是，“几乎所有的法院反对进行区分量刑审理程序的方案”，使得该方案最终被放弃。[③] 同英美国家的模式借鉴相比，上述国家“已经走

① 根据立法释义，法律并未采取定罪和量刑程序分开，分别进行调查、辩论做法的原因在于：“实践中案件的情况比较复杂，很多犯罪情节既是定罪情节，也是量刑情节，难以分开，刻意分开会影响诉讼效率，增加当事人、辩护人的诉讼负担，既不科学，也不符合我国审判制度”。参见郎胜主编：《中华人民共和国刑事诉讼法修改与适用》，新华出版社2012年版，第346页。

② 20世纪70年代时，有关的理论和试点研究在这些国家也曾引起了很大效应，与目前的中国颇有相似之意味。但是分离的主张在其间以及随后进行的刑诉法修改时都没有被采纳。未采纳的原因大多都是基于实务部门的反对。如1985年德国曾将“公判二分制”写进刑事诉讼法草案，但是该方案最终没有通过。另外，1993年1月法国刑诉法曾提出把定罪和量刑严格分开，但该规定因受到巨大压力而在同年8月被取消。参见卢永红：《国外刑事诉讼法通论》，中国人民公安大学出版社2004年版，第120页。转引自李玉萍：《人民法院量刑程序改革问题研究》，载陈卫东主编：《量刑程序改革理论研究》，中国法制出版社2011年版，第265页。

③ 1992年2月，韩国法院行政处举办了由实务与学界人士共同参与的讨论会。这次讨论会提出把量刑审理程序从制度方案中分离出来，单独制定有关程序的方案。具体来说，在公诉状接收的两周内、指定的公审日内被告人自白时，到下一个期限为止，被告人或律师提出量刑资料，法院也在自己量刑调查后第二次期限内对量刑进行充分的审理。与这相反，被告人的第一个期限里否认公诉事实时仅为了判断是否有罪进行证据调查。如果形成有罪的心态的话就进行与被告人自白时一样的量刑审理程序。与此相对应，因考虑到诉讼拖延，第一次公审被推迟到起诉后20日到30日以内。但该方案遭到实务部门的强烈反对。具体理由可参见河泰勋：《量刑的合理化方案》，载赵秉志主编：《中韩刑事制裁的新动向——第二届中韩刑法学术研讨会学术文集》，中国人民公安大学出版社2005年版，第28—29页。

过的路”无疑更具有参考价值。综合上述,我们可以得出如下结论:量刑活动本身的独立性并不等于法庭审理要突破现有的庭审模式,将其作为与定罪完全独立的程序设置。若现阶段贸然将定罪与量刑完全分离,这种分离也许终将走上“回头之路”。

(责任编辑:孙悦)

虚假诉讼罪的概念界定与司法适用

敖从庆*

内容摘要 虚假诉讼罪是指行为人以捏造的事实提起民事诉讼，妨害司法秩序或者严重侵害他人合法权益的犯罪。本文以两则案例为视角，通过进行相关概念辨析，并对“捏造的事实”“提起”和“民事诉讼”这些关键术语做出适当解释，对虚假诉讼罪的概念和特征有了更深入的把握；在此基础上，本文进一步探讨了虚假诉讼罪与妨害作证罪、帮助伪造证据罪以及诈骗罪的关系，对于该罪的司法适用具有一定的现实意义。

关键词 虚假诉讼罪 诉讼诈骗 妨害作证罪 帮助伪造证据罪 诈骗罪

在2010年就有学者认为我国已提前步入“诉讼社会”①。2014年《最高人民法院工作报告》②也表明诉讼手段正逐渐成为人们解决纠纷的重要方式，传统乡土社会中的“厌讼”“耻讼”等观念在现代法治社会将成为旧谈。然而，有阳光的地方就会有阴影，虚假诉讼等诉讼不诚信现象就是与诉讼普及化相伴而生的阴暗面。近十几年里，其数量日益

---

* 中国人民大学法学院刑法学博士研究生。

① 参见崔丽：《吉林省高级人民法院院长张文显：我国已提前进入“诉讼社会”》，载《中国青年报》2010年11月12日。在该报道中，张文显分析：如果一个社会每年约有10%的人口涉诉，即可被认定为“诉讼社会”，而我国已经达到这一判断标准。近年来，我国各类诉讼案件及准诉讼案件以每年10.91%的速度迅速增加。

② 根据该报告，2013年，最高人民法院受理案件11016件，审结9716件，比2012年分别上升3.2%和1.6%；地方各级人民法院受理案件1421.7万件，审结、执结1294.7万件，同比分别上升7.4%和4.4%。

增多且明显呈现出不断蔓延之态势①,涉案金额和所致损失巨大。② 究其原因,除了诉讼普及和市场经济迅猛发展等大背景外,立法上对此缺乏明确规定,司法实践中对其采取的制裁措施不统一③,甚至存在同案不同判的现象④,就更使这些“野心家”们在衡量违法成本时多了几分侥幸心理。

为此,2015 年 8 月 29 日全国人大常委会通过的《中华人民共和国刑法修正案(九)》(以下简称《刑法修正案(九)》)增设了第 307 条之一,规定了虚假诉讼罪的基本罪状与量刑、单位犯罪、竞合处理以及共同犯罪方面的内容。然而,关于虚假诉讼的确切内涵、司法实践中具体罪名的适用等问题,却仍然存在疑问,亟待解决。本文拟从两则案例入手,探讨其中涉及的主要理论问题,并作适当引申,拟对虚假诉讼罪的基本概念和司法适用作出适当解读。

---

① 例如,据广东省高级人民法院调研显示,2001 年至 2009 年,广东法院共识别虚假诉讼案件 940 件;浙江省高级人民法院调研显示,大部分基层法院法官在日常办案中都曾接触过涉嫌虚假诉讼的案件。参见王晓雁:《究刑责重罚钱假诉无利可图》,载《法制日报》2014 年 3 月 11 日第 5 版。又如,李文岳等 13 位政协委员在全国“两会”上提交的《关于建议全国人大常委会尽快作出解释明确对诉讼诈骗按诈骗罪定罪的提案》中称,诉讼诈骗现象正在全国各地不断发生,并有日益蔓延的趋势。参见邓新建:《诉讼诈骗频发呈全国蔓延趋势》,载《法制日报》2009 年 3 月 9 日。

② 例如,湖北省赤壁市陈忠通过诉讼手段骗取百万余元。参见《湖北赤壁荒诞官司:诈骗犯赢了百万大官司》,载 http://news.163.com/2004w02/12465/2004w02_1077005272589.html,2016 年 2 月 26 日访问。又如,浙江省曾查处涉案金额达 6000 余万元的虚假诉讼案件。参见陈东升、马岳君:《九成基层法官曾遇虚假诉讼 浙江高院院长齐奇代表建议增设诉讼诈骗罪》,载《法制日报》2011 年 3 月 14 日。

③ 浙江省宁波市、玉环县和永康市三地的统计结果表明,对虚假诉讼现象不予制裁或采取民事诉讼规定的制裁措施进行制裁占很大比例,采取刑事制裁措施的则明显偏少。参见吴仁碧:《诉讼欺诈犯罪研究》,中国人民公安大学出版社 2012 年版,第 3 页。

④ 例如,广州越秀区法院判决的一起“妨害作证、伪造证据案”:李某伪造 5 份某公司向其借款的借款协议及相应证据,并指使刘某以李某的名义向人民法院提起民事诉讼,法院依其伪造的证据及刘某的假证言判处某公司归还借款及利息。后案发,李、刘二人分别被判处妨害作证罪与伪证罪。参见国家法官学院、中国人民大学法学院编:《中国审判案例要览(2008 年刑事审判案例卷)》,人民法院出版社、中国人民大学出版社 2009 年版,第 415—423 页。对比上海市金山区法院判决的一起“诈骗案”:王某在接受他人委托进行诉讼时,以要写相关的诉讼文化为由,先后欺骗 11 人签名,并利用这些签名伪造了多份虚假的借条,而后以这些借条为证据先后提起诉讼,要求归还欠款。后案发,王某被判处诈骗罪。参见王永亮、彭勇、邹莉:《情节严重的诉讼欺诈行为构成诈骗罪》,载《人民司法》2009 年第 4 期。

一、问题的提出

案例 1:2011 年 3 月,陈某甲在离婚诉讼中,为能多分共同财产,指使杜某以陈某甲为被告向法院提起民间借贷纠纷诉讼。杜某遂诉至法院要求陈某甲归还所欠借款人民币 127.5 万元及 250 万元,并出具了伪造的借条及相关银行转账记录。后在案件审理过程中,陈某甲、杜某均向法庭提供这两笔借贷关系真实存在的虚假证明及证言。一审法院认为,被告人陈某甲伙同他人,在民事诉讼中指使他人作伪证,其行为构成妨害作证罪,判处有期徒刑一年六个月;被告人杜某帮助当事人伪造证据,情节严重,其行为已构成帮助伪造证据罪,判处有期徒刑九个月,缓刑一年。后陈某甲提起上诉,二审法院裁定维持原判。[①]

案例 2:2012 年 3 月 21 日,买方龙某与卖方李某签订了标的额为 20 万元的房屋买卖合同。同月 24 日,龙某支付 10 万元,李某为其出具了一张 10 万元的收据。同年 5 月,李某将此房卖给第三人。同年 7 月,李某向龙某返还已收房款,但一直未索要此前出具给龙某的收据。2013 年 8 月,龙某凭此收据向法院提起民事诉讼,要求判决李某返还已付购房款 10 万元,并支付相应的利息、违约金,一、二审法院均支持了其诉讼请求。2015 年 8 月,李某至公安局报案致案发。后龙某因诈骗罪(未遂),被判处有期徒刑二年六个月,缓刑四年,并处罚金人民币 30000 元。[②]

上述两个案件存在以下不同之处:一是两案的主体关系不同,案例 1 中的双方当事人之间属相互串通,而案例 2 中双方确实存在对抗关系;二是两案被告人被判处的罪名不同。但两案中的被告人均有构成虚假诉讼的可能。抛开《刑法修正案(九)》时间效力的制约,上述案件中的被告人是否构成虚假诉讼罪,最终又应以何种罪名予以定罪处罚?当然,在解决这些司法适用问题之前,首先应当对虚假诉讼罪的基本内涵和特征有所认识。

---

① 参见(2014)杭西刑初字第 228 号刑事判决书、(2014)浙杭刑终字第 840 号刑事裁定书。

② 参见(2015)鄂房县刑初字第 00174 号刑事判决书。

二、虚假诉讼罪的基本概念和特征

根据《刑法》第 307 条之一第 1 款的规定:“以捏造的事实提起民事诉讼,妨害司法秩序或者严重侵害他人合法权益的,处三年以下有期徒刑、拘役或者管制,并处或者单处罚金;情节严重的,处三年以上七年以下有期徒刑,并处罚金。”然而,长期以来,在司法实务和理论中充斥着诸如“恶意诉讼”“虚假诉讼”“诉讼欺诈”“诉讼诈骗”等相类似的概念,虽然它们均可归类为诉讼不诚信行为,但其各自的含义、特征及相互关系,却是亟待厘清的,否则,即便立法有明文规定,对虚假诉讼罪的界定仍有可能失之偏颇。

(一)相关概念辨析

1. 虚假诉讼与恶意诉讼

有学者认为无论是进行诉讼欺诈、虚假诉讼还是诉讼诈骗,诉讼发起者均存在主观恶意,因此可以将恶意诉讼当作一般概念使用,进而根据被害人是否为被告,将各方当事人恶意串通的恶意诉讼称为虚假诉讼,将被害人是被告的恶意诉讼定义为狭义上的诉讼诈骗。① 也有学者认为,只要在诉讼过程中出现虚假的法律事实、权利义务关系、证据等,就是虚假诉讼。所以,诉讼欺诈、诉讼诈骗和恶意诉讼等情形在逻辑上均包含于虚假诉讼当中。②

关于恶意诉讼和虚假诉讼的定义,虽然学者们各有看法,但还是可以大致归纳出二者的不同特点:虚假诉讼中很多情况下是当事人之间恶意串通,为获取非法利益而提起民事诉讼。③ 当然也有少数学者并

---

① 参见卢建平、任江海:《虚假诉讼的定罪问题探究——以 2012 年〈民事诉讼法〉修正案为视角》,载《政治与法律》2012 年第 11 期。

② 参见赵震、曹克亮:《诉讼诈骗的行为性质研究》,载《中国刑事法杂志》2012 年第 8 期。

③ 参见周翔:《虚假诉讼定义辨析》,载《河北法学》2011 年第 6 期;卢建平、任江海:《虚假诉讼的定罪问题探究——以 2012 年〈民事诉讼法〉修正案为视角》,载《政治与法律》2012 年第 11 期;2008 年浙江省高级人民法院《关于在民事审判中防范和查处虚假诉讼案件的若干意见》;2010 年浙江省高级人民法院、浙江省人民检察院《关于办理虚假诉讼刑事案件具体适用法律的指导意见》。

未强调行为人恶意串通这一要素[①]，《刑法》对虚假诉讼罪的罪状描述也未明确限定。对于恶意诉讼，则多强调行为人肆意滥用诉讼权利、提起诉讼时并无合理根据和正当理由、侵害他人权利。[②]《美国侵权法重述》（第二次）[③]更将恶意诉讼作为侵权行为详加论述，且分为恶意刑事告发、恶意提起民事诉讼和其他的诉讼程序滥用这三类具体行为模式。综合上述特点归纳和比较发现，恶意诉讼与虚假诉讼相比，外延更广，表现形式更为多样。

2. 诉讼欺诈与诉讼诈骗

关于诉讼欺诈的特点，有观点认为它是诉讼当事人恶意串通所为[④]，也有很多观点并未设此限制[⑤]；有的学者在进行概念表述时将其限制在民事诉讼中[⑥]，但也有学者认为在审判程序（包括行政诉讼）、非审判程序甚至仲裁领域中均可能发生[⑦]；在行为目的方面，表现为谋取非法利益（财物、财产性利益及非财产性利益均包含在内）和侵害他人利益（造成财产和非财产损害）。

---

① 参见赵秉志、商浩文：《简论应将虚假诉讼行为独立入罪》，载《人民法院报》2014 年 8 月 13 日第 6 版。

② 参见黄龙：《“诉讼诈骗”批评》，载赵秉志主编：《刑法论丛》2010 年第 1 卷，法律出版社 2010 年版，第 184 页；于海生：《诉讼欺诈的侵权责任》，载《中国法学》2008 年第 5 期；杨立新：《中华人民共和国侵权责任草案建议稿及说明》，法律出版社 2007 年版，第 182 页。

③ 该文第七编第 29—31 章规定了恶意诉讼的三种模式，参见李响：《美国侵权法原理及案例研究》，中国政法大学出版社 2004 年版，第 23 页；《侵权法重述》条文参见徐爱国：《美国侵权行为法》，法律出版社 1999 年版，第 306—307 页。转引自：丁铧、吴道富、童明强等：《虚假民事诉讼的防范与规制》，中国法制出版社 2009 年版，第 31—32 页。

④ 参见陈桂明、李仕春：《诉讼欺诈及其法律控制》，载《法学研究》1998 年第 6 期；赵震、曹克亮：《诉讼诈骗的行为性质研究》，载《中国刑事法杂志》2012 年第 8 期；于海生：《诉讼欺诈的侵权责任》，载《中国法学》2008 年第 5 期；刘平立：《诉讼欺诈行为探析》，载《人民法院报》2002 年 2 月 25 日。

⑤ 参见王焰明：《试析诉讼欺诈行为之定性》，载《人民检察》2001 年第 8 期；李翔、黄京平：《论诉讼欺诈的可罚性及其立法完善》，载《云南大学学报（法学版）》2004 年第 6 期；刘明祥：《财产罪比较研究》，中国政法大学出版社 2001 年版，第 251 页；游涛：《诉讼欺诈之刑法规制》，载《法学杂志》2011 年第 1 期；吴仁碧：《诉讼欺诈犯罪研究》，中国人民公安大学出版社 2012 年版，第 27 页。

⑥ 参见陈桂明、李仕春：《诉讼欺诈及其法律控制》，载《法学研究》1998 年第 6 期；刘明祥：《财产罪比较研究》，中国政法大学出版社 2001 年版，第 251 页。

⑦ 参见李翔、黄京平：《论诉讼欺诈的可罚性及其立法完善》，载《云南大学学报（法学版）》2004 年第 6 期；游涛：《诉讼欺诈之刑法规制》，载《法学杂志》2011 年第 1 期；吴仁碧：《诉讼欺诈犯罪研究》，中国人民公安大学出版社 2012 年版，第 23—24 页。

关于“诉讼诈骗”与“诉讼欺诈”的关系，有学者认为二者具有一致性①；有些学者虽然在“各表一枝”，但却“花开相同”②；另有看法认为，两者虽然在语义上相同，概念上却难以区分。③ 本文同意以下观点，诉讼诈骗是诉讼欺诈的类型之一，后者在外延上广于前者。例如，刘明祥教授认为，诉讼欺诈具有广义和狭义的分别。狭义的诉讼欺诈仅限于获得财物或财产上不法利益的行为。而广义的诉讼欺诈则还包括出于其他目的在诉讼活动中实施的多种欺骗行为。④ 又如，游涛法官认为，诉讼欺诈绝非仅仅指的是诉讼诈骗，因为它还可能侵犯其他非财产性利益。因此以所侵害的法益为准，诉讼欺诈可分财产性的诉讼欺诈（即诉讼诈骗）和非财产性诉讼欺诈。⑤ 再如，有学者主张，“诉讼诈骗”与“诉讼欺诈”两词的本质不同，在于对“诈骗”与“欺诈”的理解上，从构成要素来看，前者在外延上小于后者。⑥

3. 虚假诉讼与诉讼诈骗

由于立法已经将虚假诉讼限定在民事诉讼中，在发生领域方面较诉讼欺诈要窄，而以非法占有他人财产为目的、提起民事诉讼和虚构事实欺骗法院是诉讼诈骗核心要素，关于其概念的各种表述均包括（但在存在领域和行为方式上不限于此）上述三个方面，又根据《刑法》第 307 条之一第 3 款的规定，“有第一款行为，非法占有他人财产或者逃避合法债务，又构成其他犯罪的，依照处罚较重的规定定罪从重处罚”，且《刑法修正案（九）草案》曾规定，“为谋取不正当利益，以捏造的事实提起民事诉讼，严重妨害司法秩序的，处三年以下有期徒刑……；有侵占他人财产或者逃避合法债务的，依照刑法第二百六十六条的规定从重

① 参见范雪旺：《诉讼诈骗基本理论及解决路径探索——以诈骗罪构成理论重构为视角》，载《云南大学学报（法学版）》2009 年第 3 期。

② 如认为诉讼欺诈是指“行为人以非法占有为目的，虚构事实，隐瞒真相，通过提起虚假的民事诉讼来欺骗法院，使法院作出错误判决，从而占有他人财物的行为”。参见王焰明：《试析诉讼欺诈行为之定性》，载《人民检察》2001 年第 8 期。与之类似，有学者认为诉讼诈骗是指“行为人以非法占有他人财物为目的，以提起民事诉讼为手段，在民事诉讼中使用虚假证据欺骗法院，使法院作出错误判决从而骗取数额较大的公私财物的行为。”参见董玉庭：《论诉讼诈骗及其刑法评价》，载《中国法学》2004 年第 2 期。

③ 参见于海生：《诉讼欺诈的侵权责任》，载《中国法学》2008 年第 5 期。

④ 参见刘明祥：《财产罪比较研究》，中国政法大学出版社 2001 年版，第 251 页。

⑤ 参见游涛：《诉讼欺诈之刑法规制》，载《法学杂志》2011 年第 1 期。

⑥ 参见赵秉志、张伟珂：《诉讼诈骗问题新论》，载《甘肃社会科学》2012 年第 6 期。

处罚”，根据《〈中华人民共和国刑法修正案(九)〉时间效力问题的解释》(以下简称《解释》)第7条第2款也可知，实施虚假诉讼行为，非法占有他人财产或者逃避合法债务，根据修正前刑法应当以诈骗罪、职务侵占罪或者贪污罪等追究其刑事责任的，适用修正前刑法的有关规定。因此综合来看，作为诉讼欺诈下位概念的诉讼诈骗，与虚假诉讼之间存在交叉关系，当该诉讼诈骗行为同时符合虚假诉讼的基本罪状描述，又非法占有或者逃避合法债务的，根据想象竞合犯择一重罪处罚原则，很可能按照诈骗罪予以定罪处刑。

(二) 虚假诉讼罪的概念和特征

王志祥教授认为，虚假诉讼是指行为人以捏造事实、伪造证据、虚构法律关系等方式，向法院提起诉讼，促使法院作出错误的判决或裁定，从而获取非法利益的行为，且在应然层面，其存在的范围包括民事诉讼、行政诉讼和仲裁程序，但不包括刑事诉讼领域。[①] 结合《刑法》关于该罪的罪状规定，本文将对下面两个问题作出解读，以明晰其内涵、外延和特征，并尽量平衡坚持罪刑法定原则与增强法条的适应性之间的关系。

1. 关于“以捏造的事实”

王志祥教授将行为人的行为方式概括为“捏造事实、伪造证据、虚构法律关系等”，并且认为“本罪以作为的方式构成，不包括隐瞒真实情况等不作为方式”。[②] 对此，本文作以下辨析。

首先，刑法条文的表述为“以捏造的事实提起民事诉讼……”，即王志祥教授概括的上述行为方式可看作是对法条中“以捏造的事实”这一犯罪预备阶段完成成果的具体实现方式的展示。其次，呈现出“捏造的事实”这一预备完成状态的方式是否仅限于作为呢？隐瞒真相是否就等于不作为？本文认为，对于隐瞒真相这种行为表现形式要有全面、正确的认识。它既可以表现为负有告知义务而不告知，也可以表现为积极地以语言、文字或举动掩盖客观存在的事实。另一方面，作为与不作为，虚构事实与隐瞒真相，涉及两种不同的分类，而非一一对应的关系。

---

① 参见王志祥、刘婷：《虚假诉讼罪：概念界定与学理分析》，载《南阳师范学院学报(社会科学版)》2016年第1期。

② 同上。

简单地认为隐瞒真相就是不作为，是人为地将隐瞒真相的外延缩小，不符合客观实际。若认为在民事诉讼“谁主张谁举证”的规则之下，行为人负有举证义务而不举证，隐瞒真相，其承担的只能是举证不能的败诉风险，这是在将隐瞒真相与不作为方式划等号。事实上，行为人完全可以通过积极作为，掩盖事实真相，甚至可以以“隐瞒真相”＋“提起诉讼”的行为模式提起虚假诉讼。

以前述案例2为例，行为人龙某并未伪造任何证据，但其隐瞒李某已经归还购房款的事实，向法院提起诉讼主张对李某的债权的行为，仍然符合虚假诉讼的构成特征。因为龙某以隐瞒事实的方式虚构了其与李某之间的法律关系，捏造出其对李某仍然享有债权的虚假事实，完全满足“以捏造的事实提起民事诉讼……”的客观要求。因此，对于“以捏造的事实”的理解不应过于局限，将其视为预备行为的完成成果，既符合文义解释的要求，也能兼顾法律规定的周延性。

2. 关于“提起民事诉讼”

关于刑事诉讼领域是否存在虚假诉讼的问题，通常认为，即使不能排除在刑事诉讼中，行为人可能通过虚假陈述或伪造证据来获得退缴“赃物”或损失赔偿，但这种情形一般属于刑事附带民事诉讼的问题，而后者所适用的实体法、程序法与民事诉讼无异，也属于民事诉讼。但笔者认为，当行为人以刑事诉讼及其附带民事诉讼为整个棋局时，由于附带民事诉讼的从属性，在刑事诉讼领域发生虚假诉讼就成为可能。例如，行为人自己不慎打碎珍贵古董花瓶，为了转嫁损失，伪造证据、串通作证、作出虚假陈述，谎称该花瓶是被平日与其交恶的A故意打破的，由此引发刑事诉讼，并提起附带民事诉讼要求获得经济损失赔偿。[①]本案中行为人为了非法获得财产，不惜诬告陷害他人，使其陷于刑事诉讼，从而以此为跳板[②]，提起附带民事诉讼获得经济利益。对于这两个行为——诬告陷害他人、意图使他人受到刑事追究和提起附带民事诉讼获得经济赔偿，既应分别分析，也应当作整体评价。单独来看，前一

① 在刑事诉讼中，被害人若想获得经济损失赔偿，通常有三种方式：与罪犯家属协商获得赔偿、提起刑事附带民事诉讼和单独提起民事诉讼。

② 根据《刑事诉讼法》第99条：“被害人由于被告人的犯罪行为而遭受物质损失的，在刑事诉讼过程中，有权提起附带民事诉讼。”即提起附带民事诉讼的条件有三：一是限于物质损失；二是该物质损失系犯罪行为所致；三是处于刑事诉讼过程中，否则也无“附带”一说。

行为的直接目的是使他人受到刑事追究，若情节严重，即可构成诬告陷害罪；后一行为是通过诉讼手段欺骗法院，达到非法得利目的，与一般民事诉讼中的诉讼诈骗无异。但由于设置附带民事诉讼的初衷在于，在判定被告人刑事责任的同时，附带解决其犯罪行为所造成的物质损失赔偿问题，它与刑事诉讼都是由审判刑事案件的审判组织一并审判的，因此整体来看，诉讼诈骗能否顺利实施有赖于刑事审判的结果，甚至可以说，当刑事诉讼及其附带民事诉讼共同构成了一个大“骗局”时，该“骗局”应整体定性为刑事诉讼。

然而，基于刑法教义学的立场，既然《刑法》第307条之一已经将该罪的着手明文限定为“提起民事诉讼”，那么不论该理论在应然层面如何，对于该罪的存在领域的解释和适用均不能超出界限，否则将违反罪刑法定原则。

第一，对于“民事诉讼”应作广义理解。

首先，在论及诉讼诈骗的存在领域时，有学者明确指出，在审判和非审判程序中，甚至属于广义的民事诉讼的民事仲裁领域，只要所涉纠纷具有直接的财产属性，均可能存在诉讼诈骗问题。[①] 这种对民事诉讼作广义理解的观点，也得到了日本学者大塚仁教授的赞同。大塚仁教授在其著作中列举了诉讼程序、督促程序、关于强制执行及拍卖这三方面的判例说明诉讼诈骗可以成立诈欺罪。[②] 基于前文对虚假诉讼和诉讼诈骗关系的论述，对于虚假诉讼中提起的民事诉讼，也可作此理解。

其次，在刑事诉讼中夸大受损害程度，作虚假陈述、伪造由于犯罪行为遭受严重损害的证据等即使不会导致错误启动刑事诉讼，但若提起附带民事诉讼，则会获取额外赔偿，损害对方利益，同样构成虚假诉讼，不过此处仍属于民事诉讼领域的虚假诉讼。

第二，对于“提起”应作恰当理解。

首先，“提起”不仅包括启动一个诉讼程序，还包括在诉讼过程中提起新的诉，甚至包括被动应诉者在诉讼过程中提起的反诉。有学者基于期待可能性的考量，认为在被动应诉中，行为人为了反驳对方而实施

① 参见游涛：《诉讼欺诈之刑法规制》，载《法学杂志》2011年第1期。

② 〔日〕大塚仁：《刑法概说（各论）》（第3版），冯军译，中国人民大学出版社2003年版，第244页。

欺诈行为完全是出于防卫自身利益的考虑，虽然与诚实信用原则相违背，但属于本能性反击，应当允许，若当成犯罪考虑，就是要求行为人自证其责，将造成刑罚滥用。[①] 这种说法乍看有一定道理，但本文认为，自我防卫不是没有限制的，应以不侵害他人合法权益为界限，而且不允许实施欺诈行为，不等于要求其自证其责。例如，A 以借条为依据，向法院起诉，要求 B 返还其所借的 10 万元借款。B 答辩并反诉称：该 10 万元借款已经被 A 所欠的 20 万元借款抵消，并向法院出示 A 向其借款 20 万元的借条，要求 A 返还那剩下的 10 万元借款。后查明 B 出示的 A 借款 20 万元的借条是伪造的。本案中，B 在被动应诉中伪造证据，以捏造的事实提起反诉，其行为明显符合虚假诉讼的本质特征。

其次，在"提起"民事诉讼的主体方面，虽然虚假诉讼中很多情况下是当事人之间恶意串通，为获取非法利益而提起民事诉讼，而且司法实践中公布的案件裁判也不乏恶意串通型虚假诉讼[②]，但《刑法修正案（九）》对虚假诉讼罪的规定并未局限于行为人恶意串通的情形，因此在理解适用中，也应兼顾多种情形，否则将不当缩小打击面。例如，前述案例 2 虽属于非恶意串通型的虚假诉讼，但法院判决以诈骗罪追究其刑事责任，只是因为被告人龙某以非法占有为目的，以虚假诉讼为手段骗取他人财产的行为发生在 2015 年 10 月 31 日之前，根据《解释》的规定，只能按诈骗罪论处。[③]

综上所述，对虚假诉讼罪的概念可直接按照刑法规定界定为"以捏造的事实提起民事诉讼，妨害司法秩序或者严重侵害他人合法权益的"犯罪，只是应适当理解"捏造的事实""提起"和"民事诉讼"这些关键词，找准其与其他诉讼不诚信行为相比所具有的特征，在法定罪刑的界限内最大限度地合理适用该项新罪。

---

① 参见范雪旺：《诉讼诈骗基本理论及解决路径探索——以诈骗罪构成理论重构为视角》，载《云南大学学报（法学版）》2009 年第 3 期。

② 例如，《最高人民法院首次认定的虚假民事诉讼案——上海欧宝公司与辽宁特莱维公司虚假诉讼案》，即属于此类，载 http://www.court.gov.cn/zixun-xiangqing-16010.html，2016 年 2 月 26 日访问。又如，中国裁判文书网上公布的《陈某、潘某犯虚假诉讼罪二审刑事裁定书》亦属此类，参见（2016）浙 03 刑终 70 号刑事裁定书。

③ 参见（2015）鄂房县刑初字第 00174 号刑事判决书。

三、虚假诉讼罪与妨害作证罪、帮助伪造证据罪的关系

根据《解释》第 7 条第 1 款的规定："对于 2015 年 10 月 31 日以前以捏造的事实提起民事诉讼，妨害司法秩序或者严重侵害他人合法权益，根据修正前刑法应当以伪造公司、企业、事业单位、人民团体印章罪或者妨害作证罪等追究刑事责任的，适用修正前刑法的有关规定。但是，根据修正后刑法第三百零七条之一的规定处罚更轻的，适用修正后刑法的有关规定。"在案例 1 中，被告人陈某甲的上诉理由之一为："原判以《刑法》第三百零七条妨害作证罪对其定罪，违反罪刑法定原则。即使本案存在以虚假民事诉讼损害司法机关审判秩序的行为，亦仅是虚假诉讼罪，而该罪名尚在讨论未纳入刑法修正案，现行刑法对本案行为尚未明文规定为犯罪，因此，不应以犯罪论处。"二审法院在裁定理由中对其该项主张也予以了回应："根据在案证据，可认定……该诉讼系虚假诉讼……上诉人陈某甲为了骗取人民法院裁判文书，伙同他人与原审被告人杜某恶意串通，虚构事实，伪造证据，向人民法院提起民事诉讼，并在虚假诉讼过程中，伙同他人指使原审被告人杜某提供虚假的书证及证言，该行为符合妨害作证罪的犯罪构成要件……"①

该案若发生在刑法修正后(其他情节不变)，则陈某甲构成虚假诉讼罪和妨害作证罪的想象竞合。对于该想象竞合犯的处理，从侵犯的法益来看，陈某甲所触犯的虚假诉讼罪既妨害司法秩序又严重侵犯他人合法权益，从行为人主观故意的内容和行为特征看，定虚假诉讼罪也更为合适，从法定刑看，当符合虚假诉讼罪第 3 款，虚假诉讼罪由于第 3 款的存在，相比于妨害作证罪要重。因此，此时对陈某甲应以虚假诉讼罪定处。那么，对于陈某甲的行为能否适用第 307 条第 3 款呢？该款典型可适用于诉讼诈骗行为，按诈骗罪定处。那么对于陈某甲的行为能否视为诉讼诈骗(未遂)?

从诉讼诈骗的完整模式来看：首先，非法占有这一特定目的是构成诉讼诈骗所必不可少的要素。虽然我国刑法理论对于非法占有目的是否为财产罪的主观要素存在"非法占有必要说"和"非法占有不要说"的

① (2014)浙杭刑终字第 840 号刑事裁定书。

争论,但对于诉讼诈骗而言,非法占有目的显然是必要的构成要素,对于说明行为的法益侵害性、区分罪与非罪、区分此罪与彼罪而言均具有重要意义。本案中,虽然其虚假诉讼行为所针对的目的财产是尚处于夫妻关系存续期间的夫妻共同财产,但陈某甲意图使家庭本不该减少的财产减少,使其妻子在离婚诉讼中本应获得的财产不当减少转而为其本人非法占有,因而满足目的犯的要求。其次,需要法院陷于认识错误,并基于该认识错误而处分财产。最后,被害人交付财产,行为人或者第三人取得财产,被害人遭受财产损失。本案中,倘若法院对陈某甲和杜某的恶意串通信以为真,那么法院作出的让陈某甲返还杜某欠款的判决,能否视为对财产的处分呢?陈某甲与杜某串通提起了给付之诉,而法院判决对给付之诉的胜诉判决是给付判决,该判决即使在实质上是错误的,也具有确定力和执行力[①],被害人的交付也必然会随之发生,因此确实是对财产作出了处分。

但是本案的特殊性在于,该给付之诉与离婚诉讼处在两个不同的诉讼程序中,如果陈某甲未将该给付之诉的判决提交到离婚诉讼中参与财产划分,或者该离婚诉讼不存在了,那么该给付判决就不可能得到执行,被害人也不可能遭受财产损失。而根据《婚姻法》第 47 条的规定:“离婚时,一方隐藏、转移、变卖、毁损夫妻共同财产,或伪造债务企图侵占另一方财产的,分割夫妻共同财产时,对隐藏、转移、变卖、毁损夫妻共同财产或伪造债务的一方,可以少分或不分。离婚后,另一方发现有上述行为的,可以向人民法院提起诉讼,请求再次分割夫妻共同财产。人民法院对前款规定的妨害民事诉讼的行为,依照民事诉讼法的规定予以制裁。”而根据《民事诉讼法》第 111 条:“诉讼参与人或者其他人有下列行为之一的,人民法院可以根据情节轻重予以罚款、拘留;构成犯罪的,依法追究刑事责任:(一) 伪造、毁灭重要证据,妨碍人民法院审理案件的……”因此在离婚诉讼中,陈某甲若使用从前一诉讼中获得的给付判决作为证据,则构成伪造重要证据,但由于刑法不处罚毁

① 应当注意的是,民事诉讼中的形式真实主义是形式理性的重要表现和要求,也是近代法治的重要特征之一,但形式真实主义是在无法完全追求实质真实、还原客观事实真相的现实下所进行的退而求其次的无奈之选。在处理客观真实与法律真实的关系方面,笔者十分认同陈翠玉副教授提出的“以客观真实为核心,以法律真实为补充”的观点,参见陈翠玉:《严格司法视阈下的客观真实与法律真实》,载《人大法律评论》2015 年第 2 辑。

灭、伪造证据罪的正犯，所以对陈某甲只可能处以罚款、拘留；而另一方面，在前述给付之诉中，即使行为人成功获得给付判决，也不可能对被害人的财产造成实际损害或者紧迫危险。因而在本案中，认定陈某甲的行为构成诉讼诈骗（未遂）进而以诈骗罪（未遂）定罪量刑的做法并不可行。这也能在一定程度上说明，同样发生在刑法修正之前的案例 1 和案例 2，何以对案例 1 中的陈某甲定妨害作证罪，而对龙某以诈骗罪（未遂）定罪。

该案若发生在刑法修正后，杜某则是帮助伪造证据罪（手段行为触犯的罪名）与虚假诉讼罪（目的行为触犯的罪名）的牵连犯。从虚假诉讼的发展进程来看，当行为人只是伪造证据并未提起诉讼，或者在诉讼中尚未提交时，属于虚假诉讼的预备行为。此时分两种情形：(1) 行为人伪造的证据是国家机关公文、证件、印章，或者公司、企业、事业单位、人民团体印章，或者帮助伪造证据情节严重，行为本身已构成犯罪的，按其所触犯的罪名定罪；(2) 行为人伪造证据的行为本身不构成犯罪，但能够认定该伪造证据的行为是为实施虚假诉讼服务的，属于预备犯，可以比照既遂犯从轻、减轻或者免除处罚。当然，对于一般的伪造、毁灭证据，妨害民事诉讼的行为，不应作犯罪处理。而本案中，即使未着手实行目的行为，由于杜某帮助陈某甲伪造重要证据，且涉案金额特别巨大，单独也可构成帮助伪造证据罪。又由于两行为人已经着手，提起民事诉讼，超越了预备阶段，妨害了司法秩序并威胁他人合法权益，因此杜某构成虚假诉讼罪（共犯）与帮助伪造证据罪的牵连犯，通说认为对于牵连犯应“从一重从重处罚”。[①] 结合前文案例 1 中法院对杜某的判刑，此时应以虚假诉讼罪论处。假如该案发生在刑法修正前，审理于《刑法修正案（九）》生效之后，根据《解释》规定的从旧兼从轻原则，对杜某应以帮助伪造证据罪论处。

四、虚假诉讼罪与诈骗罪的关系

案例 2 是较为典型的诉讼诈骗，在《刑法修正案（九）》实施之前，将其作为诈骗罪（未遂）处理当然可行。诉讼诈骗行为着手的认定与保险

① 参见张小虎：《刑法学》，北京大学出版社 2015 年版，第 291 页。

诈骗类似，仅有伪造证据或制造保险事故的行为认定为未着手，须将证据提交法庭或请求获取保险费阶段，才算着手，所以当行为人提起骗财诉讼或者在诉讼中提交虚假证据以骗取财产，但法院尚未作出处分决意，或虽已作出财产处分行为但未实际交付行为人时，是诉讼诈骗未遂。若手段行为本身构成犯罪，则形成手段行为犯罪既遂与诉讼诈骗未遂的竞合。若手段行为本身不构成犯罪，由于尚未发生财产法益侵害，我国刑法对诈骗未遂一般不以犯罪处理，诈骗罪的既遂标准是被害人财产已交付，若诉讼诈骗中财产还未强制执行时，对行为人能否以诈骗罪论处呢？2011 年最高人民法院、最高人民检察院《关于办理诈骗刑事案件具体应用法律若干问题的解释》（以下简称《关于办理诈骗刑事案件的解释》）第 5 条第 1 款中规定："诈骗未遂，以数额巨大的财物为诈骗目标的，或者具有其他严重情节的，应当定罪处罚。"对于具体诉讼诈骗是否以数额巨大的财物为目标，可以通过行为人的诉讼请求加以认定。案例 2 中涉案目标财产的数额达到 10 万元，根据《关于办理诈骗刑事案件的解释》第 1 条的规定，已经达到"数额巨大"的要求。因此将其行为人龙某认定为诈骗罪（未遂）并不存在障碍。

但对于实践中某些目标尚未达到数额巨大标准的诉讼诈骗行为能否定罪（未遂），应当以是否符合"具有其他严重情节"为准。但"具有其他严重情节"的含义并不明确，该司法解释也未作出规定。那么是否应当与《刑法》第 266 条中"其他严重情节"的解释等同理解呢？对于后者的解释包括：《关于办理诈骗刑事案件的解释》第 5 条第 2 款单就作为电信诈骗未遂处罚标准的"其他严重情节"作的说明，其中第三种情形为"诈骗手段恶劣、危害严重的"。第 2 条规定，诈骗数额接近《关于办理诈骗刑事案件的解释》第 1 条规定的"数额巨大"的标准，并具有从严处罚情节[①]之一或者属于诈骗集团首要分子的，应当认定为《刑法》第 266 条规定的"其他严重情节"，这些从严情节，或因为手段恶劣（如利用电信和大众媒体、以赈灾募捐名义），或因为行骗对象特殊（如针对不特定多数人、老年人、残疾人等），或因为造成严重后果（如被害人自杀

---

① 包括：通过发送短信、拨打电话或者利用互联网、广播电视、报纸杂志等发布虚假信息，对不特定多数人实施诈骗的；诈骗救灾、抢险、防汛、优抚、扶贫、移民、救济、医疗款物的；以赈灾募捐名义实施诈骗的；诈骗残疾人、老年人或者丧失劳动能力人的财物的；造成被害人自杀、精神失常或者其他严重后果的。

等)。由此可见,诈骗罪中"其他严重情节"的考虑方面主要包括手段、对象、后果等,若将《关于办理诈骗刑事案件的解释》第5条第1款中的"其他严重情节"作与此相同的理解,也并无不可,一是能够与"以数额巨大的财物为诈骗目标"的主观目标特征,形成对等和选择关系,二是诉讼诈骗的显著特征在于其诈骗手段的特殊——利用诉讼进行诈骗,所以可以类比《关于办理诈骗刑事案件的解释》中关于电信诈骗未遂的处罚标准,以诈骗手段恶劣(利用法院的特殊地位和裁判规则的局限性,以诉讼手段行骗)、危害严重(欺骗公权机关对他人财产造成更严重的威胁,破坏司法秩序,损害司法权威)作为"其他严重情节",还可以类比主观目标特征,将发动诉讼程序只为谋取非法财产利益的主观恶性纳入"严重情节"的考察范围,从而对诉讼诈骗未遂进行定罪处罚。

若案例2中的情形发生在刑法修正后,则如前所述,由于虚假诉讼与诉讼诈骗之间存在交叉关系,当该诉讼诈骗行为同时符合虚假诉讼的基本罪状描述,又非法占有或者逃避合法债务时,根据《刑法》第307条之一第3款从一重从重处罚的规定,很可能仍然按照诈骗罪予以定罪处刑。这也能在一定程度上解释《解释》第7条的1、2两款何以一者规定从旧兼从轻的原则,另一者则直接以修正前应当适用的罪名追究刑事责任。

五、结　　语

《刑法修正案(九)》已施行一段时间,对于虚假诉讼罪的司法适用,定能发挥遏制诉讼不诚信行为、维护司法秩序和公民合法权益的功效。本文借助的两则司法案例虽然发生在刑法修正之前,但值此之际,借以对虚假诉讼新旧概念进行对比和界定、对新旧法下具体犯罪的定罪和前后衔接等问题进行探讨,具有一定的现实意义。尽管学界目前对于虚假诉讼的界定尚未统一,对《刑法》第307条的规定也存在"应然层面上的憧憬",但"只有尊重现行刑法,全面、准确揭示刑法条文的含义,才能使刑法条文充满活力地应对各种疑难复杂案件,从而及时调整各种社会关系"。①

① 李立众:《刑法解释的应有观念》,载《国家检察官学院学报》2015年第5期。

同时不可否认的是,由于对“妨害司法秩序”“严重侵害他人合法权益”以及“情节严重”的认定标准尚不明晰,对于罪与非罪、罪轻罪重以及此罪与彼罪的适用确实存在障碍,待该项新罪在司法实践中更多地被加以适用、实务中出现更多可供进行经验总结的情形和做法之后,相信理论和实务界对于该罪的概念界定和司法适用会有更加全面、准确的把握。

(责任编辑:孙悦)

公法书札

执行权的暧昧性质及其思想史溯源

——《驯化君主》读后

陈明辉[*]

内容摘要 曼斯菲尔德将执行权比喻为残暴的君主，从思想史层面梳理了执行权被驯化的过程。他认为现代意义上的执行权肇始于马基雅维利创造的执行官，并经过霍布斯权力科学的形式化，最终在洛克建立的宪政体制中确立。但洛克的执行权处于宪政体制之外，随时有冲破体制的危险。孟德斯鸠和联邦党人则对洛克的宪政体制进一步完善，以宪法至上取代立法权至上和执行权至上，从而将执行权纳入宪政体制之内实现了对执行权的彻底驯化。执行权理论直接关注的问题是为美国总统的宪法地位提供一个政治哲学的解释理论，并批判将执行权极端化的极权主义，但该理论所阐述的形式与目的的紧张关系以及执行权的暧昧性质对于形式与目的的调和同样能够运用于行政法学、法律解释学和宪法解释等多个领域。

关键词 执行权 《驯化君主》 曼斯菲尔德 行政权 《宪法》第85条

美国政治哲学家哈维·C.曼斯菲尔德于1989年出版的《驯化君主》一书是一部关于现代执行权理论的开山之作。本书的论题在于论证执行权的暧昧性及其政治思想史上的起源与演变。所谓执行权的暧昧性，是指执行权在形式上弱小而实质上强大。执行权在形式上弱小，是因为执行权是对法律的执行，是立法者意志的代理人，它的合法性来

* 中南财经政法大学法学院宪法与行政法学专业博士研究生。

自于法律的授权。执行权在实质上强大，一方面是因为法律要想获得真正的执行，客观上需要一个强大的执行官来确保人们遵守法律，另一方面是因为法律文本的有限性以及僵化的危险导致在实践中需要执行官保有一定的弥补法律不足的权力。现代执行权的暧昧地位，在曼斯菲尔德看来是美妙和有用的："它能够到达法律不及之处，从而弥补法律的不足，但它仍然服从法律。"[①]这种时而服从法律，时而独立于法律的执行权，是一种在宪法框架内有意设计的结果，它的暧昧地位如同一项艺术，而不是一种缺陷。

在曼斯菲尔德之前，尽管有古德诺的《政府与行政》和伍德罗·威尔逊的《行政之研究》这两部有关执行权（行政权）的经典论述，并且在这两部著述之中也有某些执行权暧昧性的论断，但是，在它们各自有限的篇幅内并未明确提出该问题，更不用说对该问题进行详实而系统的论证。曼斯菲尔德的贡献就在于明确提出了执行权的暧昧性，并从政治思想史的角度对执行权进行了系统梳理和论证。他将马基雅维利（现代执行官的创立者）和洛克（现代执行权的创立者）的理论作为现代执行权的理论开端。在洛克的《政府论》（下篇）中，作者通过对自由主义的现代宪制结构的深入解读，最终从形式与目的之间的紧张关系为执行权的暧昧地位提供了理论正当性。这一深刻认识早已不是停留在浅薄的学说史梳理，而是上升到政治哲学的层面为执行权的暧昧性找到了哲学基础。正因如此，曼斯菲尔德所发明的现代执行权理论成为了一种具有较为普遍解释力的理论，社会科学领域中凡是涉及"执行"和"执行权"的问题均可以从该书获益。

然而，曼斯菲尔德真正的高明之处并不在于他对执行权暧昧性质的论证，而是他以此解释和批判的现实问题。曼斯菲尔德的目的不仅仅在于提出执行权理论，而是以执行权为视角分析自由主义宪制结构，在很大程度上，这也是对以美国为代表的共和政体的重新评估。洛克所设计而被美国加以改进的自由主义宪政体制是具有自我批评功能的宪制结构，作为执行权享有者的总统在这个体制中的地位与功能就在于维护这个宪制的内在紧张关系，以防止执行权走向两种极端化形

① 〔美〕哈维·C.曼斯菲尔德：《驯化君主》，冯克利译，译林出版社2005年版，前言第7页。

式——极度形式主义的官僚制和以执行某种必然性为目的而不顾任何形式的极权主义。

一、执行的原始形态：从古希腊、古罗马到中世纪

正如书名所示，执行权像一位君主，在人类政治法律发展史上处于一个不断被驯化的过程。从一个学说史的维度看，执行权首先是以一种原始形态存在于古希腊、古罗马和中世纪的政治理论与政治实践中，但这并不是现代意义上的执行权。现代政治哲学的奠基者马基雅维利发明了现代的执行官，霍布斯则将这种执行官（行动中的执行，以实效性为判断依据）转化为一种权力（潜在的执行，以一种潜在的强制力为后盾），洛克将霍布斯的执行权宪政化，从而创立了现代的执行权理论，孟德斯鸠则将执行权进一步宪政化，试图用权力的分立与制衡达到形式与目的的统一，最终联邦党人用宪法的形式完成了执行权的彻底驯化。

词典意义上的执行概念并不是现代执行权理论的要旨所在，现代意义上的执行权在马基雅维利之前是不存在的。但曼斯菲尔德仍然宣称："执行权的历史，取决于它的史前史。"[①]追溯执行权的史前史是为了回答这样一个问题——为什么古典思想家没有发明现代意义上的执行权，他们顾虑的问题是什么？唯有明白了他们的顾虑，才能更好地领会马基雅维利创立现代意义上的执行官的意图以及洛克创立现代执行权所要回应的问题。正是这一系列深刻而恒久的问题铸就了现代执行权的诞生和它的伟大。

曼斯菲尔德深信亚里士多德之所以没有予执行权以现代的地位绝不是疏忽，而是现代的执行权与他构建的政治科学所追求的目的不符。因此，尽管亚里士多德在《政治学》中只花了一页的篇幅讨论了执行类官职的划分，但本书却花了两章的篇幅来探究执行权在亚里士多德思想体系中的地位。由于现代执行权的暧昧性体现在其形式与实质的内在张力上，曼斯菲尔德以亚里士多德对形式与实质的看法为切入点，试图分析亚里士多德没有发明现代执行权的原因。

---

① 〔美〕哈维·C. 曼斯菲尔德：《驯化君主》，冯克利译，译林出版社 2005 年版，第 29 页。

对于形式与实质的关系，亚里士多德的观点是形式决定实质，实质与形式是完全统一的。这体现在他对人的理解上：人是天生的政治动物，但人的政治性是在城邦中养成的。城邦的形式（政体）决定了公民的性质，也决定了法律的性质。亚里士多德承认摒绝了欲望的、理性的法律统治好过人治，然而，法律终究有它的局限性。一方面，法律受其政体的制约，难以达到完全理性的水准，另一方面法律受文本的制约，不可能对所有的情况作出规定。① 因此，亚里士多德并不赞成一种弱小的执行官来执行不完善的法律，也不赞成一个强大的执行官超越法律。如果真像柏拉图说的那样，在一个城邦中存在全知全能的哲人王，亚里士多德承认在那里可以实行全权君主制，至高无上的王权统治一切。这也就消解了执行权（无论是强大的或是弱小的执行权）存在的基础。

亚里士多德不同于柏拉图的重要一点是他区分了“理论上最好的”与“现实中可行的”，更注重政治科学的实践维度。在现实政治的论域中，亚里士多德不再追求纯粹的最佳，而是避免最坏结果的中庸。因此，在现实政治的层面，亚里士多德更倾向于混合政体（即共和政体），尤其是民主政体与寡头政体的混合。在政体内部，亚里士多德将其职能分为三个部分：慎思的机构、行政长官和司法部门。② 在曼斯菲尔德看来，这三个部分分别对应了灵魂的三种功能：慎思、统治和判断，绝不同于现代的三权分立理论中法律的制定、实施和裁定。③ 慎思是至高无上的，法律不过是慎思的事项之一，在我们看来的一些属于行政的事项也属于慎思的范围，行政长官们根据他们的职责而不是另外一个机构制定的规则行事。他们凭借自己的卓越品质完成官职赋予的任务并由此获得合法性，因而他们并非现代意义上的任何一种执行权。但是，从现实的不完满的人性出发的亚里士多德又不愿在现实政体中设置一个哲人王掌握行政权力，因此他没有创立一个单独的行政长官，而是“放逐了君主，以便通过对官职的瓜分去支配宙斯”。④

① 参见〔古希腊〕亚里士多德：《政治学》，高书文译，中国社会科学出版社 2009 年版，第 141 页。

② 〔美〕哈维·C. 曼斯菲尔德：《驯化君主》，冯克利译，译林出版社 2005 年版，第 54 页。

③ 参见同上书，第 58、60 页。

④ 同上书，第 80 页。

既然亚里士多德那里并不存在现代执行权，那么罗马共和国时期的强大的执政官和独裁者算不算现代的执行官呢？曼斯菲尔德的结论是否定的，他认为“执行权的出现既不是来自罗马的政治，更不是来自希腊的政治哲学。执行权的出现必须依靠发明”。[1] 波里比乌斯的《历史》一书中描述的强大的罗马共和国执政官与两个元老院和人民组成了罗马的混合政体，但是，这三个部分并非从属关系，而是相互竞争状态。无论是执政官还是独裁官，它们都更接近亚里士多德意义上的统治一切的王权，它们拥有独立的正当性来源而不受某种形式上的制约。中世纪作为上帝意志的执行人的教皇和世俗君主拥有的权力也与此类似，它是一种笼统的政治权力的总称。

马西利乌斯被曼斯菲尔德称为最伟大的政治科学家之一，是“接近于看到现代执行官”的人。[2] 马西利乌斯的政治哲学非常接近现代而不是古典政治哲学。他不以理性而是将人民的同意视为政治权力的合法来源，是把政府和统治者完全理解为人民的执行者的第一人。[3] 但马西利乌斯并没有走得更远，像霍布斯一样把这个执行人作为人民的代表，他的原始执行官更接近于亚里士多德的王权。马西利乌斯的执行官仍是一种整体性的权力，他的人民同意学说只不过是为这种整体性的权力提供了合法性基础。并且，马西利乌斯的执行官，是严格意义上的执行，即对法律的严格遵守，而不是霍布斯式的拥有独立意志的执行官。正因为马西利乌斯不以理性和知识作为权力合法性的基础，那么任何以理性和知识为名的执行便不可能存在，而后者正是一个强大的执行权存在的理由。

二、现代执行权的诞生及其完善：从马基雅维利到联邦党人

法律的统治不是万能的，更不是完美无缺的。现代执行权和古典执行权所要解决的都是这样一个问题：

---

① 〔美〕哈维·C. 曼斯菲尔德：《驯化君主》，冯克利译，译林出版社 2005 年版，第 87 页。
② 同上书，第 116 页。
③ 参见同上书，第 118 页。

> 法律无法达到它试图达到的目的。法律过于普遍，不可能做到合理，所以它需要外来的协助，才能在特定事情上具体规定什么是合理的——这是一种有可能违反法律文字和精神的协助。进一步说，就算法律是合理的，当它面对非要以自己的方式处理事务的人类时，为了证明自身的合理性，它也需要帮助。法律在面对人类的顽固性时，它诉诸普遍性，并且宣布：你们将得到一视同仁的对待。由此，第二个困难又加剧了第一个困难：法律越是不受欢迎，它就越是需要一视同仁。法律留下了一个它自身无法解决的问题。[①]

实际上，古典时期和现代时期的政治思想家都认识到了法律的缺陷，只不过在解决方案上有所不同。柏拉图和亚里士多德在理想的政体类型中选择了至高无上的王权来弥补法律的缺陷，而马基雅维利和洛克选择了执行权。亚里士多德在关于现实政体的论述中已经否定了一个全权君主的统治，转而试图通过诉诸慎思和对行政官职的分割来达到弥补法律缺陷的效果。马西利乌斯认识到了慎思所代表的理性正当性的不足，转而要求以人民的同意为权力正当性的基础，完成了权力正当性基础的现代转型。但是，他并没有认识到法律的局限性，因而要求一种严格形式主义的执行官。马基雅维利则试图证明，一个果敢而强大的执行官是任何一个国家不可避免的选择。

（一）现代执行官的诞生及其形式化

马基雅维利并不看重政府的形式，国家是否强大远比何种政体重要。他认为法律并不足以实现国家的目的，暴力和对暴力的运用才能够实现国家的目的。相对于国家而言，道德、法律均不过是工具而已，为了“保卫祖国应该不计荣辱，而且不择手段”。[②] 马基雅维利崇尚的是一个强大的能够维持国家存续的执行官，而不是一个严格意义上的法律的执行者。但是，马基雅维利笔下的强大的执行官的正当性不在于它自身以及他拥有的暴力，而在于它试图实现的目的。这也是强大

---

① 〔美〕哈维·C.曼斯菲尔德：《驯化君主》，冯克利译，译林出版社 2005 年版，第 146 页。

② 〔意〕马基雅维里：《论李维罗马史》，吕健忠译，商务印书馆 2013 年版，第 432 页。

的执行官与为所欲为的暴君的区别所在。这个强大的执行官就体现了现代执行人的暧昧性质："他是强大的，但总是宣称代表一种更强大的意志或力量采取行动。"[①]说到底，执行官是以他人的名义进行实际的统治。

尽管马基雅维利锻造了一个强大的国家意志的执行官，但是他并没有将其权力化。执政官和执行权的区别在于，前者凭借实际的执行（处决）展示其存在，而后者是以潜在的暴力执行为后盾而取得服从的能力，执行官以权力的形式而存在。不过，执行权不是一下子发明的，而是分阶段完成的。在霍布斯之前，存在着两种使执行行为常规化的模式：一是博丹的"作为主权者的执行人"，二是英国作家所说的宪政体制中的分立的执行权。[②] 这两种模式对于现代执行权的诞生有着重要意义。

博丹创立了主权的概念，概指一个独立的政治体的最高权力，而主权的首要特征性权力就是立法权。[③] 博丹的主权概念使马基雅维利的执行官权力化，并且否认过去的立法对于未来的主权者的约束力。霍布斯吸收了博丹的绝对的、不可分割的主权概念，并超越了博丹，阐述了一种自然法的执行观：一切的法律都是在执行自然法，作为主权者的君主颁布和执行法律或者超越其制定的法律的行为都不过是在执行自然法而已。[④] 因此，霍布斯的执行权是一种实现自然法的执行权，与马基雅维利的执行官一样不限于主权者制定的法律的约束。霍布斯否认执行权之于立法权的从属地位，他从一种现实主义的观察出发，宣称"掌握刀剑权力（执行权）的人拥有主权"。[⑤] 法律不过是"国家的理性和命令"[⑥]，是作为自然法执行人的主权者颁布的通过语言文字发布的命令，它从属于主权者而不是反过来主权者从属于它。同时代的英国

① 〔美〕哈维·C. 曼斯菲尔德：《驯化君主》，冯克利译，译林出版社 2005 年版，第 149 页。

② 参见同上书，第 175 页。

③ 参见〔法〕让·博丹：《主权论》，李卫海、钱俊文译，邱晓磊校，北京大学出版社 2008 年版，第 153 页。

④ 〔美〕哈维·C. 曼斯菲尔德：《驯化君主》，冯克利译，译林出版社 2005 年版，第 185 页。

⑤ 同上书，第 189 页。

⑥ 〔英〕霍布斯：《利维坦》，黎思复、黎廷弼译，杨昌裕校，商务印书馆 1985 年版，第 210 页。

宪政主义者则持一种相反的见解：人类立法权至上，法律的执行权必须与立法权相分离，否则就是暴政。这两种相互对立的观点最终在洛克那里汇合，并诞生了现代执行权。

（二）现代执行权的创立：洛克的执行权理论

马基雅维利创造的执行官是一个喋血的君主，霍布斯将这个君主定义为拥有至高权力的主权者。暴政似乎是不可避免的，人们为了秩序与安全，必须接受不受限制的主权者的统治，他的几乎一切行动就是法律本身，人们只能永远带着恐惧臣服在他的命令之下。洛克的宪政理论汲取了马基雅维利、霍布斯关于执行官的理论成分以及英国共和派的宪政主张，设计出了一个具有自我批判能力的宪政体制。一方面，洛克反对暴政的必然性，要求实行共和派提倡的立法权至上的法治，并通过立法权和执行权的分立来维护法治。从而将主权者的命令具体化和稳定化，避免了人们永远生活在主权者专断的意志当中。另一方面，洛克又拒绝将执行官的执行权限定在执行立法机关制定的法律限度内，因为“法律并不总能达到预定的目的”[①]，因此，一定程度上的执行权至上也是必要的，这就是执行官的特权，它能够在规则之外为公共利益服务。

具体来说，洛克式的具有自我批判能力的宪政体制遵循了这样一个逻辑过程：(1) 自然状态中，人们根据自然法生活，各自作为自然法的执行者，但是这种执行存在缺陷——每个人成为自身案件的法官，为了避免执行的不公，个人将对自然法的执行权转交给政府，这就是政治权力的合法性来源，政府代替个人行使公共权力来执行自然法，保护人们的生命、自由和财产安全；(2) 一切政体和法律的目的在于保护个人的生命、财产和自由，而能够实现该目的的形式是立法权至上的宪政体制，主权者的权力必须制度化，主权者的意志必须法律化，用公之于众的法律统治，从而避免政府的专横；(3) 立法权至上的宪政体制必须实行分权，行政权应当从立法权中分离出来，并从属于立法权，执行权必

① 〔美〕哈维·C.曼斯菲尔德：《驯化君主》，冯克利译，译林出版社 2005 年版，第 218 页。

须执行立法权制定的法律[①]；(4) 由于法律的局限性，并不总能达到其目的，故允许行政权在一定条件下超越作为形式的法律，行使特权，实现目的；(5) 当整个政府都不能实现保障生命、自由和财产这个目的时，人们甚至可以反抗政府的统治，重新组织能够实现该目的的政府形式。

可见，“洛克在他的分权学说中接受了现实中的君主政体及其特权，同时也接受了立法权至上的国家学说”[②]。洛克深刻地认识到了目的与形式之间存在的紧张关系：在政治哲学中，人们的生命、财产和自由是目的，政府和法律就是形式，目的(个人的生命、自由和财产)高于一切，作为形式的政体和法律，必须符合目的。简言之，政体不符合目的，可以推翻，法律不符合目的，可以超越。洛克创立的现代执行权绝非对法律的忠实执行，而是蕴藏着一个强大的执行官的执行权。“执行权从事物的本质中获得了一种地位：我们通过立法，按我们喜欢的样子去控制事物；但是当它们脱离我们的控制时，我们需要一个强大的执行官。”[③]

实际上，在洛克设计的宪制结构中，存在着两种执行权，一种软弱的、从属性的执行权和一种强大而独立的执行权。软弱的执行权是立法权至上时对法律的执行，强大的执行权是在某些情况下法律不能达到目的时，执行官行使宪法体制赋予的特权，超越法律。强大执行权的存在，弥补了某些情况下形式对目的的损害，为具有卓越品质的执行官最大程度地促进公共福祉留下了制度空间。“具有强大人格的最高执行权对抗具有形式主权的最高立法权，便在政体中形成一种自我批判的结构。”[④]由此造就了现代执行权的暧昧性质。

此外，由于超越法律的执行权对于执行官的能力是一个大考验，超

① “这种分权是为了防止立法者为了迎合自身而适用法律，执行人的从属地位是为了阻止法律的执行人按自己的利益改变法律。”这说明，洛克的立法权至上是指立法权相较于其他权力而言的至上，而并非立法权真的可以为所欲为。洛克对于立法权和行政权均持一定的怀疑和防范态度，否则无需执行权与立法权分离。参见〔美〕哈维·C.曼斯菲尔德：《驯化君主》，冯克利译，译林出版社 2005 年版，第 210 页。

② 〔美〕哈维·C.曼斯菲尔德：《驯化君主》，冯克利译，译林出版社 2005 年版，第 221 页。

③ 同上书，第 233 页。

④ 同上书，第 236 页。

越法律的执行权作为一种试验性的权力，这种试验的正当性有待于实践结果的检验，洛克保留了人们对于自然法的执行权用来防范执行官："当人民看到执行者的特权行为做得不错时，他们将默许这种行为。假如它做得不好，他们将限制这种特权，或是运用他们的反抗权。"[①]这种反抗权就是当作为形式的政府和法律从根本上不能实现目的，政府解体，执行自然法。

（三）中庸的执行权：孟德斯鸠对超越法律执行权的否定

洛克创立了现代执行权，但是一个给予执行官超越法律特权以及人们反抗权的宪政体制仍然具有很强的革命性。保守的托利党人不会承认执行权的暧昧地位，托利党人博林布鲁克在与辉格党人的论战中提出了今天我们所熟知的立法权、执行权和司法权的学说，并将执行权严格限定在对立法的执行上。[②] 三权分立是对英国宪政体制的抽象，孟德斯鸠接受了三权分立的提法，并根据自己的理解重新理论化和体系化。

孟德斯鸠同样认为政府和法律的目的在于提供安全，不同的是，孟德斯鸠追求的安全不是霍布斯所说的避免暴死的安全，而是政治自由。[③] 政治自由的取得不是依靠社会契约式的民主授权，而是三种权力按照某种特定的分配方式予以确立的。孟德斯鸠对一切权力均持一种怀疑态度，而不论它们的来源。真正使国家成为一个自由国家的，"是权力的分立，而不是经过授权的权力"[④]。孟德斯鸠既不相信马基雅维利—霍布斯的至高无上的执行官能够带来安全，也不指望英国共和派主张的立法权至上，同样也怀疑洛克在前两者基础上设计出来的至高无上的立法权与至高无上的执行权所形成的宪制结构。说到底，孟德斯鸠不相信任何至高无上的权力。

---

① 〔美〕哈维·C.曼斯菲尔德：《驯化君主》，冯克利译，译林出版社 2005 年版，第 234 页。

② 参见同上书，第 245 页。

③ 孟德斯鸠笔下的安全与自由几乎是一回事，在《论法的精神》一书中，他明确定义："政治自由是享有安全或者自认为享有安全。"参见〔法〕孟德斯鸠：《论法的精神》，许明龙译，商务印书馆 2012 年版，第 221 页。

④ 〔美〕哈维·C.曼斯菲尔德：《驯化君主》，冯克利译，译林出版社 2005 年版，第 269 页。

权力都倾向于被滥用，要想取得安全（政治自由），必须防止权力的滥用，而要想防止权力的滥用，必须以权力制约权力。那么，如何以权力制约权力呢？这时候，孟德斯鸠才运用他从英国接受的三权分立学说，阐述他自己的自由宪政理论。英国式的立法权至上的三权分立学说被孟德斯鸠进行了原理改造，仅仅保留了三种权力的名称。这就是孟德斯鸠的思想真正具有原创性、真正伟大的地方。英国式的三权分立学说以英国的议会至上为蓝本，虽有权力的分立但实际上只有一种意志，那就是立法者的意志。执行机关和司法机关没有自己独立的意志来抗衡立法权的滥用，也就无从保障政治自由。孟德斯鸠赋予了三种权力机关分立的意志，并刻意制造三种权力之间的冲突，权力的冲突所形成的相互制约关系正是自由的源泉。

孟德斯鸠同样也认识到了目的与形式的紧张关系，他指出可能存在政制自由但公民不自由和政制不自由但公民自由的两种情况。“在前一种情况下，政制在法律上是自由的，事实上并不自由；在后一种情况，公民事实上是自由的，在法律上并不自由。”①但他不像洛克一样，允许执行官有超越法律促进自由的特权，而是认为“唯有通过法律尤其是基本法的安排，自由方能确立”。② 在孟德斯鸠的三权分立体制中，执行权要想取得与立法权相制衡的效果，势必不可能仅限于执行立法者的意志，但执行权又被剥夺了超越法律的权力，成为一种中庸化的执行权，作为目的的自由与作为形式的法律唯有在三种不同的权力的相互制衡中寻求统一。

（四）执行权的共和化：联邦党人对执行权的完善

美国立宪所要解决的主要问题就是建立一个强有力的联邦，并且这个强大的联邦必须是共和国而不是君主国。强有力的联邦意味着强有力的行政长官，而强有力的行政长官往往是君主制的产物。汉密尔顿说：“执行不善的政府，无论从理论上怎么说，在实践上肯定是个坏政府。”③这一点已经被美国早期的历史所证实，并为大部分的美国人所

---

① 参见〔法〕孟德斯鸠：《论法的精神》，许明龙译，商务印书馆2012年版，第221页。

② 同上。

③ 〔美〕哈维·C.曼斯菲尔德：《驯化君主》，冯克利译，译林出版社2005年版，第286页。

认同。问题的关键在于如何设立一个与共和主义政体相匹配的强大执行官。实际上,《联邦党人文集》第70篇所要论证的就是强有力的执行官与共和政体的相容性问题。

共和主义的传统对法律持一种过分乐观的态度,“他们认为,从本质上说人们能够依靠他所选择的法律生存,根本不必屈从于他们没有选择的必然因素……”[①]联邦党人认识到了这种必然性,但是又不愿像马基雅维利一样,用必然性为绝对君主提供为所欲为的权力。他们试图学习洛克和孟德斯鸠将必然性纳入宪政体制之中,他们相信一个代表人民深思熟虑的理性选择的宪政体制能够同时容纳强大的执行权和共和主义。

汉密尔顿提炼出强有力的行政部门的因素和维护共和制度的条件。“使行政部门能够强而有力,所需要的因素是:第一,统一;第二,稳定;第三,充分的法律支持;第四,足够的权力。保障共和制度安全,需要的因素是:第一,人民对之一定的支持;第二,承担一定的义务。”[②]汉密尔顿试图证明,一个由人民选举、有稳定任期和负责任的总统既能够保持执行所必需的活力,又能够保证在宪政体制内活动,从而避免暴政的危险。

曼斯菲尔德认为联邦党人出色地完成了这一项任务,在宪政体制的框架内解决了形式与目的的内在张力。有关联邦党人的执行权设计与洛克和孟德斯鸠执行权理论的联系与区别,曼斯菲尔德作出了精炼的总结:

> 《联邦党人文集》所采用的通过选举把执行官纳入共和政体的战略,把法律和特权之间的冲突纳入了宪政体制之中:它并没有结束这一争执,但是它把争执的双方都变成了共和主义者。结果是改进了洛克的宪政体制中的宪政主义。没有否认对某种特权的需要,但是不可以在宪法之外满足这种需要。这不意味着美国宪法在两种权力冲突时不会成为一个争执的对象,但是它确保双方能够用自己的方式援引宪法。《联邦党人文集》保留了孟德斯鸠对洛

---

① 〔美〕哈维·C. 曼斯菲尔德:《驯化君主》,冯克利译,译林出版社2005年版,第295页。

② 〔美〕汉密尔顿、杰伊、麦迪逊:《联邦党人文集》,程逢如等译,商务印书馆1980年版,第356页。

> 克的宪政体制的改进，使执行与立法双方都处在宪政体制之内。但是与孟德斯鸠相反，《联邦党人文集》把宪政体制中的执行官同人民主权原则结合在一起。[①]

联邦党人的执行权之所以能够调和强大的执行官和共和主义所要求的民主法治，调和作为目的的生命、自由和财产与作为形式的政府体制，关键在于美国宪法。美国宪法代表了一种经过深思熟虑后的人民意志，承载了人民对于安全、自由和幸福的追求，并且认为要想实现这个目标唯有采用一种权力制衡权力、野心对抗野心的制度设计。这项宪政制度不再是一个可用公共福祉超越的形式，而是成为了公共福祉这个终极目的的一部分。立法机关、行政机关均可代表人民的日常意见和利益，但唯有宪法才能代表真正的人民意志和人民的长远利益。洛克用以解决形式与目的紧张关系的立法权至上和执行权至上的双重结构被联邦党人改造成了宪法至上。执行权的暧昧地位就隐藏在宪法之下，联邦党人并没有彻底标示出美国宪法中的执行权是强大的或是弱小的，就连汉密尔顿和麦迪逊对此也发生了巨大分歧。但曼斯菲尔德显然是欣赏这种模糊的设计的，因为它为执行权的暧昧本质留足了宪法解释的空间。

三、执行权的暧昧性及其敌人

执行权的暧昧性质是执行权的本质。通过一种观念史的梳理，曼斯菲尔德试图告诉我们存在着两种意义上的执行权：一种是字面意义上的贯彻者，忠实地履行法律的意图，另一种是实践中的执行者，它根据自己的意志理解并执行法律。唯有同时满足这两个特征才是现代意义上的执行权。这个结论最终用于解释美国总统在宪法体制中的地位，以及批判极端形式主义的官僚制和以目的合理性为名的极权主义。但曼斯菲尔德的论证方法不是通过一种现实的经验观察得出这个结论，或是从某个抽象的原则演绎出这个结论，而是从经典著作的细致解读中引出这个结论。它发源于古希腊、古罗马，并在启蒙思想家那里得

① 〔美〕哈维·C.曼斯菲尔德：《驯化君主》，冯克利译，译林出版社2005年版，第297页。

以确立，最后由联邦党人完成执行权的宪政化。执行权在整个政治思想史上的演变过程，可以简化为下面这张表格：

	执行的目的	执行者	执行权名称	执行权的范围
柏拉图/亚里士多德(理论)	绝对理性的正义	哲人王	王权	统治一切
亚里士多德(现实)	中庸的理性与正义	行政长官们	被分割的诸种执行权	官职需要
古罗马	共同的福祉	独裁者/执政官	独裁权	仅受目的制约
中世纪	上帝的意志	教皇/世俗君主	教权/君权	受神法的制约
马西利乌斯	人民的同意	政府	统治权	严格受人民制定的法律约束
马基雅维利	安全与秩序/事物的必然性	执行官	—	不受任何约束
霍布斯	安全/自我保存的自然法	君主	主权	仅对自然法负责
洛克	生命、自由和财产	执行机关	执行权	执行法律/超越法律
孟德斯鸠	安全(政治自由)	执行官	执行权	服从法律
联邦党人	生命、自由和财产	总统	执行权	服从宪法

执行权的暧昧性不是一种理论缺陷，而是体现出了高度的政治智慧。执行权的任何一个方面都是不可缺少的，执行权的形式与实质相互依存，“一个软弱的、形式的执行官，维护着强大的、现实的执行官；同样，后者也维持着前者”。① 从理论上，为了排除专断权力，我们可以建立一个严格的服从法律的执行权，但几乎所有伟大的政治思想家都认识到法律的缺陷，以及人类对纯粹工具统治的抵制。在形式不能达到目的之处，交由具备卓越品质的执行官来弥补。曼斯菲尔德认为“现代执行权以及它所具备的超凡魅力是可不避免的”。② 执行权所要达到

① 〔美〕哈维·C.曼斯菲尔德：《驯化君主》，冯克利译，译林出版社2005年版，第35页。
② 同上书，第29页。

的目的为一个强大的执行权提供了正当性，而在一种三权分立的宪政体制之中，唯有强大的执行权才能取得与另外两种权力平起平坐的地位，才能够实现权力制衡、防范暴政。

对于执行权的暧昧性质的不理解，导致了美国学者在探讨美国总统权力时的偏差。以爱德华·考文为代表的形式主义学派试图从宪法的文本和制宪者的原始意图中找到总统权力的明确边界，而倾向于现实主义的理查德·纽斯塔特则力图阐述一个实践中强大且个人化的总统权力。解决这场学术争议，阐述一种更为整体性的执行权理论是《驯化君主》一书的第一个目的。将美国总统置于曼斯菲尔德的执行权理论框架下观察，总统的权力是处于执行的形式与目的之间的伸缩领域。它既可以是强大的，也可以是弱小的。每一位总统都可以根据自己对形势的判断动用强大的执行权，用个人的卓越品质发挥执行的本质要素——活力与及时。但总统终归要服从宪法，服从权力分立的宪政体制。

为美国总统的宪法权力在文本与实践之间的张力提供合理的解释，是该书导论就交代出来的问题意识。而在结语部分，曼斯菲尔德才指出自己更为深刻的一个问题意识——对极权主义的批判。曼斯菲尔德认为，20世纪极权主义的兴起与马基雅维利创造的执行官有莫大关联。极权主义的领袖正是马基雅维利创造的以执行必然性为目的的执行官，领袖凭借自己的超凡魅力取得人民的信任，声称自己是人民意志的执行人和利益的维护者。领袖超越于一切法律和制度之上，用自己的意志行使支配一切的权力。

与这种领袖个人集权体制相配套的是形式主义的官僚体制。高度形式理性化的官僚体制的背后是执行权软弱的一面，执行被严格限定在"可预计的规则"之内。[①] 官僚制试图用一套高度形式化的规则，严格确定执行机关的职责、权限和行为方式，忽视了具体事物的个性，把一切执行活动都变成冷冰冰的例行公事。正如密尔对官僚体制的批判："凡是变成例行公事的东西都丧失生命力，不再具有在其内部起作用的精神，只是继续机械地运转，而要做的工作却依然未做。"[②]对僵硬

① 〔德〕马克斯·韦伯：《经济与社会》(下卷)，林荣远译，商务印书馆1997年版，第297页。

② 〔英〕J. S. 密尔：《代议制政府》，汪瑄译，商务印书馆1982年版，第86页。

规则的例行公事式的执行带来的是对整个制度所追求的目的的偏离，从而导致制度功能的异化。

极权主义的领袖不受任何形式的限制，但却用最恶劣的形式主义实行对国家的控制。一套严密的管理体制被建立起来执行领袖的意志，现代执行权的对立面——不讲形式和形式主义在极权主义政体下完成了结合。在这种体制之下，本该用以限制为目的的形式主义，“并不真正尊重阻止专横统治的形式和形式化规定，相反，它把它们作为暴政的工具加以操纵”。[①]

更为可怕的是，极权主义的领袖和他的官僚们借用执行概念的中立性，拒绝对任何暴行承担责任。“官僚机构仅仅是没有目的的形式；而提供目的的领袖仅仅是在传达他从历史那儿得到的指示。他们都不是负责任地进行统治，都试图以自己典型的不负责任去弥补对方的不负责任。”[②]

现代执行权所具有的暧昧性质要解决的正是孕育出极权主义的形式与目的的背离。经过洛克、孟德斯鸠和联邦党人驯化过后的执行权应当坚持一种游走于形式与目的之间的暧昧地位。不能因为固守形式而损害目的，也不能因为追逐目的而放弃所有的形式。最为基础的形式——国家的宪政体制是人民经过深思熟虑的意志表达，它代表了人民追求目的的正确方式，它本身就成为了目的的一部分，是不可舍弃和超越的。

四、执行权理论的启示

曼斯菲尔德对现代执行权的理论证成是着眼于美国宪法已然建立的宪法体制之上的，他对极权主义的批判在很大程度上就是为美国的宪法体制背书。在这一点上，他所创立的这项执行权理论很难用以解释中国宪法体制下的执行权的宪法地位。然而，抛却意识形态的争论不谈，曼斯菲尔德毕竟是从政治哲学的内在机理上论证了执行权的暧昧性质，并将执行权的暧昧性质上升到形式与目的的内在张力这样一

① 〔美〕哈维·C.曼斯菲尔德：《驯化君主》，冯克利译，译林出版社 2005 年版，第 323 页。

② 同上书，第 324 页。

个哲学高度，使得他的理论能够超越意识形态和宪法体制的差异性而取得普遍的解释力。

第一，现代执行权理论能够用以分析依法行政原则的现代内涵。曼斯菲尔德让我们明白将执行权仅仅视为对法律的忠实执行无疑是高估了立法机关和法律文本的作用，并将执行权和行政机关的地位与功能简单化了。死板僵硬的行政权是自由放任时代的产物，但随着现代行政国家的出现，一个强大的、能动的和拥有主体意志与能力的行政权成为一种更为妥当的选择。字面意义上的弱小执行权概念依赖立法传递的合法性已然难以满足现代行政的需要，行政裁量权的兴起给严格意义上的依法行政原则带来了挑战。执行权理论一方面能够解释行政裁量权兴起的必然性，另一方面也能够指出宽泛的自由裁量权可能导致的恶劣后果。执行权理论所倡导的形式与目的的统一能够为现代行政法上裁量权的规则问题提供一种应对思路。

第二，执行权的暧昧性质能够用以构建现代行政权的内部结构。弱小的执行权实际上对应了严格行政法治主义的"法无明文授权不可为"，即严格执行法律意志的执行权；强大的执行权是指拥有自由裁量权的现代行政权。结合古德诺将政府行政职能划分为执行功能、准司法功能、统计和半科学功能[①]，以及紧急行政权力理论中行政机关拥有超越法律的权力，现代行政权可以划分为三个部分：(1) 严格依法行政原则下的执行权；(2) 拥有一定自由裁量权的行政权；(3) 紧急状态下执行行政长官意志的紧急行政权。行政权的这三种权力应对不同情况下的行政任务，能够最大程度地弥合形式与目的的紧张关系。

第三，执行权理论能够为我国《宪法》中作为最高国家权力机关执行机关的国务院的宪法职权提供解释方案。我国现行《宪法》第85条规定："中华人民共和国国务院，即中央人民政府，是最高国家权力机关的执行机关，是最高国家行政机关。"对此，有学者从严格的依法律行政原则出发，认为作为国家权力机关的执行机关的国务院的宪法权限以执行全国人大及其常委会的法律、决议和命令为限。"在宪法上，没有法律和决议就没有执行。"[②]该观点将执行权严格限定在对法律的执行

---

① 参见〔美〕弗兰克·古德诺：《政府与行政——政府之研究》，丰俊功译，北京大学出版社2012年版，第63页。

② 王贵松：《依法律行政原理的移植与嬗变》，载《法学研究》2015年第2期。

上，试图取消行政机关在形成和表达国家意志方面的功能，难以解释《宪法》第 89 条和《立法法》第 65 条明确赋予国务院在行政管理职权范围内根据宪法规定行政措施、制定行政法规、发布决定和命令的权力。而曼斯菲尔德的执行权理论恰好能够说明为什么现行《宪法》一方面将国务院定性为最高国家权力机关的执行机关，另一方面又赋予国务院在行政管理职权范围内相对独立的宪法地位。换言之，运用执行权理论来解释《宪法》第 85 条，可以发现国务院在现行宪法体制中并非完全从属于最高权力机关，而是拥有一定独立宪法职权的宪法机构。在《宪法》第 89 条赋予的广泛的行政职权内，国务院拥有实施宪法的功能。

此外，执行权的暧昧性还能够为法律解释和宪法解释提供一定的理论指导。按照严格的逻辑划分，司法和行政均是对法律的执行。[①] 执行权的暧昧性要求执行人在不完全抛弃法律的前提下根据个案的实际情况作出最符合目的的判断，反对绝对的形式主义和全然不要形式的专断。法律解释理论中同样存在要求严格遵循法律原意的文本主义解释和讲求发挥法官个人智慧的能动主义司法。执行权的暧昧性理论与现代法律解释方法论所追求的“眼光之往返流转”于个案事实与规范文本之间的解释学立场不谋而合。[②] 此种法律解释学能够从曼斯菲尔德对执行权的政治哲学分析中找到坚实的理论依据。同理，宪法解释者在解释宪法时的立场和方法同样应当吸收执行权的暧昧性质，在尊重宪法文本的基础上运用解释者的智慧应对时代提出的新问题，从而避免固守形式对宪法价值的损伤或者完全不顾形式导致的对宪法权威的伤害。

（责任编辑：唐冬平）

① 参见〔奥〕凯尔森：《法与国家的一般理论》，沈宗灵译，商务印书馆 2013 年版，第 390 页；〔美〕弗兰克·古德诺：《政府与行政——政府之研究》，丰俊功译，北京大学出版社 2012 年版，第 11 页。

② 〔德〕卡尔·拉伦茨：《法学方法论》，陈爱娥译，商务印书馆 2003 年版，第 13 页。

《让子弹飞》的革命隐喻及其法治现代性

华 雨*

内容摘要 在深层次意义上,《让子弹飞》是一个关于革命法制及其现代性的故事。在辛亥革命的历史背景下,影片由黄四郎、张麻子(张牧之)、鹅城县令等角色展开着激烈的“王/寇—革命—反革命”之多维悬念纷争。革命的缘起、技艺与本体是该故事的问题开端,正因此故事得以由法政哲学向度深入,体现出流畅的现代性叙事方式及深刻的法制革命理论。片尾革命话语的“人物对话式”展开可以接续出多层次的法治理论问题,而影片的线性叙事与曲折铺陈更是在革命危机及其法治现代化的挖掘上提供了丰富的话语延展空间。《让子弹飞》几乎成为经典革命法哲学研究的典范,我们可以基于此对之进行革命、法治及其现代性的法哲学解读。

关键词 《让子弹飞》 革命法制 现代性 隐喻 法哲学解读

一、革命隐喻:缘起、技艺与本体

影片充斥着大量的技术性转折与理论化隐喻。这可能是导演姜文个人审美的缘故①,但至少在革命问题的隐喻,即缘起、技艺及本体的处理上,我们看到的几乎都是革命法制思想的刻意流露。它主要通过“小六子之死”“深夜送财”“激怒民众”等戏份实现,在这之中,革命的深层次发生学意义与背景,革命的技术性挑逗与实现,革命的本质叙述与实践反思均能在影片的层层推进(特别是三次“峰回路转”)中得到完美

---

* 四川明炬律师事务所律师助理。

① 姜文最有趣的文字作品莫过于与本文在叙事上有千丝万缕关系的《骑驴找马》,详见姜文:《骑驴找马——让子弹飞》,长江文艺出版社 2012 年版。

诠释。

革命隐喻从“小六子之死”与张麻子的誓言开始。张麻子赴黄四郎的鸿门宴之后，对着小六子灵位独白：“今天我算明白了，为什么当初我会上山当麻匪，就是因为跟这帮东西玩不起。现在为了你，我必须玩得起，还得玩得赢。”

这个“玩得起”与“玩得赢”成为革命缘起之关键。由于早年的浪荡事迹与多年混战，张麻子几乎已经成为“占山草寇”，这在该片多次的人物自述式交代中得到印证。尽管辛亥革命成果毁于一旦，但“军阀势力过大并且混战的局面让他感到无能为力”，而“小六子之死”的发生及其深刻原因促使其放弃“明哲保身”的乱世哲学与“安稳度日”的旧式思维。这可能应被归属于最为根本的意识现代性的觉醒问题（而非传统的个人“伦理/政治底线”），于是投身革命成为其唯一选择。故事也在阴森的隐喻中层层进展。

革命技艺问题是该片着力表达的艺术重点，也是理解革命发生学的关键。革命的主体只能是人民及其联合，少了大量“智识盲从性”与“热情煽动力”[①]极强的利用物，革命无从谈起。民众是“乌合之众”，亦是“狂热分子”。[②] 他们一旦被点燃，就可以发挥革除、改新的巨大扭转功能。但革命家必须深谙这“一旦”语义中的政治化改造，即“革命挑逗”与“激发众怒”。该片的“深夜送财”与“激怒民众”两桥段将之展现得入木三分。熟稔“愤怒”能战胜“恐惧”，从而使人们决心跟随自己、挑战权贵的张牧之把“剿匪”得到的钱散给鹅城百姓，百姓于是等到夜深人静之时偷偷把钱敛走。次日，黄四郎的马车出现在鹅城街头，人们把敛来的钱如数送还。很明显，只有当心中的愤怒被引燃，到达临界，以至于冲破（或者好像冲破）长久以来压抑人心的“奴性”之时，人们才会不惜性命，奋起抗争，从而变身“革命者”。

事情首次失败，于是革命技艺者适时登场：“这是为什么？”/“怕啊！”/“怕里面有什么？”/“有怒！”/“我一定把他们心里的怒给勾出来”。

---

① 民众及其意志最终便贮存于这两大属性之中，参见华雨：《“公案”中司法与传媒、民意的政治角力》，载张永和主编：《社会中的法理》（2014 年第 2 卷），法律出版社 2015 年版，第 82 页。

② 上述两类属性造成了其著名的两大称谓，其经典的大众心理学分析可参见〔法〕古斯塔夫·庞勒：《乌合之众》，冯克利译，中央编译出版社 2004 年版；〔美〕埃里克·霍弗：《狂热分子》，梁永安译，广西师范大学出版社 2008 年版。

于是，顺理成章的技术性桥段便在该片后段出现：群鹅的场面与数颗子弹的发射为革命的前奏写下壮丽的诗篇。革命就此发生，在发生学/技术性层面，张麻子大获全胜。

革命本体的处理是该片最为隐晦的部分。小六子的死，是张麻子从一个“潜在革命者”向“现实革命者”身份转变的关键点。革命非“以暴制暴”，而是指向了一种新秩序的建构，这种秩序内在的精神就是革命行动的古老价值依据——自由，即张麻子所言：“站着，还把钱挣了。”更为重要的桥段显然是片尾的张麻子与黄四郎的对话。张麻子的一句“没有你对我更重要”击碎了黄四郎最后的坚强内心。在见识了土匪、豪强、造反者后，黄四郎几乎未能从心理上接受这个名副其实的“革命者”对手。在这个中国千万年未曾有过的称号前，黄四郎的领袖行动之气质与社会治乱之矜持被打破。他也显然不会知道，这是一次划时代的中西理论交接。身份与文化的内在交锋骤然激烈起来，该话题也成为整个影片的精神核心，即革命“破坏—重建”悖论之展开。它是革命问题的本质，可惜它仍然未能解剖革命法哲学的根本来由与历史社会学的致命缺陷。但是，它也由此成为革命话语展开的理论契机。

二、革命话语：理论及其可能联想

革命是使权力或组织结构发生变革的活动。革命的进程一般比较迅速，速度相对于演变、改革、革新更快。革命的政治哲学或法哲学问题主要围绕“正当性”与“证成性”这两对概念而展开。[①] 前者是革命法治问题的政治建构理论之变种，即一个共同体政治权力的建构实际过程及其合法展开，或至少“宣称/主张”合法性[②]；后者则由“权威”概念主导[③]，在合法的背后寻觅正当的“辩驳/服务性”国家理由和“公共性

---

① 周濂的论述提醒笔者始终应当在政治哲学领域中区分这两对概念，道德、责任、政治权力与合理性等概念始终在语义与历史的混沌状态中被忽视，详见周濂：《现代政治的正当性基础》，生活·读书·新知三联书店 2008 年版，第 2—13、29—33 页；许纪霖等：《政治正当性的古今中西对话》，漓江出版社 2013 年版，第 1—7 页。

② Leslie Green, *The Authority of the State*, Oxford: Oxford University, 1988, pp. 1—9.

③ 高全喜：《研究法律与权威的几个理论路径》，载郑永流主编：《法哲学与法社会学论丛》(2007 年第 2 期)，北京大学出版社 2008 年版，第 4—7 页。

基础”，因而必然与自由、法治、秩序等价值序列相缠绕。

革命涉及政治权威建构和政治正当性话语的树立，我们说它是现代性的产物。现代政治肇始自16世纪意大利政治学家马基雅维利关于君主“狮子和狐狸”隐喻的横空出世，它造成了古典政治哲学维度断裂后的巨大理论真空，所谓“政治现代性”的问题被正式提出。[①] 革命的现代性问题赓续政治现代性的证成及树立，在“前现代—现代”的重要转折中，马基雅维利与托马斯·霍布斯起了关键作用。前者实际上彻底颠覆了基于教会的政治哲学，开启了立基于智灵理性的现代政治构建，所谓“命运”被君主紧紧抓牢而尽显政治人文本性[②]；后者对古典秩序有根本性挑战，其由完全“个人主义”的逻辑起点出发的政治契约/国家论述终结于“君主专制政体”的“强大利维坦的人间上帝”[③]，却造成了自由主义法哲学体系建构的超越传统之贡献。政治的世俗化迅速解放了古典的“政治/道德”束缚，“马基雅维利主义”是一切革命破坏、权术升降、现代性“革命—法制”危机的开端。而政治的自由化则开启了“证成性”的革命归宿，革命问题本身被发明出来了，它成了解放、新/美好的代名词，而遗留下最古老的“自由”名义。政治“人间之降落”（政治世俗）与政治革命“自由/证成化”之发明（政治理由）对于理解革命与现代性的共生关系极为重要。

革命与自由、法治、秩序等概念联系紧密。按照阿伦特的观点，革命的最古老的理由只能是“以自由对付暴政”。[④] 所谓“不自由，毋宁死”正是这个道理。革命作为现代性的衍生物，在社会领域所谓“运动式”的解决方式之下，对比于渐进式“微创术”的解决方式具有更多内生性矛盾与冲突，因此在理论家辩驳这一概念时，均是从“自由的目的”阐发以达到为革命正名之效果。革命是激进主义的后来物，而激进主义

---

① See Leo Strauss, “The Three Waves of Modernity”, in *An Introduction to Political Philosophy: Ten Essays by Leo Strauss*, ed. Hilall Gildin, Detroit: Wayne State University Press, 1989.

② 华雨：《法哲学视阈下的自然法与实证法——一个思想史的考察》，载《研究生法学》2014第5期。

③ 〔英〕霍布斯：《利维坦》，黎思复、黎廷弼译，杨昌裕校，商务印书馆1985年版，第132页。

④ 〔美〕汉娜·阿伦特：《论革命》，陈周旺译，译林出版社2007年版，第1页。

来自于启蒙运动时期关于和谐、一致、美好、平衡的浪漫主义追求。[①]对此，让·雅克·卢梭功不可没。他让启蒙走向歧途：理性主义的努力最终导致了法兰西轰轰烈烈的革命。历史学家朱学勤将这一路径径直定义为“卢梭—罗伯斯庇尔”路线[②]，我们说这是一个由文人到运动者的路线。卢梭道德理想国注定覆灭的原因恐怕不仅仅是所谓雅各宾派实践上的“恐怖”特征，而在于其继承中世纪“救赎”传统以克服现代性的缺口的努力证明了“古今之争”的永恒对立。对于熔铸道德德性于政治技艺基础构建之上的尝试彻底失败了，其间被证明隔着无比巨大的鸿沟，恐怕只有上帝才能勉强跨过。在理论上，我们无法接续这一伟大工程的铸成，正如自由无法根本性证成革命的目的及意涵一样。革命与法治、秩序的连接同样值得关注。法治传统源远流长，它摒弃了单个人的普遍存在的欲望和邪恶，找到了一个系统性的克制城邦众人之事的统治术：法律除了上帝以外不服从任何的权威。因而法治总是冷峻的、理性的，总是立基于秩序价值上的社会控制和凝聚体系。这是革命不能望其项背的最大特征，虽存在形式法治的普遍价值观之尊重[③]，但革命法制的危机根本需要法治的治理与价值向度的解决。另外，秩序价值是法治状态下一个最低且独立的价值，尽管法治理论众说纷纭，但最基本的共识可能是：它天然排斥“无政府”与“专制”。断裂与紧张感不是法治下的秩序价值所热情拥护的[④]，而这两者却同时出现在了革命的进程与背景中。因而，在法治的语境下，革命与秩序实际上没有什么共同点：一个致力于构建连续性、一致性，一个善于打破它；一个渐趋保守渐进，一个长于激进进化；一个讲求最低限度平衡，一个则总是打破瞬时均势。

三、革命危机及其法治现代性延展

影片揭示出的革命与现代性问题的法哲学纠缠导致革命实践的渐

---

① 〔英〕以赛亚·伯林：《浪漫主义的根源》，亨利·哈代编，吕梁等译，译林出版社2011年版，第13—14页。

② 参见朱学勤：《道德理想国的覆灭：从卢梭到罗伯斯庇尔》，上海三联书店2003年版。

③ 陈林林：《法治的三度：形式、实质与程序》，载《法学研究》2012年第6期。

④ 〔美〕E.博登海默：《法理学：法律哲学与法律方法》，邓正来译，中国政法大学出版社2004年版，第246页。

趋冷淡和边缘化归宿。革命源自政治古典与现代性的断裂,它造成了形式化的政治实践处理。运动式的剧烈方式即使具有猛烈的革除功能,在缘起、技艺上完胜旧势力,从而将革命的本体和盘托出,也正如前文理论联想所述:它依然无法融贯性地为自身的"自由"之法治价值正名,而是延续浪漫式的"怜悯"与"完整"之"完善论"政治形态,特别是在"社会革命"的意义上。阿伦特认为,可就基于"法国革命"与"美国革命"而区分出"政治革命"与"社会革命"。社会革命的起因是基于同情,因为社会的苦难景象引起了人们的怜悯,"从那以后,同情的激情到处蔓延,使一切革命中的仁人志士蠢蠢欲动"。[①] 而法国革命正是过于强化"平等"与"同情"而弱化"重建"功能从而造成了社会浩劫。另外,它与法治、秩序也几乎绝缘,而进化与革"新"的最后目的论说明也不能于革命辩驳一方站住脚。革命危机的造成既是它的挑战者——法治的价值维护的结果,亦是其自身生发所不可避免的悖论。

思想史上反思革命的理论层出不穷。法国贵族托克维尔在《旧制度与大革命》中猛烈抨击了大革命的实践。他首次明确提出了"多数人暴政"的问题。[②] 他在观察法国革命之际把旧制度的某种复辟与革命式的摧毁联系到了一起,即使这看起来不可思议,但事实上发人深省。英国保守派代表埃德蒙·伯克则完全撕下了这层遮羞布,极尽批判法国革命之能事,将之视为愚蠢的乌托邦神话。[③] 他在反思大革命的时候,实际上是在说理性本身可能也是值得怀疑的——就像理性本能地可能怀疑一切一样。后现代思潮说得更加露骨,"理性分解一切、理性建构一切"不过都是在"装"。根本无所谓"建构"一说,他们的任务是"解构"。这是后现代的叙事,是关于存在即虚无、虚无即自由的论调,不是因为存在后我们再寻找自由,而是因为,存在与自由本身就是同时态的,存在即自由[④],因而革命语词本身便是"无意义"的。

对应于影片本身,革命的反思是"革命者→麻匪→革命者"之循环路径与张麻子手下一席人等纷纷南下的"革命困境"。社会不允许革命

---

① 〔美〕汉娜·阿伦特:《论革命》,陈周旺译,译林出版社 2007 年版,第 58 页。

② 〔法〕托克维尔:《论美国的民主》,董果良译,商务印书馆 1991 年版,第 282—300 页。

③ See Edmund Burke, *Reflections on the Revolution in France*, Oxford: Oxford University, 2009.

④ 这种强调最为明显的拥奉者是法国哲学家萨特,详见〔法〕萨特:《存在与虚无》,陈宣良等译,生活·读书·新知三联书店 2007 年版。

者永远革命，而革命的本体与理论告诫我们，革命的属性便是不断革新与重建，否则它不能为“自由”等价值所容留。这里便出现一个悖论。张牧之驾着的白马神情落寞、无奈而淡然；火车又徐徐驶来，既是开始，又是结束，更是轮回。

结　　语

关于革命、革命观念、革命与秩序的所谓“话语纳捐”（王小波语）的反思，我们必须提出这样一个观念——进化。进化是否成立？在多大程度上成立？它是不是人类社会的必然性或偶然性？它在多大程度能够被证明？在什么条件下可证明？法学史上有进化论思维的法学流派是：缘起于德国民法学家萨维尼的历史法学派、起源于达尔文生物进化论的斯宾塞所谓“社会达尔文主义”思潮以及马克思的历史决定论。斯宾塞认为，文明和法律乃是生物的和有机的进化过程的结果，而生存竞争、自然选择、“适者生存”则是这一进化过程的主要决定因素。进化表现在分化、个体简单的形式到较为复杂的形式、从原来的同质到最终的异质这样一种渐进的过程。马克思某种程度上承继了此种社会历史观，虽然其最大的思想渊源恒在于空想社会主义的乌托邦政治影响。革命话语的继续必须依赖于这种历史决定论的支撑，其关于社会都是遵循历史进化的单线进路：由奴隶制到封建制，再到资本主义以至共产主义的上升路径。“新的就是好的”，这是历史主义的最大特征，也是其“贫困”之处。这样一种历史哲学显然在忽视现代多元社会的同时幼稚地认为社会是其“目的论”世界观的试验场，就像当年自然科学领域推行的那样。革命话语至此产生了根本危机。

革命是为了更好的制度、更好的秩序与更好的价值声张，在现代语境下即为“公平的社会生态”，但当批判完革命究竟有没有完成这一历史使命，以至于争论声沸反盈天、不可开交时，我们有未认真思忖：革命——在最基本的理由上——有没有根本违背革命本身之目的？[①] 革命所声张的那些价值、完善是突然性的断裂运动能够完成得了的吗？

---

① 〔美〕汉娜·阿伦特：《论革命》，陈周旺译，译林出版社 2007 年版，第 10—46 页。

革命后所设想的更好的秩序与价值难道不是立基于法治、立基于自由之上的某种平衡和谐么？那革命发生之本体是否违背了它自身？亦即革命本身就是社会政治哲学上的一个悖论？革命本身就是一个历史概念，亦可谓：革命本身就只是一个骗局。

（责任编辑：唐冬平）

疯狂的动物城：民主崩溃的样本

杨翼飞[*]

内容摘要 为维护整个动物界的秩序，保护每个动物的生命、自由与财产，所有动物达成合意，缔结了契约——宪法，并让渡出部分权利以组建政府及警察机构，从而摆脱初民状态，进入文明社会。这可以看做是建立动物城的根本目的所在。同人类社会一样，动物城也面临多元主义的问题。食草动物和食肉动物的族群对立，经过掌权者的煽动和利用，最终将动物城拖入混乱。可以说，《疯狂动物城》讲述了一个关于民主崩溃的故事，值得品味。

关键词 动物城 民主 崩溃 宪法 法治

"民主崩溃是民主化过程的逆转，是从民主政体转变为非民主政体的过程"。[①]这是政治学者包刚升对"民主崩溃"所下的定义，而这部"疯狂"热映的《疯狂动物城》(准确的翻译为《动物乌托邦》)，简直就是民主制度崩溃的标准样本。

电影开篇，讲述的是野蛮的丛林时代的生存状态。

在这个野蛮时代，所有动物是所有动物的敌人，每个动物之间都处于战争之中，最终获胜依靠的就是弱肉强食的丛林法则。经过漫长的社会演化，动物们终于明白，在这种状态下，没有动物是胜利者，每一个动物都处于随时可能被攻击的状态。

为了维护整个动物界的秩序，保护每个动物的生命、自由与财产，所有动物达成合意，缔结了契约——宪法，并让渡出部分权利以组建政府及警察机构，从而摆脱初民状态，进入文明社会。

这个社会显然建立了一个真正的民主政府，狮子为了选举的胜利，

---

* 北京市中兆律师事务所律师。

① 包刚升：《民主崩溃的政治学》，商务印书馆2014年版，第3页。

不得不与羊搭档，以争取羊选民的选票。这也是一个真正的法治政府，在狮市长涉嫌违法的时候，牛警长毫不犹豫地拘捕了它，而没有顾忌狮市长的地位。这样一个社会，堪称成功进行民主转型的典范。

但令人遗憾的是，并非所有成功进行民主转型的社会都能成功地巩固民主政体。

据塞缪尔·亨廷顿统计，在1910年至1931年第一次民主化浪潮时，实现民主转型的17个国家中，有13个国家在第一次民主化回潮(1922年至1942年)时崩溃了。[①]疯狂动物城不幸地属于民主崩溃的国家之一，而其民主崩溃的最重要原因即是族群分裂与对立。

按照包刚升在《民主崩溃的政治学》一书中的研究，族群分裂是引发选民政治分裂并进而导致民主政体崩溃的最重要原因之一。这些族群通常是基于血缘或世系认同而形成，往往具有共同的语言、文化、宗教等。[②] 在欧洲民族国家兴起的过程中，族群分裂和由此引发的族群冲突曾严重困扰着欧洲，像德国的犹太人问题和西班牙的少数族群自治问题均是两国民主政治崩溃的重要因素。

在疯狂动物城里，显然也存在着这样的族群问题。

在这个城市里，生活着食肉动物和食草动物两个族群。源于丛林时代食肉动物对食草动物的杀戮，两个族群在历史上曾经有过刻骨的仇恨，而食草动物对食肉动物的恐惧也一直延续到文明社会。

虽然食肉动物早已遵循文明社会的法则，不再威胁食草动物，但是，这种久远的恐惧记忆，形成了一种集体无意识，深深地潜藏于食草动物的内心中，只待某个时机爆发。即便理性如兔警官，内心深处也遗留着童年——暗喻着所有动物的初民时代——的恐惧阴影，在第一天上班出门前的最后时刻，兔警官拿上了防狐喷雾。

羊副市长作为食草动物中进入政界高层的一员，显然具有高度的政治嗅觉，它早已看到了这种潜藏于食草动物内心中的恐惧，就像希特勒看到了经济大萧条中德国中下阶层对犹太人的恐惧一样。

与所有企图掌控权力的独裁者相同，羊所做的，就是加深这种对其他族群的恐惧，塑造一个虚幻的敌人，制造偏见(肉食动物带有野蛮的

① 包刚升：《民主崩溃的政治学》，商务印书馆2014年版，第9页。

② 同上书，第87页。

基因)和族群对立,并进而利用这种恐惧与对立来实现自己的政治野心。不论是在现实的苏联,还是在虚构的《1984》中,这种掌控权力的模式都可见踪影。

这一方法虽然简单,但在一个充满盲从民众的社会,却能屡屡奏效。借助于羊所制造的食肉动物野蛮化事件,羊成功地操纵了食草动物的情绪,扳倒了民选的狮市长。在羊坐上市长宝座的那一天,民主政体实际上已经失败了。

盲从的食草动物不但拥戴羊的上位,甚至企图限制食肉动物的自由。这实际上已经形成了多数动物的暴政,并企图通过制定法律来侵害少数动物的自由。此时,不仅民主政体崩溃了,法治也岌岌可危。

正如欧洲是在彻查纳粹大屠杀真相进而和解的基础上,才建立了战后新欧洲一样,最终,拯救动物城依靠的并非其他东西,同样也是真相与和解。兔警官在获知藏红花是导致动物——不仅仅是食肉动物——野蛮化的真正原因后,它向狐狸说出了真相,并真诚地寻求狐狸的宽恕。两个动物的和解构成了它们通力合作的基础,并最终以真相击溃了羊市长的阴谋,拯救了民主政体。

故事进行到此时,本应是一个皆大欢喜的结局。但是,狮市长在片尾接受采访时所讲的“目的足以证明手段的正当性”的一段话表明,民主政体依然面临着重重危机,而民主制度也并非成功转型即可一劳永逸地享有。

实际上,任何人一旦掌握了权力,就有永久维持这种权力并滥用的倾向。民主政体的巩固是一个持续的过程,它需要民众时时保持理性,不要轻易被虚幻的恐惧与偏见所煽动,更不能放任统治者肆意地行使权力。

民主政体的持续运转,有赖于兔警官这类理想主义者对正义的坚守,也有赖于狐狸这样的现实主义者对权力属性的清醒认识。否则,民主可能永远都只是一个乌托邦。

(责任编辑:孙悦)

会议实录

司法改革的宪法视野学术研讨会会议实录

编者按:十八届三中全会、四中全会对深化司法体制机制改革作出重大部署。宪法是国家的根本大法,司法改革不能脱离宪法的指引,但在改革和创新的过程中又存在可能的冲突,在坚持依宪治国的基础上如何推进司法改革,是我们当下无法回避的问题。为了探讨司法改革中面临的各种宪法学问题,促进司法改革的不断深化和宪法的有效实施,中南财经政法大学法学院宪法学与行政法学学科于2015年11月14日召开以“司法改革的宪法视野”为主题的学术研讨会,共有30余位公法学人参加了本次研讨会。为展示参加本次会议学者们的学术思想,本刊特将此次会议实录收入其中,以飨读者。

主持人:王广辉(中南财经政法大学法学院教授、博士生导师)

各位嘉宾、各位老师、各位同学,我们的会议正式开始。首先对大家的到会表示欢迎,现在进行第一项:开幕式。有请中南财经政法大学法学院博士生导师刘茂林教授致辞。

一、嘉宾致辞

1. 刘茂林(中南财经政法大学法学院教授、博士生导师)

各位与会的专家、嘉宾、老师,大家上午好。今天上午在此举行的是“司法改革的宪法视野”研讨会,在这里就座的都是中国法学界的青年才俊。在这里,首先以个人的名义欢迎大家到来,另一个就是以中南财经政法大学宪法与行政法学科的名义欢迎大家。在此,本人相信这次活动一定能够取得预期的效果。谈到改革的事情,通过老同志改革恐怕是不行的,他们可能对旧制度旧体制有一种特殊的情感,所以改革要依靠年轻人。改革很早就开始,最早可以追溯到1978年。但是像如今这样大张旗鼓的改革,以顶层设计来做的改革是从四中全会开始。在宪法的视野下审视司法改革,我们会发现许许多多的问题。最后,期待会议取得预期的成果,学术成果的取得是在交流中不经意间获取的,大家不要有任何的负担和压力,畅所欲言地交流。

2. 肖崇明(中南财经政法大学法学院党委书记)

各位青年学者、我们的同学们,大家早上好。本人很关注改革的问题,认为从“司法改革的宪法视野”作为切入点是很好的。并且,来自全国各地的青年学者都是这个领域的专家。首先,本人表示欢迎;其次,中南财经政法大学法学院是拥有60年办学历史且充满勃勃生机的学院。学院有200余位教师,拥有法学一级学科博士点,在民商法学、宪法学与行政法学等9个二级学科均有博士学位授予权;同时也拥有法学一级学科硕士点,拥有法学理论、法律史学、宪法学与行政法学等8个硕士点和法律硕士专业学位授予权,30多个研究方向。此次学术研讨会由宪法与行政法学科牵头举办,是一个高层次、高水平的学术会议。再次,在十八届四中全会以后,中央推出司法改革的时间表,在190个项目里,有84个涉及司法和社会改革。总的来说,我们要实现中华民族的伟大复兴梦想,无法离开法律。在2017年以前,法律界要完成诸多的改革,这不是小事,我们法律人,作为这个领域的专家学者,不能观望,要有更多的责任和义务,在理论界有所作为。反过来在实践界,像智库一样做出自己的影响,为国家做点事情。最后,希望各位学者在本次研讨会中有所收获。

3. 田国宝(《法商研究》编辑部主任、编审)

尊敬的各位领导、各位来宾、各位同事、各位同学大家好。下面,本人主要说三点:第一,本人代表法商编辑部对各位不辞辛劳来参加今天研讨会的专家学者表示热烈的欢迎和衷心的感谢。第二,感谢各位学者长期以来对《法商研究》的支持,尤其欢迎大家向我们提出宝贵的意见并且多给我们投稿,让《法商研究》有更好的发展。最后,希望在座学者能在会议期间,增进彼此间的友谊,加强学术交流和合作。谢谢大家!

二、主题报告

1. 刘茂林(中南财经政法大学教授,博士生导师)

在宪法的眼光下审视中国当前的司法改革,至少要考虑两个维度:一是,司法作为一种国家权力,在宪法体制层面上,体现的是一种权力的制约关系;二是,司法实际上是解决纠纷的一种方式,是司法权力和其他国家权力之间的相互关系,这是要改革的问题。同时,司法权力在解决纠纷过程中也有改革的问题。这两个维度之间本身存在关联,因为司法权没有取得相应的地位,那么在解决纠纷维度上,它的权力明显是不够的,二者需要相互促进。司法改革中主要的问题是司法权力在具体解决纠纷时的运用,包括庭审、司法责任等问题。但是,本次会议真正应该关注的不是司法权在解决纠纷这个维度,而应该是在宪法层面、在国家权力分工制约上进行的司法制度改革。

中国的人民代表大会制度,作为国家的体制架构是有自己特点的,它不同于三权分立的体制。人民代表大会代表人民行使一切权力,由人大产生其他的机关来行使不同的权力,这些国家机关对人大负责、受人大监督,可是国家机关彼此间的关系在宪法体制下并不清楚。在《行政诉讼法》刚刚出台时,就存在一个问题:与其说行政诉讼是民告官的制度,还不如说它是现行的人大代表制度下的一种补充或完善。行政诉讼确立了司法权对行政权力的监督关系,两者间相互分工和制约的制度是建立起来了。但是,在中国,行政权是绝对的权力,这是一种传统,也是由现实所导致的,如果不对行政权在制度上进行制约,是不可行的。在这个层面上看,司法改革是要完善宪法体制下权力的分工和制约,让司法权在国家权力的架构中处于自己应有的位置。

在十八届四中全会里面,存在一层意思:在司法改革制度中谈权力制约,与在宪法的视野下谈司法改革、把权力制约纳入其中,应该是本来存在的意思。我们的视野应该开阔一些,现在研究司法改革的学者大都研究诉讼法,精力集中在程序、证据应用等方面,这当然是必要的,但是视野应该再宽些。第二个要说的问题是:司法制度的改革在解纷的层面上,司法要有权威,解纷作出的裁判才能够得到遵守。当然。这涉及很多的问题。在这上面,法律作出很多的举措,例如,设立巡回法庭，还有终身追责制度，等等。其实在这个领域，还需要思考的不是这个问题本身，而是这些问题与宪法体制是什么关系？是否影响或违背人大制度？比如，巡回法院的设置，是谁设置的？是最高法院设置的，还是中共中央的一个决定设置的？涉及设置重大的国家机构的问题，全国人大是否应该存在一个决议去决定？并且这个机构的设置会存在许多的问题，这些事情和制度相互的影响是怎么样的，法律界要有一个顶层制度的设计。

还有一点是：中国的宪法理论和西方的不一样，体制背后的理论也应该是不一样的。本人认为，我们缺乏自己的宪法理论、缺乏自己的政府理论，当然也缺乏自己的司法理论，这是学者们的责任。法学家能不能不搞 GDP、不去赶时尚浪头，扎扎实实地对中国的宪法理论、中国的政府理论或者说中国的司法理论进行各种研究，拿出我们自己的主题，这是学者们最应该做的事情。谢谢大家！

2. 夏正林（华南理工大学法学院副院长、教授、博士生导师）

各位老师早上好！各位同学早上好！非常高兴参加这次会议。司法改革问题，要看它的几面：首先，本次改革的大背景不一样，是指在全面推进依法治国这个大的战略下。关于此轮司法改革，首先要看这一年来全面推进依法治国战略的实施情况，然后看司法改革的实施过程。这一年来我们全面推进依法治国的战略实施，它有三个特点：第一，就像坐过山车一样的忽上忽下，抓放、放抓；第二，雷声大雨点小，宣传很多，各个层面都讲，甚至在企业里面都讲依宪治国、依宪治政，但是这个做起来不是那么容易；第三，这次全面依法治国的推进对学者是一个很好的春天。

中国这一次司法改革，集中体现为一种顶层设计，它是一个以司法原则和司法责任为两大着眼点的全面审核。但是推进起来，它的困难就在于刚才提出的三个特点。第一，比如广东省去年通过的司法改革方案，它是试点，去年七月份开始，到了十一月份才通过。基层的法院包括法官在内都是人心惶惶，总体来说就是想象得非常好，但是实施起来非常困难。面对这种局面，作为一个宪法学者，要考虑两点，一是宪法问题为司法改革制定了什么样的框架？二是这次司法改革，对宪法的落实，提供了什么样的实践资源？比如说，司法责任制。围绕一句话，就是习主席讲的“要让每一个人在司法体制中感受到公平正义”。

让老百姓不会遇到案子动不动就上访，愿意到法院来。但是如果他感受不到公平正义，他就不愿意到法院来，那就必须走上访这条路。

现在司法个案当中、程序当中最大的问题是我们的判决书不讲理。本人的意思是说，它都是根据某某法条进行判决，不告诉老百姓为什么用这个法条而不用其他的法条。为什么这个法条可以解决这个案件？用这个法条是什么意思？第二个就是判决书如何写的问题。这两大问题如果解决，司法改革是不难的。问题是要把怎么写判决书以及作出裁判的这种权力交给法官，不能说审的人不判、判的人不审。现在这个情况就是要慢慢改变，所以司法责任制便是要改变这个情况。人民群众都知道，诉讼一般是有原告和被告，一定是有一个败诉的，败诉那方一定是不满意的。他如果上诉或者上访的话，那么对法官来说压力很大。所以，我们的法官为了不让你上访、上诉或上诉不改判，所采取的办法就是向中级法院请示，中级法院也乐于给你指示。看起来是很和谐了，但是等于把我们的二审终审制度给破坏掉了，变成了实际上的一审。这里面就有一个问题——二审这个终审法院为什么能够改逆初级法院的一审判决？它改了意味着什么？现在这个理念没有搞清楚，因为来自于上级法院的法官比基层法院高一等，事实上也是这样，基层所有的培训、讲课都来自于高级人民法院。这其实是非常可怕的一件事情，法院的等级制度已经建立起来了，这对基层法院的法官极其不公平。所以，司法责任制要解决的一个问题就是要把判决的权力、作出判断的权力交给法官，这才是公平的。这样一来，法院依法独立审判就演变为在责任制的结构下由法官来作出判断。第二个问题就是我们如何作出这个判断？如果说法官对自己独立审理的案件作出一个判断——现在已经很好了，因为大家看到，不允许领导干部参与司法案件。因为这个权就是法官的，责任也是法官的。将责任给他，权力也应该给他，那是很公平的。为了作出判决，本人认为还需要赋予法官一个司法解释权，在司法审判当中对法律的解释权，与在审判当中作出判断应该是同样的东西。没有解释权，他怎么判断法条是什么意思？它为什么适用于这个案件？还有什么可以发展的方向？现有的制度不让法官解释，这就叫霸王硬上弓，老百姓你不按不行、不服不行、你不懂也得懂，这样的话就没有公平正义的感觉。现在最高人民法院的解释不是司法解释，它是活脱脱一个立法解释。立法一出来，比立法还长的解释就出来了。真正的司法解释，它应该是在司法个案当中，它就仅适用于这个案件，它所作出的解释不能出线。现在的司法解释，本人认为它是僭越了立法权。

最后一点，本人谈谈如何解决这个危险。首先，一定要引导司法改革，不要经过商谈、不要经过政治，通过司法的途径来解决个案，让老百姓感觉到公平正义，这个路子是对的，不能够后退。但是回过头来讲，考虑到法官的生态的时候，就会产生大量的问题，不是在法院，而是在政治过程与行政过程。如果要把它理顺，法官的生态要好得多。同时，还要建议一下，要改革法官、法院体制，可以把一些简单的、单一的案件通过私力去解决，不需要每个案件都到法院去解决。这样大量的一审或初级案件就能用很高的效率去解决。还没到那一步，一下子到法院来，法官的压力很大，很担心法院会崩溃。一旦崩溃，大家对法院就没有信仰，整个改革它就崩盘了，这就是本人最担心的。谢谢各位！

3. 支振锋（中国社会科学院研究所副研究员、《环球法律评论》副主编）

非常感谢有这个机会跟大家一起交流。司法改革实际上已经经历二十多年了，但是多年的司法改革实际上给我们一个悖论。一方面，现在讲司法是社会的最后一道防线，但是实际上，在实践中它没有发挥预期的作用。人民不满意了，就有很多的上诉和上访。另一方面，中央也不满意，中央认为司法机关没能化解纠纷和维护稳定。这是今天司法改革的一个背景：一方面社会有大量的纠纷产生，但另外一方面又发现，司法在面对这方面的纠纷是无力的。这个无力包括几个方面：第一是司法没有权威。为什么它没有权威？原因可能是它能力不足，很多法官的确是有能力不足的问题，也就是司法不能。另外一方面的原因可能是司法过多被干预，被权力干预，很多时候可能是被权力扭曲。所以在这个背景下，才有那么多的纠纷或者通过法院给予正常的解决，或者进入到信访的渠道，从而给中央很大的一个政治压力。也正是在这个背景下，司法改革不仅仅是为了提高司法权威，让它解决争议的问题，还能为中央解决政治压力的问题。

在三中全会和四中全会文件中，可以发现，学者很多理论化的思考实际上在很大程度上得到了体现。那么问题在于，就是这一套方案，它可能会发生多大的作用，能不能达到我们预期的目标？这个可能整体上并不那么乐观。首先,对于司法改革,中央有它的政治目的。一方面,比如说人财物省级统管。另外一个就是转移政治压力,将纠纷在地方解决,不要在政府而是在法院解决。实际上从某种程度上,就是将纠纷从左手转到右手,减轻政治压力的问题。转型期纠纷太多,那么在纠纷增多、法院又实行员额制的情况下,即便法官专业素养很高,法院的能力也是不足的,它的人手也是不足的。所以法院在已经超负荷的情况下,下一步可能面临无法面对的局面,类似于崩溃的这种境地。这是一个非常可怕的前景。现实是,一方面政府在想办法将纠纷引到法院,另一方面法院也在想办法将纠纷推给政府。这种情况不改变的话,法院无法摆脱它将面临的困境,这是一个问题。

第二个,实际上这次司法改革,强调的是去地方化。去地方化是为什么呢?实际上是为了解决法院被干预的问题。法院被干预主要有三种:一种是来自地方党委、人大的干预;第二,实际上最多的是法院内部上下级的干预;第三个就是来自上级法院或者是上级政府的干预。这次如果统管的话,反而增强了上级法院的干预。

还有一个问题就是,实际上,这次司法改革要增强法院的权威,但是这种改革一旦推行,有可能造成法院进一步边缘化的结果。无论西方或者东方,法院的权威来自两个:一个是它的权力结构,在西方是三权分立下面的一个定位;另外一个是它生产正义,就是正确的判决。就是说一个是权威,一个是正确。那么在中国,如果真的是省级统管、去地方化的话,很可能导致法院进一步边缘化。因为法院本身在地方的权力结构里面就没有很好的位置,现在如果再去地方化的话,法院内部要盖大楼之类的都需要地方政府。它对地方政府的干预是又爱又恨,而不仅仅是恨。如果真的实行统管、去地方化的话,将出现前后反差。它虽然不如常委之类的,但是它在地方办点事,它还是有一定地位的,但是之后你办事,地方的党委不会理了,你会进一步边缘化,你的权威会进一步削弱,这可能是没有想到的一个后果。

最后,实际需要的一个思路是:一方面要继续走这个正确的路子——精英化、专业化、独立化。实际上员额制跟西方一样,实现法院的扁平化治理,然后把法院做小,通过做小提高业务能力,然后把它做强。这个思路是对的,可能要坚持。另一方面在转型时期的中国去解决司法权威的问题,可能还需要一些应对这个时代的方案。那么如果把法院做小然后做强的话，可能需要一个大司法，必须有一个更大的纠纷解决渠道。例如，乡村治理结构，它将很多的矛盾于内部就化解了；另外行政调解等等，它有很多案件分流机制。通过一个大司法将纠纷在经过法院之前将它化解掉或分流掉，然后让部分分流之后的专业化案件进到法院，让法院去做它最擅长的事，这样才能真正实现司法权威。虽然小法院的前提是大司法，然而，大法院的前提也是一个大的纠纷解决机制。谢谢！

第一单元

主持人：田国宝（《法商研究》编辑部）

1. 发言人：姜峰（山东大学法学院副院长，副教授）：央地关系视角下的司法改革：动力与挑战

谢谢田老师，各位老师、各位同学上午好！我发言的题目是“央地关系视角下的司法改革：动力与挑战”，由于时间有限，就动力和挑战两点尝试把我的想法和大家交流一下。

首先关于司法改革的动力。这一轮司法改革跟前两轮司法改革的动力是不一样的。前两轮司法改革总体来讲是司法系统内在自我的完善，所以特别注重诉讼程序，法院内部的自我组织等技术性的方面的完善。而这轮司法改革的动力主要来自于司法系统外部，是为了回应过去十多年来国家日益加重的公共治理危机，它在十八大文件中也被当作一个战略实施。公共治理发生的危机就是大量的社会矛盾，典型的表现集中在上访和群体性事件上。据统计，每年赴京上访的人次大约为400万到500万，数量非常大。上访把地方的矛盾中央化了，给中央政府造成了极大的困扰，也使中央执政党的权威流失。原因有两个方面，第一方面是地方的政治过程堵塞，地方的人民代表大会制度不通畅，没有通过地方政府的权力进行有效的控制，不能有效地阻止一些社会矛盾的发生，尤其是在政府和百姓间的一些矛盾。第二方面是司法过程的堵塞。地方的法院本来也是有责任有能力解决一些纠纷，但是由于受到地方政府的控制，它无法参与解决社会矛盾。前面提及的400万人次的上访，行政诉讼只有10万件，行政诉讼案件这么少，是因为地方政府依法行政了么？不是，是因为大量的案件，尤其是像土地的

征收、拆迁、计划生育、土地承包等侵害百姓权益的案件，法院无权、不想也不让处理。在这篇文章中我也是试图揭示这些问题背后的政策性因素，前面也特别强调了政治过程阻塞的一个问题，这个政策性因素就是中央与地方的关系因为一些政府在实施重要政策时发生了扭曲。

简单来说，从1994年开始的分税制改革使得央地之间的财权和事权划分失衡，中央掌握的财政比例更高。但是，事权压缩到由地方政府执行。地方政府的财政因此陷入困境，才会千方百计地寻求财源，土地财政是最终找到的一个合法正当有效的财政来源，之前的增加农业税、计划生育罚款也是他们的生财之道，但土地财政持续的时间更久。2002年的中央与地方所得税分享制度的改革，恶化了地方政府在某些领域的土地问题上的一些官民关系，导致上访案件增加。所以，在动力方面，我的一个看法是中央政府凭借其权威，促使司法来解决社会矛盾。之所以不通过改善政治过程去化解矛盾，是因为改革风险比较大；寄望于司法改革，司法改革自身有其封闭性和程序性，案件进入法院两三个月，不管结果怎么样，首先气就消了一半了，司法程序本身就有一种过滤情绪的功能。所以，司法改革变成了中央政府改善与地方官民关系从而减少自身政治压力的一个奴隶。有鉴于此，司法改革的一个关键性措施在于击碎地方司法保护的硬壳。例如，第一个方面省直统管，先不说其合宪性和合法性问题，其目的是为了解除地方法院同地方党政部门的人事和财政联系，其后果当然有可能弱化了和地方政府的关系，但是会强化法院系统上下级的行政化。省直统管是为了击碎地方法院保护主义的外部组织条件。第二个关键措施员额制是为了击碎内部行政化的问题。通过把司法责任落实到法官个人，强化法官自己的审判权利来禁止地方党政干部和内部领导干预，从而摆脱法院内部的行政化倾向。第三个关键措施立案登记制。立案登记制像一把铁锤，敲碎了法院大门，让案件如潮水般涌入法院，不要让人去上访了，要把矛盾纠纷地方化，让法院充分发挥吸纳解决矛盾的功能。再看其他相关措施，也是这样，像跨行政区设立法院，最高院设置巡回法庭。再比如禁止党政干部干预司法，都体现了中央强烈的推动司法改革的意图，把矛盾纠纷地方化，不要进入上访的渠道，这是关乎动力方面。

这样的司法改革可能会对中国司法改革的下一步进程构成一些挑战。首先，这次司法改革不是以恢复或遵循司法规律为目的的。立案登记制不符合司法规律，原来的立案审查制是符合的，法院没有义务有案必立。法院的责任终身制也是不符合司法规律的，这是非常野蛮的做法，按理说只要法官没有贪赃枉法的行为，就算他有错案也不应该终身负责，如果说出现了错案，而法官本身没有品行上的瑕疵而让他负责，这会严重伤害司法独立原则，干预法官的司法裁判权。但是为什么会出现这样的情况，就是因为这一轮司法改革的目的是让法院解决纠纷，而不是为了确立规则。

法院的负担加重了：一个是案件负担，一个是功能负担。案件负担就是由于立案登记制，大大地增加了法院的案件负担，特别是行政诉讼，因为立案登记制主要就是针对行政诉讼法而设立的，立案登记制和新行政诉讼法实施的时间都是 5 月 1 号，两者目的是一样的。功能负担就是把原本不属于法院所承担的一些行政目标，比如说维稳、维护地方经济发展、保障民生等行政目标要让法院落实，这样会扭曲司法本身的专业性和独立性。所以，大量的案件本身在审判和执行中就嵌入了一些非司法性意图和目的，这样对司法本身安身立命的独立构成一种致命的威胁。所以我担心，一方面国家不愿意进行政治体制改革，另一方面给予司法太过巨大的压力，是否会导致政治过程和司法过程中两种解决问题的渠道，双重地陷入困境或者失灵的一种境地。因此，一方面要努力疏通政治过程，减少涌到法院的矛盾，另一方面就是要通过一些政策性手段，凭借中央权威来理顺中央财权和事权的划分，减少对地方侵权的一些财政激励，这样法院负担也会小一些。以上就是我的发言，谢谢大家。

2. 发言人：张震（西南政法大学法学院讲师）：宪法框架内司法体制改革释论

非常高兴有这样一个机会，能够回到母校，向母校师生来做一个汇报。我之所以考虑这样的一个题目，是因为国务院新闻办 2015 年发布了一个司法改革的白皮书，提到了司法改革之前进行了三轮，在 2013 年十八届四中全会之后，又启动了新的一轮司法改革，叫全面深化司法体制改革。之所以进行全面的深化司法体制改革，可能考虑到以往的司法体制改革存在一些问题，这些问题因不同学科的知识结构不同立场可能会有不同的解读，那么我是从宪法的角度来理解。

去年 11 月份的时候，中央政法委到我们学校去调研，我提出了这个问题:从宪法角度讲司法改革的问题有两个,第一个就是以往的改革是西方语境下的司法独立,那么更多的是法理的学者在关注;第二个是只在部门法层面来架构。西方语境下的司法独立的结构与人民代表制度这一政体在本质上不兼容,只是从部门法层面去架构司法改革的具体制度,没有办法从政治资源的理论中获得最根本的支持。但是,实际上应该用宪法的角度去审视和构建司法体制改革,脱离宪法的构建方式是存在问题的。其实不止是宪法学的老师,中国人民大学的杨立新教授去年在《法制与社会发展》的第5期就提到了以前的司法体制改革。他认为就是两个字——违宪。所以,我想现在的司法体制改革应该在宪法的框架内进行,四中全会说到依宪治国,这使我想到从制度层面落到实处就是司法权,司法权是宪法设定的重要权利。宪法才是司法和司法权的最根本依据。所以这个里面,法院的员额制、省直统管,实际上是把人大制度放到了什么地方,把宪法这个设定放到了什么地方。

宪法是司法体制改革顶层设计的最根本的最直接的依据,这是我对题目的理解。具体到论文,有四个部分:第一个是具体论证为什么要以宪法为根本依据。从两个角度来说,一个是从司法权的权力来源来看,另一个就是从司法体制改革的最终目标来看。从中国法学会的副会长张文显教授的观点看,司法体制改革的目标在学理上有两个,一个是维护人民的权利,另一个就是实现公平正义。维护人民权利按照列宁的观点来看,宪法就是人权保障书。维护人民权利是没有办法绕开宪法的,这也体现在2012年刑诉法修改的时候,2004年尊重和保障人权入宪,2012年有小宪法之称的刑事诉讼法也落实了这一观点。公平正义是第二个目标,按照我的理解,公平正义实际上就是宪法上的平等权的具体体现。二者的关系是公平正义为合法权益的实现提供了社会环境及条件,合法权益保障的是公平正义的核心价值追求。归根结底,司法体制改革的核心目标就是体现在四中全会的文件中的维护人民权益,这正是宪法功能在司法领域内的体现。

基于上述考虑,进一步论证,如果从宪法框架内进行司法体制改革的考虑,第一个就是人民代表大会制度,这是一个基本制度的框架。人民代表代表大会制度作为我国的根本政治制度,司法制度包括司法制度的改革,都一定要在人民代表大会制度的基础上进行。很多人喜欢用“司法独立”这个西方的字眼，这也是很好的。但是需要注意一下，我国宪法上是没有出现司法独立这样的概念的，当然有人说《宪法》第126条和第131条规定了审判独立和检察独立，但审判独立和检察独立这样的描述是从国家机关的角度讲，仅仅是针对行政机关，是我国司法权和司法制度所独有的一种内容，具体表明了我们司法制度和人民代表大会的一种产生和支配关系，也就是说司法制度是由人民代表大会产生和被人大支配的制度。现在如果要进行司法体制改革，不管设置多少策略，如果脱离人民代表大会制度的框架进行，最终还可能是违宪的。第二个要处理好党与司法的关系。首先就是不能损害党的领导和党的威信，因此，党与司法的关系就是党领导司法。2015年4月，《求是》的第八期杂志上，提到了在宪法上，中国共产党领导的两个正当性，一个是历史正当性，一个是政治正当性。党领导司法这一点上，没有什么太多可以讨论的空间，更多需要关注的是党与司法的另外一面，就是党要尊重司法活动和职权，要提高司法在党内的地位。第三部分和第四部分，从宪法的理论和规范的角度来理解现在大家所认为的弊病，从所谓宪法的资源的方面去解读。

最后一点，我试图用宪法规范的方法，并尽量在理论基础和事件上做到开放的处理，也可能没有做得很好或者存在很多问题，希望各位专家、各位学者批评指正，希望大家能提出高深见解。

3. 发言人：翟国强（中国社会科学院法学研究所副研究员）：跨区设立人民法院的合宪性分析

我发言的题目是“跨区设立人民法院的合宪性分析”。之所以选择这个题目，是因为十八届四中全会决定，设立跨区域的人民法院和人民检察院作为一项重要的措施，总书记特意重点介绍了，诚如刚才张震师兄所言，所有的司法改革都必须在宪法的框架内进行。在此作为一个宪法专业的学者，也斗胆提出一句口号，就是“任何漠视宪法的司法改革都是耍流氓”。因为宪法是根本法，是根本规范，特别是在中国，我国的宪法体制，决定了我们的人民法院以及人民检察院和西方的法院，特别是三权分立模式下的法院有很大的区别。

我选择的研究焦点是“跨区设立人民法院”。因为在我们国家，就司法机关来说，主流的观点是包括人民检察院的，但是人民检察院的体制在社会主义宪法下是不一样的。因此，就把问题的焦点锁定在人民法院，跨区设立的人民检察院需要另行撰文研究。其实这篇文章一看题目就是一个宪法解释学的分析，试图紧紧地围绕中国的宪法文本，从文本出发来分析目前司法改革的一个措施，根据宪法应该怎么改。

论文的第一个部分是：在宪法上人民法院的定位如何，为什么在中国宪法上规定法院的时候叫人民法院，这也是社会主义的一个传统吗？宪法为什么还有这样的一个规定，文章从宪法史的角度做了一点梳理。1982 年宪法的基本框架原是 1954 年宪法，1954 年宪法起草的时候对于法院前面要不要加“人民”是经过了认真讨论的，有多次讨论，在文章中都展开了，在当时是非常重要的。当时黄炎培特别主张所有的国家机关都要加上“人民”，人民政府、人民法院、人民检察院，但是中国宪法文本规定的在法院前加“人民”不是一个简单的修辞，它里面有个重要的政治原理就是法院的审判权源于人民，人民通过代表大会制度，输出权力（power），使法院具有了审判权，这是人民法院在宪法体制下的一个定位，就是它必须由人民产生，由权力机关产生。

第二个问题就是，如果它不由权力机关产生，那么就违反了宪法，这里关键的问题是怎么样理解宪法文本里规定的“产生”。如果“产生”意味着人民法院都要由人民代表大会这个机关来选举产生，大量的法院实际上是处在违宪状态的。比如说军事法院，军事法院院长是由全国人大常委会任命的，而不是选的。比如铁路运输法院，这些法院的存在没有宪法依据。因此，从宪法解释的角度来讲，怎么理解宪法中的“产生”是司法改革必须要回答的一个宪法问题。这是从消极性的合宪性控制的角度来看司法改革，司法改革不能超越宪法给予的框架，如果超过，在宪法审查制度使用起来的情况下就会被判定为违宪，这是我所称的“消极性的合宪性控制”。

第三个问题就是说宪法给你足够的司法改革的空间，你怎么依据宪法更好地实施宪法规定的司法制度，我称之为“积极性的宪法实施”，就是依据宪法的规定，在合理的空间范围内进行司法改革。这里面有两种方向选择，因此，司法改革路径有两种。宪法里面规定的法院有三种，就是最高人民法院、地方各级人民法院和专门人民法院。提到专门人民法院的时候，直接说专门法院，其实这种说法是不准确的，因为宪法规定的是专门人民法院。跨区设立的人民法院应当属于哪种法院呢？首先它不应该属于最高人民法院，那它是属于专门人民法院还是地方各级人民法院呢？如果选择专门人民法院模式，根据宪法应该怎么样进行司法改革，在文中提出了一些大胆的设想；如果定位的是地方各级人民法院，又该如何根据宪法进行司法改革，我也提出了一点粗浅的看法。

最后，在结论部分，我的一个粗浅的看法是，宪法为司法改革留出了比较充足的空间，特别是跨区设立人民法院，是有很大的操作空间的。但是所有的司法改革，跨区设立人民法院、人民检察院都不能脱离宪法的轨道。最后必须交待的是，如果说司法改革的长远目标，必须要突破宪法的限制，那么必须对宪法进行修改。谢谢大家！

4. 发言人：王圭宇（郑州大学法学院讲师）：地方人民法院改革的宪法学思考

感谢主办方给我这个机会让我在这里把我自己的想法和大家作一个交流。可以说在当下司法改革是我国目前的一个最大的热点，在中央改革领导小组召开的几次大会中，其中有 12 次涉及司法改革的议题。我们提到的省直统管，跨区的巡回法院都是这一轮司法改革的制度措施。设定的司法改革目标是什么？根据十八届三中全会和四中全会的规定，那就是要实现司法公正，使法院能够依法独立地行使审判权。这样的改革，就是我刚才所说的那样一些措施，能不能达到这样的目的呢？这就是我写这篇文章的诱因。这篇文章的题目叫做《地方人民法院去地方化改革的宪法学思考》，结合着现在改革当中的一些去地方化的做法来反思一下这些措施究竟能不能达到应有的效果，而且这种改革和宪法究竟有什么关联。

什么是地方化，学者的说法不统一，但主要的观点一致，主要就是四个方面。第一就是机关产生的地方化，地方人民法院是由地方人大产生的；第二就是人员的地方性，地方人民法院院长、副院长、法官都是由地方人大、人大常委会选举的；第三个就是隶属关系，就是由于前两者，地方人民法院和本地区有隶属关系；第四个方面，在经费来源上，根据宪法的规定，财政经费都是由人大来决定的，实际上是由政府来具体掌握的。正是由于法院的经费以及法官的薪水都是由地方政府控制的，这个也体现了地方化。

当然，这是学者们认为的地方人民法院的一些特点，把它概括为地方化。我的看法是要重新认识地方人民法院所有的地方性，然后在地方人民法院改革的过程中去除地方化。理由有很多,比如地方人民法院具有的地方性会导致司法腐败,司法不公,因为经费等等都是和地方有联系,那么注定会依附于地方政府,同时地方政府也会对地方人民法院有不当的干预。另外就是地方保护主义,很多学者指责地方人民法院的地方性可能会导致地方保护主义,可能会为了本地区的发展,不惜枉法裁判。还有一些学者批评,地方人民法院的地方性会导致国家法治的不统一,导致"同命不同价,同案不同判"的事情发生,原因也是地方人民法院具有地方性。

对于这些批评,我认为司法改革过程中出现的这些弊病和现象,和地方法院的地方性之间其实并不具有必然的本质上的关联性。比如地方法院经费来源问题。其实考察一下,传统上地方法院一直都是这样子的,不能说他们经费来源于地方就一定是受到控制的,至少这不是一个必然的关系。另外,关于人员产生的地方性,这是根据宪法的规定来这样做的,而且地方人大不仅仅是一个国家机关,它还是地方的一个代议制,是让国家机关和本地方的人民建立政治上联系的一种通道。法院和法官由它来产生是最好的方式,通过这个渠道获得一种地方的认同和合法性,而这种合法性的获得才是法院能够具有司法权威的真正根本点。有的人就主张要实行中央化,实行垂直化,其实垂直化是一种行政化的思路。有的人就提出,地方法院要设在中央,设在最高法院之下,把它作为一个派出机构。这种逻辑,其实是一种权力崇拜的逻辑,能够意识到地方人民法院受到不当干预。那么寄希望于中央,中央是不是就一定不会对地方法院产生不当的干预呢?还有人认为地方化导致地方保护主义,我认为,表面上所看到的地方法院改革中出现的地方保护主义的现象,其实背后是一种权力博弈。现在地方和中央博弈、其他地方博弈怎么办?不可能直接用行政权或者说用权力来进行一个对抗博弈。那么应该选择的方式就是通过法院。法院毕竟是讲法的地方,通过法院的行为实现这种权力的博弈。所以说保护主义的背后其实是一种权力的博弈。

最后,根据前面的分析,我提出一种探讨,就是怎么推进地方人民法院改革?这还是要回归宪法。有几个思路:第一,怎么增强司法的独立性。司法的独立还要落实到法官个人的独立和法院整体的独立于上级人民法院,这才是司法独立的核心。那么这个怎么做到,就是要增强它的地方性，地方性法院是由地方人大选举产生的。增强这个地方性，让它仅仅向地方人大负责，这可能会涉及地方人大的权力和地位的加强，这是另一个问题。但是，应该嵌入这样一种思路，而不去垂直化或者中央化。法官个人的独立怎么实现？要通过现在进行的这种司法责任改革来保障。第二，要实现地方人民法院回归到《宪法》第 123 条和第 126 条，最高人民法院和地方人民法院共同分享和行使国家的审判权，在行使国家审判权这个问题上是不分中央和地方的，是统一的、一体的，那么维护法制的统一今后也要落实到《宪法》第 123 条和第 126 条。另外，实效性的宪法审查，也是保障法制统一的一个途径。这就是我的一些想法，简单地提出来，供大家批判，谢谢。

1. 与谈人：陈新（中南财经政法大学法学院副教授）

土地问题是一个非常重要的问题，特别是革命过程当中，农民的问题就归结为土地的问题。因此在宪法文本中，土地的条款是无时不有、不可缺少的。宪法文本的很多修改，体现在土地条款文本内容的变化方面。研究这种问题，对当下中国宪法文本的内容，特别是意识，有非常现实的意义。土地条款内容的变化是与党的政策紧密联系在一起的。这个联系体现在两个方面：一个是大的方面，大的目标不变；一个是时代性，不同的时期，土地条款也能够体现当时的时代特征。在中国宪法文本中，土地的规律，不是单纯的土地问题，它与国家公权力的便宜行使是密切联系在一起的。与此同时，还有夏正林教授讲的，“五四宪法”制宪理念的缺失。现有宪法规制公权力，过去确实没有这个理念，因为过去认为公权力不需要去规范，缺失在这个方面。阶段性、便利性，这个理念引导与政策一致。现行宪法在改革开放初期制定，经过几次修改之后，已经逐步向大家比较认同的公权力理念来转变、接近。在这种情况下，对土地制度的规定、影响以及国家过去公权力的便宜行使的关系，有无改变，是需要认真思考的问题。

2. 与谈人：于文豪（中央财经大学法学院副教授）

首先要感谢中南财经政法大学法学院宪法学与行政法学学科以及《法商研究》编辑部让我有机会到这里来参加此次会议，也感谢各位作者和各位听众。

与谈分为两个部分，第一个是参与，第二个是谈一些自己的想法。

第一环节，我想对4篇文章的一些细节提出一些问题，请作者稍后回应。首先第一个问题，问姜峰老师的就是：姜峰老师在文章中提到了省统管明显是要回避人大制度，但是省统管的时候在法官应聘中也是由人大来任命的，是由省人大来任命的，或者说上级来任命，那么这个任命环节是否也体现了对人大制度的回避？或者说文章中所说的回避人大是不是回避本级人大任命本级法院和检察院的制度？姜老师在文章中的一些观点，比如提到的基层法院权力上浮责任下沉这么一个现状，也值得关注。大家可能都看过，北京法院、检察院招考的报名情况：北京地方法检，法官助理的招考报名是零，招22人，报名的人数是零。这充分体现了基层法院面临着案多人无的状况，而不是人少了。到现在，大家都在逃离，而且逃离北上广，逃离北上广的司法机关，这让我们不由得去思考为什么。为什么大家不愿意去做这些事情，是单纯压力太大吗？还是有别的原因？

对王圭宇老师的文章，一个问题就是，地方性和地方化是不是一个意思，去地方化是不是等于去地方性。那么，王圭宇老师在文章中提到了去地方化这个概念是不周延的，而且要加强法院的地方性，通过地方人大的审议、任免这样的机制来保证法院的民主状况。但是去地方化并没有反对地方人大来审议和监督地方法院，而只是反对地方的党政特别是政府不当的干预，在这个意义上去地方化。所以如果这个判断能够成立的话，那么王圭宇老师的文章可能在打击对象上存在着对象错误的问题。另外，王圭宇老师文章中提到一些观点可以推广适用于最高法院改革，这个没有搞清楚去地方化以及保证法院地方性怎么应用到最高人民法院上去。最高人民法院毕竟不属于地方。

第三篇文章，首先一个体会就是，国强师兄对人民法院这个人民的论证是非常充分的，同时也提出了国家法院，包括最高人民法院、地方人民法院和专门人民法院。人民法院能不能做另外一个可能性的解读，超脱文义的解读。人民法院只是一个商标，人民法院等同于是普通法院，而专门法院是特殊的法院。就像人民法院等同于人民大学、人民医院一样，只是一种法院的类型而已。然后海事、知识产权是专门法院，做这样一个解读有可能吗？国强师兄的文章，最后结论中提到一个观点，就是宪法没有规定地方各级法院的级别。我就想延展一下，能不能反过来考虑，市级人大能不能产生高级法院，或者高级法院法官？为什么上级人大必须产生下级法院法官和院长呢？反过来不可以？这是一个问题。

最后，张震老师的文章中，也有几个比较具有启发性的地方。文章提到了司法机关由人大产生，但并非司法人员由人大产生，司法机关对人大负责，并非司法人员对人大负责。这个观点我并不反对，但是，这个观点的主旨是将人员和机关进行二分，那么是否会导致机关对人员的管制反倒不具有正当性？机关可以说机关是哪里产生的，而人员不是哪里产生的，这样机关管理人员的时候，用一种行政管理的方式反倒会导致一个内部的行政管制的正当性，可能会有这么一个意料之外的后果。然后张震师兄提到了法检的一把手，最高法院的院长，最高检察院检察长的行政级别的问题，确实应当在政治体制中去改进。最后张震师兄也提到了，最高法院不可能像德国那样异地而设，因为首都是北京。但我觉得这个推论可能未必能够成立。宪法规定我国首都是北京，但首都的内涵我们宪法上从来没有讲清楚过。

第二部分我想谈下自己对这个问题的一些看法。有三个问题是顺延展开的，第四个问题是扩展的。第一个问题是司法辖区和行政辖区的关系问题。目前的法院是司法辖区等同于行政辖区，那么它的合理性在哪里？司法辖区和行政辖区一一对应的合理性在于便利司法机关——法院检察院来管理社会，这是一个管理的视角。同时也便利党政管理司法人员，这是合理性的一个最充分的依据。当然现在能不能说不一一对应，现在已经开始出现一些松动了，把司法辖区和行政辖区分开，我觉得也是没有问题的，可能需要去解决的问题就是跨区法院设立的合宪性问题以及地方法院在适用法律和地方性法规的时候，如果跨区设立的话，比如说武汉，武汉法院可能不光适用武汉的地方性法规，可能还适用，比如长沙的地方性法规，它的合法性的问题。第二个问题就是，上下级人大之间的关系问题，上下级人大的关系决定了上级人大选任下级法院法官人员的正当性。

第三个问题就是，司法改革应当体现合宪性视角，前面几位老师都有这个观点，那么合宪首要是合人大制度这个视角。那么如何启动人大主导的司法改革？我个人的考虑，第一步应该是保证司法改革的方案是由人大来审议和通过的。目前我们的最高人民法院出台的《人民法院五年改革纲要》(法[1999]28 号)到《人民法院第三个五年改革纲要(2009—2013)》的改进版和中央的改革方案,人大代表是没有参加的。这是一个非常大的宪法问题,值得去考虑。那么既然要审议改革方案,就会有另外一个问题,谁来审议改革方案,至少全国人大及其常委会和省级人大及其常委会应当有这样的审议权。因为省级在设计改革方案,应该成立委员会负责,这是第一个小的问题。第二个小问题是,司法的省级统管的问题。可不可以借鉴财政学的说法实行财政联邦制,研究一下司法的联邦制问题。实际上管辖体制已经在一定程度上体现了司法联邦制。因为省高院经常可以提审所有的案件,除非是个别大的案件。如果司法联邦制的概念能够成立的话,那么最高法院设立巡回法庭的意义可能就更加明显了。这是另外的一种司法巡视制度。第三个小问题是,如果司法联邦制能够成立的话,那么可能要考虑司法权,伟江师兄写过一本书,司法权可能会存在两层分权,一层是省及省以下,省以下体现为统一到省这一级;另一层是最高人民法院最高司法权,两层分权,全国和省的。最高人民法院行使的就是司法政策制定权以及对省的监督权。相应的,第四个问题,最高人民法院的决策可能要发生一些变化,最高人民法院不光是一个审判机关,而且更主要的应该变成一个监督机关。它的立法解释和司法解释的功能应该明确化,另外,要加强对省法院的监管、巡回和复审制度。谢谢。

3. 与谈人:王虹霞(《法商研究》编辑)

各位老师,各位朋友,各位同学大家好。今天非常荣幸参加法学院宪法学与行政法学学科的这个活动。本人实际上在《法商研究》是负责法理学和司法制度这一部分的。今天主要也是抱着一个学习的态度来向各位老师学习。

今天我作为与谈人,主要也是以这四篇文本为根据,谈一些我自己读完文章之后的看法,也提出自己的一些问题。这四篇文章有非常多的亮点,非常多的优长之处。主要就可能存在的一些问题跟大家来汇报分享一下。

第一篇文章是姜峰老师的《央地关系视角下的司法改革:动力与挑战》,首先,从编辑的角度看,这个选题是比较新的。因为从央地关系视角来讨论司法改革是一个非常新的维度。但是,首先直观的一个印象就是姜峰老师对央地关系这个问题的阐述还是比较弱。就从注释方面来看,可以看到,关于央地关系问题的讨论,只有一篇有直接相关性的论文。这说明央地关系的基础理论问题,姜峰老师还是要再加强一下。宪法学界的张千帆老师,法理学界的一些老师对央地关系的问题,包括中央与地方关系的法治化问题都有一些比较深入的讨论。既然讨论央地关系视角下的司法改革,那么文章中怎么理解央地关系就是一个回避不开的问题。而且央地关系是一个非常复杂的问题,理解央地关系有很多的角度,比如说,有学者从事权和财权的角度来解释国家的央地关系,但是仅仅关注事权和财权可能也有一些问题。因为在国家的政治层面,央地关系包括很多种关系,比如说中共中央与地方党组织的关系,中共中央与地方政府的关系,国务院与地方政府的关系以及地方党组织与地方政府的关系。所以说央地关系是一个很好的维度,但是也是一个比较复杂的问题。如果仅仅着眼于其中一个或某个非决定性的层面,并不能充分解释你所提出的央地关系的问题。然后,文章各部分之间的逻辑没有紧紧围绕着央地关系这个视角,就是怎么让央地关系贯穿于论文的始终,也体现得不是非常清楚。

第二篇张震老师的文章,《宪法框架内司法体制改革释论》。从编辑的眼光一眼看过去,可能觉得这个文章针对的问题还不是特别清楚。在宪法框架内进行司法改革,没有谁能提出不需要遵循这个宪法框架进行改革。但是,文章在引言中说,这个违宪成为司法体制改革的基本特色。当然,这是对之前进行的司法体制改革的一个评论或者一个讥讽。既然提出违宪成为司法体制改革的基本特色,那么可能需要展开说明一下,这个违宪是何种意义上的违宪。因为这两个字对法律人来说是非常沉重的字眼。违宪两个字就把改革开放以来所有的改革的正当性完全推翻了。所以说你是在什么意义上说这个违宪呢?你要进行一下说明,否则的话你这个解释的针对性就缺失了。另外,文章从宪法作为根本依据,包括对人民代表大会这种制度论证,还有这个权力理论最后所涉的具体制度的宪法构造也进行了非常仔细的构建。但是有一个问题是宪法的功能究竟应该如何定位?就是说,宪法它到底是作为实现整体社会公正的一个背景式的制度,就像罗尔斯所说的基本社会结构,还是说作为能够保证每个个案都公正的具体制度?就是这种具体制度是否由宪法来构造。

第三篇文章,翟国强老师的文章,因为时间的关系就不展开了。回归宪法文本本身来进行合宪性的分析,也非常的有必要。但是,可能文章的针对性还有待加强。因为,跨区设立人民法院是否存在合宪性的争议,如果没有这种合宪性争议的话,这种展开分析可能就会缺少针对性。

第四篇王圭宇老师的论文,我比较赞同于文豪老师的看法。去地方化的这种地方化,还有你主张的这种地方性的地方,是什么意义上的地方?首先要论证的是去地方化去的是何种地方化;主张的地方性又是什么意义上的地方性。如果这些问题讲不清楚的话,可能会陷入文字争论的漩涡。在读到你主张的地方性之后还是不是特别清楚,在当下已经确定了要去地方化改革之后,你所主张的要加强地方性的改革是一种什么样的改革。我的发言完毕,谢谢大家。

4. 与谈人:谭冰霖(《法商研究》编辑)

我从两个方面来向大家汇报我的一点体会。首先是就文章的,重点看的是两篇,姜峰教授和王圭宇老师的文章。有些相同的看法刚才王老师已经提出了,有些观点我是非常同意的。

首先姜峰老师的文章,很多方面都是我非常佩服的。然后有两点疑问,在第二部分,司法改革与央地关系的论证,怎么来回应地方政府滥用权力引发矛盾的两种方式。姜老师讲了一个政治过程和司法过程的方式。是不是忽略了一个行政过程,比如经常讲的行政吸纳政治,政治过程它是讲一种人们的政治参与和矛盾的化解,这个行政过程它是不是也值得谈一谈。否则就不能很周全地得出结论,一定要通过司法改革、司法过程来回应这样一种困境。然后就是姜老师文章之中,有一些概念,从行政法的角度不是很理解。请教一下,比如说政府侵权,它的内涵和外延主要指的是什么样的政府行为,是不是就是指违法的行政行为或者行政活动,这是我对姜老师文章的一点小小的看法。王圭宇老师的文章,从很细的一个角度来讲一个体会,就是王老师这篇文章可不可以形成一个更大的命题,从更高的层次来谈这个问题。以前有讲司法权力的中央事权,从王老师的文章,感觉司法权到底是中央事权,是地方事权,还是中央和地方都有的事权,在宪法上是不是可以从更高的角度来考虑这个问题。

借这个机会,结合我们行政法的角度谈一点个人对司法改革的看法。对改革来说,最大的因素可能从行政法一个微观或者说中观的视角来讲,主要是在人的激励上,怎么样来激发不管是法官也好,还是广大的公务员群体的积极性。但现在来看，对法官的这个激励是不是明显很不够的，刚才于文豪老师也讲了北京的法官助理岗位没人报的现象。在待遇上或者职业前景上没有获得保障。所以法官的激励，这是一个问题。

从这里延伸开去，到各个公务员系统，其他行政机关，政府的职员，很多加班都是义务的加班，不像高校的老师，不存在义务劳动一说。所以在公务员系统，激励是一个问题，这也给行政组织法的改革提出了一点问题，这也是我的一点浅见，谢谢大家。

回应环节

1. 姜峰（山东大学法学院副教授）

文豪老师刚才提到了一个问题，就是省直统管，省里成立一个法官立宪委员会提名和任命法官，是不是回避人大制度，现在的改革名义上不违反现行的组织法，事实上是否违反要取决于具体的运作过程之中，这个委员会到底会发生什么作用，它很容易违反现行组织法。按照我们的宪法和组织法，上下级人大没有领导和被领导的关系，如果省直统管，很容易走向法院系统内上下级之间的行政化，风险是很大的。因为文章还没有写完，有一些问题可以在以后的写作之中根据他们的意见完善一下。非常感谢！

2. 张震（西南政法大学法学院副教授）

虹霞老师提的这个问题我最近也在琢磨，这个题目调整一下，引用杨立新的文章，违宪的意义有两个，从概念上和制度设计上。您问到宪法功能如何定位，也值得进一步思考，到底是其中一种宏观的背景还是制度设计，或是兼而有之。但是具体怎么表述，也值得进一步思考。文豪问的问题，级别问题，其实我指的是党与司法，提高司法机关在党内的地位，因为只是提高行政级别地位没有多大意义，现在就是副国级。还有人员与机关的二分的问题，我也在继续思考当中。

3. 翟国强（中国社会科学院法学研究所副研究员）

感谢四位评议人对我的论文进行的点评，确实很受启发。第一位是文豪教授，文豪教授说，下级人大能不能选举产生上级的司法机关，如果看最新的司法改革，比如说知识产权法院的设置很奇怪，广州市人大选的广州的知识产权法院，管的范围超过广州之外，可以管广东甚至范围更广的知识产权案件。所以这个问题是值得进一步思考的问题。我国宪法中，制宪者所设计的司法机关和人大，基本上是一一对应的关系，为什么这么讲，是因为我们国家宪法文本里面反复出现本级、同级、上级、下级，就是特别重视人民代表大会所主导的国家权力机关有这种插叙隔绝的关系，这是对文豪教授的评议表示感谢。王虹霞教授的评议也非常地感谢，她说这个文章的针对性，确实是需要完善的，因为这个文章还在修改过程之中，这里面提到的对合宪性问题的争议，这不是最新的版本，最新的版本里面提到了几位教授，比如说季卫东教授，刘作强教授，最高法院的一个法官，都对这个问题有过理论上的探讨。再次表示感谢，谢谢。

4. 王圭宇（郑州大学法学院讲师）

非常感谢几位与谈人提出的意见，很多地方，可以看出，只是一个思路，问题还没有解决。与谈人提出了两个主要的问题，一个是去地方化和地方性。在这篇文章中，我的理解是一致的，因为地方化是反对者提出的一个说法，地方化概念本身是有感情色彩的，为了把它去掉，采取中性的称呼，叫做地方性，比较中性的。第二个是陈老师提出，目前已经开展的改革有没有合理性，那肯定是有合理性的。但是文章主要是为了回应反对的声音，提出来的一些回应，对于它的合理性谈得比较少，这些问题都是需要进一步完善思考的，简单回应一下，谢谢。

第 二 单 元

主持人：胡弘弘（中南财经政法大学教授、博士生导师）

各位老师，各位同学，“司法改革的宪法视野”青年学者公法论坛第二单元现在开始。这个单元由北京航空航天大学法学院的副院长泮伟江教授，还有中南财经政法大学法学院的秦小建博士、华南理工大学法学院的邱川颖博士生发言。与谈人是基层社会法学领域颇有盛名的陈柏峰教授，还有中央财经大学法学院的赵真博士、厦门大学法学院陈鹏、东南大学法学院的刘启川博士。发言时间是每位不超过十分钟，与谈人也是每位不超过十分钟。

1. 发言人：泮伟江(北京航空航天大学法学院副教授)：指导性案例的效力问题与司法改革的未来——兼论过渡时期的法理学研究方法论

谢谢中南财经政法大学宪法学科邀请。希望能够借助ppt把这篇文章和我的想法，讲得更清楚一点。题目涉及的领域在司法改革里面，就目前来看是一个比较小的制度。三中全会、四中全会以及很多其他的重要会议，推出了一系列的司法改革措施，力度非常大。关于指导性案例，最近五六年核心期刊高质量的文章非常多，所以文章的起点，就是提出这么一个问题：为什么一项对现有的体制变动比较小的改革却受到了整个法学理论界更热烈和严肃的回应。那么，指导性案例这么一个小的调整，它的意义在哪里，它为什么激发了大家这么强烈的兴趣。那么，初步给一个回答，指导性案例在政治工具这个层面上迈出的幅度是很小的，它是非常非常谨慎的。通过这个政治工具去分析的话，发现它传达出了非常强烈的，在认知理解上的信息。所以，这个认知理解阻碍了当下司法改革的逻辑。最关键的问题，这里面涉及了一个理论性的问题，比如说，最基础的司法权怎么运作，它的原理是什么。那么在这种情况下呢，这个政治工具，除了政治工具的意义以外，它还传递了一种信息，而这种信息被我们诸多的法学研究者捕捉到了，而且给出了更为强烈的回应。这篇文章里有一个工具，就是我把国家和法治有关司法改革的措施，分成了两个层次，一个层次是认知理解的层次，它涉及的是一些根本的问题，比如说，怎么理解法治，怎么理解司法，这个层次是我研究比较多的问题。还有一个层次是政治工具的层次，各种各样的措施和政策，都可被归为政治的层次。这两个层次，从改革的角度来讲，理想的状态始于自然。对国家的体制有更好的理解，推出了四大体制措施。但是，在一个现实的社会中，不一致往往表现出来在政治工具上通常会出现自相矛盾的情况，有时候政治工具自身内部就存在着自相矛盾的情况。比如说指导性案例。它说应当参照。那么究竟是应当还是参照，它自己内部就出现了矛盾。所以说，改革过程中的政治工具呈现一种不规范的运行状态。实际上，它是具有过渡性的，必须到达一个更复杂的时间和空间上进行观察。只有从两个层次，才能把改革的复杂性及其意义描述清楚。接下来，实际上是对最近五六年的学界关于指导性案例的效力的主流观点作出了评价、描述、回应。在这个基础上提出了自己的关于指导性案例效力问题的看法。要理解指导性案例的效力问题，必须在两个层面，就是政治工具和认知问题两个层面，就是法理学与法政治学两个层面进行。第一个比较有代表性的观点来自最高人民法院的胡一廷法官，他实际上是这个政策幕后的推动者。这个政策推出来以后，他也是代表最高人民法院到处去讲、写文章。政策推出之前，主要通过他预热。第二个比较有代表性的观点，来自北大张毅教授和政法大学的我一个师弟，他们强调的是用常规的理论。他们强调最高人民法院有这个权力发布指导案例，这个权力来自于立法的授权。在这个基础上，我提出了一种积极的和消极的事实上的拘束力。这个框架能把前两种说法的优点吸收进来，把它的缺点给过滤掉，这是我的中间的部分。最后，针对这个问题提了一个重大的问题，就是怎么理解同案同判与司法之间的关系。我强调同案同判就是司法的最本质。而司法并不是从属于立法的，这里借鉴了一位德国的法社会学家的观点，他提出司法是法律系统中最核心的部分，立法反而是边缘的部分。最后，谈了过渡时期，法理学研究的方法。比如说，理解指导性案例，就必须把它放在最高人民法院，它在转型时期所扮演的政策制定者，同时又作为最高的裁判者，也作为司法改革的决策者与推动者等多重角色来理解。在政治工具层面，充分揭示这种复杂性。在认知理解的层面，必须澄清一些核心的理解的争议。这就是我简单的一个报告，谢谢！

2. 发言人：秦小建（中南财经政法大学法学院讲师）：宪法司法适用的空间和路径

很高兴能够有这个机会能够和在座的各位专家老师进行交流。这篇论文应该是说比较仓促的，观点、思路和文献都是十分不成熟的。也请各位进行批评。关于宪法司法适用这个问题，是在学界一个比较陈旧的批复的废止的问题。从最早的齐玉苓案所展开的宪法司法化运作到 08 年批复的废止再到今天一些学者所提出的一些新的路径。这个陈旧的问题在我看来在一定时间内还有讨论的必要，这至少也是微观的一个方面。这个微观的方面就是法院在审判案件的过程中关于适用法律的这样一个探讨。关于宪法司法适用从实践层面上已经宣告失败。可以说是走了一段弯路。但是在我看来这段弯路是有一个风景的，对我的一个启发就是它解释和阐明了法治发展的各种尝试。这个尝试就是在法制体系尚且不完善的情况下怎样通过援引宪法去弥补法制体系的漏洞，从而更好地使法院适用法律得到展开。齐玉苓案一个基本的情况就是法官在案件审判中有适用宪法的一种必要性。但这种适用宪法的需要又遭遇到法院无权适用宪法这样一种体制性障碍。所以在这种有必要和无权之间产生了非常深刻的两难。当制度面临这样一种必要性的时候，怎么去解决这种必要性。当宪法司法化一开始就提出了法院体制改革这样一种错位的思路，那这种思路其实没有考虑一个前提性的问题，就是既有的宪法体制有没有满足这种必要性的可能。也就是说现状的宪法是否是自足的，能够完美地满足社会的各种诉求。如果不能的话，才要考虑职权变动的问题，这个问题是没有讨论的，所以我就想从这个角度来讨论一下有没有这个空间。

接下来，对这种必要性做一个解释。对于宪法司法适用的必要性，是从宪法与法律的关系来阐述的。我们还是要回到法院适用法律这样一个基本的职能上来。那么从宪法与法律的关系来讲，法律是依据宪法制定的，所以法律是对宪法的具体化，同时一个圆满自洽的、能够回应社会的法律体系是肯定能覆盖这个系统，在最大程度上解决社会争议的。所以，一般而言，适用法律是无需把宪法加进来的。适用法律是间接适用宪法的过程。所以如果说我们非要找到一个观察这个国家法治发展程度的标准的话，有一个非常简单的标准，就是看你这个国家的宪法忙不忙，如果说这个宪法很忙的话说明这个国家的法制体系是不健全的，说明这个法制体系是不能自给自足的，所以需要宪法来出面解决法制本身的问题。但如果说宪法很闲的话，在某种程度上是说这个法制体系是运行得非常好的。可是现在，法制既不是特别完善，宪法又是很闲，这也是比较奇怪的一个现象。从这个角度来讲，既然法制体系不是特别的完善，就需要时常回到宪法这个渠道，通过宪法促进法治体系的完善，进而解决其他问题。这是第一个方面。

第二个方面，从宪法与法律关系讲，宪法有其专有的调整领域，这个领域是其他法律不能涵盖的。宪法调整国家权力的运行、国家与公民关系以及公民最基本的权利义务等问题。如果涉及政治权利受到侵犯的问题，比如常说的选举权、言论自由等政治权利，这些权利受到侵犯，按照有权利就有救济的法理，如果提起诉讼的话，这就是一个纯粹的宪法诉讼。那么在这个纯粹的宪法诉讼之下，法院应该援引关于选举权、关于言论自由的规则去审判的，但是，在这种情况下，可能会面临一些不能适用宪法的障碍。这里面，关于法院无权适用宪法到底怎么理解。法院肯定是无权适用的，但是能不能换个角度，法院无权适用宪法不意味着宪法不能进入司法审判。所以，这里对宪法司法适用的理解就需要转化一种思维。我认为法院无权适用宪法的这么一个观点它是停留于法院的这种单维视角，并没有从宪法体制内部各机关工作相互协调展开，并没有依托这种宪法体制所提供的路径将宪法规则纳入司法适用的轨道和机制。对于宪法司法适用的一个理解就是围绕这种裁判争议的现实需要，在有必要适用宪法解决争议的案件中，利用宪法体制内部的职权协调机制将宪法导入到审判过程，将有权机关对宪法的理解和适用与法院的审判结合起来。由此绕开法院无权适用宪法的这样一种马奇诺防线。由此既符合现有的宪政体制，同时又满足了现实必要性。

所以，围绕这么一个思路，我主要是在既有的宪法体制空间内从三个方面进行探讨。一是关于程序转接。这个问题，林来梵老师之前提到过一个合宪性优先审查机制，这就是程序机构之间的相互衔接展开。但这只是程序转接的一个方面，还包括法律漏洞的解决、法律冲突的化解、法律违宪问题的解决等等。《立法法》已经提供了足够的空间来解决这些问题。所以，从这个角度来讲齐玉苓案和河南种子案都可以借助这种程序转接而又没有绕开宪法体制。第二个路径就是通过基本法律授权。主要是针对政治权利的纯粹宪法诉讼。现在有国家赔偿诉讼，有选举资格诉讼。按照现在的诉讼分工的原理，它既不属于民事诉讼，也不属于刑事诉讼，更不属于行政诉讼。那它属于什么呢？只能属于宪法诉讼。可是法院不是无权吗？既然法院无权适用宪法，怎么又有权让法院去裁判这些宪法诉讼呢？所以，这里面，一个非常好的做法，就是通过民事诉讼法、通过国家赔偿法的授权。还可以往下进一步拓展。这个拓展可以包括选举权的全范围救济，包括其他政治权利的救济。最后一点，就是通过其他的诉讼。《行政诉讼法》规定了附带性审查，这是一个非常好的方面，可以拓展到规章。因为拓展到规章既满足了必要性需求也没有违反宪法体制。最后一句话就是，法院是不能审查法律、行政法规的，但是这是为什么呢？因为制定这些法律规范性文件的主体是人大或者是行政机关，但是规章却是可以的。因为规章的制定主体与法院在体制内是平级的关系。以上是我的发言，不足之处请批评指正，谢谢！

3. 发言人：丘川颖（华南理工大学法学院博士研究生）：宪法视野下的检察委员会改革

首先非常感谢这个活动的主办方中南财经政法大学以及《法商研究》编辑部。尤其是感谢我的导师夏正林教授。这篇论文是夏正林教授利用教书、调研，在广东十几个县市调研的基础上，也结合了夏正林教授在依法治国体制下对司法改革的一些思考写成的。夏正林教授的这篇论文问题意识非常明显。下面我尝试着把这篇论文的结构分享一下，欢迎大家批评指正。这篇论文主要讨论检察委员会（下面简称检委会）存在的一些问题，主要是两个方面：一个是实体上的问题，第二个是程序上的问题。实体上的问题主要是集中在权力与责任不对应上。举个例子，检委会在检察院内部实际上是一个业务决策机构，就是说它拥有最高的决策权，但是实际上，目前的法律法规并没有明确它具体的责任。所以说检委会在讨论案件的时候拥有着最终的决策权，但实际上这种集体的负责最后变成了集体的不负责。第二个实体上的问题是检委会的业务范围在《人民检察院组织法》第3条中不明确，所以长久以来在实践当中，检委会的职责以及讨论的事项实际上经常发生混同。所以这个时候就发现检委会在讨论案件的时候会出现业务与责任的混同，在领导介入案件的时候，就会出现司法二元体制的这样一个问题。程序上的问题，就是检委会的启动程序，还有就是在讨论案件过程中间的程序，最后一个就是督办的程序，是针对这些流程来论述的。在启动程序方面，很显然在检察院启动规则里面对职权还是没有界定清楚。所以检委会就有可能演变为检察长说了算，尽管在法律条文上不是这么规定的，但实际上这种行政级别的设计带有明显的诱导。那么，在讨论案件过程中，检委会对所讨论的重大复杂问题的界定还是有很大的值得讨论的空间。究竟什么是重大，什么是复杂，没有界定，所以在讨论案件的时候，对于一些案件，检察官自己拿不准，尤其是基层检察院的检察官，他拿不准的时候就会觉得这是一个复杂问题，所以就要申请检委会来讨论，这就是把责任往上推。检委会实际上也是有选择的，因为最后决定权是在检委会手里。所以检委会会按照这样一个思路——既然法律没有明确什么是重大什么是复杂，而且关键是责任没有分清楚，虽然检委会最后也会采用这种避重就轻的办法，那最后导致的就是实体和程序问题混杂在一起，所以在讨论的时候，程序确实存在设计上的问题。最后对程序方面的设计就是回避方面的。法律方面并未有规定检委会回避的情形，实际上在诉讼法中也没有进一步理清这个问题。还有一个就是检委会的监督的问题。谁来监督检委会，这也是一个程序上的问题。最后一个问题就是督办。这个在目前来讲只是在最高人民检察院关于检察委员会的议事规则里面简单列了七项。其中有一项提到了成立一个机构来落实这个问题，但是，这不是它的责任，它的责任是怎么协助检察长来召开检察委员会。也就是说，它的主要目的还是在召集开会这事。但是实际上是很难达到预期的目的的。论文就尝试对问题的原因进行分析。表面上看，检委会的这些问题好像就是这些委员们责任心不够，但实际上更深层次的是为什么出现这种问题。首先它肯定了检委会监委会的法律定位，所以只能在这个基础上推出责任心不强这些原因。其实，根子上的原因还是在于检委会制度设计上，是对民主集中制的误用和泛化的结果。这个根据大家可以参见一下蔡定剑教授关于人民代表大会制度的一部专著里的论述。所以民主集中制，很多人都会把它泛化，这个论文中有提到，民主集中制只是政党活动的原则和国家机构的组织原则。其实宪法里有相应的条文分析这个问题，比如《宪法》第 86 条规定：国务院实行总理负责制，中央军委实行主席负责制。所以，民主集中制被泛化以后，结果就是出现了之前谈到的情况。最后，文章把检委会制度做一个改革和完善，把它逐渐地改成咨询或监督的一个机构，对办案的检察官提供建议和咨询意见，对案件进行监督。当然，文章还有很多不成熟的地方，欢迎大家批评。再次感谢主办方，谢谢大家！

1. 与谈人：陈柏峰（中南财经政法大学法学院教授、博士生导师）

大家下午好！伟江谈的还是有理论深度的。他抓住了一个词，就是同案同判。从司法的性质来看，是应该同案同判的。但是问题在于，有与一般司法性质不一样的中国司法的性质。很多案子都不是同案同判的。举一个例子，就是小产权房买卖的问题。小产权房是不受法律保护的，但是它一旦真的买卖了，在买卖的过程中，又有违约，又有无权处分，又有一物几卖。出现这种情况，它就比一般符合法律规定的产权房遇到的问题更复杂。这种问题进入法院以后，法官的看法也不一样，这些问题到底应该怎么处理，很难做到同案同判，法官到最后就是一门心思想调解。我就在怀疑，从司法性质上讲，应该同案同判，会不会有一个中国司法的性质。

小建讲的宪法司法适用，它也是和这个相关的。有一个前提就是司法遇到空白的时候怎么办，小建给出了很多想法，说得很具体，实际上就是说，能不能绕个弯去走，不说是要搞宪法司法适用。不一定所有的弯都绕得很漂亮。有的你绕了，大家可能会觉得你在用法律的手段做政治的决断，那你可能还是很危险。当一个问题放在面前的时候，就一定要作出一个政治性的决断，从此以后就应该这样。之所以刚才讲也许有中国司法的性质，因为中国社会的性质在现阶段是非常特殊的。它有一个缓冲的渠道。比如说信访，它实际上就是起这种缓冲的作用。有很多案件，法院其实故意地往信访这边推，包括国家在制度设置方面，它也不希望所有的案件都由法院解决。那么能不能有一些案件到其他渠道去，经过很多轮的博弈，逐渐地使大家觉得某一个方法更好。有的问题现在想一下子解决几乎是不可能的。

邱川颖博士讲的检察委员会改革问题，谈司法责任制，谈法院的比较多，因为法院显然更重要，它涉及终局的问题。就是说，检察院犯了错的话，还有纠错的机会，法院这种机会就会小很多。所以谈检察院不如法院那么突出，它前后都有缓冲机制。有一个问题值得说的就是司法责任制的改革在差不多20年前就提出来了，在司法的“一五”改革纲要里面就说得比较明确了。一方面在说司法责任制，另一方面，这个责任制在变得越来越弱。就是说权力越来越多地被控制在院长、庭长和审判委员会的手中。出现这样的情况，不是偶然，这些问题的背后是有别的力量在推动它。因为过去的20年，社会矛盾越来越激烈，整个社会的问责机制一定是要问到院长那里去，所以院长一定要通过这种方式来控制下面的人。要改革的话，能在多大程度上改，全社会的压力都在这个地方，我觉得很困难。谢谢大家！

2. 与谈人：赵真（中央财经大学法学院讲师）

我认为伟江师兄的这篇文章是法理论的文章，为什么我会强调法理论呢？当然并不是说，其他的文章不是法理论。因为理论这个词，在伟江师兄的这篇文章里是有特殊的含义的。在这篇文章的最开始，实际上是贯彻了德沃金在《法律帝国》中的一个问题意识，他认为，德沃金的问题是：法律是什么？伟江师兄的问题在这里其实是：判例是什么？判例的效力是什么？而对于这样的一个问题来说，德沃金认为是一个理论性的问题，而不是一个经验性判断的问题，也不是一个事实的问题。与这种立场相一致，伟江师兄也在文章中点出了这个问题。基于这样一个问题立场，伟江师兄就区分出了两个法理学研究的路径。一个是政策工具性的，或者就是法政策学，还有一个就是法理论的。效力的问题，既然已经将它定义成一种理论性的争议问题，在这篇文章里面，实际上是要建构一个与判例的根据或者基础有关的理论。就是为判例提供一种辩护，这是他的一个目的。从实务界的情况来看，还是比较的冷淡。在既有的讨论里面，基本上都是从现有的制度的层面替它做辩护，或者为它提供一个根据。当然，在这场争论里面可能还有一个反对的声音的缺位，没有看到指导性案例不支持它的效力这样的问题。在这里，会发现理论性的立场有一个特点，就是超越体制的特点，它不是在体制之内寻找一个根据。为了证明判例的效力，伟江提出了判例是一个独立的法源这样一个基本的观点。在这些证例里面，我觉得比较重要的有两个点。第一点，他认为同案同判是司法的本质，或者说是为了回应陈景辉的观点。不但认为是构成性的，其实他还往前走了一步，他认为这是司法特有的一种方法，这是他第一个比较重要的观点。第二点，他认为在司法过程中不可避免地需要这种创造性的判断，尽管法院是依法裁判，但是创造性的判断是不可避免的。那么基于这样两个论证，他为自己提出了独立法源的依据。

实际上他运用了系统论的方法，这是他的文章里面很重要的论证方法。我想提出一个问题，比如在第一个论证，他认为同案同判是司法特有的部分，那么，在行政决定的过程中，似乎也会出现同案同判的问题，怎么证明同案同判是它特有的？第二个，对于这种司法和立法的这样一个关系的判断，从系统论的关系来看，就是再解释一下司法和立法在系统论的关系上来看它们是怎么一种独立性的关系。其实通过这篇文章尤其是背后的副论的部分，也间接地回答了法理论如何来介入以及应该如何来介入这个改革实践的路径问题，同时回答了法理论有什么用的问题。

第二篇文章是小建关于宪法适用的可能性的问题，实际上是他在对宪法审查或者宪法司法中心主义的反思基础上提出的一个方法。简单地说,他的这样一种方法或者提供的一种路线图,实际上是将宪法跟既有的一种法规规章包括更下位的规范性文件的监督,结合在一起的一个机制。我认为小建这篇文章就是法政治学的,那么他的立论的基本就是首先提出一个宪法的争议,他举了三个争议:一个法律漏洞,一个是法律冲突,还有一个是法律违宪。我有点疑问,就是我认为法律漏洞或者是法律冲突其实在大部分情况之下是不涉及宪法问题的,这是第一个疑问。当然这个法律违宪可能是一个典型的宪法问题,有的时候法律漏洞可能不是涉及宪法的问题,可以在法律的层面就把它解决了。我的理解是他把宪法性的法律都算到了宪法里面,就是说如果我适用选举法,或者适用国家安全法,这其实就是在适用法律,但是适用宪法,我觉得跟通常所理解的宪法适用或者宪法司法化似乎还不是一样的。或者说是不是你规避了最主要的一个问题,这是我的第二个疑问。

3. 与谈人:陈鹏(厦门大学法学院助理教授)

感谢会议的主办方。我有这么几点感想。第一,泮伟江老师这篇论文讲得很好,因为所谓学问就是要这样寻根究底,不停地追问、回答。追问指导性案例的规范层面的效力问题,其实还是很有意义的。不管指导性案例在事实层面上,发挥到什么样的作用。它在规范层面上是否应当具有法规范的效力,是否可以作为法院裁判案件的一种正式意义上的法源,这个问题探讨是很有意义的。比如一些法官怎么看,他们也许根本就不知道有指导性案例这个东西,他们更重视最高人民法院。为什么会造成这样的情况,我觉得有两个方面的原因,其实就是指导性案例的两个明显的倾向,第一个倾向是冷门,比如说 21 号指导性意见,关于人民防空法的适用问题。第二个倾向就是指导性案例应当是指导实践,在什么情况下指导实践?需要有这样的需求,那么一定是疑难案例,这是我的一些看法。

第二,关于小建的文章。首先,论文的问题意识很好。但是有几个问题我不太明白。第一个问题是针对法律漏洞把法院判决的这种程序转接,漏洞填补本来就是司法过程中的必需的一个过程,那么填补技术是很正常的,为什么还需要相关的程序转接?你所说的法律漏洞是什么情况?是你所举例的《立法法》里所说的法律制定后出现新的情况,需要明确适用法律依据的？我觉得这个情况意思是说有法律依据但是不知道适用哪一个，而不是说没有法律规定这样一个严格意义上的法律漏洞，这点让我有点困惑。第二个问题是机关法律授权，你特别讲了民事诉讼法当中的选举资格争议和国家赔偿法，但其实最重要的应该是行政诉讼法，行政诉讼法有很多相关的案例都可以发现当中带有很浓厚的宪法的味道。比如说讲政府权利，讲政府权利的其实也有，集会游行示威必须可诉讼，姚得文诉湖南省公安厅案，我觉得都是可以按照规定的基本法律授权的，为什么按基本的法律？第三个就是下面讲的空间拓展，说宪法确立了附带性的审查制度，明确将规章排除在外，这个规定是指导性案例讲的地方性法规、规章的实施，上位法没有设定相关的规定，其实有这方面的痕迹，再说其他的法律的附带性审查，那就是把规章也纳入到这个附带性审查的范围中来，我觉得还是有点不妥。

夏老师说的这个问题，我觉得很好，为什么？因为这个司法改革大家都忽视了检察，为什么会忽视？说法官做得很苦，其实有时候检察官过得也很苦，我们要关注他们的生态。检察院本身也好，人员也好，他们都有一种身份焦虑，不知道到底是一个什么样的机关。这是我的一些感想。谢谢大家。

4. 与谈人：刘启川（东南大学法学院讲师）

我首先想谈谈小建关于宪法司法适用的空间及路径。他里面讲适用的问题，他的主题是宪法，但是里面的内容并不是只是宪法，同时还讲到我们适用遇到的一个困境——无权适用。但是他后面讲到的适用的内容是什么呢？有国家赔偿法，有选举法，所以我就觉得他的标题有点问题，是不是可以考虑改一改呢？可以改成宪法与法律适用的空间及路径。第二，他这篇文章最大的一个特色是什么呢？就是关于从功能主义的角度在我们国家如何进行管理、适用我们国家的宪法的问题，他是一个路径问题，并不涉及适用的问题，可能就只是涉及一个宪法审查的问题，他能不能称之为我们通常情况下认定的宪法适用、司法适用？什么是司法适用？很简单，就是它能够作为一个规则来使用。这是我的初步感受。

下面是夏博士的文章，这篇文章读起来很省心省力。文章分为三个部分。关于改革，文中提到谁办案谁负责的设想也没有说得很清楚。但在最后提出要找到我们目前的定位，这个问题非常好。

作为一个咨询机关或者监督机关，具体的制度设计和相关的附设没有做好，只是让它作一个抽象的提炼，这是文章设计比较仓促的地方。比如一个特别关键的部分，关于某些重大的事项，法院完全可以走其他的路径，用已有的法律或常规的办法来解决。这时候又出现一个问题了，不是说责任到人，这种情况下，谁也不会去负责。我没有看到相关的论述，法院的制度没有配套，责任制的规则没有构建，我觉得这方面是有些问题。这是我初步的感受，谢谢。

5. 与谈人：熊樟林（东南大学法学院副教授）

谈这个指导性案例，有个问题想问一下陈鹏，指导性案例，泮老师研究的这个命题是很大的，而且是从长远的角度来讲。但是如果这个指导性案例真的只是这个人在催，或者只是法官在催，那你研究他有什么意义呢？是不是我们学者关注的对象本身不具有价值，不是一个很有用的东西？我觉得反倒是可以把最高人民法院公报好好研究一下，包括省一级的通报，实际上这是一个很好的解决现在重大问题的途径，我觉得是可以考虑的。

回应环节

1. 发言人：泮伟江（北京航空航天大学法学院副教授）

谢谢主持人，尤其是谢谢各位与谈人提出的非常好的意见。首先回应一下赵真老师的这个评论，他提出的几个问题，一个就是关于同案同判是否是司法所特有的，比如说现在行政决定也要同案同判，要保护相对人期待的利益，我认为行政权背后的逻辑其实是权利，权利涉及的是命令和服从，在服从这一级实际上就给了他很大的自由权。行政权我也是受罗曼的影响，罗曼主张行政兜底，就是法律手段、市场手段解决不了的，最后就行政处罚。所以在这个时候本质上无法做同案同判，这是由其性质决定的。第二个就是司法和立法的关系，从罗曼的系统理论的角度来讲，整个现代社会已经分化成不同的部位系统，那么法律系统是这个功能系统之一，在功能系统内部要进一步分化，那么一般是分化成中心和边缘，司法是法律系统的中心，那么其他的就变成了边缘。所以这就是德沃金曾经讲过的，法院是法律帝国的首都，实际上是同一个意思。

接下来我回应一下陈柏峰老师的评论，是不是有一种中国的司法。

从逻辑上来讲，我是表示怀疑的，比如说经常调侃的一句话：这个世界上有两种逻辑，一种叫逻辑，还有一种叫中国逻辑。那么是不是可以说这个世界上有两种男人，一种叫男人，一种叫中国男人。柏峰老师讲的中国有很多很复杂的地方，这个我是同意的。但是这个是不是可以上升到理论上？这有待商榷。柏峰老师讲的就是说这两个案例，法官其实也很忙，这个就是看你从哪个角度考虑。实际上指导性案例制度绝对不是凭个人在做，在“十三五”司法改革的规划中就提出来了，有大量的调研和认证，这实际上是有很多人在做，所以绝对不是说四五个人就能定下来的，所以是一个重大的问题。所以我觉得是从这个意义上讲的，也影响到了很多法院，那么还是有意义的。当然这在我的文章里面也有提到。谢谢。

2. 发言人：秦小建（中南财经政法大学法学院讲师）

我有个感想，不擅长的领域千万不要涉及，即使涉及了也要藏起来。各位的意见都非常的好，所以各位的建议我都接受，我都消化吸收，我就不作回应了。

3. 发言人：丘川颖（华南理工大学法学院博士研究生）

首先这个文章框架方面，提出了这最后的一个改革的措施，我觉得这个的确是挺有意义的，回去以后再商量看怎么样来解决。另外，在一些细节把它当作理论法学的文章来搞。其实搞时政的也很难搞，在座的各位肯定也有同感。有些数据的被调查者，被调研的检察院反复强调不能够暴露他们的身份，论文中其实 127 页跟 128 页有解剖两个例子。但是大家都知道不可能出现被调查、被调研的单位的名字。我想如果有搞时政法学的同事，这种困难是摆在我们面前的，也很难跨越。

第三单元

主持人：胡弘弘（中南财经政法大学法学院教授、博士生导师）

本次会议由法学院宪法学与行政法学学科和法商研究编辑部共同主办，本单元的主题发言人是杭州师范大学的刘练军博士、广州大学公法研究中心的王凌光博士以及中南财大法学院博士生葛伟。与谈人：本校法学院新进诉讼法博士袁中华、武汉大学黄明涛博士、中南大学熊樟林博士与本校德国归来的张清波博士。请发言人按顺序发言，发言人和与谈人每人发言不超过10分钟。

1. 发言人：刘练军（杭州师范大学法学院副教授）：裁判文书网上公开规范化四题

谢谢胡教授，我报告的题目是《裁判文书网上公开规范化四题》。我国司法改革有一个很明显的成就，那就是在司法公开范围内做得还不错，找得到判决书。若在10年前、20年前，是找不到的，这是一个很大的成就。但是，我国裁判文书网以及各个省自己建的裁判文书网，从技术上来说，存在很多问题。这给学者、律师及其他当事人查找案件带来了很多不便。我的文章，主要是从四方面论述裁判文书网应该做哪些方面的改革。这有利于在网上更有效地公开裁判文书。公开不是目的，公开只是一种手段，目的是让大家非常方便地找到需要的那份判决书。达到这样一个目的，必须有规范化的操作。中国裁判文书网做得还很不够。我们在法院调研中发现，很多法官从来没用过中国裁判文书网，而是使用北大法宝或百度。裁判文书网规范化以及提高利用效率有利于司法改革的成功。就当事人的信息公开标准，主要是原告被告的姓名是否有公开的必要。很多判决书比如当事人的名字为胡某某，不直接出现名字，很难找到需要的文书。我认为公开当事人名字有四个法理依据：一是，真实公开当事人的姓名是有法律明文要求的，即《人民法院裁判文书互联网公开条例》第6条的规定。姓名不算隐私。对别人名字的滥用和公开是两回事，滥用别人姓名是可以通过其他法律手段救济的。对当事人所产生的规范性评价通过其他问题解决。比如某人盗窃的裁判原文会给被告人带来不利影响，在某小区张贴时，张贴人应该隐去，否则张贴人构成侵权。除韩国等少数国家外都是无条件公开，我国台湾地区2007年恢复公开当事人姓名。接受司法救济就要付出一定的代价，否则就寻求其他途径的救济。二是，其他诉讼参与人的信息保护，包括代理人与辩护人。性别、民族与家庭住址都公开了，代理人的律所名字要不要公开？代理人表现好，是在做广告；表现不好，将对律所造成不良影响。不排除被告纠缠律所的情形。证人的家庭住址与案件裁判结果没有关系，这确实属于隐私。三是，标题规范化。三要素：当事人、体现一审二审、裁判的结果。四是，检索系统的升级，增加全文、标题检索等。中国裁判文书网标准化与规范化的空间还是很大的。

2. 发言人：王凌光（广州大学公法研究中心研究员）：试论人民陪审员之代表性——以美国联邦最高法院杜伦案判决为参照

我这篇论文是与会论文中唯一涉及比较法的文章，它具有一定的中国问题意识：人民陪审员的代表性在制度层面上与美国相比，有很大的落差。最高人民法院的文件等均规定人民陪审员要有代表性，但是经我对法院的调研，发现我国人民陪审员一点代表性没有，它的来源非常单一。美国发达的陪审员制度的构成与意义会对我国有些许借鉴。由《美国宪法第六修正案》公正陪审原则引导与推演，可以得出陪审员的公平代表性原则。翻译过来其实是社会的横截面，反映社会不同群体的比例构成。其法理基础是1979年美国最高法院的杜伦判决。我们可以从四个部分讨论：一是，陪审团代表群体的数量足够大，具有足够的区分性。不得将代表性的团体排除出去，比如，女性、黑人、拉丁裔。当然，同性恋群体尚待确定。二是，代表名额是不是不足。虽然群体足够大，比如女性，认定群体中的代表与在实际社区中有差别。这有三种测算方法，绝对偏离、相对偏离与标准偏离。然而，这些方法都不完美，受到一些批评。三是，是不是制度性排除构成。四是，即便刑诉被告人证明前三点确实存在，并不必然导致陪审团的选择程序违宪。因为，州可以证明制度性歧视与排除是为了某种制度性的州利益。该案对美国陪审团构成的比例及遴选方式的改变有很大的影响，包括随机抽选。但它同样暴露了很多问题：2000年美国联邦上诉法院都在抵制杜伦判决，其依据为公平代表性原则的案件有167例，但只有0件胜诉。显然，该原则被架空。这是因为21世纪之后，20世纪明显的制度性排除基本已经被排除在外，继续使用会造成实体性公正的牺牲，造成额外的成本，陪审员的负担，陪审员的豁免，导致该原则被废除。同时，与《美国宪法第十四修正案》冲突，挑选者不得根据种族改变社区陪审员的构成。美国的法理与实践对我国的思考意义：一是，我们在制度里讨论代表性究竟有没有必要。这存在一个前提，若干年没办法废除我国陪审团关于代表性的规定，那么我们就需要真正地提高代表性。二是，陪审员代表性与素质的问题。这二者是法律中同时强调的，但是矛盾的。要求陪审员的学历高、素质高，本身就是不具有代表性的表现。调解、事实认定才是陪审员的职责，只解决他能解决的事情就好。三是，从美国的制度实践与发展来看，成本很高。不要片面强调陪审率，应将其限制在能够发生作用的地方。比如，重大案件和裁量权比较大的地方以及专业性比较弱的地方。四是，人数的问题。美国的法理基础是刑事被告人有一个合理的可能性受到社区代表的公平审判，候选人中的人口比例与规模在美国为 6 个或 12 个陪审员，而我国就一两个名额。

3. 发言人：葛伟（中南财经政法大学法学院博士研究生）：走出混合性纠纷案件的审理困境——关于改革审判庭设置的思考

论文的第一部分是从司法体制改革的微观问题入手，发现近年来出现了大量的混合型纠纷案件，主要是民事和行政的混合、民事和刑事的混合以及刑事和行政的混合三种。尤其是民事和行政的混合最为突出。分析此类案件的原因是有效处理法院的纠纷化解、维护司法权威、解决当事人讼累。我通过整理现行指导意见等发现：在审理时，法院会采取不同模式进行审理。就民事与行政的混合案件而言，存在四种模式：一是，首先由行政庭进行审理，通过行政附带民事争议，使行政争议与民事争议同时解决。这已被修改后的《行政诉讼法》第 61 条所吸收。《行政诉讼法》第 61 条规定。“在涉及行政许可、登记、征收、征用和行政机关对民事争议所作的裁决的行政诉讼中，当事人申请一并解决相关民事争议的，人民法院可以一并审理。在行政诉讼中，人民法院认为行政案件的审理需以民事诉讼的裁判为依据的，可以裁定中止行政诉讼。”二是，法院的行政审判庭直接对民事争议作出判断，基于判断，作出裁决。三是，法院的民事审判庭与行政审判庭分别作出审理。四是，行政审判庭不考虑民事争议，直接由行政审判庭作出判断。上述四种模式都反映了一个共同的问题：法院内部不同的审判庭对混合性纠纷案件进行一个分割，然后进行不同的处理。要么一并审理，要么告知当事人另行起诉，要么由一个审判庭直接处理不属于本审判庭的争议。这些处理方式，导致实践中出现大量类似的房产纠纷案。裁判虽然作出了，但是争议并没有处理完毕。当事人不服裁判，不停地申诉，浪费了宝贵的司法资源；相互矛盾的判决，也削弱了司法权威。出现民事与行政相混合的案件的原因是，行政权力通过许可、登记等方式大量介入到民事中，使原本单纯的民事争议因为行政权力的介入而变成夹杂行政因素与民事因素的混合争议。这是混合型案件中最主要的表现形态。这些混合型案件存在事实上或因果关系上的牵连，会出现在诉讼的各个阶段。民事审判与行政审判以及刑事审判的职能是固定的，在它们相互独立分割设置的情况下，就产生了问题和后果。其一，四种分割设立的审判庭不能够分工审理混合型纠纷的全案，只分割案件内容，会造成审理工作的重复，司法资源的浪费。其二，各个专业审判庭各自分别审理混合型纠纷案件的不同内容，极易导致各自判决间的不协调乃至明显矛盾，甚至影响司法权威。其三，由各专业不同的审判庭分工进行审理，从而导致审理时间的耗费，加重当事人与法院的讼累。其四，不利于提高审判人员的综合能力与水平。关于上述四个困境，我的论文中都有论述，在此不做过多介绍。

针对存在的困境，有必要进行破解。这需要我们转变理念，改变以往单纯从审判技术层面加以考虑的应对策略，深入到审判组织这样一个深层次的司法体制问题中去探究。通过设置综合职能的审判庭来对混合型案件进行解决，这样一种探究也符合了四中全会关于优化司法职权配置这样一种理念。按照我在论文中提出的一种观点，就是改变现行审判庭按照纠纷性质进行简单分工的模式，淡化现有的民事、行政以及刑事审判庭之间的分工，通过建立一种综合职能审判庭模式使它兼具民事、行政、刑事专业的综合审判职能，固定其始终对混合型案件的审理。这样一种综合职能审判庭包括两种模式，一个是专门性的综合职能审判庭，它主要是审理法院在立案时就已经发现的混合型纠纷的案件；另一个是设置扩展性职能的综合职能审判庭，在原刑事、民事与行政专业审判庭在审理各自专业案件的过程之中或审结之后，如果又发生了与本案有密切关联的其他性质的争讼，那么该审判庭就实行职能上的扩展，可以一并审理其他争讼或原案继续，以确保同一个审判庭对某一混合型纠纷案件的审理能够一以贯之。以上就是我对论文的一个报告，不足之处，还请各位老师予以指正。

4. 发言人：刘练军（杭州师范大学法学院副教授）

谢谢四位评议人和其他老师给我的意见和建议。那么，关于判决书为什么要公开，最简单的一点就是判决是一个公共产品，它不是当事人之间的合同，也不是当事人之间的契约，更不是什么秘密协议，它是一个公共产品。但凡是公共产品，就必须公开。它公开有什么意义呢？它有多种功能，简单说，就是监督功能，其次就是传播法律知识，再次是教育功能。另外就是学术研究功能。

袁中华、张青波提到了前提性的问题，可以说前提性的问题只能前提性地解决。比如说人家买房，因为有前科就不让人家买房，这和判决公开是没有关系的。这构成了宪法上的歧视，你可以另外打官司。但你不能因为这是中国的国情，你就以此为理由不公开，我觉得这个理由是不成立的。

关于确实有特殊的理由，可以正当证明不应该公开，这是有请求权基础的。关于人民法院在互联网公开裁判文书的文件中规定后面有一个救济，如果有足够的证据证明，判决书上网对你的权利极端的不利，你可以到人民法院申请，一般在两周内可以撤下来。所以，这是有救济规定的。我的文章确实是应该说除法律另有规定的以外，当事人的信息应该公开。还有很多谈到了那些被动卷入的人，我的文章中用的是其他人员的信息保护。我的意见是，对于被动卷入的人的所有信息都不应当公开，我的文章讲得还是很清楚的。比如我的例子，当事人的儿子学校都公开，太过于详细了，这是极其不合适的。文章中对于参与人的分类还是较为详细的。

总而言之，我觉得裁判文书公开是必需的。当然，对于公开的分类问题也是必须考虑的。正如一线法官所主张的，只有典型性的案例才应当公开裁判文书，没有任何法学意义、典型意义，或者没有规范意义是没有必要公开的。

主持人：胡弘弘（中南财经政法大学法学院教授、博士生导师）

非常感谢这个单元的发言者、与谈者和提问者。现在，我们这个单元结束，直接进入闭幕式。

闭幕式

主持人：张青波（中南财经政法大学法学院副教授）

各位老师，各位同学大家好！现在，进入闭幕式环节。首先，请两位综述人，把今天会议的成果再综述一下。

1. 综述人：翟国强（中国社会科学院法学研究所副研究员）

谢谢大家！今天的讨论非常热烈，非常成功。上午的时候，我们的发言人和评议人在讨论的过程中，直奔主题。特别是《法商研究》编辑部的王虹霞编辑，非常直接，上来就直接把论文的缺点拿出来，直接给你指正,我觉得这是非常好的学术风格。特别是在宪法学的研究中,任何一个宪法学者都应当有随时接受批评的勇气。下午的讨论也非常热烈,就在刚刚结束的这个单元里面,评议人和自由发言人也是直接上来就批评,火力很猛,思想的碰撞也产生了非常绚烂的火花。因此,从讨论过程来说是非常成功的。

从讨论的内容来讲,我想提出三对概念来对今天的会议做简单的综述。(1) 第一对概念是宪法中的司法和宪法外的司法。上午的讨论包括开幕式上的主题报告人的发言都是围绕一个重要的话题,就是说在宪法视野下如何看司法改革。把司法改革放在宪法体制中来看,比如说是否违反宪法,是否依据宪法来开展司法改革这样的问题。至于宪法外的司法,我们说宪法是法律的一个学科。司法改革需要从多个角度多个部门来进行研究。宪法不是万能的,宪法学也不是万能的。因此今天与会的好多代表比如说伟江教授从法理学的角度切入研究司法改革,也做了非常精彩的发言。这种研究可能主要不是一个宪法学角度的思考。(2) 第二对概念,司法中的宪法和宪法中的司法。许多研究都是针对宪法中的司法。小建副教授的发言,是需要特别强调,他的研究是司法中的宪法,作为一个司法机关怎么研究宪法、适用宪法、实施宪法。这对于今天的会议来说是非常重要的,是一个非常好的补充,就像他作为会议的操办者一样不可或缺。(3) 第三对概念就是运行中的司法和体制中的司法。今天有些发言是围绕体制中的司法,比如说宪法在司法体制中应当发挥什么样的功能。有些发言可能围绕的就是运行中的司法,比如练军教授的发言是围绕司法具体怎么运作,这个职能怎么行使。

以上是我对今天会议的一个简单综述。我提出了三对概念,六个概念,分别围绕司法、宪法这样的主题词来对会议做了简单的综述。如果有挂一漏万,说得不到位的地方,敬请在座的各位与会代表多多谅解。谢谢大家!

2. 综述人:江登琴(中南财经政法大学法学院副教授)

谢谢主持人!我谈司法改革的宪法视野的三点共识和三点争鸣。对于刚刚在座各位提到的我有共鸣,现在,我谈到的更多地是具体而微小的关注。

三点共识:第一,司法改革是全面推进法治中的核心主题。自改革开放以来，我国司法话语的核心主题始终围绕一个关键词“司法改革”。在全面推进法治的过程中，司法更是被从最后一道防线拉到了改革的第一线。司法改革与法治的意义和影响这种共识，是有充分支撑的，即我国的十八届三中全会、四中全会决定，以及宪法学基础理论中对司法权、司法体制的定位。第二，司法改革必须在宪法框架下进行。这主要体现为：司法体制改革必须以宪法作为顶层设计的最高法律规范；司法改革实践也为宪法学研究提供丰富的实践资源。在宪法之下，如何进行司法权的机构设置，保障司法权的行使，是司法改革宪法视野的首要关注。而对机构设置、权力行使更为细微的关注，则涉及检察委员会、审判庭等的设置改革。第三，司法改革的路径与措施。司法改革必须要有宪法理论的指导和规范，更需要具体措施、路径的切实关注。按照宪法与法律之间的关系，对司法改革的路径和可行性举措，也可从两个方面分别予以关注：一是具体制度措施，实际上也是这轮司法改革的焦点和核心，如立案等级制、员额制、司法责任制等。二是宪法与法律在案件中的具体适用，如指导性案例的效力、宪法司法适用的空间与路径。

再讲三点共鸣，这种争鸣，虽然目前并未形成真正的话题交锋，但这其中很多问题是值得我们思考的：第一，司法能否承受改革之重？在全面推进法治中，司法改革的比例之重、措施之多，都是极为罕见的。在全面推进法治与增强国家治理能力的当下，如何准确定位、清醒认识司法改革的功能、路径及其局限，为领导决策层接受并及时调整其策略，也是理论研究智识贡献的努力方向。第二，理念先行还是制度先行？这种理念与制度的关系，具体到司法改革上，呈现出两个层面的问题：一个层面，是法学理论与司法改革之间，当前由执政党倡导、中央推进、地方齐动的司法改革，到底是本身在宪法和法律规范下的改革，还是反过来，我们应该为本在政治领域推进的司法改革背书？另一个层面，则是对司法改革具体制度和举措的认识。对于党中央提出的司法改革蓝图和框架，到底该怎样认识。认知理解与政策工具的统一，应该是改革措施的最为理想状态。第三，批判反思还是乐观期待？从去年四中全会决定全面推进依法治国至今，有一年的时间。对这一年的评价、未来司法改革的预期，部分学者说“不容乐观”“如过山车，忽上忽下”。但即使这样，我们也必须保有一定的乐观，“既有司法改革之忧，更有缓慢推进之志”。

我的综述到此结束。谢谢！

1. 代表发言：姜峰（山东大学法学院副教授）

我想大家可能和我有相同的感受，就是我们的气氛越来越热烈，但遗憾的是会议也接近了尾声。会议的全程中，感受了同学们热情周到而且非常专业的服务，觉得非常感动。我一个印象就是中南财经政法大学法学院宪法与行政学学科老师们的参与非常积极、热情，而且大家积极参与评议、主持等等。在这里感到这个学术团队非常有活力，非常让人尊重。而且《法商研究》的三位编辑老师也几乎全程参与了这次活动，他们的参与、点评非常专业，很令人钦佩。让我们这些有幸被点评的人非常受益。另一个方面，我个人受益很多。我提交的文章是上半年开始构思，为提交参加这次会议，也加快了论文的写作速度，促进了我个人的写作思考，非常荣幸。我想各位代表和同学都从中得到了自己的收获。我不知能不能代表大家，我谨代表自己对中南财经政法大学的老师和同学表示衷心的感谢。开了这次，想着下次，希望不久的将来我们能够再次在这里相聚。

2. 代表发言：刘练军（杭州师范大学法学院副教授）

谢谢青波教授，我一直在琢磨这件事，已经有姜峰教授作为代表致辞，为什么还要我呢？可能是这样一个原因，因为与会代表大多来自985，211等中央部属名校。但是像我就是来自地方院校，杭州师范大学，尽管培养了一个很有名的人——马云，但是教育部还是看不上它。所以，为了体现代表的公平，少数人的地方院校也要有代表。刚刚王凌光讲少数的代表，公平代表嘛。我觉得法律的精神恰恰就在于保护少数，尊重少数。安排我致辞这个细节，就是我们实践法治精神，尊重少数利益、权益的表现，这是第一点。第二点，我很认同我师兄翟国强博士说的“任何抛开宪法的司法改革都是耍流氓”。所以，在司法改革的高潮迭起的时候，以宪法的眼光来看，这是一个及时的大会，是一个很有必要的大会。我们的最高人民法院正在变为最高人民法学院，它是法院，但它中间也加了个学字，它是最高人民法学院。这个大会能讨论这些问题，我觉得是很好的。再次表示感谢，感谢各位老师。很高兴来到美丽的中南财经政法大学，我真的神往已久。谢谢！

会议总结：王广辉（中南财经政法大学法学院教授、博士生导师）

第一，说一下我们举行这样一个会议的考虑。举办“司法改革的宪法视野”这样一个公法青年论坛，是因为我们的司法改革从改革开放之后就开始，到现在已经有几十年的时间了，是伴随着我们整个的改革过程的。但是长期以来司法改革问题的话语为诉讼法学界所主导，变成了一个诉讼法的问题，好像和宪法学界没有什么关系。十八届三中全会、四中全会以来，受到了学者的广泛关注，但是在谈论这个问题的时候，大家更多的是立足于中央的决定，但它不是宪法的视野，中央的决定虽然很重要，但它不是依据。它可能对我们今后的司法改革起到一个指导的作用，但它毕竟不是依据。我们讲依宪治国、依法治国，依据应该是宪法，所以举办这样一个学术会议，目标就是真正地用宪法的视野来指导司法改革，作出一个回顾、一个展望和思考。这样来体现我们作为宪法学人对这个问题应有的立场，发出我们自己的声音，为司法改革作出宪法学人的应有的贡献。

第二，既然讲司法改革与宪法的关系，也就是基于宪法的视野。一是司法改革的宪法正当性何在？也就是我们的改革不能违背宪法，必须在宪法的范围内进行。司法改革的宪法正当性何在，这个问题是从技术性的角度来解决的。这个技术性的问题当然重要，但是在没有解决正当性问题的情况下，技术性的问题是没有根基、没有方向的。二是司法改革对宪法的冲击。现在的司法改革对宪法是有很大冲击的。冲击体现在依据上，现在为什么进行司法改革，为什么要解决司法地方化、行政化的问题？理由是司法权是中央事权，但是没有论证它为什么是中央事权。那么，会造成一个什么样的结果？要改革了就说这是中央事权，不改革了就说是地方事权，或者说是由中央和地方二者共享。这个问题没有解决的话，改革的根据何在就没有解决。另外，在路径的选择上或者是路径依赖上，目前的改革依然犯了过去的错误，就是所谓的良性违宪。这样容易造成一种错误的观念，要改革就不能遵守宪法，要遵守宪法就不能改革。假如是良性违宪，那就意味着改革措施可以推动社会的发展和司法文明的进步。问题是我们现在这么做了，是违宪的，将来能不能推动司法改革，还是一个未知数。而且是不是良性本身就是很大的问题。

另一方面，司法改革的主导力量，过去是最高人民法院和最高人民检察院。利益相关者主导,自己革命自己改革是肯定不会成功的,本身既有的利益不会改革掉,二者打架,法检各自争夺利益。不论是五年计划或者三年纲要等等,最后的成效都是不明显的。那么,现在呢?从十八届三中全会、四中全会决定以后,实际上是由党来主导的。这个司法改革,特别是现在涉及司法权的重新配置问题,这是典型的国家权力配置问题。这个主导应该是谁呢?主导者应该是人大,这在宪法上才有正当性。党的领导只能是大政方针,大的方向。具体的改革措施怎么改,这个不应该由党来操持。你把一个领导者变成具体事务的操持者,这对党的领导的权威也是有损害的,同时也损害了人大的权威。这样产生的结果是一种两害的结果。这个问题很大,我们现在总是强调人大的权威,但是在具体的事情上该国家权力发挥作用的时候却忽视了。习总书记讲,纪念三十年大会上,要保证国家机关依法独立行使职权。司法权的配置典型地属于人大的职权,为什么人大无法参与?这本身就不是依宪执政,对宪法的冲击很大。

第三,司法改革本身面临的问题也很多。关于司法的功能,因为国家权力的划分不同,每种权力的功能肯定是不同的,才能独立地存在。实际上长期以来司法承担了很多的政治功能,它不属于司法的功能。其次,目标上,要通过司法改革实现司法公正,司法公正是很好的目标。问题在于目前司法不公大量的是外部原因造成。比如说,司法解决纠纷,很多纠纷是政府和党的组织在治理过程中自身造成的纠纷。所以,真要体现司法公正,第一要让司法回归到本来的功能。第二要解决党的组织在领导过程中自身带来的很多纠纷。这无形中增加了司法的压力。你现在追究法官的责任,不是他造成的,怎么追究他的责任?就像现在的欧洲难民问题,美国的原因让欧洲承担后果,当然不公平。

还有一个,是地方化的问题——统管。统管以后,能不能解决地方化的问题?省法院是不是地方问题?前面既然讲司法权是中央事权,人财物都让中央出,省统管是不是与中央事权的前提存在矛盾?最根本的,破坏上下级法院的监督与被监督的关系,破坏两审终审的制度,导致省法院的集权化。地方化未必能解决,又产生了新的问题。还有行政化的问题,审委会、检委会是典型的行政问题,讨论决定就是行政化的问题。如果不解决这些问题,去地方化、去行政化是实现不了的。这是我认为的在司法改革中的问题,这些问题与宪法有关系,当然与其他法律也有关系。

最后,我们的会议在这个有限的时间内举办了许多活动。今天的会议有四个议程,昨天晚上和今天晚上还有专题的讲座。时间虽然短,但是内容很丰富。可以说是学术的盛宴,思想的大餐。对参加会议的嘉宾表示感谢,辛苦了！我们的公法青年论坛会长期做下去,希望以后大家继续支持我们的论坛。我的总结到此结束,谢谢大家!

主持人:张青波(中南财经政法大学法学院副教授)

谢谢各位老师莅临中南财经政法大学指导我们的学术活动,谢谢各位同学积极的参与和为会务付出的劳动。本次会议胜利圆满地落幕!

(责任编辑:胡淑敏)

民法典制定背景下宪法学者与民法学者对话会观点综述

党的十八届四中全会提出要加强市场法律制度建设和编撰民法典。我国曾三次启动民法典编撰，但囿于立法条件不成熟而终被搁置。眼下，民法典编撰已被全国人大常委会提上立法议程，被社会各界所关注。可以说，民法典编撰是当下全面推进依法治国的重大任务之一，法学界和实务界已开展了富有成效的工作。我们知道，依法治国首先是依宪治国，依法执政首先是依宪执政。那么，宪法作为中国特色社会主义法律体系的核心和基础，其与民法和民法典编撰又有着怎样的关系？宪法学研究对民法典编撰又能提供哪些助益？这一系列问题引发了学界讨论甚至是争议，亟需宪法学者和民法学者对此展开真诚、开放和务实的对话，以澄清现实误解，揭开理论迷雾。

为此，中南财经政法大学法学院、法学院团委、宪法与行政法学科和民商法学科共邀请了五位知名学者，于 2016 年 4 月 10 日晚在文泓楼报告厅举办了民法典制定背景下宪法学者与民法学者的对话会，共同聚焦民法典编撰与中国法治发展。参加此次对话会的学者分别是：中国社科院法学所研究员，中国民法学会常务副会长，第十二届全国人民代表大会代表，中国法学会学术委员会委员孙宪忠教授；中国宪法学会副会长，郑州大学法学院院长苗连营教授；教育部长江学者，中国宪法学会副会长，《法学评论》主编，武汉大学法学院秦前红教授；中南财经政法大学法学院院长徐涤宇教授；对话会由中国宪法学会副会长，湖北警官学院院长，中南财经政法大学法学院刘茂林教授主持。

刘茂林教授在主持发言中表示，此次对话会因应了十八届四中全会提出的民法典编撰任务，是一场非常有意义的讨论。他希望各位同学和老师可以针对其中的问题，向各位学者发问，共同探讨。

第一位发言人是孙宪忠教授。他认为，从自己学习和研究的角度来看，由于现代民法和宪法是同源的，因此两者的关系并不存在偏差、误解甚至是“仇恨”，也不可能产生理论上或者是制度上的对抗。在学界，有一种观点认为民法起源于4世纪和5世纪的罗马法，而宪法则是16世纪和17世纪后才产生。甚至还有一种观点认为，民法是“万法之法”，在民法已经形成基本体系后，宪法还未产生。对此，他表示从历史的角度来看，这两种观点在理论上并不充分。原因主要是，第一，最早的罗马法还保留了奴隶制度以及严格的身份等级制度，并且法律承认了这些不平等的制度：有些人一出生就是贵族，享有剥夺他人生命的权利；而更多的人，则终日劳苦，生命、财产甚至是基本生存都得不到保障。第二，后来产生了人文主义革命和以自然权利为基础的启蒙思想运动，由此催生了欧洲大陆的科技发展和工业革命，进而影响到人们对于身份等级制度的认识。此时，人们意识到要抛弃不平等的等级制度，要削弱贵族和君主特权，实现平等。在此背景下，民法也在理念上发生了根本的变化：一是承认法律上人人平等，比如《德国民法典》第1条即规定自然人权利能力始于出生终于死亡，自然人权利能力学说就体现了这一点。二是在财产权利上，所有权具有神圣地位，同时，充分尊重个人的意思自治，以反抗君主压迫。进一步来说，通过意思自治所确立的权利义务和责任，促进了整个社会制度的变革和发展。比如，责任制由过去的身份责任转变为过错责任。这一系列根本变化，起源于启蒙思想，而使得现代民法具有了不同于罗马法时代的价值理念。也正是在这个时期，限制君主绝对统治权，通过公共利益保障个人权利的宪法也产生了。因此，从历史上来看，宪法和现代民法几乎可以说是同时产生的。第三，影响上述观点的因素之一是原苏联法学。在原苏联的法学思想中，启蒙思想被抛弃，进而认为个人权利来源于公权力的赋予，个人利益应该服从集体利益，因此压制了个人意思自治和法律行为理论。第四，从中国现实来看，诸如征地拆迁问题既需要宪法，也需要民法。比如对我国《物权法》第42条的征用条款的承认，就说明宪法和民法所要解决的问题是一致的。总的来说，宪法注重的是从群体角度解决问题，民法则是从具体制度入手。宪法和民法需携手合作，消除苏联法学过去带给我们的政治上和理论上的困惑，这一点值得我们期待。

刘茂林教授评论认为，孙宪忠教授主要从历史的角度谈了民法和宪法产生的社会条件和思想基础，并且指出了民法和宪法之所以产生争议所依赖的特定背景。法律的发展其实同社会的发展分不开，部门法的产生和发展是同社会分工和社会关系分化相联系的。值得注意的是，当社会分工越来越细的时候，我们又需要走向新的综合。表现在法律上，当部门法越来越完善的时候，就需要作为一个作为综合性和基础性的法律即宪法来调整这些部门法的关系。总之，宪法同普通部门法之间的关系，是以社会分工发展为基础的。这值得我们进一步思考。

第二位发言人是苗连营教授。他表示，完全同意孙宪忠教授的观点。今天的对话也不会让宪法学者和民法学者“打架”，因为我们有共同的价值基础和愿望。民法典编撰是法治建设中的大事，是全体法律人共同的事业，而非仅仅是宪法学者或者民法学者的事业。当然，这并不意味着问题不存在。核心问题便是宪法和民法的关系。对这一问题的回答关系到法治建设的逻辑起点和路径选择，然而学界对此有不同的声音，没有形成基本共识。中国法治的起源是清末，但那时法律概念的移植产生了水土不服的偏差。同样的问题是，现在关于民法典的基本理念、宪法和民法的认识是否已经成熟。过去，物权法制定中围绕着要不要将“依据宪法制定本法”写进条文所产生的合宪性争论，不仅牵涉到学术界，甚至关系到了意识形态领域的左右之分。虽然争论已经过去，但当时的争论并不彻底，并未形成共识。对此，他认为在宪法和民法关系问题上，应该注意一连串基本问题：宪法究竟是不是根本法？是什么样的根本法？宪法能够为民法典编撰提供何种帮助？第一，主流教材上的论证是，宪法规定了国家生活中最为重要的问题、最为重要的制度。但这一论证，不能令学者和社会大众信服。因为，现实来看，宪法上规定的内容并不重要，最为重要的恐怕还是党的纲领性文件。第二，宪法的制定和修改要比普通法律更为严格。但现实中，宪法也经过了多次修改，而宪法修改的三分之二多数要求，实际上，普通法律的修改基本也满足这一点。因而，这一论证也不充分。因此，过去对宪法作为根本法的论证并不能令人信服，这在民法典的编撰过程中也很紧迫。因此，民法典编撰提供了一个机会，让我们重新对宪法作为根本法这一地位进行新的充分的正当性论证。另外一个问题是，宪法能够为民法典编撰提供何种帮助，可以从以下几个角度展开：一是，民法也是权利的宣言书，但民法对权利的保障是不完整的。宪法和民法在权利保障方面存在一个功能分工，公法的出现对公权力进行了限制，是对民法保障不足的补充。二是，民法是市场经济基本法，良好市场经济秩序的确立也离不开宪法的作用。因为，在我国公权力很强的情况下，只有规范了公权力，私权利才能真正得到保障。公法秩序的建立，才能为市场经济的发展奠定基础。最后，宪法能够为民法典编撰提供一个权源条款。“依据宪法制定本法”不是可有可无的套话，如果没有这一正当权源条款，本来薄弱的宪法意识就更难增强，不利于将宪法的价值和理念传导到民法中去。

刘茂林教授的评论认为，苗连营教授的观点可以概括为三点：一是宪法和民法其实有着共同的价值追求；二是“依据宪法制定本法”更应该具有实质意义即确立宪法的国家根本法地位；三是宪法能够为民法提供依据，更为重要的是宪法能够补充民法对权利保障的不足。

第三位发言人是徐涤宇教授。他认为，刚才几位教授提到“依据宪法制定本法”，但根据宪法的什么内容来制定法律，还需要进一步探讨。他认为，宪法的重要功能之一就是通过对未列举权利进行保障，并且由普通法律来对公民权利进行制度性保障。而当公民权利不能通过普通法律得到保障或者遭受侵害时，就需要宪法的违宪审查制度。比如，就隐私权来说，宪法并未有具体规定，但其中的人格自由和尊严这一基本权利就需要通过民法进行具体化。对此，他举例进行说明，比如景区出售门票时需要采集指纹信息，这一采集行为是不是侵犯到公民权利，能不能通过合同法或者侵权法获得救济，但很显然，景区经营者只是一个私法主体，这里公法和私法的问题就产生了。

刘茂林教授评论认为，徐涤宇教授用一个故事说明了一个法律问题。这里的景区的经营涉及政府的许可和管理，进一步涉及宪法和民法对公民权利进行保障的功能问题。

第四位发言人是秦前红教授。其观点主要为五个方面：第一，民法学者并未充分证成民法法典化的必要性，并说明法典化较之现有的“单行法律加政策调整加司法续造”的规则供给模式更优越。第二，在中国法治架构下，任何民事法律的制定必须依据宪法并接受合宪性评判，否则会丧失正当性。第三，现有的民法典试拟文本有明显的瑕疵，表明民法典即便起草也不能是民法学者独立所能完成，必须合全体法律人之力。第四，民事主体的具体意涵和指涉对象是什么，试拟文本中晦暗不明并闪烁其词，民事权利的本源是什么，似乎也是欲以己之昏使人之昭昭，从而造成了制度设计的混乱。第五，关于宗教社团、胎儿等权利之规定严重悖逆社会观感。

刘茂林教授评论认为，秦前红教授的观点仍然强调了民法典编撰需要法律人的共同努力。民法典编撰中的具体问题，还需要一些立法技术来解决。

主讲人的发言结束后，与会的学生和老师也发表了自己的观点和看法。主要体现为四个方面的问题：一是民法典制定的必要性问题。二是民法典中是否应该写入"依据宪法制定本法"。三是能否将国家政策作为民法法源。四是德国民法典的编撰历史可以提供哪些借鉴。

来自华中科技大学的姜战军教授认为，从法律的发展来看，民法的概念发展到现在，需要一部法典。对于"依据宪法制定本法"，他认为该条款仅具有宣誓意义。另外，要深刻考察中国国情，在宪法发展不是很理想的情况下，可以先用民法来解决一些问题。

来自华中科技大学的冉克平教授认为，宪法是民法的立法渊源而非司法渊源，关于民法权利来源的问题有待探讨，到底是来源于自然权利还是来源于宪法权利的赋予并不能得出确切答案。

对此，苗连营教授、徐涤宇教授和孙宪忠教授进行了回应。苗连营教授认为"依据宪法制定本法"条款必须存在，理由有三：一是中国现阶段宪法意识本来就淡薄，需要在各部门法中增加该条款对宪法地位进行确认；二是立法实施是中国宪法的重要实施机制之一，该条款很重要，是立法实施机制和重要路径，是最重要的观念；三是该条款为民法提供合宪性解释以及制度性保障，也是宪法效力在部门法中的体现。

徐涤宇教授回应认为，制定民法典有必要。理由有二：一是从理论上分析，宪法的基本权利需要其他法律去落实并形成制度性保障，宪法是不能具体适用的。同时，现行的民法还并不能完全满足制度性保障要求，所以制定民法典是有必要的。二是现在民法单行法很多，这不利于民法的体系性和科学性。然而，民法很大程度上是要体系化的，这样才可以回应现实的需求。

孙宪忠教授则认为，关于民法有没有制定的必要性，需要解释。首先，中央提到的未解决的民商领域的问题有200多个，包括知识产权、土地权等等多方面的问题。在中国的背景下，我们要关注和解决中国的问题。其次，考察民法通则的条款，实用性不足，需要编纂民法典。

秦前红教授认为，国家政策是否可以纳入民法典，代表了法学界的质疑。民法只是公序良俗原则的体现，宪法未能规定时民法如何处理是一个问题；同时，现有情况下是无法解决很多宪法的权力问题的，法律总体上是一个确认的问题。有些问题是抵牾的。从一个法律人的理想来说，不应该把政策作为民法的渊源的，民法应该是自洽的；但是从现实生活来说，是需要的。

孙宪忠教授认为，对于萨维尼提出制定德国民法典的成熟条件，现在我国是否具备以及具体时间的问题，对后者而言，萨维尼其实不确定具体时间而是认为需要培训人才去促进。实际上，最终是他的学生在他的思想指导下制定出的民法典。

刘茂林教授最后总结认为，民法典编撰提供了一个大家去学习和研究的契机。本次对话取得了圆满成功，有三点共识值得关注，一是本次对话在理论上证明了宪法和民法的关系并非相互对立，从历史和现实的情况来看，两者具有共同的价值追求，理应通过对话和交流共同推进法治进步发展；二是民法典编撰的目的在于实现民法的体系化和科学化，回应社会需求，助推国家法治建设；三是民法典编撰是一项重要的法律事业，需要全体法律人的共同努力，既需要学术界内部各个学科之间的真诚对话，亦需要学术研究和实务界的协调配合，以此方能制定出一部适合中国需要的民法典。

（责任编辑：唐冬平）

博士学位论文摘要

我国土地整理立法的宪法依据论

作者:赵　谦　指导教师:刘茂林

“我国土地整理立法的宪法依据论”是一种论证。首先要断定“宪法依据”问题的真实存在与研究必要性,而后要断定“我国土地整理立法”的真实性与作为一个问题的研究必要性,进而以“我国土地整理立法”为样本进入“宪法依据”问题的实证分析。学界30余年的研究并未真正解决“宪法依据”问题,甚至就该命题的真伪与否存在着根本性对立。应通过对“立法为什么要依据宪法”“立法依据宪法的什么”“根据宪法如何科学地立法”三个问题的分析全面梳理“宪法依据”问题。

“我国土地整理立法”作为一个问题是客观真实存在的,有必要总结我国土地整理及相关立法的实践经验,借鉴可为参照系的典型国家和地区土地整理立法工作的精华,尝试构建一套以单行土地整理法典为核心、辅以相关配套法规的独立土地整理部门法体系。以“我国土地整理立法”为例而研究“宪法依据”问题,符合实证分析样本的典型性、示范性、普遍性和创新性的选择要求。本文的研究以实证分析方法之应用为原则,以比较分析方法之应用为常态,以形式逻辑分析方法、价值分析方法、规范实证分析方法之应用为特例。分别以“我国土地整理立法有否依据宪法之判定”“我国土地整理立法的宪法依据之界定”“宪法依据于我国土地整理立法之适用”三章逐次对“立法为什么要依据宪法”“立法依据宪法的什么”“根据宪法如何科学地立法”三个问题进行解答。

“我国土地整理立法有否依据宪法之判定”是以“我国土地整理立法”为样本,从立法方面来解答“立法为什么要依据宪法”问题,而实现对以“宪法的根本法属性”从宪法方面解答该问题之补正。本章研究以我国土地整理立法的应然与实然之比较为基本线索,基于对土地整理法律行为、土地整理法律关系、土地整理法律规范的厘清，而分析我国土地整理立法在立法价值、立法体制和立法内容上存在的不足。“宪法依据”问题在“我国土地整理立法”中的模糊存在是造就不足的重要原因。进而判定我国土地整理立法在立法价值、立法体制、立法内容上并未依据宪法而科学地确立。

“我国土地整理立法的宪法依据之界定”是以“我国土地整理立法”为样本，基于该样本并未依据宪法而科学地确立之判定，来解答“立法依据宪法的什么”问题。本章研究立足于宪法价值、宪法规范，来解读我国土地整理立法价值、立法体制和立法内容的宪法依据。我国土地整理立法价值的宪法依据包括宪法目的性价值和宪法道德性价值两个方面的内容，应从宪法价值目标、宪法价值关系两个方面来界定宪法目的性价值，应从宪法价值要素、宪法价值要素的渊源两个方面来界定宪法道德性价值。我国土地整理立法体制的宪法依据包括立法主体规定和立法权限规定两个方面的内容，应从规范主义视角、经验主义视角两个方面来界定立法主体规定，应从宪法典、立法法两个方面来界定立法权限规定。我国土地整理立法内容的宪法依据包括权属规定、利用规定、保护规定和权力谦抑规定四个方面的内容。

“宪法依据于我国土地整理立法之适用”是以“我国土地整理立法”为样本，基于该样本的相应宪法依据，来解答“根据宪法如何科学地立法”问题。最终通过本章研究来探寻契合于宪法价值的土地整理立法价值，且根据相关宪法规范来确立我国土地整理立法体制、立法内容。

首先，应根据宪法的目的性价值、道德性价值分别确立土地整理立法的目的性价值、道德性价值。从土地整理立法的载体目的、作用对象目的、践行领域目的三个方面来界定土地整理立法的价值目标，从土地整理立法价值关系的要素、主客体互动过程两个方面来界定土地整理立法的价值关系；从土地整理立法的民主价值、人权价值、正义价值、秩序价值四个方面来界定土地整理立法的价值要素，从人的自然属性、社会属性、精神属性对土地整理立法价值要素的影响三个方面来界定土地整理立法价值要素的渊源。

其次，应根据立法主体规定、立法权限规定分别设定土地整理立法主体、立法权限。从规范主义视角、经验主义视角两个方面来设定土地整理立法主体；从土地整理本身之立法事项设定、土地整理中具体立法事项设定两个方面来设定土地整理立法权限实质要件，从土地整理立法形式、立法程序、立法适用范围三个方面来设定土地整理立法权限形式要件。

最后，应根据权属规定、利用规定分别确立土地整理权属设置、立法原则，根据保护规定完善土地整理程序、资金、法律责任规范，根据权力谦抑规定完善农民参与土地整理规范。从未利用地开发前之权属、未利用地开发后之权属调整两个方面来确立未利用地开发之权属设置，从低效耕地整理前之权属、低效耕地整理后之权属调整两个方面来确立低效耕地整理之权属设置；从合宪合法原则、可持续性原则、一致性与差异性相协调原则、综合效益原则、严格规制原则五个方面来确立土地整理立法原则；从项目立项、实施、验收三个阶段来设计土地整理程序规范，从融资组织结构、融资模式、收益分配方式三个方面来设计土地整理资金规范，从监管部门、责任主体、责任行为、责任形式、语言表述五个方面来设计土地整理法律责任规范；从农民对土地整理的认知与评价、对参与土地整理的认知、对土地整理模式的期许三个方面进行我国农民参与土地整理现状的实证分析，从引导并推动农民参与能力的提升、成立土地整理协会作为农民参与土地整理的组织平台、在土地整理各阶段设定多样化的参与准则三个方面来设计农民参与土地整理法律规范。

综上所述，基于对“我国土地整理立法”这一样本的研究，可确立就“宪法依据”问题的基本研究“范式”。宪法的根本法属性与立法有否依据宪法之判定是立法要依据宪法的原因，立法应依据宪法价值与宪法规范，应根据宪法价值确立具体立法之价值，应根据相关宪法规范确立具体立法之体制与内容。具体到“我国土地整理立法”这一样本，应从目的性价值与道德性价值两方面确立我国土地整理立法价值，从立法主体与立法权限两方面设定我国土地整理立法体制，从权属设置、立法原则、程序、资金、法律责任、农民参与土地整理六个方面设计我国土地整理立法内容，最终实现我国土地整理程序规范、土地整理资金规范、土地整理法律责任规范、农民参与土地整理法律规范之完善。

中国共产党执政方式法治化研究

作者：陈文明　指导教师：刘茂林

我国现行宪法序言部分五次出现"中国共产党的领导"。"党的领导"作为四项基本原则之第一条写入宪法，代表着中国共产党具有与西方执政党完全不同的特殊性。因而有学者认为："党的领导"是我国宪法的根本法和最核心内容；在我国现行体制下，离开了执政党的推动，宪治在很大程度上会成为一句空话；政治体制改革不可能从宪法开始，而是应从党章开始。无论如何，加强和改善党的领导，应该从依法治国、依法治党开始。共产党的自身建设关系到国家的建设，党的肌体健康关系到宪治的健康。我们研究中国宪法，共产党是一个绕不过、最为核心的话题。如何实现党的领导、依法治国、人民当家作主的有机统一，如何在党的领导下，逐步推进和实现中国特色社会主义宪治，这是时代赋予我们的重大课题。新中国自 1949 年宣告成立以来的历史，也即是中国共产党正式全面执掌国家政权的历史。新中国成立的六十多年来，中国共产党始终在探索如何处理与国家政权的关系这一重大问题，迄今尚未结束这一探索过程，找到圆满的答案。

从中国共产党执政的历史来看，凡是共产党与国家政权关系处理得比较恰当的时候，国家法治就能顺利发展。反之，当共产党与国家政权关系出现重大问题，就会像"文化大革命"时期，国家陷入一片混乱，宪法和法律沦为一纸空文。中国共产党处理与国家政权关系的方式，即党的执政方式，集中体现了共产党治国理政的经验和思路，体现了国家法治建设的要求。中国共产党执政方式不但对党自身，也对每一位中国人的命运都产生着重大影响，理应引起高度重视，加大研究力度，通过逐步规范和完善执政方式，逐渐推动法治国家的建成。一直以来，这些重大而又现实的问题不容回避地摆在我们面前：党如何领导国家和国家政权？在法治时代，中国共产党应该如何执掌国家政权？这些问题在现实中普遍存在，远没有得到彻底解决。正是在上述问题意识的指引下，本论文研究中国共产党执政方式法治化的有关问题，试图以之为入口破解中国法治建设的困境，解决“坚持党的领导”和“改善党的领导”的矛盾问题，使党摆脱兴衰交替的历史周期律，构建执政合法性，提升执政能力的水平，避免“文化大革命”这样的历史悲剧的重演，为社会和谐稳定、国家长治久安提供保障；从根本上理清执政党与人大机关、政府机关、司法机关、各民主党派的关系，解决长期以来困扰我国的党政不分、以党代政、权力不受制约、机构重叠、司法不公等问题，发挥国家政权机关和各项制度的应有作用。

本论文运用历史分析、逻辑分析、比较分析以及系统分析等多种研究方法，紧密联系中国共产党和国家的历史与现实，通过对执政方式法治化相关概念内涵进行论述，对执政方式法治化的理论基础和实践基础进行剖析，对执政方式法治化的主要内容、存在问题和解决方法进行解析和论证，勾勒了中国共产党执政方式法治化的基本路径和基本方法。

本论文由导言、正文和结语等几个部分构成。导言部分对近年来学术界在执政方式法治化等相关问题的研究成果进行了梳理和总结，对本论文的选题背景、选题意义、研究综述、研究方法给予了介绍和说明。

正文共分为五章。第一章阐述了中国共产党执政方式法治化的相关概念与内涵。回顾中国共产党对执政方式的探索历程，从历史的经验教训中论证执政方式法治化的必要性。分析推动中国共产党转变执政方式的各种历史力量，认为对国民党的批评与反思、对“文化大革命”的反思、法学理论研究的推动是其中的三个关键因素。总结了中国共产党执政方式法治化必须坚持的几条原则，包括“走自己的路”、与政治体制改革同步、与法学理论研究同步等原则。论述中国共产党执政方式法治化的主要内容，认为中国共产党执政方式的法治化主要是要做到共产党与人大、政府、司法和各民主党派关系的法治化。第二章论述了共产党与人大关系的法治化。从中国共产党与人大的地位、在人大中的组织活动方式、在人大立法中的作用等方面，分析了中国执政党与人大关系的现状。提出了中国共产党与人大关系中存在的问题，包括中国共产党与人大职能分工、人大对中国共产党的监督、党管干部原则与人大选举的关系、党内法规与国家法律的冲突等方面的问题。最后就规范中国执政党与人大的关系提出了几点建议，包括：明确人大作为会议机构的属性，明确各级党委及纪委对人大及代表纪律监督的作用，理清共产党的领导和国家政权机关的职能分工，明确共产党进入人大及其常委会的渠道，规范共产党实现其政治纲领的途径，依法处理党内法规与国家法律的关系等。第三章论述了共产党与政府关系的法治化。先定义了共产党与政府关系的含义，然后从执政能力、转变政府职能、精简机构等角度论述了规范党政关系的重要意义。接着指出了中国党政关系问题的症结所在，即政府独立性不够、党政关系法治化程度较低、不同党政层级的差异化处理上不够科学等问题。在此基础上，提出规范党政关系的四点意见，包括：实现规范党政关系指导思想的根本转变；构建调整和规范党政关系的完备法律体系；正确处理好不同党政层级之间的差异问题；由机关中的政党向民众中的政党转变，等等。第四章论述了共产党与司法机关关系的法治化。首先阐述了司法的性质和功能、处理好共产党与司法机关关系的重要意义、坚持党对司法机关的领导等问题。接着指出了共产党与司法机关关系中存在的问题，包括司法机关被视为党治理社会的工具，司法机关与党的整风运动的关系，政法委功能异化等。然后，论述了执政党与司法机关关系法治化的主要内容，包括：推进司法机关的去“行政化”；加强党对司法体制改革的统一领导；保障司法机关依法独立行使职权；将尊重和维护司法独立确定为党政官员的基本政治规范；规范执政党对司法官员的任命和监督方式；处理司法机关党组织与内部党员和同级党委的关系等。第五章论述了共产党与各民主党派关系的法治化。首先，界定了共产党与各民主党派关系的内涵，即主要是合作共事关系、互相监督关系、适度竞争关系。接着，论述了规范政党关系的目标指向，即政党关系要努力实现的价值和满足的需要，包括国情的需要、民主政治的需要、转型期中国政治发展的需要等。然后，分析了政党关系法律制度的现状，包括政党关系的宪法法律基础，多党合作制度法治化的必要性，中国多党合作制度法治化的主要障碍等。最后，从落实各民主党派在法律上的平等独立地位、保障各民主党派的参政权、完善民主党派的利益代表性、建立社会主义协商民主新机制、将“肝胆相照、荣辱与共”赋予严格的法律规范和丰富的道德内涵等方面提出了中国政党关系法治化路径。最后为结语部分，强调推进中国共产党执政方式法治化进程中必须坚持的三条原则，即必须毫不动摇地坚持党的领导，必须“把权力关进制度的笼子里”，中国共产党必须在宪法和法律范围内活动。

论宪法的道德使命

——宪法如何回应社会道德困境

作者：秦小建　指导教师：刘茂林

现代社会道德困境呈现出个体道德水准下降的聚合效应、个体价值冲突所致的个体道德选择两难和社会共识难以凝聚的三重意蕴。这一困境源于现代社会资本主义生产方式主导下的个体至上理念和权力的道德中立立场，内生于自由主义式的现代社会结构，就此而言，现代社会的道德困境，构成了包含经济危机和政治危机在内的现代性危机的本质内容。对此，宪法（学）理应高度重视，这不仅因为宪法作为“现代社会的根本筹划”而必然要关注社会的显著问题，更是因为，宪法与现代社会道德困境之间，存有紧密的内在关联：一方面，作为宪法在现代社会语境下的表达，现代宪法降格为寄生于现代法治躯壳内的秩序维系机制，因其理论结构与道德困境生成逻辑的契合，不仅无力回应道德困境，甚至还不断滋生道德困境；另一方面，在回应道德困境的社会系统工程中，作为超越现代宪法局限的理想意义上的“宪法”，承担着最为基础和核心的作用。因此，现代社会道德困境必然要为宪法（学）所关注，在某种意义上，它为系统反思危机当前的自由主义现代宪法提供了一个理想的切入点。宪法所承担的回应道德困境的使命，首先是在现代社会语境下基于社会系统的构成要素及其相互之间的结构关系而言的，这是因为，内生于现代社会结构的道德困境，本质是现代社会在配置道德秩序时的结构失衡，具体是个体与社会、权利与义务、法律与道德间的失衡。这就意味着，在探讨如何回应道德困境之时，不能停留于纯粹的道德说教或简单化地为现代人提供确定性的行动规则指引，而应深入到现代社会结构中去，秉持一种结构主义的立场，在构成现代社会的法律与道德等要素的结构断裂或关联中，探寻道德困境的演变脉络，由此寻找合适的因应之道。在社会秩序维度，现代社会由法律和道德两大要素构成（现代宪法作为以法律为基础的现代法治的内在构成)。然而,作为现代社会秩序的维系机制(有主次之分),无论是法律还是道德,均不能有效回应社会道德困境,反而还在某种程度上助推着道德困境:一方面,以法律为核心的现代法治虽是与现代性最为适宜的秩序维系机制,但却因其自由主义理论结构顺应了道德困境生成逻辑,以及对于形式品格的故步自封,而与社会普遍道德之间存在着巨大的鸿沟,由此导致回应社会道德困境的能力每况愈下;另一方面,在现代社会个体至上的理念下,社会普遍道德日益被个体道德所遮蔽,而唯一能够担当社会普遍道德、且为现代人所普遍同意的"人权"价值,却因其规范内涵的严重缺失,而沦为哪怕是再为浅薄或任性的个体诉求自我粉饰正当的"工具",它迎合了个体的欲望,是社会普遍道德"虚无化"的表现,由此构成现代社会道德困境的深刻肇源。有鉴于此,现代法治应尝试以一种在保证自治性的前提下超越形式局限的立场,实现与社会普遍道德的价值关联,以此走出道德无涉性;另一方面,现代社会普遍道德需要以一种主体性的姿态,克服其被个体道德左右之被动局面,重新发挥对于个体道德的引领作用,凝聚社会共识,帮助现代社会走出社会涣散之危机。基于宪法作为法律体系的"基础规范"之地位,以及宪法与社会普遍道德的内在关联(宪法正当性),宪法可以弥补二者的结构局限,据此,宪法所应承担的道德使命就是,沟通现代法治与社会普遍道德之间的价值鸿沟,实现二者作为彼此独立的社会组织方式的功能补益,为人的道德生活型塑良善秩序。宪法的道德使命可从外部结构和内部结构两方面展示。在外部结构维度,宪法作为现代法治与社会普遍道德沟通的桥梁,在不损害现代法治自治品格的前提下,在法律体系的效力来源维度实现了其与社会普遍道德的关联,从而可以以这一间接的方式将社会普遍道德的效力辐射至严格保持道德中立立场的现代法治,引导个体道德进行自我规范,由此走出了现代法治固有的框架限制。同时,基于这一桥梁作用,可以通过法律体系的合宪性解释(合宪性解释的来源是社会普遍道德),缓解现代法治因规范稳定性而与现实生活的固有张力,超越形式法治的僵化倾向,赋予现代法治实质性的稳定内涵。另一方面,在现代社会普遍道德被个体道德遮蔽的情景下,这一联接方式又为社会普遍道德提供了富有生命力的践履路径,有助于凝聚多元社会的价值共识,共促法律信仰和社会进步。在内部结构维度,依据宪法对于社会普遍道德的表达所重新提炼的宪法价值体系，对权力、权利、义务三大宪法结构要素进行重新配置，可以有助于宪法以一种妥当而谨慎的权力立场、负责任的权利理念和强调共同体伦理的义务观念来积极回应道德困境，进而以符合共同体及其成员共同利益的立场，来重新调整宪法三大结构要素的关系，以帮助宪法完成其道德使命。

具体而言，本文从“社会核心价值与宪法价值共识”“人权的共同体观念及其规范内涵”和“宪法义务的价值确证和规范结构”三个部分阐述宪法的道德使命。就第一点而言，确认宪法与社会核心价值的内在关联，可以帮助现代社会走出多元价值冲突困境。通过对价值困境内在逻辑，即“多元价值并存的生成逻辑”和“权力价值中立立场”的反思，以及对于“人权”价值并不能超越多元价值悖论的认知，提炼出以社会核心价值形式彰显的社会普遍道德的思路。具体到当下中国，走出社会转型的价值困境，需要重申社会主义核心价值。作为法治和政治领域的两大根本性价值系统，宪法和社会主义核心价值体系具有价值同构性，并能在二者的实际运行中互补不足。宪法应以合理的方式表达社会主义核心价值体系，如此方能实现二者的双向性互补关系，并以此克服各自所面临的困境，以此凝聚宪法实质性的价值共识，在此基础上促进宪法的实施。现行宪法价值体系是一个能够关照人的整全生活、并有着严密内在逻辑的体系，是宪法与社会生活发展的联动机制，也是确证宪法正当性和改革合宪性的宪法结构要素。但就目前而言，虽然现行宪法业已在文本上清晰而全面地表达了社会主义核心价值体系的主要内容，但存在一些结构局限。有鉴于此，应采取妥适路径，实现宪法价值体系与社会主义核心价值体系的有机融合。

就第二点而言，现代权利理论秉持“个人主义”及由此源生的“权利先于善”立场，并与权利的实证主义传统相契合，由此构成现代权利理论的基本结构。然而，这一结构，自始含有与社会道德的内在悖反。此点构成了现代权利理论的自由主义式局限。这一权利观念传至中国，却未经较为系统的话语转换与改造，其所固有的道德局限以及与中国传统的不适，也逐渐暴露出来，尤其在当下改革进入瓶颈期、各种矛盾浮出水面时，不断凸显。走出这一困境，一方面要申扬人权的共同体观念，以超越现代权利理论结构的局限，另一方面则需要以一种合乎社会发展规律的标准来重新界定权利，对人权的共同体观念予以具体化，此点可以通过对“宪法权利”和宪法“未列举权利”的界定，以规范内涵严格限定日益被滥用的人权话语。

就第三点而言，与权力一样，权利的滥用同样会损害权利的基础而最终危及整个社会的整体权利状况，加之与由“身份”承载的古典优良义务传统的彻底断裂，其所助推的社会道德困境日益显现。此时重新提及“义务”，是一种在新的形势之下、充分把握未来趋势、并能指引当下健康前行的必由之径。义务与权利绝非简单的“工具”关联，如果从共同体维度观察，义务承载了维系共同体的重任：如果说宪法规定的权利体系是从“人”的维度对有关人的生存和发展权利的认可，那么宪法义务体系则是从“共同体”的维度确认了那些旨在维系共同体存续、以确保人的生存和发展的规则。通过对宪法义务的价值确证，可以重塑当代已经呈现出一定偏颇的权利观念，有助于一种契合于中国集体主义传统价值观和当下社会主义核心价值体系建设的新型权利观念的确立；通过对宪法义务的规范建构，可以提供实在法层面上规制道德退步、引领个体道德进化的法律设置，为社会整体权利实现创造良好的外部环境，扭转社会道德颓势，培育道德人。

对于中国宪法而言，相对于西方自由主义式的宪法发展模式，虽然中国宪法强烈地需要以其为业师，但中国宪法孕生于厚重的历史文化传统中，具有与西方自由主义式宪法迥异的品格和价值追求，并具备诸多可因应现代性道德困境、并可用来建构属于中国的宪法学理论的规范素材，这些构成了中国宪法回应道德困境的利好因素。这些因素包括：中国宪法所孕育其中的传统“家国”观念及其所具备的共同体主义品格；作为宪政后进国家的“后发优势”，中国宪法可以在前鉴的基础上规避歧路，将成功的历史经验融入中国厚重的历史文化资源和中国宪法的独特品格之中，理性规划中国宪法回应道德困境之路；中国现行宪法是世界上较为全面系统规定精神文明建设（道德是其主要内容）内容的宪法。简言之，以中国宪法为思考理据，结合丰富的历史文化传统，可以从中提炼中国法治原理，凝聚中国社会转型之价值共识，构建当代公共生活基本秩序的理论自觉。以上诸种，可以构成中国宪法在回应道德困境方面对于世界宪法的独特贡献。

民主社会主义在中国的立宪尝试与启示

——以中国民主同盟为核心(1941—1948)

作者:杨春磊　指导教师:刘茂林

中国民主同盟作为中间势力的领头羊,以民主社会主义思潮为指南,希望改变政党与武力高度结合的民国政治铁律。虽然,民主社会主义在中国的立宪尝试以失败告终,为"批判的武器代替不了武器的批判"这一命题提供了悲剧性注脚。但是,反思民族的苦难能帮助我们超越对真理与谬误二元对立的简单判断。这场思想实验的价值可能需要更长时间的历史积淀才能获得重新发现。其遗留的精神财富和制度设计对于中国今后的改革思路和现代化道路的选择仍可能存在不容忽视的借鉴意义。本文在四个部分的论述里,将这一段历史放到20世纪上半叶整个世界民主社会主义思潮的传播与实践的大背景当中加以考察,分析这一世界性政治潮流对当时中国的精英阶层、社会思想、政党纲领和宪法诉求产生了怎样的影响。

第一部分系统梳理民盟政治纲领的思想背景。民主社会主义是欧洲社会主义者在早期工人运动中逐步创立并发展起来的一套社会理论,在19世纪中后期曾得到马克思、恩格斯的思想影响和直接指导,后来还通过西方社会主义者的不断传播而日渐向全世界拓展,成为一种国际性的政治思潮与社会运动。民主社会主义的产生与发展对于20世纪的世界社会主义运动产生了深远的影响。20世纪40年代,以中国民主同盟为核心的中间势力选择以民主社会主义理论为指导,采取"中间政治路线",希望在调和国共两党军事冲突的前提下,尝试走中国式的、实现民主宪治的"第三条道路"。民主社会主义是一个复合型的政治概念。首先,作为一种政治思潮,它在当今世界具有极其重要的影响力,它是各国社会党基本政治纲领的高度概括,是社会党国际及其成员党奉行的社会改良主义思想体系的总称。其次,作为一种社会改革运动,它是以欧洲为发源地并在世界范围内广为流行的,力图在传统资本主义和经典共产主义之间开辟第三条道路的政治流派。最后，作为一种社会发展模式，它力图通过民主的方式建立一个自由、公正、团结的社会制度与和平共赢的国际环境。民主社会主义及其组织载体——社会党，作为来源于国际工人运动和社会主义运动的政治产物，随着其在许多国家从理论宣传走向政治实践，在政治、经济、社会以及国际关系中都打下了深深的烙印，并在很大程度上左右着众多国家的政局走向、发展模式调整和国际政治思潮的演化趋势，其作用与影响不可小觑。

第二部分讨论了民盟成立前中间势力的宪法运动。国民党训政体制的专横与腐败令中间势力大为反感。一大批深受欧风美雨熏陶的知识分子以人权、法治为理论武器，公开勇敢地批判党治与训政。蒋介石为缓解党内的派系冲突，平息党外的批评声浪，名义上顺应了集中国力、挽救危亡的主张，摆出了准备实施宪法的姿态，任命孙科担任立法院院长并主持宪法草案的起草工作。但是，国民党在"五五宪草"制定过程中反复无常的失信表现完全违背了自身"结束训政""还政于民"的承诺。其顽固维护既得利益和僵化党义的立宪意图与民众期盼保障人权、开放政权的最低要求相距遥远。这引起中间势力"五五宪草"展开强烈而长期的批判，并对之后发生的两次宪法运动和"五五宪草"的修正产生了直接的影响。此外，抗战的不利结果和抗日统一战线的脆弱联系使中间势力不得不冷静地分析抗战建国的现实困境，并将其与国民党长期把持政权、拒绝民主政治关联起来。他们不再简单地服从于"大局为重""团结一心"等一厢情愿的宣传口号，委曲求全地一致拥护国民党的抗战政策，而是重新审视民主法治与抗战建国的关系问题。他们认为，要根治中国的问题，达到和衷共济的目的，仍需从民主政治方面着手，展开宪政运动，教育国民以宪法来巩固团结，化解党派间的摩擦。第一次宪法运动的无果而终是中间势力试图以西方民主制度改造中国专制政治的大胆尝试，至少强化了民主力量对宪法文化和法治精神的信仰与守护。

第三部分分析了民盟成立后的宪法诉求与政治行动。由于迫切地感受到自身力量的微弱和左右为难的处境，中间势力萌生了进一步扩大成员规模、增强组织凝聚力的想法，将统一建国同志会改组为中国民主政团同盟。以民盟为代表的中间势力聚合、壮大的过程就是社会精英集体政治转向,同国民党当局离心离德的过程。以民盟为核心的中间势力撬动了国民党的高压统治,开启了第二次宪法运动,公开合法地、大张旗鼓地讨论宪治问题。第二次宪法运动围绕宪草修改、国民参政会职权扩充、争取人身自由、改善新闻检查办法和成立县级正式参议会等议题展开。为了将中国建成"十足道地的民主国家",以张君劢、罗隆基为首的民盟领导人在拉斯基学说的鼓舞下,仿效英国工党走过的"中间道路",在民盟的政治纲领中为战后中国的发展确立了一个民主社会主义模式。中间路线即是民盟政治纲领的主线,是采取非暴力方式来实现政治民主化、军队国家化和经济工业化的政治路线。这与中间势力所代表的中间阶层建立民主主义的资产阶级共和国的历史任务相符合,其斗争方式是和平的、渐进的和改良的。其根本目标是实现国家统一与政治民主、实施宪治与厉行法治、经济民主化与民生建设、人权保障与教育文化发展等重大任务。为了阻止国共内战,民盟在政治协商会议中促成了政协决议的达成。政协五项决议与借五权宪法之名、引入英美宪治之实的五五宪草修正案草案充分体现了民盟政治纲领中的建国主张。特别是修正草案中关于军队国家化、去政党化、去政治化的内容,关于在联合国框架下和平外交政策的内容,关于耕者有其田、促进就业与企业发展、协调劳资双方利益、保护并适当限制私有财产的内容,关于保障教育机会均等和学术、思想自由等内容都是以民盟政治纲领为蓝本的。这些制度设计彻底否定了国民党一党专制和蒋介石的个人独裁,在避免内战的前提下,实现多党政治和依法治国,有利于疏导政治参与爆炸的问题,满足人民群众企盼安宁的愿望。

第四部分比较研究了20世纪上半叶德国、英国民主社会主义实践与中国现实的区别与联系。民国初年以来中国立宪政治的屡败与德国的情形颇为相似。德国被摧毁了的民主传统本身就不牢固,它过去一直是在非常不利的环境中求生存。这与民盟在中国追求民主社会主义理想时所面临的险恶政治生态如出一辙。而英国作为现代宪法政治发祥地,早在1640年革命爆发前,在其法律传统、财产法以及家庭生活与道德文化中的个人主义就已经存在数个世纪了。不同于英国在工业革命后作为头号经济强国的丰富物质积累、长期和平稳定的国内局势与法律至上的权利文化传统;与德国同为专制文化和强人崇拜盛行的中国,一边是党政军一体化、无视民众权利、没有任何敬畏观念的"私天下”统治，另一边是做稳了奴才和想做奴才而不得的奴性心理作祟。在一个信奉“打江山者坐江山”“枪杆子里面出政权”的社会达尔文主义的政治逻辑中，理性、宽容、妥协等民主政治的美德只会成为弱肉强食的牺牲品。具体而言，民主社会主义在中国立宪失败的原因在于：首先，美苏争霸格局下的对华政策主导了中国政局；其次，武力政治的路径依赖与理性宽容传统的缺失；再次，工具主义的宪法观与权利意识的贫乏；最后，理想型政党的缺位与民盟影响力的单薄。

论文的结论是，今天我们应当适应理性与法治的立宪政治常态，不再以机会主义的态度对待宪法的工具价值，而应切实树立起对宪法目的价值的信仰和维护。学会运用理性的力量，以温和的、持中的、建设的而非激烈的、偏执的、破坏的态度构建对国家政治、经济、法律和文化制度的认同，用批判的武器代替武器的批判，实现互利共赢的发展局面，走出激进主义零和博弈的历史循环。

论公民私有财产权宪法限制的正当性

作者：罗亚海　指导教师：刘茂林

公法范畴内的公民财产权被看做人权的重要组成部分，公民财产权制度在自由主义时期被看做是人权的核心要素，并被认为是“神圣不可侵犯的”，但是随着社会的发展和国家职能的转变，财产权的绝对主义受到诘问，财产权的绝对性遭到“除魅”，财产权需要受到公共利益的制约。但是公民私有财产权的人权地位并没有改变，因此基于公共利益需要的财产权制约需要宪法和宪法委托的法律予以规定。

现行的公法原理达成了这样的共识：基本权利的限制只有根据宪法和法律方可行使。公民私有财产权体系是不断成长的，财产权的新形态也会不断地出现。这要求宪法的体系应该是一个开放的体系，宪法要以发展的视野不断地将新的财产权形态纳入到宪法财产权体系当中，并在宪法制度的框架内予以保障和施加限制，唯有如此，才符合宪法正当性的要求。因此公民私有财产权的宪法限制的探讨，特别是对宪法限制公民财产权的正当性的论证不仅仅要着眼于宪法现有的财产权形态，还要对未为宪法所涵盖的财产权形态予以审视，并依据正当性的要求将其纳入到宪法中来，唯有如此，宪法才能够有效地对公民财产权予以保护。

在中国的语境中，根据现行宪法规范，公民财产权应该由公民的“公有财产权”和公民的“私有财产权”组成，公民的公有财产权缺乏和公民私有财产权同质的正当性基础，因此本文对二者予以区分，在对公民私有财产权进行抽象梳理的基础上，探讨公民私有财产权宪法限制的正当性，并希冀借此实现对公民私有财产权的有效保护。为了论证的需要，本文对公民财产权的表述进行了梳理，对“公民财产权”“私有财产权”和“公民私有财产权”等概念进行了辨析，并在审视大陆法系和英美法系对财产权定位的理论基础上，结合我国宪法对财产权概念的表述，提出“公民私有财产权”的表述更能符合本文对财产权宪法限制予以探讨的需要,所以本文的论述定位中以"公民私有财产权"作为表述用语。

其后,本文对中国立宪史上的宪法对公民财产权限制的规范进行了梳理,从《钦定宪法大纲》到 1982 年宪法及其修正案,对"公用利益"到"公共利益"的演变过程进行了考察论证,并基于中国发展的现实,对公民私有财产权发展的现实问题作了总结。公民私有财产权宪法限制的正当性的抽象,应该遵守普适性的宪法准则,因此这个问题的探讨首先要对公民私有财产权宪法限制的一般理论进行梳理。宪法对公民私有财产权的限制主要遵守了以下的宪法准则:首先,公民私有财产权的宪法限制必须基于"公共利益"这个目的方可实行,这是立宪的目的,而且是唯一的目的。宪法对公民私有财产权施加限制,必须是为了不特定的多数人的利益,否则限制则有失正当性。其次,宪法的限制要坚持法律保留原则,该原则要求对作为基本权利的公民私有财产权的限制,必须基于法律的规定,并且不得为个案适用的法律,亦不得侵犯公民私有财产权的"实质内容"。第三,要坚持比例原则,宪法对公民的私有财产权的限制必须是必要的,没有其他更优的方案可以取代,而且并没有基于这种限制过于增加公民私有财产权的负担。

同时,本文对公民私有财产权立宪理念的变迁、公民私有财产权接受宪法限制的立宪模式和宪法限制公民财产权的类型进行了归类和总结。由于本文的立足点在宪法正当性问题的讨论,因此,本文从法的正当性到宪法的正当性理念作了梳理,对宪法正当性的研究进路作了考察,并对公民私有财产权宪法限制的正当性给予抽象。公民私有财产权宪法限制的形式是多样的,需要进行类型化分类研究,这是因为宪法限制的不同类型虽然有共同的制度基础,但是也有制度理念的差别,本文将宪法对公民私有财产权的限制类化为公益征收、财产权的社会义务和对政府"给付利益"的限制三种形式,并根据制度理念上的差别,分别就三种限制情形的宪法正当性予以探讨。

公益征收是宪法对公民私有财产权施加限制的最普遍的形式。本文经过研究认为,公益征收首先要基于公共利益这个前提,除却该目的的限制都应该被视作公权力侵权或者归属一般商业行为。公益征收中最主要的问题是对公共利益的界定,本文在公益征收部分对公共利益的问题作了深入的探讨，考察了典型国家的公益征收制度，总结了中国目前公益征收存在的问题。基于对问题的认识，本文就公益征收这种情形下的宪法限制的正当性进行了探讨，认为公益征收除了应该具有公共利益的目的之外，还应该坚持公平的补偿和正当的程序，并且认为，该种情形宪法限制的正当性还要包括相应的保障机制，以避免因为公益征收而引发的“人权灾难”。

公民私有财产权的社会义务不同于公益征收，因为公民私有财产权的社会义务是不予补偿的，因此本文在对公民私有财产权的社会义务进行界定的基础上，区分了公共利益和集体利益、公共利益和国家利益等概念，对城市房屋拆迁和农村集体土地征收中的公共利益进行了论证，在这个基础上，认为公民私有财产权的社会义务的宪法施加必须基于公共利益的前提，社会义务背景下的公共利益和公益征收之公共利益具有同质性，并认为该种限制的施加必须有宪法和法律的规定，且不能够超越比例原则之要求，并根据这几个原则对公民财产权的社会义务这种限制情形的宪法的正当性进行了抽象。我国宪法规定要发展和社会发展水平相适应的社会保障制度，该项制度改变了国家公权力在公民私有财产权领域的传统行权模式，从对公民私有财产权的消极保护到政府利益给付的发展，催生了公民私有财产权的新形态，我们称之为“新财产权”。新财产权与个人的生存和发展戚戚相关，因此被看作公民私有财产权的重要组成部分，并被归属于人权的范畴。美国的司法实践认为，新财产权的法律限制必须要基于正当程序，本文并不否认这种认知，但是认为，仅仅有正当程序是不够的，从宪法正当性的角度来看，新财产权还需要宪法确认和彰显，并遵守比例原则和公共利益原则的限制。该情形下的公共利益有别于宪法限制的前两种类型下的公共利益的内涵，此处的含义应该是“基于特定群体”的“不特定多数人”的利益，当然，新财产权对比例原则的遵守应该坚持宪法最低道德标准，以不影响新财产权权益人之“生存保障”为限。同时，为了弥补财产权社会义务的施加对“比例原则”的违背引起的公民私有财产权的侵害，本文探讨了对该种情形予以救济的准征收制度。准征收制度并不是宪法限制公民私有财产权的一种形式，从其实质上讲，准征收制度是对法律不当限制的一种救济制度，当然违背公法准则的公民私有财产权的限制也可以根据国家侵权予以救济，但是可能会受到“抽象行政行为”不为司法所约束的限制，因此，准征收制度需要纳入到公民私有财产权保护的宪法视野。基于宪法正当性角度的审查，需要以宪法对该制度予以规定，从而和宪法限制情形取得位阶上的一致性，权利救济才会具有切实的意义。

回应与发展:低碳时代的行政法问题研究

作者:谭冰霖　指导教师:方世荣

全球气候变化的严峻挑战已使人类进入了一个寻求低碳发展的时代。在低碳时代,积极推动节能减排、保护生态环境已经成为世界各国政府的新型行政任务,也是当代行政法不可推卸的历史使命。低碳时代的来临迫切需要行政法作出回应,根据低碳要求进行新一轮的理论和制度建设,担当应对气候变化的历史使命。然而,纵观目前国内外的相关研究,尚未对此给予充分关注,难以因应低碳时代行政管理活动中出现的新形势、新问题。为此,本文拟以行政法的基本构造作为分析框架,对我国行政法的理论和制度进行系统的反思和发展,使低碳要求在行政法基本构造中得到全面体现,从而适应低碳社会建设的时代要求。

具体而言:第一章为行政法对低碳时代的回应。由于行政法在应对气候变化中不可或缺的特定作用,低碳社会建设是当代行政法的重大历史使命。这主要体现为积极展开低碳规制以促进低碳社会建设的外部任务和严格约束自身节能减排的内部任务。为此,行政法必须与时俱进地加以发展与变革,以回应低碳时代的法治诉求。面对这一课题,须以行政法的基本构造作为理论线索来加以展开,方具全面性、逻辑性和系统性。本文通过考察国内外经典教科书的体例安排,将行政法的基本结构提炼为行政法基本原则、行政主体、行政行为、行政程序和行政救济等五个范畴。行政法回应低碳时代的发展与变革要求,就是要使低碳的理念和要求在行政法基本构造中得到全面体现。

第二章是低碳行政原则研究。由于指导理念和调整方式上的局限,传统的合法行政原则与合理行政原则已经无法适应低碳时代的要求,亟需引入新的低碳行政原则来加以弥补。低碳行政原则的提出具有迫切的现实必要性和坚实的法理正当性。从现实必要性的角度,低碳行政原则的提出是贯彻可持续发展战略、落实共同但有区别责任原则和预防生态风险的必要。从法理正当性的角度,低碳行政原则体现了保护气候脆弱人群生存的横向正义和维护未来世代永续发展的代际正义，并可以从我国《宪法》的人权条款、公民权利与义务相统一条款、节约条款、环境保护和防治污染条款中获得充分的规范基础。从低碳时代的法治精神和实践需要来分析，低碳行政原则首先要求行政活动以生态保护作为新的价值取向，在进行一切行政活动时，必须首先考虑生态系统的环境容量限度，合理平衡经济发展和节能减排之间的关系。其次，低碳行政原则要求行政行为不仅自身要遵循节能减排的低碳标准，还要以实施低碳引导和规制作为行政行为的重要内容。再次，低碳行政原则要求强化生态风险预防的行政管理模式，加强对不确定生态风险的预防。最后，低碳行政原则还要求对政府进行低碳绩效管理，引导和激励积极履行应对气候变化的行政职能。

第三章为低碳行政主体研究。行政主体本身即是一个巨大的碳排放实体，离开了行政主体自身的低碳，低碳社会不可能建成。然而，由于“帕金森定律”的存在以及行政主体依靠国库供养的公共性使然，在没有外部制约的情况下，行政主体的碳排放常处于一种“有组织的不负责任”状态，极有必要基于低碳要求对其加以规制。从行政组织法的角度，行政主体由组织机构、人员编制和物质保障等三要素构成。在机构要素的规制上，必须着力精简目前臃肿不堪的议事协调机构和临时性机构，控制衍生性行政机构的隐性膨胀，废除上下级机构的对口设置，并适当撤并党委和政府职能相同或相近的工作部门。在人员要素的规制上，应当重拳治理党政机关副职人数超编及其伴随的人员结构性冗余问题，建立正常的冗余公务员清退机制。在物质保障要素的规制上，首先，要建立相关的低碳国家标准约束行政机关建筑和办公物品的配置。其次，要制定相应的节能减排准则指引行政机关保障要素的运营和使用。最后，还要建立必要的内部和外部监管机制来保障行政主体物质保障要素配置和使用的低碳化落到实处。

第四章为低碳行政行为研究。应对气候变化的低碳时代要求行政行为应以积极实施低碳引导和强有力的低碳规制为内容，这主要包括两个层面。其一，传统行政行为主要产生于自由法治国和社会法治国时期，主要针对的是控制权力和社会保障，由于目标定位的不同，进入以气候变化等环境风险为代表的风险法治国时期，传统行政行为必然会出现功能、结构的局限和不适应。因此，必须以低碳社会建设为目标,完善行政处罚、行政强制、行政许可、行政奖励、行政指导等传统行政行为的运用。其二,面对低碳时代公共行政的发展,必须针对新问题、新情况,针对低碳领域新的管理事项探索各种有针对性的新型行政行为,如碳交易管理、碳基金管理、碳汇管理,等等。在传统行政行为的转型方面,以行政处罚行为为例,应当增加对公民个体环境违法行为的行政处罚、引入预防生态风险的提前性行政处罚,并建立生态恢复性的行政处罚法律责任;以行政指导行为为例,行政指导的理念应当从重过程转变为重结果,行政指导的运用应当对人们的思想认识和生活习俗障碍有特别的针对性,行政指导的方法应当突破传统局限,创新并运用多种方式来促使广大公民积极开展节能减排。在新型低碳行政行为的探索方面,以当前的碳交易管理行为为例,应当将其视为一个综合性行政行为过程,借鉴和总结国内外碳交易管理的实践经验,建立和完善碳交易管理的总量控制机制、碳配额分配机制、碳信息披露机制和履约确保机制,并总结和汲取新型低碳行政行为的可能经验。

第五章是低碳行政程序研究。行政程序是行政主体实施行政行为的具体程式,整个行政法的对低碳要求的贯彻离不开行政程序的节能减排设计。从现实案例和具体制度来看,目前的行政程序尚缺乏节能减排的生态考量,这不仅指向程序过程自身运行的资源浪费和高碳排放,还表现为现有的程序机制对外不能切实承担起促进社会节能减排的执法和决策功能。为此,构建低碳行政程序应当是行政法回应低碳时代的又一重要课题。从行政程序的构成要素来看,在主体要素上,行政程序的低碳化一方面要求应当尽量减少不必要程序事项,相对集中行政主体的职权;另一方面,还要赋予行政相对人一定的程序形成权,建立行政相对人单方形成的程序制度。从而减少进入行政程序的参与主体,减少碳排放源。在时间要素上,行政程序的碳足迹是程序参与主体一定时间段内的所有活动引起的二氧化碳排放总量,故行政程序持续的期间越长,碳足迹就越长。因此,时间要素的低碳化要求改进行政程序的时效制度,缩短程序参与主体在行政程序中的时间耗费。在空间要素上,行政程序的低碳化要求确立就近灵活的管辖规则,撤并繁琐冗余的手续环节,采用联合办理、简易程序等方便节省的程序工作方式。

第六章是低碳行政责任追究机制的完善。应对气候变化的紧迫形势,法律赋予了政府低碳规制的法定权责。如果政府怠于履行此种职责或履行不当,就应当承担相应的政治和法律责任。这是维护低碳时代新型行政法律秩序的刚性制度保障。行政责任实现机制是督促政府合法合理履行职责的强制手段,也是保护相对人合法权益的重要渠道。监督行政机关依法履行应对气候变化的法定职责,亟需建立和完善低碳方面的行政责任实现机制。这包括内部的绩效考核和行政问责,也包括外部的行政复议、行政诉讼等。

低碳消费的行政法规制问题研究

作者：徐　伟　指导教师：方世荣

全球气候变化是一种危害后果具有不确定性的、不可逆转的巨大风险，对我国生态、政治、经济、文化产生了重大影响。为减缓与适应气候变化对我国经济、政治、文化、科技领域带来的挑战，我国正积极推动能源消费革命，大力发展低碳经济，建设低碳社会、低碳城市、低碳政府，以推进生态文明建设。而推进低碳消费是我国积极应对全球气候变化的重要举措，如联合国可持续发展《21 世纪议程》明确指出“全球环境持续恶化的主要成因是不可持续的消费和生产形态”；我国“十八大”报告强调合理消费是建设生态文明的关键；2014 年 6 月 13 日习近平主席提出“推动能源消费革命”。鉴于此，国外学者们对绿色消费、绿色建筑、能源消费展开了较深入的研究，国内学者们对促进居民低碳消费，建设低碳城市、低碳社会、低碳政府，促进节能减排，构建低碳法律体系等进行了较全面的研究。然而，国内外还未有学者专门研究政府或组织低碳消费问题，还未有学者从行政法视角研究个人或组织低碳消费问题。因此，研究低碳消费行政法规制问题是从一个新视角看待一个新问题，它有利于拓宽部门行政法的研究领域，有利于发展行政法的理念和基本原则，有利于丰富行政活动方式，从而为推动能源消费革命、发展低碳经济和建设生态文明提供理论指导，为行政实践中低碳消费规制手段的运用提供理论支撑。

本文的核心命题是低碳消费的正外部性需要行政法全面的、适度的、综合的、系统的规制。该核心命题包括五层含义：(1) 就规制前提而言，低碳消费的正外部性“需要”行政法规制，因为伦理道德规范、市场经济手段等其他非行政法手段不足以完全承担外部性内部化的任务。(2) 全面性是就规制对象而言的，主要表现为低碳消费领域的全面性，包括公共低碳消费与私人低碳消费；低碳消费行政关系的全面性，它贯穿行政规制权的授予、行使和监督等全过程；行政法律关系主体权利义务的全面性，它包括行政主体和社会组织的规制权、作为行政相对人（包括公共机构、社会组织与个人）的碳排放权与作为第三人的国家/公民的环境权。（3）适度性是就规制限度而言的，规制限度的适度性是指行政法规制低碳消费既要平衡各种权利之间的冲突，如消费者的碳排放权与他人环境权，也要平衡权力与权利之间的冲突，如行政主体和社会组织的规制权与行政相对人的碳排放权，还要平衡气候正义、代际代内公平、自由、效率、人权等之间的价值冲突，更要平衡国家利益、公共利益、社会群体利益、个人利益之间的利益冲突。（4）综合性是就规制理论和规制手段而言的，规制理论的综合性是指行政法规制低碳消费需要消费哲学、经济学、管理学、法学等各种相关理论的积极支持以取长补短。规制方式的综合性是指行政法规制低碳消费不仅需要伦理道德规范、市场经济手段、民事手段等，而且需要行政手段；不仅需要非权力行政，而且需要权力行政；不仅需要激励机制，而且需要制约机制、协调机制等。（5）系统性是就规制体系而言的，一个完整的低碳消费行政法规制系统主要包括规制前提的正当性、规制对象的明确性、规制限度的适度性、规制目标的现实性、规制原则的合理性、规制主体的多元性、规制依据的广泛性、规制方式的多样性、规制程序的正当性等。

本文坚持问题导向，遵循“现实难题—制度缺陷—理论困境（破）—理论制度整合（立）—系统建构”的研究路径，从以下六方面对该核心命题进行了论述：第一章主要论述了低碳消费与应对气候变化、推动能源消费革命之间的密切关系，即首先界定了低碳消费的内涵与外延，并简要梳理了低碳消费与绿色消费、可持续消费、生态消费之间的关系，阐述了公共机构低碳消费与私人低碳消费的含义；其次从减缓与适应气候变化两个维度阐述了低碳消费与积极应对气候变化之间的关系；最后在指出我国能源消费高碳化的现状和解读能源消费革命内涵的基础上，从目标追求、消费主体、消费对象与消费方式四个方面阐释了低碳消费与能源消费革命的交叉重合性。

第二章简要介绍了我国低碳消费面临的现实难题，即首先从消费规模、采购行为、利用行为三个角度描述了我国公共机构高碳消费的现状；其次指出公众共用高碳消费的现状在于公众共用物利用率低下、处于闲置状态或反复维修；最后从衣食住行用五个领域勾勒了私人高碳消费的现状。

第三章重点分析了我国低碳消费行政法规制的制度缺陷，即首先从公共机构的消费规模、购买行为、利用行为三个维度分析了行政法规制公共机构低碳消费的制度存在的碎片化问题；其次从公众共用物的设置方式、管理体制、利用规则三个面向分析了行政法规制公众共用低碳消费的制度出现的缺位问题；最后从私人低碳消费义务确立的正当性和标准以及行政法规制方式的具体运用等三个层面剖析了行政法规制私人低碳消费的制度存在的消极应对问题。

第四章从理论上探究我国行政法规制低碳消费制度存在缺陷的根本原因，即首先从消费哲学、经济学和行政法学三个维度探讨了规制前提是否存在问题；其次从行政法的疆域理论、行政法律关系理论两个侧面探讨了规制对象是否明确的问题；再次从权利冲突理论和平衡理论两个方面探讨了规制限度是否适当的问题；最后在指出现有理论启示及困境的基础上，提出了本文的核心命题。

第五章从正面论证了行政法规制低碳消费的正当性、必要性与可行性，即首先价值正当性在于气候正义与平等；其次制度必要性在于非法律治理手段引导低碳消费的不足、其他部门法规制的不足以及行政法规制低碳消费的特定功能；最后现实可行性在于多种理论支撑、行政法内外制度融贯以及国内外经验支持。

第六章详细论述了行政法规制低碳消费的系统建构问题，即首先从规制目标、规制标准、规制原则、规制主体、规制方式以及前文的规制前提、规制对象、规制限度等构成要素阐述了行政法对低碳消费的一般规制系统；其次从低碳消费规模的规制路径、低碳采购行为的规制原则及制度、低碳利用行为的三项规制原则等方面论述了行政法对公共机构低碳消费的特定规制；再次从低碳设置方式的选择、低碳管理体制的完善、低碳利用规则的确立三个维度分析了行政法对公众共用低碳消费的特定规制；最后就私人低碳消费行政法义务的确立、规制方式的适用范围、私人低碳消费的义务及责任等方面探讨了行政法对私人低碳消费的特定规制。由于低碳消费问题是行政法学科的一个新领域，还有许多未竟之课题，如强制规制方式、柔性规制方式以及新型规制方式在公共机构低碳消费、公众共用低碳消费、私人低碳消费领域中的具体运用问题，再如还未在特定具体行政法律关系中探讨行政主体、社会组织与私人的权利义务关系，这都有待进一步完善细化。

宪法请求权研究

作者:张占杰　指导教师:王广辉

宪法的生命在于实施。然而在我国,宪法实施不力已经成为无可争议的事实。尽管学界关于宪法实施的研究成果颇丰,然而纵览这些成果之后,却不难发现我国在宪法实施的研究方面存在严重的"跛脚"现象——在没有搞清楚宪法实施应该实施什么的前提下,过度关注了国家机关的作用,而忽视了公民一方的能动性;过度关注了宪法实施的事后监督机制,而忽视了宪法实施过程中的问题。简单地说,我国现有的关于宪法实施的研究缺少对公民主体性的关注。从理论上讲,无论是宪法的权力规范,还是基本权利规范,它们的实施都需要公民作为主体参与其中,而在我国的宪法实施中却存在着明显的公权力漠视公民主体性的现象。因此,从理论上构建一个旨在增强公民在宪法实施中主体性的制度模型势在必行。宪法请求权就是构建这一制度模型的理论媒介。

本文从以下几个方面对宪法请求权进行系统研究。第一,宪法请求权的概念。主要解决"宪法请求权是什么"的问题。宪法请求权并非一个成熟的学术概念,难以从别人对其的阐述中获得界定宪法请求权的经验,本文另辟蹊径,尝试从历史的蛛丝马迹中探寻界定宪法请求权的关键要素。通过对历史上罗马法中的"Actio"、主观权利思想、(私法)请求权以及公法权利的考察,笔者从中萃取出了宪法请求权所应具备的宪法要素、请求权要素、意志要素和行为要素。在此基础之上,笔者将宪法请求权界定为:公民得依据宪法规范请求国家机关为或不为一定行为的宪法地位。

第二,宪法请求权的正当性。主要解决"为什么需要宪法请求权"的问题。笔者在对正当性的含义与论域展开研究的基础上指出,宪法请求权的正当性应体现合理的价值取向,应得到实证法规范的支持,应因制度有效实施而得到民众的认同。就宪法请求权的价值合理性而言，宪法请求权有利于强化宪法的人权保障价值、人民主权价值和权力规范价值。就宪法请求权的规范支撑性而言，宪法中基本权利条款都可作为宪法请求权的依据；而非基本权利条款，如政策条款和权力条款等也并非没有作为宪法请求权依据的空间，这些条款能否成为宪法请求权的依据要视具体情况而定。就宪法请求权的制度有效性而言，世界上最有代表性的三种违宪审查模式——普通法院模式、宪法委员会模式和宪法法院模式都为公民宪法请求权的行使提供了空间；而反过来，公民宪法请求权的行使也促进了这些制度的有效运行。

第三，宪法请求权的提请主体和受理主体。主要解决宪法请求权是“由谁向谁请求”的问题。在何者可以成为宪法请求权的提请主体方面，公民的自主性、自为性和选择性特征为公民成为宪法请求权的提请主体提供了充分条件和行为能力；私法人可以在其区别于自然人的性质和依法核准登记的活动范围内成为宪法请求权的提请主体，而公法人只有在其从事私法活动时可能成为宪法请求权的提请主体；外国人可通过宪法规定或宪法解释的方式获得有限的宪法请求权。在何者有资格受理公民的宪法请求权方面，立法机关、行政机关和司法机关可以成为公民宪法请求权的受理主体，主要受理来自国家机关以外之公民的宪法请求；社会公权力组织亦可成为公民宪法请求权的受理主体，但主要受理来自其内部成员的宪法请求；私法关系主体可以是公民主张宪法请求权的对象，但并不具备受理公民宪法请求权的条件和资格。

第四，宪法请求权的内容。主要解决宪法请求权“请求的是什么”的问题。从宪法请求权的含义中不难看出，宪法请求权的内容最终应落实在国家的行为上。而从宪法人权价值的实现路径出发可以推导出国家行为主要由尊重行为、给付行为和保护行为构成。国家尊重行为是指国家机关为公民基本权利的行使留下空间，不去干涉或侵犯公民基本权利的不作为状态。它由立法机关不制定侵犯公民基本权利之法律的行为，行政机关不为违法干预、不滥用行政裁量权的行为以及司法机关不枉法裁判、不滥用司法裁量权、不违法采取司法强制措施等行为构成，这些行为都具可请求性，可作为公民宪法请求权的内容。国家给付行为是指国家依公民的受益请求而提供物质利益或服务的行为，以及国家根据现实需要主动向公民提供物质利益、服务或体现公民与国家之间纵向关系的制度性保障的行为。立法机关的立法给付行为不具有可请求性，不能成为宪法请求权的内容。在行政机关的各种给付行为中，物质性给付和程序性给付可请求，可成为宪法请求权的内容；而制度性给付不可请求，不能作为公民宪法请求权的内容。司法机关的给付行为以程序给付为主，物质或服务给付为辅，这些行为都具有可请求性，因而可以成为宪法请求权的内容。国家保护行为是国家保护公民免受第三人侵害的行为。在国家的各类保护行为中，立法机关的立法保护和行政机关的抽象保护不能作为宪法请求权的内容；而行政机关的预防、制止、救济等具体保护行为以及司法机关的调解、裁决、强制执行等具体保护行为都具有可请求性，可以作为宪法请求权的内容。

第五，宪法请求权的实现。主要解决在宪法请求权行使的过程中"公民如何请求，国家如何受理以及责任如何分担"的问题。公民对宪法请求权的主张应以书面方式提出请求为原则，同时应具备两个条件：一是具备行宪能力，二是能够提供宪法依据。公民的行宪能力主要受年龄因素和智力因素的影响；而公民提供的宪法依据应符合宪法标准、大众标准和逻辑标准。国家宪法请求权的受理在一般情况下应当包括形式审查、事实判断、法律判断的过程；当公民的宪法请求权在法律的范畴之内没有实现路径，或当公民已经穷尽法律救济路径仍无法实现其宪法请求权时，宪法判断也是必要的；在特殊情况下，国家还应对公民之间宪法请求权的冲突进行衡量，在必要时对公民的宪法请求权作出限制。由于国家对公民宪法请求权的实现具有决定性作用，因而在责任分担方面国家既承担法律责任，也承担宪法责任，而公民只承担法律责任。在法治起步时间尚短，宪法权威尚未完全树立的国家，还有必要加重国家的责任，也就是，当公民依据宪法向国家主张某种宪法请求权时，如果国家机关在不说明理由且不给公民指明法律救济途径的情况下直接拒绝受理，则公民可直接向国家违宪审查机关申请审查该国家机关的行为是否违宪，追究其宪法责任。当然，这种责任加重机制的建立必须同时伴随着宪法的修改以及违宪审查制度的激活。

最后，本文回归对中国问题的解答，指出在中国落实宪法请求权制度，必须三管齐下：首先，要加强宪法宣传和宪法教育，努力培养和提高整个社会的宪法意识，从而营造认真对待公民宪法请求权的观念环境。

其次，要继续发展和完善社会主义市场经济体制，积极培育公民社会组织，从而营造认真对待公民宪法请求权的社会环境。最后，也是最重要的是要进一步完善宪法和法律，在保证社会主义法律体系上下统一的基础上强化普通法律对国家机关的约束作用，同时激活我国的违宪审查制度，从而营造认真对待公民宪法请求权的制度环境。

受教育权的国家义务研究

作者：史小艳　指导教师：王广辉

受教育权是宪法规定的公民基本权利，具有自由权和社会权的双重性质，受教育自由权指公民享有自由选择教育机构或教育形式等自由，受教育社会权指公民有要求国家给付教育资助、提供和配置教育资源等权利。宪法中规定的受教育权"徒宪不足以自行"，基于"公民—国家"的宪法二元关系和"基本权利—国家义务"的二维对应，研究受教育权的国家义务是保障受教育权真正为公民享有的根本路径。

本文对受教育权的内容和功能等基本理论进行了仔细研究，以受教育的起点、过程和结果为划分基准，将受教育权内容划分为受教育机会权、受教育条件权和受教育效果权。以基本权利功能为视角，将受教育权功能划分为主观权利功能和客观价值秩序功能，主观权利功能是"个人得向国家主张"的权利，包括防御权功能和受益权功能；客观价值秩序功能是受教育权作为客观法对国家机关的法律拘束力。关于基本权利的国家义务，目前学界有所研究，本人在前人的研究基础上，对已有的研究成果进行扬弃性吸收，基于受教育权功能视角，提出了受教育权的国家义务体系，即受教育权的防御权功能决定国家尊重义务，受教育权的受益权功能决定国家给付义务，受教育权的客观价值秩序功能决定国家实现义务和保护义务，这一创新成果为本文构建受教育权国家义务的制度体系提供了理论支撑。除此之外的另一个创新点是，本文借鉴德国重要性理论，提出以"严重侵犯受教育权"作为受教育权纳入行政诉讼受案范围的标准，完善了受教育权的行政诉讼救济制度。

理论是灰色的，实践之树常青。要想让理论具有生命力和价值，必须将理论运用于实践，而运用于实践的前提是具备"问题意识"。本文以公民受教育过程为路径，通过调查访问、统计数据和案例分析等方法探讨了公民受教育机会权、受教育条件权、受教育效果权等权利内容的实现情况，了解了国家对保障以上权利内容存在的问题，为本文完善受教育权的国家义务体系提供实践引导。

本文分为三部分，第一部分是受教育权的国家义务之基本问题，即第一章。第二部分是中国公民享有受教育权的实然检视，即第二章。第三部分是国家机关保障受教育权的具体义务分担，包括第三、四、五章。第一部分的一个重要内容就是，以受教育权功能为视角，研究国家义务的内容，即受教育权功能决定国家义务分为尊重、给付、实现和保护四类义务，这部分内容为第三部分国家机关的具体义务分担奠定理论基础。从受教育起点、过程、结果三个阶段分析受教育权内容，受教育权具体包括受教育机会权、受教育条件权、受教育效果权，这是第一部分的另一个重要内容，它为第二部分"中国公民享有受教育权的实然检视"提供向导。第二部分通过对中国公民享有受教育权的实然检视找到国家对受教育权的义务履行不当之处，根据受教育权功能决定国家义务内容的理论立足点，构建和完善受教育权国家义务的制度体系。

宪法解释过程论

——基于构成要素的研究

作者:胡　朋　指导教师:王广辉

整个选题的目的就在于厘清宪法解释过程中的三个核心要素,并对其与宪法解释之间的关系展开研究。换言之,期望能通过对宪法解释过程中的对话与交往、解释行为适度发生以及解释规则系统运用的分析与梳理,探寻宪法解释在运行层面的基本问题。

本文的基本观点是:宪法解释是一种过程的体现,解释主体之间的交互行为是发生、发展宪法解释的重要要素。离开宪法主体之间的交互性谈论宪法解释及其理论,难免陷入主客体哲学的本体论困境。在主体性意识觉醒的语境下,审视宪法解释研究的传统视角与进路,是宪法解释学理论转型发展的应然要求。无疑,宪法解释过程论不是对传统宪法解释学理论的全盘否定,传统宪法解释学的研究成果或者实践经验可以作为宪法解释过程理论的局部知识。以时间为主轴开展程序研究,鉴于法律关系种类繁多、错综复杂,难以周全把握,因而,采取过程要素研究不失为一种有效研究策略。宪法解释过程要素的析出必须要以"解释主体"为核心,进而阐述主体的话语、行为以及主体所依赖的规则,并探讨宪法解释与其之间的内在关系。有鉴于此,生发了本文行文的基本脉络。在内容的铺陈上,本文以宪法解释过程为研究对象,以传统的宪法解释学理论对宪法解释概念、功能及其本质的认识作为分析背景,并梳理其可能存在的理论困境,进而基于主体间性哲学立场提出替代性方案。强调宪法解释主体之间的交互行为,其在宪法解释学上的体现则是宪法解释过程。无疑,宪法解释过程研究涉及宪法价值、规范与事实之间的交织,可谓错综复杂。加之有关解释过程详细描述的资料匮乏,本文以宪法解释主体为关切点主要研究宪法解释过程中的宪法解释话语、宪法解释行为以及宪法解释规则。三者的关系可以简述为,任何宪法解释主体的交互过程,首先体现为解释行为,行为之发展与行为效果之确立又离不开解释话语;而无论是宪法解释行为,还是宪法解释话语,其有序开展必然要依赖特定的宪法解释规则。鉴于我国宪法解释实践的缺乏,而域外,尤其德国与美国等宪法解释实践及其理论学说较为丰沛,故主要选取德、美的理论学说及解释实践案例作为分析论述的基本素材,以补强我国相关理论与实践经验。

有鉴于此,本文在叙述结构上作了如下安排:第一章,绪论部分。主要阐述了社会多变背景下法律观的选择与宪法解释理论的应对两者之间的关联,并由此引发并构成本文的问题意识和研究动机。同时指出面向过程的宪法解释及其理论,是对社会生活多变性及多样性的积极回应,而不是对严格规范主义或者制宪者意图解释的替代。其后交代了研究综述及研究方法。

第二章,传统与替代。传统宪法解释的研究,在对待宪法文本的哲学立场上,直接或者间接地将宪法文本作为解释的客体,导致研究视角或者研究内容主要集中在宪法解释制度、宪法解释方法论等领域。传统宪法解释学研究建立在主客体或者主体性的哲学基础之上,由于制宪者意图或者宪法文本意图不可能完整被解释主体把握,因此陷入"绝对主义立场""主观主义"等诟病。随着主体性意识的崛起,以及哲学本体论的转向,即主客体哲学向主体间性的转向,传统对宪法解释的静态研究将逐渐弱化,它的替代品也应运而生:宪法解释过程论;解释话语、交往行为与解释规则。宪法解释的功能在于保证宪法文本意义世界的连续性,维系制宪主体与释宪主体的宪法基本共识。

第三章,宪法解释的话语体系。宪法解释过程运行的重要载体就是宪法解释话语,宪法规范与宪法解释话语之间存在着某种内在联系。探究宪法规范中语词的真实意义以及确定宪法规范语词意义的规则是真实、客观表达宪法解释话语的基本前提。在宪法解释过程中,不同的宪法解释主体的言语行为所具备的意义都会存在不同程度的差别,其有效性需要结合特定言语情境下的主体适格、主体真诚度、具有可接受性等进行分析。

第四章,宪法解释的行为体系。宪法解释行为在解释过程中无处不在,不同的宪法解释行为主体的不同组合会对宪法解释结论的效果产生不同影响。宪法解释的行为主体在本质上表现出来的规范性和政治性(民主性)的差异,都可能面临哲学理论困境或者现实可行性的尴尬。再者,宪法解释主体的态度对解释行为的展开具有直接的决定性影响。一个完整的宪法解释行为主要由三个阶段构成:一是宪法解释主体之间的对话与沟通;二是在对话的过程中对他人的观点进行区分,并结合自身的看法进行摒除和承认;三是在交谈与博弈的基础上达成某种交叠共识,并将其表达出来,形成解释结论。基于宪法解释行为的“度”的问题所以衍生的不解释行为与过度解释行为也是行为体系中的一个重要组成部分。

第五章,宪法解释的规则体系。宪法解释规则对宪法解释过程的意义不言而喻。宪法解释本身就是修订、完善以及创设规则的活动,可谓宪法解释需要规则的直接内驱力。宪法解释活动的有序开展,离不开解释规则的指引。宪法解释结果的客观真实,离不开对解释规则的遵循。宪法解释规则在基本的构成上主要有规范文本确认的解释规则、宪法惯例形塑的解释规则、政治性创设的解释规则以及有关正义的规则。在宪法解释程序规则的设定方面,要区分抽象型宪法解释规则和具体个案型宪法解释规则。由于两种类型的解释程序设计均可能存在各种问题,尊重并规范宪法解释主体的程序自主权,引入实质性正当法律程序机制,确有必要。同时也要对宪法解释过程中所运用的解释方法规则及其位阶规则作出相关规定,为宪法解释主体的解释行为提供方法指引;也要对宪法解释主体之间的对话规则进行关注。

宪法序言与人民主权之国家建构

作者：袁　博　指导教师：王广辉

宪法序言一直作为我国宪法文本之固定组成部分而存在。在20世纪七八十年代，"注解"宪法学盛行时期，对宪法序言的研究基本上是从立宪史的角度，意图揭示宪法序言产生之缘由和存在之价值。及至上世纪九十年代，宪法解释学成为主流，基于法律规范分析立场，对宪法序言的研究主要聚焦于对其法律效力的分析上，而遗忘了原旨主义所主张的以文本为中心，基于立宪者的内在视角，探究立宪者的意图或文本的原初含义的分析进路。本文正是基于此方法论之考量而对宪法序言内容展开分析，并在此基础上立足于宪政的基本立场对其文本的内容及其逻辑进路予以评价。

在具体结构安排上，本文共分为五章，在内容上围绕人民主权理念的国家建构这一主题予以铺陈。兹分述如下：本文的第一部分为绪论部分，首先从规范主义的外在视角出发，对宪法序言的概念、宪法序言的内容、宪法序言的功能、宪法序言的效力等问题结合宪法学界已有的研究成果予以述评，从中揭示规范主义的分析路径在面对宪法序言文本时存在的局限性；其次，从立宪者的内在视角出发，揭示宪法序言中内蕴的三个主要的命题：一是以革命立宪的方式完成人民主权国家建构的正当性问题；二是中国共产党领导下的人民主权的权力结构的正当性问题；三是以社会主义价值理念为基础的现代国家目标建构的正当性问题。并以唯物辩证法和历史唯物主义的逻辑进路，尝试分析立宪者对上述命题的论证逻辑。

本文的第二部分，针对宪法序言中革命史的叙事部分，对传统革命、国民革命和人民革命的背后所蕴含的革命理念及其实践予以历史的分析和评价，即我国宪法序言试图以中国革命史的叙事方式来对革命建国的合法性进行一种历史哲学的论证。这种通过以革命的"必然性"结果来证立现有宪法秩序的"合法性"的方式虽然在时间的维度上具有一定的合理性，但是会带来另一个不可消解的问题，即革命与宪法之间的紧张关系。具言之，如果我们肯定这种以革命正当性为依凭，就可以在打破旧的政治秩序的基础上建构新的宪政秩序的话，这种宪政秩序本身也是不稳定的，因为革命总是常新的，它永远是一种面向未来的时间意识。

本文的第三部分，针对宪法序言中基于历史合法性而形成的"中国人民在党的领导下"这一独特的人民主权权力结构，运用历史分析的方法，通过对"共同纲领"至"八二宪法"中的不同表达方式的分析，尝试揭示蕴藏其间的不同历史情势和阶级斗争理论基础。并基于历史和宪政的两个维度对"党—人民"同构的极具特色的主权主体结构形态予以分析和评价，即从中国近现代民族国家建构的历史视角来看，这种主权主体架构在某个特定的历史时期可以发挥集中整合社会力量进而达到重建社会秩序的目的，因而有其积极的一面。但从现代民主政治的精神理念来观照，与其宣扬的实现国民主权，建设自由、民主、共和国家的美好承诺相比明显背道而驰。此外，由于革命政党往往强调其所代表的是特定阶级或集团的利益，而现代国家则强调的是国民的整体利益，显然二者之间必定会产生内在的紧张关系，为此本文在基于历史合法性的逻辑的分析基础上，从宪政的基本立场出发，尝试探究这种特定的主权权力结构潜藏的危机及可能的解决之道。

在本文的第四部分，针对宪法序言中关于社会主义理念与人民主权国家的目标建构的表达，尝试从政治哲学立场探讨立宪者在宪法序言文本中确认国家的意识形态以及国家目标的意图，并尝试进一步分析宪法序言之中所确立的国家目标与公民权利之间的关系。本文认为，新中国的诸部宪法序言将国家的意识形态以及国家目标作为核心的内容予以确认，体现出立宪者将宪法视为一种共同体话语共识载体的认知和明确的国家建构意识。而如果仅仅从规范主义的立场出发，以西方现代宪法文本为参照，认为宪法仅仅是限制政治权力，保障公民基本权利的根本法，进而认为我国宪法序言中有关社会主义理念的言说、国家任务以及国家建构目标的部分偏离了宪政主题的看法，显然是无法理解中国宪法的这一特色的。

论宪法中的人民主权原则

作者:谭万霞　指导教师:王广辉

“人民主权”是近代以来各民主宪政国家偏好使用的一个核心概念,也是我国宪法学界高度认同的基本原则。但是,现有的研究文献往往将“人民主权”作为一个不证自明的公理,不作解释,忽视了对这一根源理论的阐述和论证。尤其是针对我国宪治现实进行理论和制度性的分析时,常常面临其起点和渊源的问题。什么是主权?为什么是“人民”主权?人民主权的内涵是什么?人民主权理论是如何形成和发展的?人民主权原则在宪法文本中是怎样体现的?人民主权原则对现代宪法设立的各种制度有怎样的影响?人民主权原则的实现在宪法上体现为哪些制度模式?对于这些问题的认识和研究,我们的讨论尚存较大的空缺和客观而深入的评析。一个看似解决得很好的问题,实际上并非如此。以上述思考为导向展开本论文之写作,意在对宪法理论中的人民主权原则进行分析和梳理,论证其作为现代民主国家宪法和宪制设计逻辑起点的地位。首先着重于“属于人民的主权”理论范畴的探讨,解决权力的归属问题,全面解读和厘清人民主权原则的理论内涵及其发展历程,为该原则的实现铺垫理论基础;而后着手于“人民主权的行使”实践范式的解析,解决现代民主法治国家的人民如何行使主权的问题和质疑。

本文从论述“主权”“人民主权”理论的发展历程,到论证“人民主权”的科学内涵,进而分析作为宪法基本原则的人民主权所具有的理论和规范方面的功用。认为人民主权原则确认了人民地位具有神圣性、人民意志具有至上性、人民权力具有本源性的内涵。人民主权理论表征人民是一切权力的所有者,人民订立契约(即宪法)组织国家,此时人民通过制宪权行使主权,制宪权是人民主权的转化形态。

源于此,宪法作为人民意志的集中体现因而具有至上性。于是,现代各国宪法文本大多或在序言或在总纲位置通过直接确认或间接宣布的方式表达人民主权原则，体现了该原则在民主法治国家中的核心地位。针对人民如何行使主权的实践范式探讨，主要涉及代议制民主的制度模式，代议制民主以选举民主为基础，以参与民主和协商民主为补充和深化；同时，各国往往设计公民投票制度对人民主权原则加以保障。最后，结合前文分析的结果分析人民主权宪法原则在我国的具体实践，论文进行了理论和制度分析。论证人民作为权力的主体，通过宪法中的各项制度体现其对主权的行使，其中，人民代表大会制度是其行使的基本形式。此外，中国共产党作为执政党在实现党的领导中必须遵从于人民主权原则，即坚持以人民至上为根本出发点。

总之，本文的论证，从问题的提出，到人民主权理论的厘清，到人民主权原则在宪法中的确立，再到具体制度对该原则的承载与实施，最后达至完善我国人民主权原则的制度架构。

人大代表功能问题研究

作者：白永峰　指导教师：胡弘弘

人民代表大会制度是支撑我国国家治理体系和治理能力的根本政治制度。社会转型时期，加强人大作为国家机关的权威地位，健全人大制度中包括选举、监督等在内的各项具体制度，激发人大代表的功能发挥，都成为这个时代不可回避的使命。本文选择人大代表功能问题进行研究，即是基于这一现实背景而展开的。推动人大制度与时俱进，离不开人大代表的功能发挥；全面深化改革要求于法有据，政治、经济体制改革的多项部署均呼唤人大代表实现理性审议、民主决策，有效发挥议决功能；推进依法治国和宪法实施，需要人大代表发挥监督功能，保障人大各项决议的执行和实施；构建现代化的国家治理能力体系，保障人民民主的广泛实现，需要人大代表发挥回应功能，以此来疏通民意表达渠道，确保实现代表对选民负责。然而人大代表功能在我国的实现状况与人大代表功能的理论研究之间存在着割裂的状况。一方面，人大代表的功能受制于人大制度整体的运作状况；另一方面，对人大代表功能的理论研究又相对匮乏。本文正是要通过代表功能类型化、体系化的研究来回应人大代表功能受限的现实困境。唯有盘活人大制度运行的主体要素，让人大代表真正动起来、有实权，才能从根本上推动人大制度与时俱进。

文章围绕人大代表功能这一主题，在考察代表功能理论基础和中西方代表功能运行实践的基础上，提炼了一个开放性、类型化的人大代表功能体系，并将其作为审视和完善我国人大代表功能发挥的重要理据。

笔者首先从政治学角度分析了代表的本质。皮特金、布奇两位学者对代表概念所进行的系统性研究为我们认识代表提供了便捷路径。通过对相关内容的梳理，笔者认为，代表的概念就是代为呈现利益，即被代表者不在场的情况下，代表者使其利益重现。代表的本质就在于通过代表的行动来真正实现被代表者的利益。因此,行动是判断代表好坏的依据,我们只有关注代表的行动,才能鉴别出真正的代表。这些问题的回答帮助我们完成了认识论上的转向,即理解代表的关键在于关注代表功能。其次,通过对代议制学说当中有关代表功能理论的梳理,可以发现,现代民主政治背景下,代表作为政治的基本构成之一,是实现民主、理性治理,以及回应选民的重要工具。这些都为分析代表的功能类型和实现机制提供了理论基础。

代表功能有其内在的结构逻辑和外在实现机制。一方面,政治生活中,代表与其他政治构成要素之间的宪法关系型构了代表功能的内在结构框架,即代表与代议机关、代表与政府、代表与选民之间的法律关系构成了代表功能类型化的依据。在此基础上,笔者将代表的功能类型化为议决功能、监督功能和回应功能。另一方面,代表制度是代表功能的外在实现机制。代表制度通过规范化和制度化的代表产生机制、代表行权机制以及代表保障机制实现着代表的各项功能。代表功能的原理和制度都源起于西方,代表功能理论在西方议会制发展的进程中,结合英国议员的制度实践不断完善,之后又在资产阶级大革命的推动下实现了与民主的联姻。从此,包含了民主蕴意的现代代表制度在西方国家正式形成,代议民主成为了现代民主的题中之意。西方国家的代表制度在实践中外化了代表功能理论,英国、美国、法国等不同政权组织形式下的议员呈现出了代表功能的西方脸谱,使代表功能理论在实践中得到了进一步的检验。随着社会历史条件的变迁,西方议员在功能运行过程中遇到了诸多挑战,代表关系之变迁、选举的正当性遭受质疑,以及代表功能的整体式微等现实问题使得西方国家又重新将注意力放在了如何促进代表功能发挥的问题上。西方国家遇到的代表功能危机对于我国人大代表功能的发挥起到了镜鉴作用。

我国的人大代表是区别于西方议员制度的代表功能实现路径。代议制民主在中国的移植过程曲折且漫长。历史证明,议会制在中国是行不通的,我国需要寻找适合中国实际的民主实现方式。新民主主义革命时期,我国通过对人民代表会议制的探索,以及在扬弃西方代议制民主和改造苏俄苏维埃制度的基础上,建立起了具有中国特色的社会主义民主实现方式即人民代表大会制。在人大制度的早期实践中,我国人民代表制理论不断完善,为之后人大代表制度的建立积累了丰富的实践经验。人大制度建立以后，在经历了中断、回归以及成熟等几个发展阶段之后，我国的代表制度形成了内涵丰富、结构完整、特点鲜明的人大代表功能体系，人大代表在我国民主政治生活中扮演了无可代替的重要角色。人大代表制度和议员制度是代表功能的不同实现路径，虽然两者在代表属性上存在本质性差异，但也有功能逻辑上的同构性，西方议员功能运行的制度实践能够给人大代表功能的发挥提供很多有意义的启示。例如，充分发挥人大代表功能要强调国家治理的民主绩效、构建规范化的代表制度、注重对选民的回应，以及做实基层民主，等等。

人大代表的功能体系主要包含了议决功能、监督功能和回应功能三个类型。人大制度建立以来历经60余年的发展，人大代表具有了自身独特的功能特征。议决功能是人大代表的基础性功能，是对代表能力的一种主体性要求。代表作为代议机关的运作主体，具备议决功能是国家形成公共理性，实现理性治理的前提；监督功能是对人大代表行动的一种指向性要求。人大代表通过实施监督职权可以落实代议机关形成的各种决议，体现人大机关的宪法地位。回应功能是协调人大代表与选民之间代表关系的一种重要手段。通过这一本源性功能，人大代表可以汇集民意诉求、汲取自身的民主性和正当性，选民也可以依此来评判和监督代表。

现阶段的人大代表制度缺乏用一种程序理性的方式去守护人大代表功能的发挥。人大代表在发挥议决功能时，由于议事程序、议事条件等方面缺乏全方位的规范保障，影响了代表议事的积极性和主动性；人大代表在发挥监督功能时，由于监督职权的缺位、监督程序的操作性不强，影响了人大代表的监督动力，造成了人大代表监督功能的形式化；人大代表在发挥回应功能时，由于缺乏健全的沟通和反馈机制，造成了人大代表在代表性和履职动力方面存在诸多的不足，影响了选民对人大代表的监督和制约。

针对人大代表功能运行过程中存在的诸多问题，我们有必要结合人大代表类型化和体系化的功能理论，以观念更新和制度规范化为手段对人大代表制度进行完善。具体而言，一方面，我们需要立基于人大代表功能运行的决定性因素，处理好党和人大的关系，为人大代表履职提供良好的政治保障。另一方面，我们需要依托代表功能理论，明确各项功能发挥的核心目标、指导理念和关键因素，为人大代表制度的规范修正和制度改进提供具体指引。具体包含以下内容：其一，对于议决功能而言，议决功能发挥的核心目标在于形成科学、民主的公共决策；议决功能的发挥需要人大代表贯彻科学议决、民主议决、效率议决等理念；议决功能发挥的关键在于提高人大代表的议事能力、构建规范的议决程序，以及完善相应的议决保障机制。其二，对于监督功能而言，监督功能发挥的核心目标在于保证“一府两院”等其他国家机关对各项人大决策的贯彻和执行；监督功能的发挥需要人大代表贯彻公开监督、平等监督的理念；监督功能发挥的关键在于及时发现问题，纠正决议执行部门的各种不足，不至于侵害公民的合法权益。其三，对于回应功能而言，回应功能发挥的核心目标在于为代表的行动汲取民主要素和解决选民遇到的现实难题；回应功能的发挥需要树立激励和监督并举的工作理念，增强人大代表为民服务的责任意识；回应功能发挥的关键在于健全和完善人大代表联系选民机制和对选民负责机制。总之，人大代表制度的立法完善和制度创新应当以人大代表功能体系为基础，通过以上措施为其注入理性、效率、平等、公开、民主、责任等价值要素。

人大代表功能体现的是代表功能理论的中国面孔。通过本文的研究，笔者以功能主义为导向，以功能的类型化和体系化分析为核心，以中西方代表功能的制度实践为理据，提炼出了一个开放性、类型化的人大代表功能体系，并将其作为审视我国人大代表功能运行和人大代表制度法治化建构的基本依据，进而可以充分发挥人大代表功能，提升我国的民主绩效。

跨界污染治理中政府合作的法律问题研究

作者：黄　喆　指导教师：石佑启

长期以来，由于实行“高消耗、高污染”的粗放型经济发展模式，导致我国在取得经济增长的同时，也埋下了巨大的环境隐患。随着我国社会的发展与人口的剧增，这些环境隐患逐渐暴露出来，并造成了严重的环境污染问题。而且，在人为因素与自然因素的共同作用之下，环境污染往往超越特定行政区划之边界而演化成一种“跨界污染”。对于跨界污染的防控，以传统“行政区行政”为基础而实施的环境污染规制因难以突破行政区划的刚性限制而显得力不从心。在此背景下，以倡导多元主体共同合作为核心的跨界污染治理应运而生。基于跨界污染治理所具有的公益性与高成本性，政府无疑应对此作出引导，而这也意味着政府合作应当成为跨界污染治理合作中的“主旋律”，并对其他治理主体之间的合作起到积极的示范功能。然而，受地方保护主义、跨界污染治理溢出效应等因素的影响，我国跨界污染治理中政府合作的进程并不顺畅，且政府合作所取得的效果也难言理想。对此，近年来在我国多个区域反复出现的跨界水污染、区域雾霾等现象及由此所引起的地区纠纷即是明证。本文针对上述状况，展开了关于跨界污染治理中政府合作基本理论及其规制设计、体制完善、机制构建、制度供给的探讨。

除导论以外，全文共分为六章。第一章，跨界环境污染治理中政府合作的基本理论。本章分为五节。第一节对跨界污染治理中政府合作的相关概念进行了解读，并着重对“跨界污染治理”及“政府合作”作出了界定。第二节对跨界污染治理中政府合作的生成条件从宏观与微观两个层面分别作出了阐述，其中前者包括区域经济一体化的发展需求与区域公共物品的内在要求两个方面，后者则包括地方政府的觉醒与社会力量的推动两个方面。第三节对跨界污染治理中政府合作的理论基础进行了探讨，并试图通过政治学、公共管理学、经济学以及法学相关理论的分析，为跨界污染治理及其政府合作作出理论上的证成。第四节对跨界污染治理中政府合作基本原则的概念、功能及具体内容作了阐述。第五节探讨了跨界污染治理中政府合作的价值导向,包括统一、效能与公平三方面,且三者之间是一种有机统一的关系。

第二章,跨界污染治理中政府合作的实践分析。本章分为两节。第一节通过选取珠三角、长三角、环渤海这三个跨界污染问题突出且跨界污染治理活动频繁的区域作为样本,对我国跨界污染治理中政府合作的状况作出了考察。据此,第二节则对我国跨界污染治理中政府合作的成效、不足及障碍进行了总结。其中,跨界污染治理中政府合作的成效主要体现在政府合作的观念逐步增强、政府合作的内容日渐完善以及政府合作的架构基本成型三个方面。与此同时,跨界污染治理中政府合作的不足也表现在三个方面:一是政府合作仍在一定程度上表现出“重经济,轻环境”的特点,二是政府合作过于依赖于上级行政权力的介入,三是政府合作的效果时有反复。而之所以表现出这些不足,究其根本,是由于跨界污染治理中的政府合作存在着法律、体制、机制以及制度障碍。针对这四大障碍的解决,以下第三至六章则分别作出了探讨。

第三章,跨界污染治理中政府合作的规制设计。本章认为,破除跨界污染治理中政府合作的法律障碍,关键在于法律规制的完善。对此,本章分四节进行了探讨。第一节指出,在社会管理模式由“国家管理”向“公共治理”发展的过程中,法的范畴也随之发生了变化,从而同时涵盖了由国家制定的“硬法”以及由共同体制定的“软法”。相应的,法律规制也存在“硬法规制”与“软法规制”之分。第二节、第三节则分别对跨界污染治理中政府合作的硬法治理与软法治理作出了论述,并指出单一的硬法规制与软法规制均有所不足。据此,第四节集中阐述了关于构建“硬软并举”的混合法规制模式的设想,并指出对于跨界污染治理中政府合作在适法性层面的问题,应当实施“硬法为主,软法为辅”的混合法规制模式,而对于跨界污染治理中政府合作在操作性层面的问题,则应当实施“软法为主,硬法为辅”的混合法规制模式。

第四章,跨界污染治理中政府合作的体制完善。本章共分为两节。第一节阐述了跨界污染治理中政府合作体制完善的意义及总体思路,指出“体制完善”与“体制重构”之间的区别,并明确本文将从有关组织设置的角度出发,对跨界污染治理中政府合作的体制完善进行探讨。

第二节阐述了跨界污染治理中政府合作体制完善的具体途径,认为可通过健全区域联席会议与完善区域环境治理组织来达到完善政府合作体制之目的,并就此分别展开论述。其中,对于区域联席会议的论述,主要是立足于我国的实践,指出跨界污染治理中的政府合作对于它所产生的新的需求;对于区域环境治理组织的论述,则主要是在借鉴英国、美国、澳大利亚等国经验的基础上,结合我国的现实提出了完善对策。

第五章,跨界污染治理中政府合作的机制构建。本章首先论述了有关"机制"的基本理论,并指出跨界污染治理中政府合作的机制构建,既包括与各领域中政府合作一致的共性机制之建立健全,如信息共享机制、行政协调机制、政绩考核机制、纠纷解决机制;也包括跨界污染治理中政府合作所需要的个性机制之建立健全,如生态补偿机制。其中,对于信息共享机制的构建,应当重点以我国《政府信息公开条例》的修改为突破口,从而将政府间信息的公开与共享以立法形式规定下来;对于跨界污染治理中的行政协调,则应当借助于一种以法治为中心的兼从型协调机制的构建,来对当前的行政协调机制予以重构,并强化横向政府组织间自主协调的功能,从而减少权力因素与人情关系对跨界污染治理中的行政协调所造成的不当干扰;对于政绩考核机制的构建,关键在于将环境保护及其政府合作纳入考察范围,同时改变当前重约束而轻激励的绩效考核方式,以平衡跨界污染治理中政府合作绩效考核的奖惩关系,从而推动政绩考核机制奖惩结构的合理化;对于生态补偿机制的健全,核心在于拓展生态补偿的适用领域,明确生态补偿的标准以及推动生态补偿途径之多元化;对于跨界污染治理中政府合作纠纷的解决,则应当综合行政、仲裁与诉讼三种解纷模式之优势,进而建立起三者有机结合的纠纷解决机制。

第六章,跨界污染治理中政府合作的制度供给。现实中,政府合作能否被最终付诸实践,很大程度上取决于行政协作制度的完备程度。但在当前跨界污染治理的政府合作中,除行政协议制度以外,其他行政协作制度仍没有得到充分的运用。为此,有必要将联合执法制度、行政协助制度、行政委托制度以及行政互认制度引入到跨界污染治理的政府合作中,以推动它的最终落实。对于这四种行为制度,本章分四节展开论述。第一节从我国政府合作的现实需求出发,主张保留现有的联合执法制度，并通过将其纳入法治的轨道，从而使其能够对跨界污染治理中的政府合作起到积极的推动作用；第二节在对域外立法例进行考察的基础上，针对我国区域行政协助失范的现状，对跨界污染治理中行政协助的原则规制与制度构建进行了阐述；第三节阐述了行政委托与跨界污染治理中政府合作之间的耦合性，并试图将前者引入到后者之中，以解决实践中与政府合作相关的管辖权让渡之问题；最后一节则集中对近年来跨界污染治理中行政互认的实践作出梳理，并指出进一步推行与完善这一制度的路径。

政府购买公共服务的法律规制研究

作者：邓　骞　指导教师：石佑启

在全球性民营化的潮流中，各种民营化工具的发明与市场自由竞争机制的运用，打破了长期以来公共服务领域的政府单方垄断，有效地缩小了政府规模、提高了行政效率、节省了财政支出、解决了因政府垄断公共服务而陷入的诸多困境，推动政府朝着“有限、有效、有为”的方向迈进，促进小而精、精而能、能而优的现代法治政府与服务政府的渐次生成。而法治政府与服务政府又反过来大大促进了民营化的历史进程，催生了更多市场化工具的发明与运用。从世界范围来看，民营化措施的普遍推行，打破了国家行政的传统格局，同时也给“结构固化、体系封闭、模式僵硬、方式单一、规制向内”的传统行政法学带来了严重的冲击。尤其是在公共服务民营化领域，日益增多的新型行政法律问题，加速了传统行政法学基本范式的解构，全面促进了行政法学的时代性转型与重构。随着我国行政体制改革的深入进行，地方各级政府逐渐将事务性、技术性、后勤类等行政任务“划分或转移”出政府部门，交由社会组织或市场私人主体来承担，并以此为路径对政府组织机构进行着新一轮（第七次）的改革尝试。人们称之为“民进官退”或“简政放权”等。在此背景下，政府通过从外部购买公共服务来完成公共服务行政职能的方式就应运而生了，并逐渐演化成为了一种固定的行政行为新模式——政府购买公共服务。

在我国，有些地方政府购买公共服务实践已取得了良好成绩，尤其是在一些经济发达地区和某些特定的公共服务领域里成绩斐然。然而，由于受到官本位思想、控权理念、国家行政等方面的深刻影响，近几年我国地方政府购买公共服务的实践探索仍不顺畅，在万千乱象中甚至时而出现“政府责任逃遁、‘二次税收’、公私联合垄断、公权私囊化”等严重违法行为。对此，我国行政法学应当如何转型，以便更为巧妙地平衡政府—市场—社会之间的复杂、多变关系，且在有效规制政府购买公共服务行为的同时又治理好政府信任危机、政府架空、权力寻租、管制俘获等关联性问题，以回应公共服务提供方式改革背景下政府购买公共服务实践的迫切需求。

本文针对上述问题，基于政府购买公共服务行为的特性以及政府购买公共服务行政法律关系的演绎，展开了关于政府购买公共服务的法律规制研究。从逻辑思路和整体结构上看，全文以我国地方政府购买公共服务实践中的法律问题为导向，除导论和结语部分外，本文共五章。第一章是本文第一部分，第二章为本文第二部分，而第三、四、五章则组合成了本文的第三部分。

第一章是关于政府购买公共服务的基本理论问题。本章共分三节。第一节是关于政府购买公共服务的概念分析、理论源流和价值导向的梳理，本节对政府购买公共服务的法学概念作出了明确界定，且依此梳理了政府购买公共服务的理论源流，并探讨了政府购买公共服务的价值导向，包括多元化、择优化与均等化三个方面的内容，且三者之间是一种有机统一的关系。第二节从行政法学的角度就政府购买公共服务的法律性质、法律特征和表现形式进行了较为集中的系统分析和逻辑推理，提升了对政府购买公共服务的法律认识。第三节是在前两节的基础上就政府购买公共服务法律关系进行分析和论证，对政府购买公共服务法律关系的基本构造、内涵和变动分别予以探讨，首先对政府购买公共服务行政法律关系的基本构造进行了分析，阐述了政府直接提供公共服务行政法律关系与政府购买公共服务行政法律关系之间的区别，接着对政府购买公共服务行政法律关系的基本内涵进行了探究，最后从变动条件与变动形式两个方面，对政府购买公共服务行政法律关系的变动进行了较为深入的探讨，从而加深了对政府购买公共服务的法学理论解读。

第二章对政府购买公共服务实践中的法律问题进行分析。本章分为三节。第一节通过公共服务的类型化，选取了我国地方政府购买公共服务实践中公共安全、公共卫生、公共文化、居家养老四个典型样本，并对它们分别进行考察。而第二节则是在第一节的基础上，对政府购买公共服务中现存的问题按照成效、困境及障碍三个主题进行分类梳理，并予以归纳总结。其中，我国政府购买公共服务实践中的初步成效主要体现在行政效率、经济效益以及社会效果三个方面。与此同时，政府购买公共服务也陷入了购买主体混乱、行政收费混乱、错位缺位、权力寻租、私人垄断等现实困境。而之所以陷入如此困境，究其根本，是因为政府购买公共服务存在着购买范围模糊、程序设计不合理、责任分配随意化的法律规制障碍，并在第三节提出了应当及时对我国政府购买公共服务予以法律规制的科学观点。而针对这三大法律规制障碍，本文第三、四、五章分别予以探讨。

第三章关于政府购买公共服务范围的界定。本章认为，规制政府购买公共服务中的乱象，首先应科学合理地界定政府购买公共服务的范围。对此，本章分五节进行了探讨。第一节指出，由于认知模式上的差异导致了人们对政府购买公共服务范围存在不同的理解和界定，进而对政府购买公共服务范围的生成前提进行了客观分析。第二节通过比较研究的方法，对政府购买公共服务的范围进行了域外考察。第三节则对界定政府购买公共服务范围的影响性因素作了较为深入的分析，揭示出政府购买公共服务范围是一个客观的动态空间。第四节集中阐述了政府购买公共服务范围的设定原则，提出了界定政府购买公共服务范围应当遵循法律优先与法律保留原则、法律法规设定原则和与社会发展相适应原则。第五节在前文的基础上，从确立标准、确立方式和法律路径三个维度阐述了界定我国政府购买公共服务范围的设想，并提出了具体的设计方案。

第四章对政府购买公共服务的程序规制。本章共分为三节。第一节对行政权力运行与行政程序之间的互动关系进行了论证，并提出了行政程序是规范行政权力运行而行政权力运行决定着行政程序具体设计的观点。第二节充分运用了比较研究的方法，对直接提供程序与外部购买程序进行了较为全面、系统的对比分析，并顺势就承接主体的加入而引起的外部购买程序对直接提供程序的吸收和演化问题进行了探讨。据此，第三节集中探讨了政府购买公共服务行政程序合理设计的实现路径，即在合理设计的总体思路的指引下，提出了对程序进行增设、修正和调整的三种具体法律路径。

第五章是政府购买公共服务的责任确定。本章认为作为法律规制的一种事后规制手段，政府购买公共服务的责任规制具有十分重要的现实意义。一方面，我们应当注意到公共服务提供主体上的替换所引起的责任分配上的各种变化；而另一方面，我们又必须确保政府购买公共服务的责任规制遵循权责相统一的传统行政法基本原则，并据此合理划分出不同的法律主体所应承担的责任情形、范围和方式等。本章分为三节。第一节是对公共服务提供主体的替换与责任的划分之间的关系进行论述。第二节对政府购买公共服务中的政府责任进行了探讨，首先就公共服务生产职能的转移与政府责任的演进进行分析，提出了政府担保责任的观点，并在此基础上针对政府监管责任与政府担保责任分别进行论证。除此之外，供应商的责任规制应当是政府购买公共服务责任规制的重要组成部分，供应商的责任规制必须按照一定的原则来进行，就我国地方政府购买公共服务中供应商责任规制的现实困境而言，本文提出了更新观念和修订法律的完善路径，而上述部分共同构成了本章的第三节。

结语部分是关于政府购买公共服务的法律规制。作为公共服务提供方式上的一种变革，政府购买公共服务不仅改变了行政行为的方式与步骤，而且还改变了传统行政权力的行使边界、运行轨迹、法律责任之承担等问题，从而使得传统的法律规制面临着十分严峻的挑战。而民营化潮流下的政府购买公共服务实践，呼吁行政法律在规制的观念、原则、范围、模式等方面进行全方位转型，以便及时补充、完善和创新行政法律制度，而这一切又在无形之中反推我国行政法学的解构与重构。

第三代行政程序的法理与制度研究

作者：易　君　指导教师：戚建刚

从20世纪50年代以来，尤其是21世纪的前10年里，欧美等国的行政国家出现了新的面向。这种新的变化引发了一种新兴的行政程序制度。哈维尔·巴恩斯(Javier Barnes)将其类型化为"第三代行政程序"。第三代行政程序代表了一种极富生命力的程序模型，它的出现和发展给各国行政程序理论和实践吹来了一股新风。作为一种新类型的行政程序，第三代行政程序不仅为欧美国家当今及未来行政程序法制建设提供了重要知识资源，而且对我国制定统一行政程序法典以及设计其他行政程序制度也隐含着重要寓意。笔者试图在行政法的理路下，以第三代行政程序为研究的逻辑起点，以第三代行政程序过程中行政机关与公民、法人和其他组织的权利与义务为主要研究对象，剖析第一代行政程序及其法律制度和第二代行政程序及其法律制度的困境，阐述第三代行政程序的理论特色和制度类型，探讨第三代行政程序对我国行政程序制度和行政程序法的构建的重大意义。

具体而言，文章由导论、主体部分五章构成。导论部分主要分析写作动机和背景，即为什么研究第三代行政程序？国内外学者对该论题的研究现状如何？这种研究具有怎样的理论意义和实践意义？对于第一个问题，首先笔者从公共行政变迁和行政国家的新面向出发，表明新的行政环境和行政任务将导致公权力的内容、行使主体、行使方式发生变化，这对行政程序和行政程序法制提出挑战，造成了行政程序的转型——第三代行政程序的出现和发展，而我国目前对这一新的行政程序形态却缺乏系统的研究。然后从我国亟需制定行政程序法典的现实出发，表明研究第三代行政程序有益于我国行政程序法制的发展，并提高行政程序法典的质量。对于第二个问题，笔者对国内外学者关于该论题的研究现状进行了系统梳理并予以评述。对于第三个问题，笔者从理论和实践两个方面概括了对该主题进行研究的意义，并阐述了本文的研究方法、基本框架与主要新意。

第一章主要论述第三代行政程序提出之背景。该部分从法社会学和功能主义的视角论述第三代行政程序兴起的主要背景和契机。行政程序及其法律制度在多年的发展历史中，深刻印烙着社会发展和行政变迁的鲜明痕迹。进入 21 世纪后，社会环境正经历变迁和转型：风险社会的到来、全球化网络的成型、资讯科技的广泛运用、公民权利意识的勃兴、现代市场经济的深入发展等等；行政国家呈现出了新面向：全球行政、合作行政、积极行政等不断出现甚至成为主要的行政方式；传统的行政程序及其法律制度越来越不敷现实之需，至少或很少回应社会生活的五大方面，传统行政程序及行政程序法面临困境。以上三个主要方面的内容都构成了第三代行政程序兴起和发展的背景。

第二章主要论述三代行政程序的代际划分。该部分采用理想类型的分析方法，将行政程序类型化为不同的代际，即第一代行政程序、第二代行政程序以及第三代行政程序。然后，分别阐述了第一代行政程序、第二代行政程序以及第三代行政程序的兴起背景、内涵和特点。最后在前述分析的基础上，采用比较分析法论证了三代行政程序之间的联系和区别。

第三章主要论述第三代行政程序的理论特色。该部分从基本理论的角度出发，研究第三代行政程序的理论特色，主要包括第三代行政程序的功能价值、理论基础、构成要素等内容。笔者首先论述了第三代行政程序的功能价值：增强行政行为合法性和正当性之必要，回应行政国家新面向和社会环境新发展之需求，弥补传统行政程序规制领域空白之途径。接着从物理学、政治学、社会学、管理学、公法学、经济学等不同学科角度阐述了第三代行政程序的理论基础。最后分析了构成第三代行政程序的主要元素以及每个要素区别于传统行政程序要素的特点。

第四章主要论述第三代行政程序的制度研究。该部分从规范和实证的角度分析第三代行政程序的典型制度形态和制度类型。主要包括欧盟战略性环境影响评估程序、欧盟内部市场服务业指令中的程序制度、欧盟电子政务所涉及的行政程序制度、美国的协商制定规则程序、美国政府与非政府实体合作的程序制度，等等。

第五章主要论述第三代行政程序对中国行政程序法制建设的启发

和意义。该部分在以上四章内容的基础之上,首先分析论证了在我国构建第三代行政程序制度并将其规范化的必要性,主要体现在两个方面:一是,从 20 世纪末 21 世纪初以来,我国也面临着社会环境的变迁和行政改革,出现了前文所述欧美国家行政国家的新面向,需要行政程序对之作出回应。二是,我国现有的行政程序及其法律制度虽然适应了我国自改革开放以来行政国家的发展,然而,它们也同样面临欧美国家传统行政程序所遭受的困境,对某些领域或事项几乎没有加以规范。接着分析在我国构建第三代行政程序制度并将其规范化的理论可能性和实践可能性,理论可能性主要包括第三代行政程序相关研究在我国的发展以及我国传统文化与第三代行政程序理论基础的契合;实践可能性主要包括我国公众参与能力和程序法治理念的增强以及行政程序相关政策和行政程序立法实践的诸多尝试。最后提出我国行政程序法制建设的创新,这种创新首先是行政程序设计理念上的转变,即新的设计理念需要摆脱单向度、对抗式、封闭式的管制观念,以人文主义为导向,将关怀、和谐、平衡、真诚、公开、共享、利益互动、责任共担、弘扬人的主体性和价值性等价值理念融贯其中,在保障个人权利的同时,程序设计还要关注如何促进积极行政和跨国行政,如何包含弹性化、协商性和合意性,如何实现多元参与、利益调整和理性选择,从而既实现行政合法性,还实现行政最佳性。然后,在新的设计理念的指引下构建具体的行政程序法律制度。具体包括核心制度、支持性制度和技术性制度,其中核心制度主要包括多元平等的程序主体制度、协商参与型程序制度、合作式行政程序制度;支持性制度主要包括信息制度和责任制度;技术性制度主要包括听证制度、共识会议、协商会议。

行政法视野下社会公众的反恐参与权研究

作者：郭永良　指导教师：戚建刚

《中华人民共和国反恐怖主义法》于 2016 年 1 月 1 日起开始实施，它是继 2011 年全国人大常委会颁布《关于加强反恐怖工作有关问题的决定》之后，我国再次就反恐怖工作进行的专门立法。该法一改政府“包揽”反恐任务的传统，对社会公众参与反恐提出了新要求和新期待。但是，立法只是强调了公众配合职能部门反恐的“义务”维度，对于公众参与反恐的“权利”维度却未予以关注。一味强调义务，会降低公众参与反恐的道德含金量，不仅无法发挥社会公众参与反恐怖斗争的积极性、主动性和创造性，还有可能造成政府反恐责任向社会的转嫁。鉴于此，有必要在行政法视野下，从权利维度出发，深入开掘公众参与反恐怖斗争中的积极意义之所在，这就涉及公众为何参与反恐、理论基础何在、参与权是什么、怎么用以及如何保障等一系列问题。当前，我国主要面临“东突”恐怖威胁。虽然国家政策大力倡导、社会自发开展公众参与实践，但是，在反恐领域，公众参与尚未全面规范化。从恐怖袭击对象的变化、政府反恐资源的配置和风险社会责任的分配以及公众参与反恐的绩效、我国法律的文本表达和域外的经验，均可证成公众参与反恐的必要性和可行性。

在传统视野下，政府之所以没有充分重视反恐中的公众参与，在于“元问题”，即社会公众的反恐参与权没有得到保障。那么，研究反恐中的公众参与，自然得从“权利化”开始。作为权利，其正当性可从公私合作理论、自卫权理论和道德权利理论得到证成。公私合作理论在不同学科中有不同的形态，在宪法学话语中体现为积极公民理论；在行政法视野中表现为私人行政理论；在我国实践中，又形成了具有本土特色的群众路线理论，该理论为私方主体结构性地参与公权力运作提供了有益思考。对于自卫权理论而言，它在宪法和行政法理论体系中指代的是抵抗权理论；在民法和刑法视野中指代的是以正当防卫和紧急避险为核心内容的自力救济理论；该理论为在政府反恐力量缓不济急时之公众参与提供了正当基础。道德权利理论聚焦于对应有权利的研究。该权利主要指国家鼓励的、一般人在现有情形下不能够完全行使的权利，例如，敢于同恐怖主义作斗争，这是行政法鼓励行使的权利。该理论为国家激励公众参与反恐提供了学理依据。

反恐参与权有其内部结构，权能分析方法解释了各个权利内容的具体内涵及其递进关系，即它们是为实现权利目的所需要、并由法律加以规定的各种手段和措施。鉴于公众参与反恐的目的是帮助政府防范恐怖风险、制裁恐怖行为、处置恐怖事件。那么，在逻辑上，社会公众享有参与政府开展的恐怖风险防范、恐怖行为制裁、恐怖事件处置的权利。又及，反恐信息知悉权是公众参与反恐的起点，只有知悉反恐信息，社会公众才可实质地而非形式意义上介入到“事前”的风险防范、“事中”的事件处置和“事后”的行为制裁等具体行动之中。因此，反恐参与权的具体权利样态及其逻辑顺序为：反恐信息知悉权、恐怖风险防范参与权、恐怖事件处置参与权、恐怖行为制裁参与权。需要明确的是，应将参与反恐主要理解为社会公众的权利，而非义务。权利意味着其可放弃行使，国家不得借由公众享有参与权而强迫其行使，进而转嫁自己的反恐责任。无论如何，公众只是参与反恐，而非主导反恐。研究反恐参与权的目的是通过反恐参与权的运用，为公众参与反恐斗争提供权利指引和规则指南，实现民间“权利”向政府“权力”的结构性嵌入。就反恐信息知悉权的运用而言，立法应在厘清情报与信息异同的基础上，要求政府有限度地向公众公开反恐信息。就参与防范恐怖风险的权利之运用而论，公众应有权参与到“应当公开”预案内容的演练、编制之中，以提高反恐预案的“使能性”；对于公权力无法触及的细枝末节领域，应鼓励公众及时运用反恐宣传教育参与权，实现政府与社会的优势互补；对于涉恐线索举报权，应通过行政指导培育公众如何就获得的线索进行初步分析的能力，以提高反恐情报的质量；对于警戒巡逻参与权，我国习惯用“配合”等词汇表达公众可以参与安全执法，将来应明确其权利属性，并就参与的内容、渠道等作出明确要求。就参与处置恐怖事件的权利之运用而言，应明确公众抵抗恐怖侵害权的来源，提倡“规模化”的抵抗手段；应明确公众参与维持现场秩序权利运用的时机和场合，避免无序参与；应提高公众参与现场救助和互助的技能，降低人员伤亡;应通过公众参与解决救助标准的人际差别,实现恢复重建中的个案正义。就参与制裁恐怖行为的权利之运用而论,应明确公众参与搜查的权利,以向公众传递国家认真对待公众运用该权利的合作信号;应正视扭送行为的权利属性,并通过激励措施引导公众对它的积极运用;应匿名处理证人信息,并提供必要的保护,以保障公众作证权的行使;应授予社会公众求偿权,以最大化地减少恐怖主义的资金来源。在保障反恐参与权的立法中,应明示权利之存在,重塑责任之分配,激励权利之运用。

在《中华人民共和国反恐怖主义法》总则部分规定"社会公众有权参与反恐。公众参与反恐,造成正在实施恐怖行为的不法侵害人死亡的,不负刑事责任;对其他公民和组织的合法权益造成损害的,由国家代为赔偿、补偿,存在重大过失的除外。国家鼓励公众参与反恐,对参与反恐的个人及其家属,予以奖励、抚恤和优待,并提供保护"的前提下,构建相应的保障制度。其核心是:在扫清公众参与反恐的反向障碍之同时,以行政奖励、给付、保护等正向激励促使社会公众愿意、能够和敢于行使反恐参与权,并在权利无法得到保障或受到侵害时提供救济渠道。

我国高校突发事件应对法制之优化研究

作者：张景玥　指导教师：戚建刚

社会转型期，我国高校所面临的突发事件除了具备《中华人民共和国突发事件应对法》（以下简称《突发事件应对法》）所定义的公共突发事件所固有的突发性、不确定性和损害后果的严重性等特征外，还具有自身特点，主要表现为：突出的社会敏感性、复杂性、易发性和易扩散性等。而高校发生突发事件是由多种因素造成的，在很大程度上，是各种社会不稳定因素在高校内的集中体现。应对高校突发事件则需要科学的法律制度。这是规范和制约行政应急权力的需要，也是平衡各类行政应急措施内在张力的需要。然而，应对高校突发事件需要不同于调整政府应急管理和调整企业应急管理的法律规范，需要适合高校突发事件应急管理特殊需要的法律制度。这主要是因为高校突发事件应急管理具有特殊性。这种特殊性表现在高校法律地位的特殊性、高校应急管理人员的特殊性以及高校应急权力的特殊性。可是，现有调整高校应急管理的法律规范却极度不健全，比如，缺乏综合性的、专门的应对高校突发事件的法律规范。这就需要优化我国高校突发事件应对法制。

优化高校突发事件应对法制需要以合作共治理论和突发事件的分期、分类和分级原理作为理论基础。合作共治理论是以责任共担、信息共享、平等协商、理性沟通、相互信任、公开透明、灵活高效等为特色的一种理论，对高校突发事件应对法制的建构具有重要寓意，比如，高校突发事件多元应对主体要充分强化自身的责任性，厘清责任边界，加强对自身责任的认识和重视；突发事件分期、分类和分级原理对高校应急法制建构也具有重要意义，比如，有利于从法律上明确当应对主体面对不同性质、不同空间、不同原因和不同主体的高校突发事件时，采取相应的应对处置措施，从而确保高校突发事件的应对主体能科学和有效地预防和处置突发事件，同时，避免过度侵犯高校师生员工的合法权利;又如,科学确定应对主体不同阶段的具体应急权力,同时明确不同阶段相应主体的法律责任和义务。

优化高校突发事件应对法制需要遵循效率原则、相对自主原则、保障人权原则和依法行政原则。效率原则体现为:高校突发事件应对法制的实施主体要体现效率;高校突发事件应对法制的运行程序要体现效率,以及高校突发事件应对法制的保障要体现效率。相对自主原则是指,在高校突发事件应对过程中,高校及其内部职能部门、高校下属各行政院系等主体享有一定范围内的自主性应急权。它们自主应对高校突发事件的"一定范围"应当由法律明确规定,高校应当严格依法行使其自主应急权,行政机关不得剥夺和阻碍高校自主应急权的行使。保障人权原则主要体现为:高校突发事件应对处置措施应体现保障人权原则,以及最低限度的基本人权不受侵犯。依法行政原则则要求高校突发事件应急权力行使必须遵循法定程序,遵循合法性原则。

优化高校突发事件应急状态的开始之标准需要从程序标准和实体标准两方面入手。就程序标准而言,不同类型的高校突发事件中都应当建构体系化的宣告程序作为高校应急状态开始的程序标准。由行政机关主导性应对较为适合的高校突发事件一旦发生,高校在依法采取一定处置措施的同时,应当及时上报高校所在地的行政机关和上级教育行政主管部门,由高校所在地的行政机关和上级教育行政主管部门依据高校突发事件的级别决定是否继续上报,最终由有权国家行政机关宣布该高校或高校所在区域进入紧急状态。无论是《突发事件应对法》调整领域之内还是之外的高校突发事件,只要由高校主导性应对较为适合的,就应当由高校自身决定宣布进入高校应对。宣告程序的明确性、具体性应当表现为:(1)宣告应当以公开声明的方式作出。(2)宣告应当简明阐述高校突发事件的内容与状态。(3)声明需要列出所欲采取的应急处置措施,使高校突发事件应急处置权力得到监督。判断应急状态开始的实体标准就是社会危险的危害性。如果达到法律或预案所规定的危害程度,那么就会进入相应级别的应急状态。社会危害性是否达到高校突发事件级别需要一个量化的标准,即以高校突发事件的级别来确定社会危害性是否达到需要进入高校应急状态加以应对的标准。

优化高校突发事件预防阶段之法律规范则在遵循以《突发事件应

对法》为主体的公共突发事件应对法制的基础上，坚持风险预防原则和综合预防原则。同时，需要健全一系列典型制度：高校突发事件风险信息交流制度；高校突发事件风险评估、风险源登记与定期排查制度；高校突发事件应急预案制度；高校应急宣传与教育制度；高校综合性应急救援队伍建设与应急演练制度，以及应急物资储备保障制度。

优化高校突发事件处置阶段之法律规范则需要遵循信息公开原则和应急联动原则，同时，需要完善一系列典型的制度：应急响应制度，应急处置措施制度，应急处置信息制度和应急处置协作制度等。

优化高校突发事件应急状态的结束标准则需要从程序标准和实体标准两方面入手。就实体标准而言，应当采用一个指标，即危险得到控制。程序标准应当是一个体系化的标准，主要包括三个接连进行的程序。一是行政机关和高校应当及时将应急处置过程和结果向上级报告或说明，并向上级说明控制危险的各种措施；二是行政机关或高校应当立即决定高校应急状态结束；三是行政机关或高校公开宣告高校应急状态的结束。

优化高校突发事件恢复阶段的法律规范应当明确高校作为恢复阶段主要责任主体，根据恢复阶段工作的需要，规定高校应当组织保卫部门、政工部门、宣传部门、校医院和医务部门、心理工作部门、后勤保障部门、教务部门、基建部门、纪检部门等主体参与高校突发事件恢复的法定职责，建立和健全符合高校突发事件恢复实践要求的心理干预制度、事后评估与总结制度、事后重建制度、行政补偿与行政赔偿制度以及高校突发事件建档与归档制度。

（责任编辑：唐冬平）